は じ め に

　2006年のTOEIC TESTのリニューアルに合わせて、『徹底攻略TOEIC®TEST単語』もNew Version対応に生まれ変わりました。特にリニューアルの大きな特徴であるPart 3の会話問題の出題形式変更やPart 6の長文空所補充問題やPart 7のダブルパッセージ問題の導入を踏まえた改定を行いましたが、これまで多くの読者の方に「使いやすい」「役に立つ」という評価をいただいた旧版の形式や特徴は、すべて本書に受け継がれています。また、このような変更にもかかわらず単語の出題傾向は変わりませんので、旧版で厳選されていた重要語彙表現は、本書でもほとんどすべて収録されています。

　本書の最大の特徴は、出題される単語がPart別に整理されているので、各Partに直結したTOEIC語彙表現対策が可能で、学習目標が立てやすいことです。各Partの形式の中で、実際に出題率の高い単語を習得していくことが、いかに効果的かを実感してください。本書でも多くの新しい例文や素材を追加しましたので、飽きることのない充実した単語学習を続けていただけます。TOEICのようなコミュニケーションを重視した英語力を身につけるためには、音声教材の徹底活用が必要不可欠です。本書では、リスニングの材料としても好評だったCDも、たっぷり3枚分収録されていますから、空いた時間を活用して、どんどん耳からも入れるようにしてください。

　TOEICは、実際のコミュニケーションの場で身につけた単語や表現がうまく運用できるかが重要なカギとなる試験です。今後、TOEICのスピーキング・ライティングの試験が導入され、アウトプットが重視されるようになれば、ますます実戦的な語彙表現力の真価が問われることになります。本書は、TOEIC対策の単語集ですが、ざっと見ていただければ分かるように、単に多くの単語を羅列したものだけではありません。単語の量を増やすことは大切ですが、本書は、それだけではなく、さらに学習者の単語の質的向上、実戦的な運用能力アップの役に立つように配慮されています。1人でも多くのTOEIC受験者が本書を手に取り、十分に活用して目標を達成されることを心より願っております。

2006年9月

川端淳司

JN278126

1

目　次

はじめに …………………………………………………………………………1
本書の特長と構成 ……………………………………………………………4
UNITの構成と表記法………………………………………………………7
CDの収録内容………………………………………………………………8

TOEIC単語学習を始める前に
　　まず自分の英語力を確認しよう …………………………………9
　　診断テストの受け方と結果の判定………………………………10
　　TOEIC語彙実力診断テスト………………………………………12
　　TOEIC語彙実力診断テスト　解答･解説 ………………………19

第1部　リスニング徹底攻略のための単語と表現 …………27

[1] Part 1 写真描写問題の単語と表現 ……………………………29
　　この章で学ぶ単語・表現と学習法…………………………………29
　　UNIT 1～8 ……………………………………………………………31
　　REVIEW TEST 1～4 ………………………………………………55

[2] Part 2 応答問題の単語と表現 …………………………………59
　　この章で学ぶ単語・表現と学習法…………………………………59
　　UNIT 1～23 …………………………………………………………61
　　REVIEW TEST 1～6 ………………………………………………84

[3] Part 3 会話問題の単語と表現 …………………………………91
　　この章で学ぶ単語・表現と学習法…………………………………91
　　UNIT 1～37 …………………………………………………………93
　　REVIEW TEST 1～4 ………………………………………………130

[4] Part 4 説明文問題の単語と表現 ……………………………135
　　この章で学ぶ単語・表現と学習法 ………………………………135
　　UNIT 1～23 ………………………………………………………137
　　REVIEW TEST 1～4 ………………………………………………160

2

第2部　リーディング徹底攻略のための単語と表現 ……………………165

[1] **Part 5・6・7：リーディング総合対策の単語と表現** …………167
　　この章で学ぶ単語・表現と学習法 …………………………………167
　　I. 同じ接頭語を持つ単語 ……………………………………………169
　　UNIT 1〜13 ………………………………………………………170
　　REVIEW TEST 1〜3 ……………………………………………196
　　II. 同じ語幹を持つ単語 ……………………………………………199
　　UNIT 1〜30 ………………………………………………………200
　　REVIEW TEST 1〜3 ……………………………………………230
　　III. 動詞・形容詞・名詞を作る接尾語 …………………………233
　　UNIT 1〜3 …………………………………………………………234
　　IV. 句動詞 ……………………………………………………………250
　　UNIT 1〜37 ………………………………………………………251
　　REVIEW TEST 1〜2 ……………………………………………277
　　V. イディオム ………………………………………………………279
　　UNIT 1〜45 ………………………………………………………280
　　REVIEW TEST 1〜3 ……………………………………………325

[2] **Part 6・7 長文穴埋め・読解問題の単語と表現** ……………329
　　この章で学ぶ単語・表現と学習法 …………………………………329
　　I. 分野別 ………………………………………………………………331
　　UNIT 1〜15 ………………………………………………………332
　　REVIEW TEST 1〜5 ……………………………………………362
　　II. 出題形式別 ………………………………………………………367
　　UNIT 1〜14 ………………………………………………………368
　　REVIEW TEST 1〜5 ……………………………………………408

TOEIC重要基本単語613 ……………………………………………413
基本単語1　名詞277 ……………………………………………………414
基本単語2　動詞180 ……………………………………………………424
基本単語3　形容詞156 …………………………………………………432

INDEX ……………………………………………………………………439

本書の特長と構成

本書の特長

　本書は単語力を基礎から身に付けたい人、ある程度の単語力はあるがさらにスコアを伸ばしたい人、単語力に相当の自信はあるがさらに徹底した力を身に付けたい人など、TOEICを受験されるあらゆるレベルの人のために書かれたものです。リーディングとリスニングの2部構成で単語がPart別に整理されていますので、直接的なTOEIC TESTの語彙表現対策が可能です。

本書の構成

第1部　リスニング徹底攻略の単語と表現

[1] Part 1：写真描写問題
の単語と表現

Part 1頻出単語：写真に写っている具体的な動作や風景が描写されますので、具体的で身近な単語や表現が出題されます。また、位置関係を表す前置詞の表現も頻出します。

単語対策のねらい：実際に出題されるタイプの写真をふんだんに利用し、特徴別に8つのユニットに分類。動作や情景に関する具体的な単語や表現を取り上げて必要十分のPart 1対策を図っています。

単語活用法：Part 1対策はもちろん、ここで習得した単語や表現は日常のコミュニケーションにも欠かせないものばかりです。これをステップに身の回りのものを英語で表現する力をさらに高めることが目標です。

[2] Part 2：応答問題
の単語と表現

Part 2頻出単語：相手の質問や発言にどのように答えるのが最も自然かを問う問題なので、表現も日常のコミュニケーションに使われる口語表現が多く登場します。

単語対策のねらい：出題タイプを23のユニットに分類し、それぞれ頻出の自

然な応答表現を紹介。日常的によく用いられる決まった言い回し表現も数多く取り上げていますので、Part 2対策に最適です。

単語活用法：ここで取り上げた表現はPart 3の対策にも効果的です。自然なコミュニケーションを実践するための第1ステップとして、多くの便利な決まり文句を習得し、日常会話にも取り入れることが目標です。

[3] Part 3：会話問題 の単語と表現

Part 3頻出単語：ビジネスを中心とした日常的なさまざまなトピックを題材に、それに関連した単語が出題されます。会話のみならず、質問文や選択肢にも関連単語が使われます。

単語対策のねらい：ビジネスや日常生活を題材とした頻出パターンの会話をトピック別の37ユニットに分類。基本単語からやや上級向けの関連語まで数多く取り上げていますので徹底した会話問題対策となります。会話はNew Versionに対応して少し長めにしてあります。

単語活用法：Part 2でもビジネス関連の単語がよく出題されますので、Part 2対策にも効果的です。初級レベルの会話から一歩抜け出し、内容のある会話をこなすための下地になる語彙習得が目標です。

[4] Part 4：説明文問題 の単語と表現

Part 4頻出単語：スピーチやアナウンスなどのポイントを聞いて質問する問題なので、特に難しい語彙が出題されることはありません。本書のPart 3対策で紹介しているレベルの単語も出題される可能性が高いといえます。スピーチなどには特徴的な言い回しも見られます。

単語対策のねらい：アナウンス、スピーチ、コマーシャル、トークなどに出題される実戦的な素材を数多く使用しています。実際の例の中で、生きた重要語彙表現を取り上げています。また単語のみならず、スピーチでは、特徴的な言い回し表現を紹介しています。実際の例の中で、生きた重要語彙表現を紹介。単語のみならず、スピーチなどでは、特徴的な言い回し表現を紹介しています。

単語活用法：ここで習得した語彙表現は、Part 4対策のみならず、全般的な英語力アップにも効果的です。ある程度の量の情報が耳から入ってきたときに、重要なポイントを聞き逃さないための語彙力作りが目標です。

第2部　リーディング徹底攻略の単語と表現

> ### [1] Part 5・6・7：
> ### リーディング総合対策の単語と表現

Part 5・6・7頻出単語：基本重要語彙はもちろんかなり上級向けの単語も出題されます。Part 5の語彙問題では単語そのものの意味が問われます。

単語対策のねらい：Part 5・6・7攻略の必須単語を、接頭語や語幹などの語源的アプローチにより紹介。本試験と同レベルの実践的な例文を用いていますので記憶に残りやすくい即戦力ともなります。さらに重要句動詞やイディオム表現も網羅、充実した語彙力を身に付きます。

単語活用法：本書で最も重要なセクション。習熟すれば上級レベル到達が可能です。特に語源的アプローチは、リーディング対策だけではなく、今後さらに高いレベルの英文に取り組むときにも絶大な効果が期待できます。

> ### [2] Part 6・7：
> ### 長文穴埋め・読解問題の単語と表現

Part 7頻出単語：ビジネスレター、e-mailメッセージ、社内メモ、書類、宣伝広告、ニュース記事など、ビジネス環境を中心として、日常的によく目にする素材が多く出題されます。

単語対策のねらい：分野別と出題形式別の2部構成になっています。分野別では、リーディングセクション全体の対策にもなるように、時事的なトピックで分類し、重要な単語を紹介しています。出題形式別では、Part 6とPart 7で使用されるビジネスレター、e-mailメッセージ、社内メモ、書類、宣伝広告、ニュース記事などの素材を使っていますので、より実戦的な読解問題の単語対策ができます。

単語活用法：習熟すれば飛躍的な語彙力増強につながります。また、普段広告記事やビジネスレターなど読みこなすにも大いなる効果を発揮します。

> ### TOEIC
> ### 重要基本単語613

　TOEIC TESTに限らず英語を学習する上で習得しておきたい基本的な重要単語を取り上げています。名詞277、動詞180、形容詞156、計613の単語をマスターすることで英語運用能力はより確かなものになるはずです。

UNITの構成と表記法

　本書の各ユニットは、基本的に見出し語と例文、重要関連表現から構成されています。見出し語には単語を覚えやすくするためにできるだけ派生語や関連表現を添えました。

■見出し語と派生語・関連語

　見出し語はボールド体で、派生語や関連表現は細字体で表示しています。

1. 品詞

　品詞の表示は1単語の表現にのみ表記しています。

名 =名詞　　　　動 =動詞　　　形 =形容詞　　　副 =副詞

前 =前置詞　　　代 =代名詞　　　接 =接続詞

2. 同意語・反対語

同 =同意語　　　反 =反対語

3. 関連表現

表　同じグループに属する表現、意味やつづりが似ていて覚えやすいもの、語法などさまざまな観点から関連表現を多数取り上げています。見出し語とセットで覚え単語力増強を図ってください。

4. その他

　日本・アメリカ・イギリスに該当するものはそれぞれ《日》《米》《英》と表記しました。

5. 発音記号

　発音記号は原則として1単語の見出し語・派生語・関連表現に付けました。繰り返し学習の効率を考え重複して付けているもの、見出し語から連想できるものは省略したものもあります。特にアクセントを確認して正確な発音を身に付けてください。

■UNIT例文

　効率よく単語学習を進めるために各パートの出題形式に準じて見出し語を含む実戦的な例文を多数掲載しました。例文中の見出し語は**太字**で表示しました。この例文はCDに収録されています。

■重要関連表現

　各ユニットにはそれぞれのテーマに沿ってさらに覚えておきたい重要関連表現をリストアップしました。単語が中心ですが、第1部のリスニング対策では本試験に頻出する短文や会話文もたくさん盛り込みました。この関連表現の見出し語はCDに収録されています。

CDの収録内容

気楽に繰り返し聞いてスコアアップ

　添付のCD3枚には、見出し語を含むUNIT例文と重要関連表現の単語・会話表現を収録しています。該当箇所にはCDとトラック番号が付いていますので確認しながら学習を進めてください。

●CD1：第1部リスニングの4章

　各UNITの例文と、重要関連表現（第2〜4章のみ収録）を1トラックに収録。

トラック1〜8　　　　第1章写真描写問題UNIT 1〜UNIT 8
トラック9〜31　　　第2章応答問題UNIT 1〜UNIT 23
トラック32〜68　　　第3章会話問題UNIT 1〜UNIT 37
トラック69〜91　　　第4章説明文問題UNIT 1〜UNIT 23

●CD2：第2部リーディング第1章の接頭語・語幹・接尾語・句動詞

　語幹と句動詞は各UNITの例文と重要関連表現を1トラック、接頭語はそれぞれで1トラック、接尾語は全体を6トラックに収録。

トラック1〜26　　　 I.　同じ接頭語を持つ単語UNIT 1〜UNIT 13
トラック27〜56　　　II.　同じ語幹を持つ単語UNIT 1〜UNIT 30
トラック57〜62　　　III. 同じ接尾語を持つ単語UNIT 1〜UNIT 3
トラック63〜99　　　IV. 句動詞UNIT 1〜UNIT 36

●CD3：第1章の必修イディオムと第2章分野別および重要基本単語

　イディオムは各UNIT例文を1トラック、分野別は各UNITの例文と重要関連表現でそれぞれ1トラック、重要基本単語は各UNITの見出し語をそれぞれ4トラックに収録。

トラック1〜45　　　 V.　イディオム　　UNIT 1〜UNIT 45
トラック46〜75　　　第2章分野別　　UNIT 1〜UNIT 15
トラック76〜87　　　重要基本単語613　名詞／動詞／形容詞

　CDの利用法については、各章の「この章で学ぶ単語・表現と学習法」で解説しました。章の学習を始める前に確認して取り組んでください。

TOEIC単語学習を始める前に

まず自分の英語力を確認しよう

診断テストの受け方と結果の判定

TOEIC語彙実力診断テスト

診断テストの受け方と結果の判定

1) 受け方

　この診断テストでは、空所補充形式の語彙問題を50問用意しました。これには、本書で取り扱われているリスニングセクションのPART IやPart IIのような語彙表現はほとんど出題されていませんが、今後の学習を進めるにあたって、現在の語彙力の一応の目安となります。次のような手順でテストを行ってください。

1	制限時間25分で全問を題解答する。

⬇

2	解答をチェックし、正答数を確認する。

⬇

3	正答率が何パーセントかを割り出し、右の表でおおよそのスコアを確認する。

⬇

4	間違った問題は解説を参照しながらチェックし直す。

⬇

5	時間をおいて再び挑戦してみる。何度か繰返し、問題文や選択肢も単語集の一部として活用する。

2) 結果の判定

　TOEIC TESTでは、リスニングセクションとリーディングセクションのそれぞれの最高点が495点で、最低点が5点となっています。従って、それを合計した990点が最高点、10点が最低点ということになります。実際のスコアの出し方は、1問が5点という単純な計算ではなく、統計的な処理がなされます。ここでは、実際のTOEIC TESTと問題数も出題範囲も違いますから、これから正確なTOEIC TESTが割り出せるわけではありません。あくまでも、単語学習を始めるにあたっての、おおよその目安としてとらえてください。

正答率	素点(正答数)	TOEICスコア
100%	50	980点以上レベル
90%	45	900点前後レベル
80%	40	780点前後レベル
70%	35	660点前後レベル
60%	30	530点前後レベル
50%	25	400点前後レベル
40%	20	270点前後レベル
30%	15	140点前後レベル
20%	10	30点前後レベル
10%	5	10点レベル

TOEIC語彙実力診断テスト

DIAGNOSTIC TEST

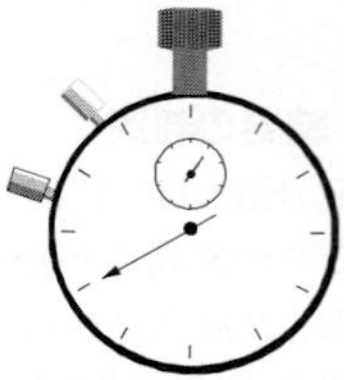

[**診断テスト**]
制限時間25分

次の下線部に入る最も適当なものを (A) ～ (D) より選びなさい。

1. The meeting will start at two o'clock _____.
   - (A) accurate
   - (B) sharp
   - (C) keen
   - (D) precise

2. All you have to _____ is apologize to Kathy.
   - (A) give
   - (B) do
   - (C) make
   - (D) get

3. Do I get a 30% _____ if I pay in cash?
   - (A) discount
   - (B) disorder
   - (C) disguise
   - (D) disfavor

4. _____ of the heavy rain, I decided to go out.
   - (A) Regarding
   - (B) Regard
   - (C) Regardless
   - (D) Regardful

5. Africa has the world's highest _____ of population increase.
   - (A) figure
   - (B) rate
   - (C) composition
   - (D) survey

6. The baseball game was _____ yesterday.
   - (A) made up
   - (B) stood out
   - (C) handed in
   - (D) rained out

DIAGNOSTIC TEST

7. Americans traveling in Japan, even in downtown Tokyo, are struck by the _____ freedom from fear of crime.
   - (A) relation
   - (B) relative
   - (C) relate
   - (D) relatively

8. Many episodes of American history have been _____ by legend and myth.
   - (A) distorted
   - (B) disapproved
   - (C) disobeyed
   - (D) discarded

9. SETI _____ the Search for Extraterrestrial Intelligence.
   - (A) blows up
   - (B) stands for
   - (C) brings back
   - (D) capitalizes on

10. In Russia and the Ukraine, fairy tales are for adults as _____ as children.
    - (A) good
    - (B) young
    - (C) well
    - (D) goodness

11. When the great earthquake _____ Kobe in January, the myth of security in Japan's highly technological society was shattered.
    - (A) had
    - (B) put
    - (C) hit
    - (D) left

12. The United Nations has confronted harsh criticism for the past two years, _____ for its peace-keeping operation.
    - (A) special
    - (B) specialize
    - (C) especially
    - (D) specific

13. Intelligence and imagination _____ in children.
    - (A) participate
    - (B) abound
    - (C) major
    - (D) give

TOEIC 語彙実力診断テスト

13

DIAGNOSTIC TEST

14. May I _____ your telephone?
    - (A) refer
    - (B) rent
    - (C) use
    - (D) lend

15. Modern agriculture, like its predecessors, has _____ a mixture of achievements, problems and environmental disasters.
    - (A) reduced
    - (B) produced
    - (C) deduced
    - (D) induced

16. News is usually _____ early in the evening around five or six o'clock and again at either ten or eleven o'clock.
    - (A) conspired
    - (B) despised
    - (C) witnessed
    - (D) broadcast

17. _____ parking cost me 15,000 yen.
    - (A) Illegalize
    - (B) Illegal
    - (C) Illegally
    - (D) Illegality

18. Dreaming of a better life, more and more people are moving to the city, and new communities are _____ in the surrounding areas.
    - (A) going over
    - (B) springing up
    - (C) counting on
    - (D) tracking down

19. There is no _____ road to learning.
    - (A) lazy
    - (B) available
    - (C) royal
    - (D) willing

20. Some people say that ultramodern hotel _____ the ambience of our city.
    - (A) discusses
    - (B) abstains
    - (C) suffers
    - (D) ruins

14

DIAGNOSTIC TEST

21. Since each individual _____ a set of chromosomes from each parent, each individual also inherits two sets of genes.
    - (A) inheritance
    - (B) inherent
    - (C) inherits
    - (D) inherently

22. Our ancestors ate foods _____ in potassium and low in sodium.
    - (A) well
    - (B) idle
    - (C) rich
    - (D) brave

23. Pork is a _____ winter meat in eastern Europe.
    - (A) traditional
    - (B) omnivorous
    - (C) pleased
    - (D) monotheistic

24. Linda has a strong _____ for the latest fashion.
    - (A) appetite
    - (B) appendix
    - (C) appliance
    - (D) appointment

25. Please give my best _____ to your father.
    - (A) permits
    - (B) regards
    - (C) points
    - (D) elements

26. I was completely _____ by the man's story.
    - (A) taken in
    - (B) starved for
    - (C) broken into
    - (D) relied on

27. In 1801, Louisiana was returned to France in _____ for part of Italy.
    - (A) export
    - (B) explain
    - (C) expunge
    - (D) exchange

28. Jim is certainly _____ in his French.
    - (A) proving
    - (B) approving
    - (C) improving
    - (D) disproving

TOEIC 語彙実力診断テスト

DIAGNOSTIC TEST

29. Yesterday we played tennis after a long _____.
    (A) layoff   (B) dismissal
    (C) remission   (D) release

30. The _____ behavior of most animals is controlled by smells and other chemical signals.
    (A) socialize   (B) social
    (C) society   (D) socially

31. You shouldn't have _____ such a man to be chairman of the committee.
    (A) chewed out   (B) singled out
    (C) reported on   (D) served as

32. Toxic waste dumps have _____ major hazards.
    (A) come   (B) gone
    (C) become   (D) taken

33. I have to _____ all night in order to finish my thesis.
    (A) sit up   (B) stand up
    (C) come by   (D) go off

34. Please _____ yourself feel at home and help yourself to cookies.
    (A) keep   (B) make
    (C) do   (D) turn

35. I was _____ into buying such a cheap watch.
    (A) coerced   (B) criticized
    (C) characterized   (D) transmitted

36. Paul was _____ enough to withhold comment on that matter.
    (A) sense   (B) sensible
    (C) sensuous   (D) sensibly

16

DIAGNOSTIC TEST

37. The rapid growth in silver _____ between 1875 and World War I led to the construction of larger and better-organized factories.
    (A) consume
    (B) consumptive
    (C) consumption
    (D) consumptively

38. The effect food and drink had on the body was thought to play a most important _____ in determining health and disease.
    (A) factor
    (B) character
    (C) role
    (D) sign

39. My brother is too often _____ by the needs of the moment.
    (A) talked
    (B) noticed
    (C) swayed
    (D) loaded

40. I went all the way to see my old friend at the place he chose, only to find him _____.
    (A) abnormal
    (B) absent
    (C) abominable
    (D) abhorrent

41. Never _____ till tomorrow what may be done today.
    (A) put off
    (B) take over
    (C) make at
    (D) look into

42. As an Asia-Pacific nation, Canada has a special _____ in the growth of Asia Pacific Economic Cooperation(APEC).
    (A) interested
    (B) interest
    (C) interestingly
    (D) interesting

43. That's the way money _____!
    (A) brings
    (B) goes
    (C) makes
    (D) turns

TOEIC 語彙実力診断テスト

17

DIAGNOSTIC TEST

44. Our firm went _____ when the Japanese economic bubble burst in 1990.
    (A) mad   (B) blind
    (C) bankrupt   (D) senile

45. Drug tests are as much a part of the _____ Olympics as medal
    ceremonies.
    (A) contemplative   (B) contemporary
    (C) considerate   (D) consistent

46. _____ the earthquake in Kobe, hundreds of thousands of people lost
    their homes.
    (A) Following   (B) Pursuing
    (C) Continuing   (D) Getting

47. There is no _____ that humans have any greater standing in nature than
    the rest of the animal kingdom.
    (A) confidence   (B) evidence
    (C) permission   (D) obstruction

48. We are planning to pay in monthly _____.
    (A) installments   (B) concepts
    (C) times   (D) standards

49. You shouldn't ask such a question just out of _____.
    (A) plausibility   (B) specification
    (C) curiosity   (D) investment

50. The telescope has already _____ Big Bang theorists a curve by
    suggesting that some stars are older than the universe itself.
    (A) begged   (B) struck
    (C) thrown   (D) looked

TOEIC語彙実力診断テスト

18

DIAGNOSTIC TEST 解答・解説

1. (B)

sharpは「きっかり」という意味の副詞として用いられる。

[訳]
その会議は2時きっかりに始まるでしょう。

2. (B)

All you have to do is～で「～しさえすればよい」という意味になる。isの後のtoは省略されていると考えればよい。

[訳]
君はキャシーに謝りさえすればいいんだ。

3. (A)

discountは「割引」の意味。disorder（無秩序）、disguise（変装）、disfavor（冷遇）は文意に合わない。

[訳]
現金で払えば30パーセントまでまけてもらえるかな。

4. (C)

regardless of ～で「～にもかかわらず」という意味で、前置詞の役割を果たす。regardingは「～に関して」という意味の前置詞として用いることができるが、ここでは意味的に合わない。

[訳]
大雨だったけれども僕は出かけることにした。

5. (B)

rateは「割合」の意味。figure（数字）、composition（構成）、survey（調査）は文意に合わない。

[訳]
アフリカは、世界で最も人口増加の割合が高い。

6. (D)

rain outで「雨で中止にする」という意味のイディオムである。make up（構成する）、stand out（目立つ）、hand in（提出する）は文意に合わない。

[訳]
昨日野球の試合は雨で中止になった。

7. (B)

freedomという名詞を修飾する語として、形容詞の**relative（相対的に見て）**が正解となる。relation（関係）は名詞、relate（関係付ける）は動詞、relatively（相対的に）は副詞である。

[訳]
日本を旅するアメリカ人は、東京の中心地でさえも相対的に見て犯罪の恐怖から免れているという印象を受ける。

TOEIC語彙実力診断テスト

19

DIAGNOSTIC TEST　解答・解説

8.　(A)

distortは「ゆがめる」の意味。disapprove（認めない）、disobey（従わない）、discard（捨てる）は文意に合わない。

[訳]
　アメリカ史における多くの逸話は伝説や神話によってゆがめられてきた。

9.　(B)

stand forで「～を表す」という意味のイディオムである。blow up（爆発する）、bring back（～を戻す）、capitalize on（～を利用する）は文意に合わない。

[訳]
　SETIとは「地球外知性探査（計画）」のことを表している。

10.　(C)

A as well as Bで「**AばかりでなくBも**」という意味である。

[訳]
　ロシアやウクライナでは、おとぎ話は子供だけでなく大人のためのものでもある。

11.　(C)

earthquake（地震）が主語なので、**hit（襲う）**が正しい。

[訳]
　1月に大地震が神戸を襲ったとき、日本の高度技術社会における安全神話が崩壊した。

12.　(C)

especiallyは「とりわけ」という意味の副詞である。special（特別の）、especial（特別の）は形容詞、specify（特殊化する）は動詞である。

[訳]
　国連はこの2年間、とりわけその平和維持活動に対して痛烈な批判を浴びてきた。

13.　(B)

abound inで「**～に豊富にある**」という意味になる。participate（参加する）、major（専攻する）、give（与える）は文意に合わない。

[訳]
　知性と想像力は子供たちに豊富に備わっている。

14.　(C)

電話は「借りる」といっても持って行くわけではないので、**use（使わせてもらう）**が正しい。referは「言及する、参照する」で文意に合わない。rentは「（お金を払ってある程度長期間）借りる」場合に用いられる。lendは「貸す」の意味である。

[訳]
　電話をお借りできますか。

15.　(B)

produceは「**生み出す**」の意味。reduce（減らす）、deduce（引き出す）、induce（勧誘する）は文意に合わない。

[訳]
　近代農業は昔の農業と同様に業績も問題も、そして環境破壊をも生み出してきた。

DIAGNOSTIC TEST 解答・解説

16. (D)

broadcastは「放送する」の意味。conspire（共謀する）、despise（軽蔑する）、witness（目撃する）は文意に合わない。

17. (B)

名詞parking（駐車）を修飾する形容詞の**illegal（違法の）**が正解となる。illegalize（違法にする）は動詞、illegally（違法に）は副詞、illegality（違法行為）は名詞である。

18. (B)

spring upで「急に発生する」という意味になる。go over（ざっと調べる）、count on（頼る）、track down（追跡する）は文意に合わない。

19. (C)

royal roadで「王道」という意味。これはことわざである。

20. (D)

ruinは「損なう」の意味である。discuss（討論する）、abstain（差し控える）、suffer（苦しむ）は文意に合わない。

21. (C)

動詞が抜けているので、**inherits（引き継ぐ）**が正解となる。inheritance（相続）は名詞、inherent（本来備わっている）は形容詞、inherently（本来は）は副詞である。

22. (C)

richは「豊かな」の意味。well（うまく）、idle（怠けた）、brave（勇敢な）は文意に合わない。

23. (A)

traditionalは「伝統的な」の意味。omnivorous（雑食の）、pleased（喜んで）、monotheistic（一神教の）は文意に合わない。

［訳］

ニュースはたいてい夕方早く5時か6時に放送され、10時か11時にもう一度放送される。

［訳］

違法駐車で15,000円取られた。

［訳］

より良い生活を夢見て、ますます多くの人が都心に移り、その周辺地域には、新しい地域社会が急速に発展しつつある。

［訳］

学問に王道なし。

［訳］

あの超近代的なホテルがわれわれの街の景観を損なうという人もいる。

［訳］

それぞれの個人は両親からそれぞれ1組の染色体を受け継ぐので、2組の遺伝子を受け継ぐことにもなる。

［訳］

われわれの先祖はカリウムを豊富に含み、ナトリウムの値が低い食物を食べていた。

［訳］

豚肉は東ヨーロッパでは伝統的な冬の肉である。

TOEIC語彙実力診断テスト

21

DIAGNOSTIC TEST 解答・解説

24. (A)

appetiteは「欲求」の意味である。appendix（付録）、appliance（器械）、appointment（約束）は文意に合わない。

[訳]
リンダは最新ファッションに強い興味を持っている。

25. (B)

give one's best regards to〜で「〜によろしく伝える」という意味になる。

[訳]
あなたのお父さんによろしくお伝えください。

26. (A)

take inで「〜をだます」という意味のイディオム。starve for（〜に飢える）、break into（押し入る）、rely on（頼る）は文意に合わない。

[訳]
私はその男の話にすっかりだまされてしまった。

27. (D)

in exchange forで「〜と交換に」という意味になる。export（輸出する／輸出）、explain（説明する）、expunge（抹消する）は文意に合わない。

[訳]
1801年ルイジアナはイタリアの一部と引き換えにフランスに返還された。

28. (C)

improveは「進歩する」の意味。prove（証明する）、approve（是認する）、disprove（間違いと証明する）は文意に合わない。

[訳]
ジムのフランス語には上達が見られる。

29. (A)

layoffは通常「一時解雇」の意味で用いられるが、ここでは「長いブランク」の意味である。dismissal（解雇）、remission（容赦）、release（解放）は文意に合わない。

[訳]
昨日、本当に久しぶりテニスをした。

30. (B)

behavior（行動）という名詞を修飾する語として、形容詞の**social（社会の）**が正解となる。socialize（社会化する）は動詞、society（社会）は名詞、socially（社会的に）は副詞である。

[訳]
ほとんどの動物の社会行動は、においやその他の化学的なシグナルによって統制されている。

TOEIC語彙実力診断テスト

22

DIAGNOSTIC TEST 解答・解説

31. (B)

single outで「〜を選び出す」という意味になる。chew out（怒鳴る）、report on（〜について報告する）、serve as（〜としての役割を果たす）は文意に合わない。to be chairman 〜の部分が補語になっている。

[訳]
そのような男を委員会の議長に選ぶべきではない。

32. (C)

becomeは「〜になる」の意味。dumps（破棄）＝hazards（危険）の関係である。

[訳]
毒性廃棄物の投棄が大きな危険となってきている。

33. (A)

sit up all nightで「徹夜する」の意味になる。stand up（立つ）、come by（手に入れる）、go off（爆発する）は文意に合わない。

[訳]
論文を仕上げるために徹夜しなければならない。

34. (B)

make oneself (feel) at homeで「くつろぐ」という意味になる。

[訳]
どうぞ、おくつろぎになってクッキーでもお食べください。

35. (A)

coerce A into Bで「Aに強制的にBさせる」という意味になる。criticize（批判する）、characterize（特徴づける）、transmit（送る）は文意に合わない。

[訳]
私は無理やりそのような安物の時計を買わされた。

36. (B)

sensibleは「分別がある」という意味の形容詞である。sensuous（官能的な）は形容詞であるが、意味的に不可。sense（感覚／感じる）は名詞か動詞、sensibly（分別を持って）は副詞である。

[訳]
ポールがそのことに関するコメントを控えたことは賢明であった。

37. (C)

inという前置詞の後に続く語なので、名詞の**consumption（消費）**が正解となる。consume（消費する）は動詞、consumptive（消費の）は形容詞、consumptively（消耗して）は副詞である。

[訳]
1875年から第一次世界大戦までの間に銀の消費が急速に伸びたことにより、より大きくてより良く組織化された工場の建設が可能となった。

TOEIC語彙実力診断テスト

DIAGNOSTIC TEST 解答・解説

38. (C)

play a roleで「役割を果たす」という意味になる。

[訳]

食物と飲み物が身体に与える効果が、健康と病気を決定づける上で重要な役割を果たしていると考えられた。

39. (C)

swayは「影響を与える」の意味。talk（話す）、notice（気付く）、load（荷を積む）は文意に合わない。

[訳]

私の弟はあまりにもその時々の必要に影響され過ぎる。

40. (B)

absentは「不在で」の意味。abnormal（異常な）、abominable（忌まわしい）、abhorrent（ぞっとする）は文意に合わない。

[訳]

私は古い友達に会うために彼が指定した場所にはるばる出かけて行ったが、彼は不在だった。

41. (A)

put offで「延期する」という意味のイディオムである。take over（引き継ぐ）、make away（急いで去る）、look into（調べる）は文意に合わない。

[訳]

今日できることを明日まで延ばすな。

42. (B)

specialという形容詞が修飾する語として、名詞の**interest（興味）**が正解となる。interested（興味のある）、interesting（興味深い）は形容詞、interestingly（興味深く）は副詞である。

[訳]

アジア太平洋国家の一員として、カナダはAPECの発展に特別の興味を抱いている。

43. (B)

goは「なくなる」の意味。

[訳]

そんなふうにしてお金はなくなるのだ。

44. (C)

go bankruptで「倒産する」という意味になる。mad（気が狂う）、blind（目が見えない）、senile（ぼけた）は文意に合わない。

[訳]

1990年日本経済のバブルが崩壊したとき、われわれの会社は倒産した。

45. (B)

contemporaryは「現代の」の意味。contemplative（めい想した）、considerate（思いやりのある）、consistent（一貫した）は文意に合わない。

[訳]

現代のオリンピックにおいて、ドラッグ検査はメダル授与式と同じぐらいの位置を占めている。

TOEIC語彙実力診断テスト

24

DIAGNOSTIC TEST 解答・解説

46. （A）

followingで「～の後で」という意味になる。pursue（追及する）、continue（続ける）、get（得る）は文意に合わない。

［訳］

神戸の大地震の後、何十万人という人々が家を失った。

47. （B）

evidenceは「証拠」の意味。confidence（自信）、permission（許可）、obstruction（妨害）は文意に合わない。

［訳］

人間が自然において他の動物界よりも優位な立場にあるという証拠は何もない。

48. （A）

monthly installmentsで「月賦」の意味になる。concepts（概念）、times（時代）、standards（基準）は文意に合わない。

［訳］

私たちは月賦で支払う予定だ。

49. （C）

curiosityは「好奇心」の意味。plausibility（もっともらしさ）、specification（特殊化）、investment（投資）は文意に合わない。

［訳］

単なる好奇心からそんなことを尋ねるべきじゃない。

50. （C）

throw a curveで「ごまかす／惑わす」という意味になる。

［訳］

望遠鏡は宇宙にはそれ自体よりも古い星があるということを暗示してビッグバン論者を惑わせてきた。

25

第 1 部

リスニング
徹底攻略のための
単語と表現

　　リスニングは4つのPartから構成されており、録音された英語を聞きながら、およそ45分で解答していきます。完全にリスニング用の単語というものはありませんが、それぞれのPARTごとに出題される単語や表現には特色があり、日常的に用いられている基本的なものが大半を占めています。第1部では、この4つのリスニングセクションで高い得点を取るために必要な語彙表現を、具体的な例を用いながら紹介していきます。生きた単語や表現を習得していくときには（特にここはリスニング用ですから）、耳から音を入れながら進めていくようにしてください。単語を1つ1つ孤立させるのではなく、文脈の中の流れを大切にして、その意味を考えるようにしてください。繰り返し耳から入れることで、単に単語や表現を覚えるだけではなく、より自然なリスニングのための回路ができあがっていくことでしょう。

第1章

Part 1
写真描写問題の単語と表現

この章で学ぶ単語・表現と学習法

単語・表現

　Part 1は写真描写問題です。人物、動物、物体、風景などの写真が提示され、その写真を正しく描写している文を選ぶというものです。それほど細かい描写がなされるわけではありませんが、写真を見たときに、主要な部分の描写を英文で言える練習をする必要があります。写真の描写ですから、この章で取り上げている語彙表現も具体的なものが多くなります。

学習法

1) 写真を見て英語の描写文を耳から入れる。
2) 何度か聞いて写真と英文の意味が一致するかを確かめる。
3) 書かれた英文でよく聞き取れなかった単語や表現をチェックする。
4) 音声を聞きながら口に出してフォローしてみる。
5) **太字**の単語の意味とスペルを覚える。
6) 十分に習得できたと実感できたら、後は定期的な復習を忘れずに。

写真描写問題

…UNIT 学習チェック一覧…

- ☐ 1 働く人々
- ☐ 2 オフィス
- ☐ 3 動物
- ☐ 4 交通
- ☐ 5 スポーツ
- ☐ 6 風景
- ☐ 7 物
- ☐ 8 クローズアップ

UNIT 1　働く人々／Working People

CD1 1

1

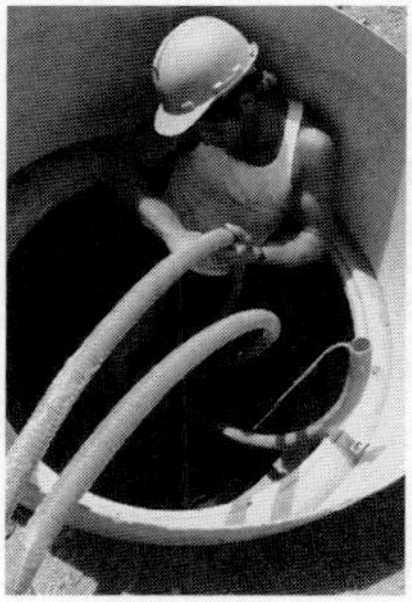

- ☐ **worker** 名 [wə́:rkər]　労働者
- ☐ **feed down**　下に降ろす
- ☐ **hose** 名 [hóuz]　ホース
- ☐ **lean against**　〜に傾く
- ☐ **side** 名 [sáid]　側
- ☐ **wear** 動 [wéər]　身に付ける
- ☐ **hardhat**　ヘルメット

1）The **worker** is **feeding down** the **hose**.
（労働者はホースを下に降ろしている）
2）The man is **leaning against** the **side**.
（男性は片方に傾いている）
3）The worker is **wearing** a **hard hat**.
（労働者はヘルメットをかぶっている）

2

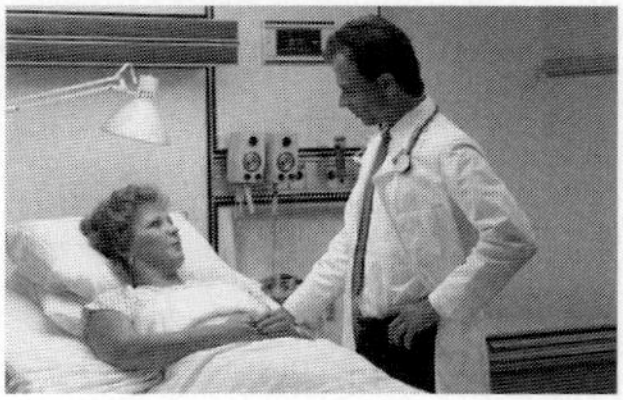

- ☐ **doctor** 名 [dáctər]　医者
- ☐ **talk to**　〜に話し掛ける
- ☐ **patient** 名 [péiʃənt]　患者
- ☐ **lie** 動 [lái]　横たわる
- ☐ **bed** 名 [béd]　ベッド
- ☐ **stethoscope**　聴診器
　名 [stéθəskòup]
- ☐ **neck** 名 [nék]　首

1）The **doctor** is **talking to** the **patient**.
（医者は患者に話しかけている）
2）The patient is **lying** in the **bed**.
（患者はベッドに横たわっている）
3）The doctor has his **stethoscope** around his **neck**.
（医者は聴診器を首に掛けている）

写真描写問題対策385単語・表現の攻略

31

3

- □ **steel worker** 溶接工
- □ **heat up** 熱を加える
- □ **something** 代 [sʌ́mθiŋ] 何か
- □ **work with** ～で働く
- □ **blast furnace** 溶鉱炉
- □ **hold on to** ～を握る
- □ **rod** 名 [rɑ́d] 長い棒

1) The **steel worker** is **heating something up**.
  （溶接工は何かに熱を加えている）
2) The man is **working with** the **blast furnace**.
  （男性は溶鉱炉で働いている）
3) The man is **holding on to** the **rod**.
  （男性は長い棒を握っている）

4

- □ **businessman** ビジネスマン
  名 [bíznəsmən]
- □ **in good spirits** 上機嫌で
- □ **newspaper** 名 [n(j)úːzpèipər] 新聞
- □ **lean on** ～にもたれる
- □ **railing** 名 [réiliŋ] 手すり
- □ **right side** 右側

1) The **businessman** is **in good spirits**.
  （ビジネスマンは上機嫌である）
2) The man is holding a **newspaper**.
  （男性は新聞を抱えている）
3) The man is **leaning on** a **railing** on his **right side**.
  （男性は右側の手すりにもたれ掛かっている）

写真描写問題対策385単語・表現の攻略

5

□ **fireman** 名 [fáiərmən]　消防士
□ **raincoat** 名 [réinkòut]　防水コート
□ **spray** 動 [spréi]　水を噴射させる
□ **protective headgear**
　ヘルメット

1) The **firemen** are wearing **raincoats**.
　（消防士は防水コートを着ている）
2) The firemen are **spraying** a building.
　（消防士はビルに水を噴射させている）
3) The firemen are wearing **protective headgear**.
　（消防士はヘルメットをかぶっている）

✒ 覚えておきたい重要関連表現

□ The girls are **skipping rope**.（女の子たちは縄跳びをしている）
□ The boy is **walking his dog**.（男の子は犬を散歩させている）
□ The people are **waving good-by**.（人々はさよならと手を振っている）
□ The farmer is **plowing the field**.（農夫は畑を耕している）
□ The woman is **combing her hair**.（女性は髪をとかしている）
□ The man is **watering the plants**.（男性は植物に水をやっている）
□ The boy is **picking his nose**.（少年は鼻をほじくっている）
□ The baby is **toddling**.（赤ちゃんはよちよち歩きをしている）
□ The man is **climbing the ladder**.（男性ははしごを登っている）
□ The man is **lying on his back**.（男性は仰向けに寝転んでいる）
□ The boy is **putting together the model**.（少年は模型を組み立てている）

写真描写問題対策385単語・表現の攻略

33

UNIT 2 オフィス／Office

1

- ☐ **younger man** 若い男性
- ☐ **listen to** 〜を聞いている
- ☐ **woman** 图 [wúmən] 女性
- ☐ **older man** 年配の男性
- ☐ **talk to** 〜に話し掛ける
- ☐ **light-colored** 明るい色の
- ☐ **jacket** 图 [dʒǽkit] ジャケット

1) The **younger man** is **listening to** the woman.
   （若い男性が女性の話を聞いている）
2) The **older man** is **talking to** two women.
   （年配の男性が2人の女性に対して話し掛けている）
3) One of the women has a **light-colored jacket.**
   （女性の1人は明るい色のジャケットを着ている）

2

- ☐ **make** 動 [méik] 〜をする
- ☐ **proposal** 图 [prəpóuzl] 提案
- ☐ **glasses** 图 [glǽsiz] 眼鏡
- ☐ **wear glasses** 眼鏡を掛ける
- ☐ **several** 形 [sévərl] 幾つかの
- ☐ **glass** 图 [glǽs] グラス
- ☐ **on the table** テーブルの上に

1) The younger man is **making** a **proposal**.
   （若い男性は何か提案をしている）
2) The older man is **wearing glasses**.
   （年配の男性は眼鏡を掛けている）
3) There are **several glasses on the table**.
   （テーブルの上に幾つかのグラスが置かれている）

写真描写問題対策385単語・表現の攻略

34

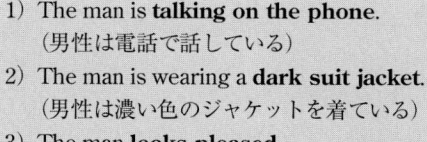

3

- □ **talk** 動 [tɔ́ːk]　話す
- □ **on the phone**　電話で
- □ **dark** 形 [dɑ́ːrk]　濃い色の
- □ **suit jacket**　スーツ
- □ **look** 動 [lúk]　～のように見える
- □ **pleased** 形 [plíːzd]　うれしい

1) The man is **talking on the phone**.
　（男性は電話で話している）
2) The man is wearing a **dark suit jacket**.
　（男性は濃い色のジャケットを着ている）
3) The man **looks pleased**.
　（男性はうれしそうである）

4

- □ **one of**　～のうちの1人
- □ **hold** 動 [hóuld]　握る
- □ **pen** 名 [pén]　ペン
- □ **briefcase**　アタッシュケース
　名 [bríːfkèis]
- □ **open** 形 [óupn]　開いている
- □ **discuss** 動 [diskʌ́s]　話し合う
- □ **paper** 名 [péipər]　書類、新聞

1) **One of** the men is **holding** a **pen**.
　（男性の1人はペンを握っている）
2) The **briefcase** is **open** on the table.
　（アタッシュケースがテーブルの上で開いている）
3) They are **discussing** something about the **paper**.
　（彼らは書類について何か話し合っている）

写真描写問題対策385単語・表現の攻略

5

☐ **right-handed**　右利きの
☐ **draw** 動 [drɔ́ː]　描く
☐ **diagram** 名 [dáiəgræ̀m]　図
☐ **beard** 名 [bíərd]　あごひげ

1) The man is **right-handed.**
　（男性は右利きである）
2) The man is **drawing** a **diagram**.
　（男性は図を描いている）
3) The man does not have a **beard**.
　（男性にあごひげはない）

✍ 覚えておきたい重要関連表現

☐ There is an executive desk **near the wall**.（壁の近くに重役用机がある）
☐ A computer is **in the corner**.（コンピューターは隅にある）
☐ The man is **wearing a jacket**.（男性は上着を着ている）
☐ The newspaper is **beside a TV**.（新聞はテレビのそばにある）
☐ **The filing cabinet** is open.（整理キャビネットは開いている）
☐ The secretary is sitting **at a desk**.（秘書は机に座っている）
☐ The secretarial desk is **against the wall.**（秘書の机は壁に付いている）
☐ The man is **receiving a business card**.（男性は名刺を受け取るところだ）
☐ A partition is **in the middle of the room**.（間仕切りが部屋の中央にある）
☐ The cabinet is **next to the locker**.（キャビネットはロッカーの隣にある）
☐ There is **a pocket calculator** on the desk.（机の上に電卓がある）
☐ The man is signing his name **below the line**.（男性は線の下に署名している）

写真描写問題対策385単語・表現の攻略

36

UNIT 3 　動物／Animals

CD1 3

1

- □ **both** 形 [bóuθ] 　両方の
- □ **animal** 名 [ǽnəml] 　動物
- □ **tag** 名 [tǽg] 　札
- □ **on one's ear** 　耳に
- □ **snuggle up to** 　～にすり寄る
- □ **calf** 名 [kǽf] 　子牛
- □ **take to one knee** 　片膝を付く

1) **Both animals** have **tags on their ears**.
　（2頭とも耳に札を付けている）
2) The woman is **snuggled up to** the **calf**.
　（女性は子牛にすり寄っている）
3) The woman has **taken to one knee**.
　（女性は片膝を付いている）

2

- □ **penguin** 名 [péŋgwin] 　ペンギン
- □ **next to** 　～の隣に
- □ **seal** 名 [siːl] 　アザラシ
- □ **a head of** 　～の群れ
- □ **in the background** 　背後に
- □ **lean towards**
　～の方に向いている
- □ **trio** 名 [trióu] 　3つ

1) Three **penguins** are **next to** the **seal**.
　（3羽のペンギンがアザラシの隣にいる）
2) There is **a head of** penguins **in the background**.
　（背後にはペンギンの群れがいる）
3) The seal is **leaning towards** the **trio**.
　（アザラシは3羽の方に向いている）

写真描写問題対策385単語・表現の攻略

37

3

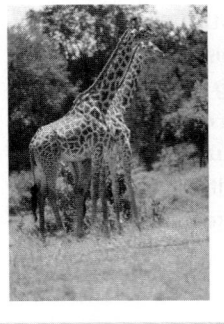

- □ **giraffe** 名 [dʒərǽf]　キリン
- □ **appear to**　～ように見える
- □ **stand still**　じっと立つ
- □ **tail** 名 [téil]　しっぽ
- □ **droop down**　垂れ下がる
- □ **spotted** 形 [spátid]　ぶちの
- □ **pattern** 名 [pǽtərn]　模様

1) The **giraffes appear to** be **standing still**.
（キリンはじっと立っているように見える）
2) The **tail** of the giraffe is **drooping down**.
（キリンのしっぽは垂れ下がっている）
3) The giraffes have a **spotted pattern**.
（キリンはぶち模様をしている）

4

- □ **chick** 名 [tʃík]　ひよこ
- □ **huddle together**　群れ集まる
- □ **stick up**　突き出す
- □ **head** 名 [héd]　頭
- □ **peck at**　～を突っつく
- □ **another** 形 [ənʌ́ðər]　別の

1) The **chicks** are **huddled together**.
（ひよこたちが群れ集まっている）
2) One chick is **sticking** its **head up**.
（1羽のひよこが頭を上に突き出している）
3) One chick is **pecking at another** one.
（1羽のひよこが別のひよこを突っついている）

5

- □ **owl** 名 [ául]　フクロウ
- □ **look straight at**　真っすぐに見る
- □ **face** 名 [féis]　顔
- □ **lack color**　無表情である
- □ **relaxed**　リラックスしている
  　形 [rilǽkst]

---

1) The **owl** is **looking straight at** you.
   （フクロウが真っすぐこちらを見ている）
2) The **face** of the owl **lacks color**.
   （フクロウは無表情である）
3) The owl appears to be very **relaxed**.
   （フクロウは非常にリラックスしているように見える）

🖉 覚えておきたい重要関連表現

- □ The snake is **crawling on the wall**.（ヘビは壁の上をはっている）
- □ The cattle are **grazing on the grass**.（牛は草を食べている）
- □ The snail is **retracting its horns**.（蝸牛は角を引っ込めようとしている）
- □ The bird is **feeding its chicks**.（鳥はひなにえさを与えている）
- □ The cat is **chasing the mouse**.（ネコがネズミを追いかけている）
- □ Butterflies are **flitting around the garden**.（チョウが庭を飛び回っている）
- □ The monkey is **swinging on the tree**.（サルが木にぶら下がっている）
- □ The spider is **spinning a web**.（クモは巣を作っている）
- □ The hawk is **hovering overhead**.（タカが上空を旋回している）
- □ The lion is **roaring**.（ライオンは吠えている）
- □ The turtle is **laying eggs**.（ウミガメは卵を生んでいる）
- □ The koala is **hanging upside down**.（コアラは逆さまにぶら下がっている）

UNIT 4　交通／ Transportation

CD1 4

写真描写問題対策385単語・表現の攻略

1

- □ **boat** 名 [bóut]　船
- □ **create** 動 [kriéit]　立てる
- □ **wave** 名 [wéiv]　波
- □ **speed** 動 [spíːd]　進む
- □ **through**　〜をかき分けて
  前 [θruː]
- □ **water** 名 [wɔ́ːtər]　水
- □ **head** 動 [héd]　進む
- □ **to the right**　右方向に

1) The **boat** is **creating waves**.
   （船が波を立てている）
2) The boat is **speeding through** the **water**.
   （船は水をかき分けて進んでいる）
3) The boat is **heading to the right**.
   （船は右方向に進んでいる）

2

- □ **crowded**　混雑している
  形 [kráudid]
- □ **only one**　たった1台
- □ **truck** 名 [trʌ́k]　トラック
- □ **on the road**　道路には
- □ **traffic** 名 [trǽfik]　交通
- □ **quite** 副 [kwáit]　かなり
- □ **congested**　渋滞している
  形 [kəndʒéstid]

1) The roads are very **crowded**.
   （道路は非常に混雑している）
2) There is **only one truck on the road**.
   （道路にはトラックが1台走っている）
3) The **traffic** is **quite congested**.
   （交通はかなり渋滞している）

3

- □ **plane** 名 [pléin]　飛行機
- □ **landing gear**　着陸装置
- □ **down** 副 [dáun]　下りている
- □ **jet engine**　ジェットエンジン
- □ **on each side**　両サイドに
- □ **wing** 名 [wíŋ]　翼
- □ **flap** 名 [flǽp]　フラップ

1) The **plane's landing gear** is **down**.
（飛行機の着陸装置が下りている）

2) The plane has two **jet engines on each side**.
（飛行機の両サイドにそれぞれ2つのジェットエンジンが付いている）

3) The **wing flaps** are down.
（翼のフラップが下りている）

4

- □ **propeller** 名 [prəpélər]　プロペラ
- □ **spin** 動 [spín]　回転する
- □ **person** 名 [pə́:rsn]　人物
- □ **cockpit**　コックピット
　　名 [kákpìt]
- □ **visible** 形 [vízəbl]　見える
- □ **seem to**　〜のようだ
- □ **get ready to**　〜する準備ができる
- □ **take off**　離陸する

1) The **propellers** are **spinning**.
（プロペラは回転している）

2) The **person** in the **cockpit** is not **visible**.
（コックピットの人物は見えない）

3) The plane **seems to** be **getting ready to take off**.
（飛行機は離陸の準備ができているようだ）

5

- □ **get into** 〜に乗り込む
- □ **taxi** 名 [tǽksi]　タクシー
- □ **cab** 名 [kǽb]　タクシー
- □ **trunk** 名 [trʌ́ŋk]　トランク
- □ **hand** 名 [hǽnd]　手
- □ **door** 名 [dɔ́ːr]　ドア

1) The woman is **getting into** the **taxi**.
（女性はタクシーに乗り込もうとしている）
2) The **cab's trunk** is open.
（タクシーのトランクは開いている）
3) The woman has her **hand** on the **door**.
（女性の手はドアに置かれている）

🗸 覚えておきたい重要関連表現

- □ The plane is **taking off**. （飛行機が離陸しようとしている）
- □ The man is **stepping down from the car**. （男性は車から降りるところだ）
- □ The train is **leaving from track 5**. （電車が5番線から発車するところだ）
- □ The passenger is **getting off at the next stop**. （その乗客は次の停留所で降りようとしている）
- □ The plane is **coming in for a landing**. （飛行機が着陸しようとしている）
- □ The woman is **hailing a taxi**. （女性はタクシーを止めようとしている）
- □ The bus is **moving into another lane**. （バスは別車線へ移ろうとしている）
- □ There are many cars **parked next to the building**. （建物の隣に車がたくさん駐車してある）
- □ **The sign says**, "No Parking." （標識には「駐車禁止」とある）
- □ The man is **getting in the car**. （男性は車に乗り込もうとしている）
- □ There is a lot of traffic **on the road**. （道は渋滞している）

UNIT 5 スポーツ／Sports

CD1 5

1

- □ **pitcher** 名 [pítʃər]　ピッチャー
- □ **check** 動 [tʃék]　確認する
- □ **sign** 名 [sáin]　サイン
- □ **throw** 動 [θróu]　投げる
- □ **ball** 名 [bɔ́:l]　ボール
- □ **stand** 動 [stǽnd]　立つ
- □ **pitcher's mound**
　ピッチャーマウンド

1) The **pitcher** is **checking** the **signs**.
（ピッチャーはサインを確認している）
2) The man is getting ready to **throw** the **ball**.
（男性はボールを投げる準備ができている）
3) The player is **standing** on the **pitcher's mound**.
（選手はピッチャーマウンドに立っている）

2

- □ **the man up front**　先頭の男性
- □ **be in the lead**　リードしている
- □ **bicycle** 名 [báisəkl]　自転車
- □ **right-hand side**　右側
- □ **some** 形 [səm/sʌ́m]　幾つかの
- □ **curve** 名 [kə́:rv]　曲がり角

1) **The man up front is in the lead**.
（先頭の男性がリードしている）
2) All the **bicycles** are on the **right-hand side**.
（すべての自転車は右側を通行している）
3) The road has **some curves** in it.
（道は何度かカーブしている）

写真描写問題対策385単語・表現の攻略

43

3

- □ **climb** 動 [kláim]　登る
- □ **the face of the mountain**　山肌
- □ **shirt** 名 [ʃə́ːrt]　シャツ
- □ **safety rope**　安全ロープ
- □ **tied to**　〜につながれた

1) The man is **climbing the face of the mountain**.
（男性は山肌を登っている）
2) The man is not wearing a **shirt**.
（男性はシャツを着ていない）
3) There are no **safety ropes tied to** the man.
（男性は安全ロープにつながれていない）

4

- □ **score** 動 [skɔ́ːr]　得点する
- □ **touchdown**　タッチダウン
  　名 [tʌ́tʃdàun]
- □ **football** 名 [fútbɔ̀ːl]　フットボール
- □ **over one's head**　頭上で
- □ **football player**　フットボール選手
- □ **celebrate** 動 [séləbrèit]　喜ぶ
- □ **successful** 形 [səksésfl]　成功した
- □ **play** 名 [pléi]　プレー

1) The player has just **scored** a **touchdown**.
（選手はタッチダウンしたところである）
2) The player is holding the **football over his head**.
（選手は頭上でフットボールをつかんでいる）
3) The **football player** is **celebrating** a **successful play**.
（選手はうまくいったプレーを喜んでいる）

5

- ☐ **open** 動 [óupn] 開く
- ☐ **parachute** パラシュート
  名 [pǽrəʃùːt]
- ☐ **yet** 副 [jét] まだ
- ☐ **skydiver** スカイダイバー
  名 [skáidàivər]
- ☐ **leave** 動 [líːv] 離れる
- ☐ **a couple of** 2つの
- ☐ **wear white** 白を着る

1) No one has **opened** a **parachute yet**.
   (だれもまだパラシュートを開いていない)
2) One **skydiver** is just **leaving** the plane.
   (1人のスカイダイバーは今飛行機を離れようとしている)
3) **A couple of** skydivers are **wearing white**.
   (2人のスカイダイバーは白を着ている)

✔ 覚えておきたい重要関連表現

- ☐ The man is **jogging**. (男性はジョギングをしている)
- ☐ The woman is **swinging a golf club**. (女性はゴルフクラブを振っている)
- ☐ The athlete is **sprinting**. (選手は全力疾走している)
- ☐ The woman is **swimming the backstroke**. (女性は背泳ぎをしている)
- ☐ The man is **paddling a canoe**. (男性はカヌーを漕いでいる)
- ☐ The children are **slipping on the ice**. (子供たちは氷の上で滑っている)
- ☐ The athlete is **leaping over the bar**. (選手はバーを跳び越えている)
- ☐ The man is **steering a cruiser**. (男性はクルーザーを操縦している)
- ☐ The people are **sky-diving**. (人々はスカイダイビングをしている)
- ☐ The boys are **playing catch**. (少年たちはキャッチボールをしている)
- ☐ The woman is **doing push-ups**. (女性は腕立て伏せをしている)
- ☐ The man is **climbing the wall**. (男性は壁を登っている)

UNIT 6 風景／Scenery

CD1 6

写真描写問題対策385単語・表現の攻略

1

- □ **flash** 名 [flǽʃ] 閃光
- □ **light up** 照らし出す
- □ **sky** 名 [skái] 空
- □ **bolt** 名 [bóult] 稲妻
- □ **in the middle** 真ん中の
- □ **bright** 形 [bráit] 明るい
- □ **lightning** 名 [láitniŋ] 稲妻
- □ **streak** 動 [strí:k] 走る
- □ **downward** 副 [dáunwərd] 下に

1) The **flashes light up** the **sky**.
   （閃光が空を照らし出している）
2) The **bolts in the middle** are the **brightest**.
   （真ん中の稲妻が一番明るい）
3) The **lightning** is **streaking downward**.
   （稲妻は下に向かって走っている）

2

- □ **be filled with** ～で覆われている
- □ **cloud** 名 [kláud] 雲
- □ **sun** 名 [sán] 太陽
- □ **set** 動 [sét] 沈む
- □ **in the distance** 遠くで
- □ **tree** 名 [trí:] 木
- □ **limb** 名 [lím] 幹
- □ **in the foreground** 前方に

1) The sky **is filled with clouds**.
   （空は雲で覆われている）
2) The **sun** is **setting in the distance**.
   （太陽が遠くで沈もうとしている）
3) There is a **tree limb in the foreground**.
   （前方に木の幹が突き出ている）

46

3

- [ ] **road** 图 [róud]　道
- [ ] **a lot of**　たくさんの～
- [ ] **bend** 图 [bénd]　曲がり角
- [ ] **cut into**　切り込む
- [ ] **mountainside**　山側
  图 [máuntinsàid]
- [ ] **left-hand side**　左側
- [ ] **dangerous**　危険な
  形 [déindʒərəs]

1) The **road** has **a lot of bends** in it.
   （道は何度も曲がりくねっている）
2) The road **cuts into** the **mountainside**.
   （道は山側に切り込んでいる）
3) The **left-hand side** is very **dangerous**.
   （左側は非常に危険である）

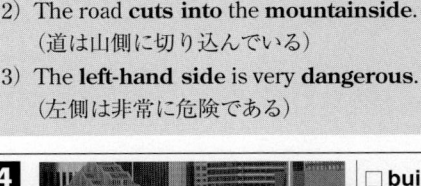

4

- [ ] **building** 图 [bíldiŋ]　ビル
- [ ] **seem** 動 [síːm]　～のように見える
- [ ] **together** 副 [təgéðər]　一緒に
- [ ] **numerous** 形 [n(j)úːmərəs]　多くの
- [ ] **skyscraper** 图 [skáiskrèipər]
  高層ビル
- [ ] **photo** 图 [fóutou]　写真
- [ ] **in the background**　後ろにある
- [ ] **tall** 形 [tɔ́ːl]　高い

1) The **buildings seem** crowded **together**.
   （ビル群が密接して立っているように見える）
2) There are **numerous skyscrapers** in the **photo**.
   （写真には多くの高層ビルが写っている）
3) The buildings **in the background** are **taller**.
   （後ろにあるビル群の方が高い）

写真描写問題対策３８５単語・表現の攻略

5

- ☐ **clock** 名 [klák] 時計
- ☐ **read** 動 [ríːd] 〜と読める
- ☐ **quarter of eleven** 11時15分前
- ☐ **people** 名 [píːpl] 人
- ☐ **further** 副 [fáːrðər] さらに
- ☐ **down** 副 [dáun] 向こうに
- ☐ **walkway** 名 [wɔ́ːkwèi] 通路
- ☐ **ornate** 形 [ɔːrnéit] 装飾された

1) The **clock reads** about **quarter of eleven**.
   （時計はおよそ11時15分前である）
2) There are two **people further down** the **walkway**.
   （通路の向こうに2人の人がいる）
3) The clock is very **ornate**.
   （時計はかなり装飾されている）

✍ 覚えておきたい重要関連表現

☐ There are no clouds **in the sky**. （空には雲1つない）
☐ The mountain is capped **with snow**. （山の頂には雪が積もっている）
☐ A strong wind is **blowing**. （強風が吹いている）
☐ The river is **overflowing its banks**. （川が土手にはんらんしている）
☐ The moon is **shining on the water**. （月が水面に写っている）
☐ There is a huge tree **near the barn**. （その納屋の近くに巨大な木がある）
☐ Water is **gushing out high in the air**. （水が激しく空中に吹き上げている）
☐ The stars are **twinkling in the sky**. （星が空にまたたいている）
☐ There are some ducks **on the pond**. （池に何羽かアヒルが浮かんでいる）
☐ It is **pouring outside**. （外はどしゃぶりである）
☐ The cherry blossoms are **in full bloom**. （桜の花が満開である）
☐ There is a suspension bridge **over the river.** （川の上につり橋が架かっている）

写真描写問題対策385単語・表現の攻略

UNIT 7 物／Objects

1

- □ **different** 形 [dífərənt]　違う
- □ **form** 名 [fɔ́ːrm]　種類
- □ **currency** 名 [kə́ːrənsi]　通貨
- □ **lying** 形 [láiiŋ]　置かれている
- □ **cap** 名 [kǽp]　キャップ
- □ **off** 副 [ɔ́(ː)f]　外れて
- □ **calculator** 名 [kǽlkjəlèitər]　計算機
- □ **a ten dollar bill**　10ドル札

1) There are **different forms** of **currency lying** on the table.
　（食卓の上に違う種類の通貨が置かれている）
2) The **cap** of the pen is **off**.
　（ペンのキャップが外れている）
3) The **calculator** is on **a ten dollar bill**.
　（計算機が10ドル札の上に置かれている）

2

- □ **grape** 名 [gréip]　ブドウ
- □ **look ripe**　熟れたようだ
- □ **picking** 名 [píkiŋ]　摘み取り
- □ **a bunch of**　一房の〜
- □ **surrounded by**　〜に囲まれた
- □ **leaves** 名　leaf（葉）の複数形
- □ **these** 代　this（この）の複数形
- □ **still** 副 [stíl]　まだ
- □ **vine** 名 [váin]　つる

1) The **grapes look ripe** for **picking**.
　（ブドウは熟れて摘みごろである）
2) There is **a bunch of** grapes **surrounded by leaves**.
　（葉に囲まれたブドウの房がある）
3) **These** grapes are **still** on the **vine**.
　（ブドウはまだつるにぶら下がっている）

写真描写問題対策385単語・表現の攻略

49

3

- ☐ **knife** 名 [náif]　ナイフ
- ☐ **use** 動 [júːz]　使う
- ☐ **cream** 名 [kríːm]　クリーム
- ☐ **coffee** 名 [kɔ́(ː)fi]　コーヒー
- ☐ **on top of**　〜の上に

1) The **knife** has been **used**.
　（ナイフは使われた後である）
2) There is no **cream** in the **coffee**.
　（コーヒーにクリームは入っていない）
3) The pen is **on top of** the paper.
　（ペンは新聞の上に載っている）

4

- ☐ **bottle** 名 [bátl]　ビン
- ☐ **stack** 動 [stǽk]　積み上げる
- ☐ **on one's sides**　横向けで
- ☐ **different kinds of**　違う種類の
- ☐ **colored** 形 [kʌ́lərd]　色の
- ☐ **foil** 名 [fɔ́il]　せん
- ☐ **only one bottle**　1ビンだけ
- ☐ **on the top row**　列の一番上に

1) The **bottles** are **stacked on their sides**.
　（ビンが横向けで積み上げられている）
2) The bottles have all **different kinds of colored foil**.
　（ビンにはすべて違う色のせんが付いている）
3) There is **only one bottle on the top row**.
　（列の一番上には1本だけビンが載っている）

5

□ **key** 图 [kíː]　鍵
□ **older style**　旧式のもの
□ **be set on**　〜につなげられている
□ **ring** 图 [ríŋ]　リング
□ **two of**　〜のうちの2つ
□ **small** 形 [smɔ́ːl]　小さい

1) One of the **keys** is an **older style**.
　（鍵のうちの1本は旧式のものである）
2) The keys **are set on** a **ring**.
　（鍵はリングにつなげられている）
3) **Two of** the keys are very **small**.
　（鍵のうちの2本が小さい）

⚡ 覚えておきたい重要関連表現

□ The table is **in the center of the room**.（テーブルは部屋の真ん中にある）
□ The waste basket is **under the table**.（ゴミ箱がテーブルの下にある）
□ The television is **on**.（テレビのスイッチがついている）
□ There are several magazines **in the box**.（箱に雑誌が数冊入っている）
□ The table is set **for tea**.（テーブルにはお茶の用意ができている）
□ There are no windows **in the room**.（部屋には窓がない）
□ There is a picture **on the wall**.（壁に絵が掛かっている）
□ The bookshelf is **across the desk**.（本棚は机の向かいにある）
□ There is a waste basket **by the window**.（窓のそばにゴミ箱がある）
□ The pencil case is **open**.（筆箱は開いている）
□ There is a printer **beside the copy machine**.（コピー機のそばにプリンターがある）

写真描写問題対策385単語・表現の攻略

UNIT 8　クローズアップ／Zoom up

CD1 8

1

- ☐ **a lot of money**　多くのお金
- ☐ **fan out**　扇形に広げる
- ☐ **wallet** 名 [wálət]　財布
- ☐ **have money in**
　〜に金が入っている
- ☐ **nothing but**　〜以外何もない

1) The person has **a lot of money.**
（その人物は多くのお金を持っている）
2) The person is **fanning out** the bills.
（その人は札を扇形に広げている）
3) The **wallet** seems to **have nothing but money in** it.
（財布の中にはお金以外何も入っていないようだ）

2

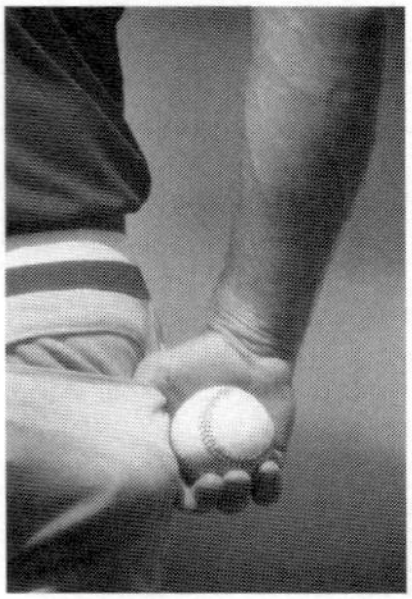

- ☐ **thumb** 名 [θÁm]　親指
- ☐ **pocket** 名 [pákət]　ポケット
- ☐ **finger** 名 [fíŋgər]　指
- ☐ **cup around**　カップ状に握る
- ☐ **picture** 名 [píktʃər]　写真
- ☐ **baseball player**　野球選手
- ☐ **arm** 名 [ɑ́:rm]　腕

1) The player's **thumb** is in his **pocket.**
（選手の親指はポケットに入っている）
2) Three **fingers** are **cupped around** the ball.
（3本の指がボールをカップ状に握っている）
3) This is obviously a **picture** of a **baseball player's arm.**
（これは明らかに野球選手の腕の写真である）

52

3

- ☐ **fountain pen** 万年筆
- ☐ **information** 情報
  - 名 [ìnfərméiʃən]
- ☐ **deed** 名 [díːd] 権利書
- ☐ **type** 動 [táip] タイプする
- ☐ **left-handed** 左利きの
  - 形 [léfthǽndid]

1) The person is holding a **fountain pen**.
   （その人は万年筆を握っている）
2) The **information** on the **deed** has been **typed**.
   （権利書の内容はタイプされている）
3) The person is probably **left-handed**.
   （その人はおそらく左利きだろう）

4

- ☐ **close-up** 名 [klóusʌp] 拡大写真
- ☐ **denomination** 券種
  - 名 [dinàmənèiʃən]
- ☐ **code number** コード番号

1) This is a **close-up** of a bill.
   （これは紙幣の拡大写真である）
2) The **denomination** is clearly visible.
   （紙幣の券種ははっきりと見える）
3) The **code number** is on the left-hand side of the photo.
   （紙幣の番号は写真の左側に写っている）

写真描写問題対策385単語・表現の攻略

5

□ **turbojet** (= turbojet engine)
　名 [tə́:rboudʒèt]　ターボジェットエンジン
□ **spiral** 形 [spáiərəl]　螺旋状の
□ **design** 名 [dizáin]　デザイン
□ **tip** 名 [típ]　先端
□ **casing** 名 [kéisiŋ]　縁
□ **circular**　丸くなった
　形 [sə́:rkjulər]

1) This is a **turbojet** engine to a plane.
　（これは飛行機のターボジェットエンジンである）
2) There is a **spiral design** on the **tip**.
　（先端は螺旋状になっている）
3) The **casing** of this object is **circular**.
　（この物体の縁は丸くなっている）

📝 覚えておきたい重要関連表現

□ The boy is leaning **out of the window**.（少年は窓から身をのり出している）
□ The man is standing **at the door**.（男性はドアの所に立っている）
□ There is a big waterfall **above the bridge**.（橋の上流に大きな滝がある）
□ The man is walking **along the river**.（男性は川に沿って歩いている）
□ The man is coming **into the house**.（男性はその家に入ろうとしている）
□ The boy is standing **with his cap on**.（少年は帽子をかぶり立っている）
□ The building **across the road** is a bank.（道の向こうの建物は銀行です）
□ The river flows **through this state**.（川はこの州を流れている）
□ There is a box **in front of the woman**.（女性の前に箱がある）
□ The woman is sitting **by the boy**.（女性は少年のそばに座っている）
□ The cat is jumping **off the fence**.（ネコは柵から飛び降りようとしている）
□ The bank is **between two buildings**.（銀行は2つのビルの間にある）

REVIEW TEST ...1

1. The man is _____ against the side.
   (A) jumping   (B) leaning
   (C) lying   (D) striking

2. The man is working with the _____ furnace.
   (A) blade   (B) bleed
   (C) block   (D) blast

3. The firemen are _____ a building.
   (A) spraying   (B) dropping
   (C) spanking   (D) dripping

4. There are _____ on the table.
   (A) a pair of glasses   (B) much glass
   (C) several glasses   (D) few glasses

5. The _____ is open on the table.
   (A) cart   (B) cupboard
   (C) briefcase   (D) drawer

写真描写問題対策385単語・表現の攻略

正解 1.（B） 2.（D） 3.（A） 4.（C） 5.（C）

1. 男性は片方に傾いている。
2. 男性は溶鉱炉で働いている。
3. 消防士はビルに水を噴射させている。
4. テーブルの上に幾つかのグラスが置かれている。
5. アタッシュケースがテーブルの上で開いている。

参照➡ 1.（U1-1） 2.（U1-3） 3.（U1-5） 4.（U2-2） 5.（U2-4）

55

REVIEW TEST ...2

6. The woman has taken to one _____.
   (A) head   (B) knee
   (C) finger   (D) shin

7. Three penguins are _____ the seal.
   (A) above   (B) on
   (C) under   (D) next to

8. One chick is _____ at another one.
   (A) packing   (B) pecking
   (C) peeling   (D) peeping

9. The traffic is quite _____.
   (A) digested   (B) suggested
   (C) congested   (D) ingested

10. The plane seems to be getting ready to _____.
    (A) take off   (B) take over
    (C) take on   (D) take in

正解 6.（B） 7.（D） 8.（B） 9.（C） 10.（A）

6. 女性は片膝を付いている。
7. 3匹のペンギンがアザラシの隣にいる。
8. 1羽のひよこが別のひよこを突っついている。
9. 交通はかなり渋滞している。
10. 飛行機は離陸の準備ができているようだ。

参照⊜ 6.（U3-1） 7.（U3-2） 8.（U3-4） 9.（U4-2） 10.（U4-4）

REVIEW TEST
...3

11. The man up _____ is in the lead.
    - (A) back
    - (B) down
    - (C) front
    - (D) over

12. The man is climbing the _____ of the mountain.
    - (A) forehead
    - (B) face
    - (C) arm
    - (D) leg

13. One skydiver is just _____ the plane.
    - (A) climbing
    - (B) keeping
    - (C) changing
    - (D) leaving

14. The sky is _____ with clouds.
    - (A) filled
    - (B) equipped
    - (C) provided
    - (D) furnished

15. There are numerous _____ in the photo.
    - (A) bushes
    - (B) streams
    - (C) skyscrapers
    - (D) machines

写真描写問題対策３８５単語・表現の攻略

正解 11. (C) 12. (B) 13. (D) 14. (A) 15. (C)

11. 先頭の男性がリードしている。
12. 男性は山肌を登っている。
13. 1人のスカイダイバーは今飛行機を離れようとしている。
14. 空は雲で覆われている。
15. 写真には多くの高層ビルが写っている。

参照 11. (U5-2) 12. (U5-3) 13. (U5-5) 14. (U6-2) 15. (U6-4)

57

REVIEW TEST
...4

16. The cap of the pen is _____.
    (A) off   (B) on
    (C) up   (D) in

17. There is only one bottle on the top _____.
    (A) rue   (B) roe
    (C) row   (D) rod

18. The person is _____ out the bills.
    (A) feeding   (B) fetching
    (C) fanning   (D) flowing

19. The player's _____ is in his pocket.
    (A) wrist   (B) forefinger
    (C) thumb   (D) limb

20. The _____ is clearly visible.
    (A) description   (B) denomination
    (C) degeneration   (D) deduction

写真描写問題対策３８５単語・表現の攻略

正解 16. （A） 17. （C） 18. （C） 19. （B） 20. （B）

16. ペンのキャップが外れている。
17. 列の一番上には１本だけビンが積まれている。
18. その人は札を扇形に広げている。
19. 選手の親指はポケットに入っている。
20. 紙幣の券種ははっきりと見える。

参照➡ 16. （U7-1） 17. （U7-4） 18. （U8-1） 19. （U8-2） 20. （U8-4）

第2章

Part 2
応答問題の単語と表現

この章で学ぶ単語・表現と学習法

単語・表現

　Part 2は応答問題です。質問や発言に対して、最も自然な答え方を選択する問題です。ここでは、ややビジネス色の強い語彙表現が見られるものの、日常的なものが大半を占めています。かなり難しい単語は知っていても、案外日常的に当たり前に用いられている表現に弱いという人も結構多いようです。この機会に口語表現の補充・強化を図ってください。

学習法

1) まずは耳で対話を聞いて、意味が理解できるか確認する。
2) 何度か聞いた後、テキストで英文の意味と内容を確認する。
3) 分からない単語の意味を訳文でチェックし覚える。
4) 自然な感じで聞き通せるようになるまで繰り返し聞く。
5) Set Expressions（決まり文句）は丸ごと覚えて、日常の会話に生かす。
6) 定期的に見直して自動的に表現が浮かんでくるようになるまで練習する。

応答問題

…UNIT 学習チェック一覧…

- ☐ 1 相手に依頼するときの表現
- ☐ 2 相手に許可を求めるときの表現
- ☐ 3 勧誘に対する返答
- ☐ 4 Yes/No で答えられる質問（1）完了形
- ☐ 5 Yes/No で答えられる質問（2）do/does/did
- ☐ 6 Yes/No で答えられる質問（3）be動詞
- ☐ 7 Yes/No で答えられる質問（4）can／will その他
- ☐ 8 否定で始まる疑問文
- ☐ 9 When で始まる質問
- ☐ 10 What で始まる質問
- ☐ 11 What ＋名詞で始まる質問
- ☐ 12 How で始まる質問
- ☐ 13 How ＋副詞／形容詞で始まる質問
- ☐ 14 Why で始まる質問
- ☐ 15 Which で始まる質問
- ☐ 16 Where で始まる質問
- ☐ 17 Yes や No を意味する別の表現
- ☐ 18 同意・受諾の表現（1）
- ☐ 19 同意・受諾の表現（2）
- ☐ 20 反対・断りの表現（1）
- ☐ 21 反対・断りの表現（2）
- ☐ 22 あいまいな態度・間をつなぐ表現
- ☐ 23 相手の言ったことを聞き返す表現

UNIT 1 相手に依頼するときの表現

CD1 9

☐ Could you turn down the lights, please?	明りを少し暗くしていただけますか。
☐ Do you mind if I take next Friday off?	来週の金曜日に休みをもらってもいいですか。
☐ Can you please take your seat now?	今着席していただけますか。
☐ Would you run this over to the post office?	一っ走り郵便局まで行ってもらえますか。
☐ Will you put me through to Mr. Toyama?	遠山さんにつないでいただけますか。

A: **Could you turn down the lights, please?**
B: Yeah, no problem. （はい、分かりました）

A: **Do you mind if I take next Friday off?**
B: I have no problem with that. （問題ないと思いますよ）

A: **Can you please take your seat now?**
B: Could you give me a second? （ちょっとお待ちいただけますか）

A: **Would you run this over to the post office?**
B: No sweat. （お安いご用です）

A: **Will you put me through to Mr. Toyama?**
B: I'm sorry. He is out at the moment. （申し訳ありません。今席を外しております）

応答問題対策221表現の攻略

📝 覚えておきたい重要関連表現

☐ **Do you mind if I ask you something?**	お尋ねしてもよろしいですか。
☐ **Would you let me finish?**	先に終わらせてもいいですか。
☐ **Can you alter this dress?**	このドレスを手直ししてください。
☐ **Will you do me a favor?**	お願いしてよろしいですか。

61

UNIT 2　相手に許可を求めるときの表現

CD1 10

☐ Can I finish this report on Monday?	このレポートを終えるのは月曜日でもいいですか。
☐ May I have a word with you?	お話があるんですが。
☐ Can I have something cold to drink?	冷たい物をいただけますか。
☐ May I try it on before I buy it?	買う前に試着させていただいてよろしいですか。
☐ May I interrupt?	お邪魔してよろしいですか。

A: **Can I finish this report on Monday?**
B: It's up to you.（君次第だね）

A: **May I have a word with you?**
B: I'm busy now.（今忙しいんです）

A: **Can I have something cold to drink?**
B: Help yourself. The drinks are in the fridge.（どうぞ。冷蔵庫に入っていますから）

A: **May I try it on before I buy it?**
B: Sure.（どうぞ）

A: **May I interrupt?**
B: Do we have a choice?（選択の余地はあるの）

応答問題対策221表現の攻略

✔ 覚えておきたい重要関連表現

☐ May I speak to Mr. Yamada?	山田さんをお願いできますか。
☐ May I bother you for a moment?	ちょっとお願いしたいんですが。
☐ Could I see Mr. Tanaka, please?	田中さんにお目にかかれますか。
☐ May I take your order, sir?	ご注文をお伺いしてよろしいですか。

62

UNIT 3　勧誘に対する返答

CD1 11

☐ **Would you like to go out dancing tonight?**	今夜、踊りに行きませんか。
☐ **Why don't we stay home tonight?**	今夜はうちにいようよ。
☐ **I was thinking, if you had time, we could have dinner or something.**	夕食でもご一緒できると思っていたのですが。
☐ **How about going to Jamaica this year?**	今年はジャマイカに行こうよ。
☐ **Let's stop at a noodle stand.**	立食いそばやでも寄っていこうか。

A: **Would you like to go out dancing tonight?**
B: I can't. My foot hurts. （駄目よ。足が痛いんだから）

A: **Why don't we stay home tonight?**
B: That's a good idea. （それは名案だ）

A: **I was thinking, if you had time, we could have dinner or something.**
B: That would be nice. （それはいいですね）

A: **How about going to Jamaica this year?**
B: That's okay by me. （私はそれでいいわよ）

A: **Let's stop at a noodle stand.**
B: I'd prefer a sit-down meal. （座った食事の方がいいよ）

応答問題対策２２１表現の攻略

🗸 覚えておきたい重要関連表現

☐ **Would you like another beer?**	ビールもう1杯どうですか。
☐ **You'd better have a complete physical.**	完全な健康診断を受けた方がいいですよ。
☐ **Would you care for something to drink while you wait?**	お待ちの間、何かお飲み物でもいかがですか。
☐ **What do you say to seeing a movie?**	映画を見るというのはどうですか。

UNIT 4　Yes/Noで答えられる質問 (1) 完了形

CD1 12

☐ Have you any idea how much trouble you've put me through?	君が僕にどれだけ迷惑を掛けたか分かっているのかい。
☐ Have you seen Rick's new love nest yet?	リックの新居もう見た？
☐ Have you been sleeping well?	よく眠れていますか。
☐ Have you heard anything about the restructuring plans?	リストラ計画について何か聞きましたか。
☐ Has Tim ever been told that he looks like Mike?	ティムはマイクに似てるって言われたことがないかな。

A: **Have you any idea how much trouble you've put me through?**
B: Again, I apologize.（ごめん、もう1度謝るよ）

A: **Have you seen Rick's new love nest yet?**
B: No, I haven't had the pleasure.（いいえ、それがまだなんですよ）

A: **Have you been sleeping well?**
B: No, I have trouble falling asleep.（いいえ、なかなか寝付けないんです）

A: **Have you heard anything about the restructuring plans?**
B: Most of us are going to get the ax.（われわれの多くがクビになるようですね）

A: **Has Tim ever been told that he looks Mike?**
B: Yeah, all the time.（うん、いつも言われているよ）

✔ 覚えておきたい重要関連表現

☐ **Have you been to Turkey?**	トルコに行ったことがありますか。
☐ **Have you seen Jim lately?**	最近、ジムに会いましたか。
☐ **Have you finished preparing for the presentation yet?**	プレゼンテーションの準備はもう終わりましたか。
☐ **Have you had any trouble with this photocopier?**	このコピー機で問題が生じたことがありますか。

64

UNIT 5　Yes/No で答えられる質問 (2) do/does/did

CD1 13

☐ **Does this need to be done in pen or pencil?**
ペンと鉛筆のどちらで書いた方がいいですか。

☐ **Did anyone tell you why Jim got arrested last night?**
昨夜ジムが逮捕された理由をだれ君に話したかい。

☐ **Did you get over your cold?**
風邪は治りましたか。

☐ **Do these shoes match my pants?**
この靴はパンツに合うかしら。

☐ **Did you accept the bribe?**
わいろを受け取ったんですか。

A: **Does this need to be done in pen or pencil?**
B: Either is okay. （どちらでも構いませんよ）

A: **Did anyone tell you why Jim got arrested last night?**
B: Apparently for drunk driving. （明らかに酔っぱらい運転だね）

A: **Did you get over your cold?**
B: No, I still have a slight fever. （いいえ、まだ少し熱があります）

A: **Do these shoes match my pants?**
B: I don't think you have anything to worry about. （何も気にするところはないと思うよ）

A: **Did you accept the bribe?**
B: Of course not! （もちろん、受け取ったりはしないさ）

応答問題対策221表現の攻略

✐ 覚えておきたい重要関連表現

☐ **Does this shirt look OK on me?**
このシャツ似合いますか。

☐ **Did you have a bowel movement today?**
今日お通じがありましたか。

☐ **Do I need to make a reservation?**
予約の必要はありますか。

☐ **Did you hand in the sales report?**
営業報告を提出しましたか。

☐ **Did you have enough?**
十分食べましたか。

65

UNIT 6　Yes/No で答えられる質問 (3) be 動詞

CD1 14

☐ Are you coming into work today?	今日は出勤する予定ですか。
☐ Is this your first visit to this hospital?	この病院は初めてですか。
☐ Are you feeling okay?	気分はどうですか。
☐ Is there an electrical outlet?	コンセントはありますか。
☐ Is it difficult to obtain a driving license where you're from?	あなたの国で運転免許を取るのは難しいですか。

A: **Are you coming into work today?**
B: I was planning to, why?（そのつもりだけど、どうして）

A: **Is this your first visit to this hospital?**
B: Yes, I've never been here before.（はい、初めてです）

A: **Are you feeling okay?**
B: I'm a little better, but I've still got a headache.（少し良くなったけど、まだ頭が痛みます）

A: **Is there an electrical outlet?**
B: Yeah. It's right here.（はい、ここですよ）

A: **Is it difficult to obtain a driving license where you're from?**
B: Yes, the test is extremely tricky.（はい、テストはひどく間違いを誘うものです）

覚えておきたい重要関連表現

☐ **Is there a post office nearby?**	近くに郵便局はありますか。
☐ **Are you happy in your job?**	仕事に満足していますか。
☐ **Are you ready for tomorrow's test?**	明日のテストの準備できていますか。
☐ **Is the position still open?**	その職はまだ空いていますか。

UNIT 7　Yes/No で答えられる質問（4）can/will その他

CD1 15

☐ So, can you meet me down at the bowling alley tonight?	今夜、ボーリング場で会いましょうか。
☐ Will you be able to finish the report by the day after tomorrow?	レポートを明後日までに仕上げられると思いますか。
☐ Must I fill in all the blanks here?	全部書き込むんですか。
☐ Can children under six ride free?	6歳以下は無料で乗れますか。
☐ Will it stop raining soon?	雨はすぐにやむでしょうか。

A: **So, can you meet me down at the bowling alley tonight?**
B: Only if you promise not to bring Steve.（スティーブを連れてこないって約束するならね）

A: **Will you be able to finish the report by the day after tomorrow?**
B: Maybe not.（たぶん無理でしょう）

A: **Must I fill in all the blanks here?**
B: No, just your name, address, and phone number will be fine.（いいえ、名前と住所と電話番号だけでいいですよ）

A: **Can children under six ride free?**
B: Yes, they can.（はい、乗れます）

A: **Will it stop raining soon?**
B: Come again?（何と言いましたか）

応答問題対策221表現の攻略

✔ 覚えておきたい重要関連表現

☐ **Can you play the guitar?**	ギターは弾けますか。
☐ **Will it take more than four weeks to get the product?**	その製品が手に入るまで4週間以上かかるでしょうか。
☐ **Should I pay on the bus?**	乗ってから払うんですか。
☐ **Will the patient get well soon?**	その患者はすぐ良くなるでしょうか。

67

UNIT 8　否定で始まる疑問文

CD1 16

☐ Can't he speak Japanese?	彼は日本語話せないんですか。
☐ Wasn't that an exciting movie?	エキサイティングな映画でしたね。
☐ Don't you think Mr. Yamanaka is very sharp?	山中さんは本当に頭が切れると思いませんか。
☐ Wasn't that case closed?	その件は解決したんじゃなかったの。
☐ Can't you see this 'Non-Smoking' sign?	「禁煙」のサインが見えないの。

A: **Can't he speak Japanese?**
B: I'm not sure?（さあ）

A: **Wasn't that an exciting movie?**
B: Wasn't it, though.（本当ですね）

A: **Don't you think Mr. Yamanaka is very sharp?**
B: You can say that again.（本当にそうですね）

A: **Wasn't that case closed?**
B: No, we're still working on it.（いいえ、私たちはまだ取り組んでいます）

A: **Can't you see this 'Non-Smoking' sign?**
B: Oh, I'm sorry.（ああ、すいません）

応答問題対策221表現の攻略

覚えておきたい重要関連表現

☐ Don't you think?	そう思わないか。
☐ Won't you sit down, please?	どうぞ、着席してください。
☐ Wouldn't it be nice?	すてきじゃないですか。
☐ Don't you know the sales manager has resigned?	営業部長が辞職したことを知らないんですか。
☐ Can't you pay more attention to your appearance?	君のその格好、もう少しなんとかなりませんか。

68

UNIT 9　Whenで始まる質問

CD1 17

☐ **When are we supposed to return this video?** | このビデオいつ返却することになっているの。

☐ **When will you be able to give me a hand with my homework?** | 僕の宿題だけど、いつ手伝ってもらえるのかなあ。

☐ **When did you get an MBA?** | いつMBAを取得したの。

☐ **When do we have to hand our research papers in by?** | リサーチペーパーはいつ提出するんですか。

☐ **When do you think your sister will graduate from college?** | 君の妹はいつ大学を卒業できると思う？

A: **When are we supposed to return this video?**
B: By 11 p.m. tonight.（今夜11時までだよ）

A: **When will you be able to give me a hand with my homework?**
B: As soon as I'm done doing the dishes.（お皿を洗い終わったらすぐね）

A: **When did you get an MBA?**
B: In 1995.（1995年です）

A: **When do we have to hand our research papers in by?**
B: Two weeks from today.（今日から2週間後だよ）

A: **When do you think your sister will graduate from college?**
B: At this rate, maybe never.（この調子じゃ、たぶん一生無理だね）

✔ 覚えておきたい重要関連表現

☐ **When is school over today?** | 今日は何時に学校が終わりますか。
☐ **When were you in France?** | フランスにいたのはいつですか。
☐ **When do you close?** | お店は何時に閉店ですか。
☐ **When is the new department store's grand opening?** | 新しいデパートの開店はいつですか。

応答問題対策221表現の攻略

69

UNIT 10　What で始まる質問

CD1 18

☐ **What are the chances of you getting the promotion?**	あなたが昇進する見込みはどうなんですか。
☐ **What's the charge?**	おいくらですか。
☐ **What makes you think that we're going to be late?**	どうして私たちが遅れそうだと思うの。
☐ **What's on the tube tonight?**	今夜のテレビは何があるの。
☐ **What is going on with the construction of the new stadium?**	新しいスタジアムの建設はどうなっているんですか。

A: **What are the chances of you getting the promotion?**
B: Slim to none.（まずないね）

A: **What's the charge?**
B: Just a minute, please.（少々お待ちください）

A: **What makes you think that we're going to be late?**
B: Well, just look at this traffic.（どうしてって、この渋滞を見てみろよ）

A: **What's on the tube tonight?**
B: I think there's a mystery movie.（ミステリー映画があると思うよ）

A: **What is going on with the construction of the new stadium?**
B: It was stopped due to lack of money.（資金不足で中止になったんですよ）

🖉 覚えておきたい重要関連表現

☐ **What's in the mail?**	郵便物の中に何がありますか。
☐ **What's the temperature?**	気温は何度ですか。
☐ **What's going on around here?**	これはいったい何の騒ぎだい。
☐ **What's the matter with you?**	どうされましたか。
☐ **What seems to be the problem?**	どうされましたか。

応答問題対策221表現の攻略

70

UNIT 11　What＋名詞で始まる質問

CD1 19

☐ What time does the movie finish?	映画は何時に終わるの。
☐ What kind of work do you do?	お仕事は何ですか。
☐ What movies are playing now?	今、どんな映画が上映されているんですか。
☐ What kind of transportation is available there?	現地ではどんな交通機関が利用できますか。
☐ What line of business are you in?	どのようなお仕事をされていますか。

A: **What time does the movie finish?**
B: At about midnight.（真夜中ごろだと思うよ）

A: **What kind of work do you do?**
B: Well, actually I'm out of work right now.（ええ、実は今失業中なんですよ）

A: **What movies are playing now?**
B: I'm not sure.（はっきり分かりませんね）

A: **What kind of transportation is available there?**
B: Trolley buses and subways, mainly.（主にトロリーバスと地下鉄ですね）

A: **What line of business are you in?**
B: I sell cars.（車を販売しています）

応答問題対策221表現の攻略

✔ 覚えておきたい重要関連表現

☐ **What gate do we board at?**	何番ゲートから搭乗するんですか。
☐ **What station do I get off at?**	どの駅で降りればいいんですか。
☐ **What colors does this shirt come in?**	このシャツの色違いはありますか。
☐ **What day of the week is this restaurant closed?**	このレストランの定休日はいつですか。

71

UNIT 12　Howで始まる質問

CD1 20

☐ How does it taste?	味はどうですか。
☐ How do you want your steak?	ステーキの焼き具合はいかがいたしますか。
☐ How's it going?	調子はどうですか。
☐ How's the cavity?	虫歯はどうですか。
☐ How do you operate this machine, please?	この機械の使い方を教えてもらえますか。

A: **How does it taste?**
B: Not bad at all.（悪くないですね）

A: **How do you want your steak?**
B: I'd like mine rare.（レアでお願いします）

A: **How's it going?**
B: Couldn't be better.（最高だね）

A: **How's the cavity?**
B: It's still there.（まだ痛みが取れないんです）

A: **How do you operate this machine, please?**
B: You're asking the wrong person.（聞く人を間違ってますよ）

応答問題対策221表現の攻略

✔ 覚えておきたい重要関連表現

☐ **How's business?**	景気はどうですか。
☐ **How are you feeling?**	気分はどうですか。
☐ **How do you go to work?**	何で通勤されているんですか。
☐ **How does the traffic appear?**	込み具合はどうですか。
☐ **How do you like it?**	それは気に入りましたか。

UNIT 13　How ＋副詞／形容詞で始まる質問

CD1 21

□ How old is your sister's boyfriend?　妹さんのボーイフレンド何歳ですか。

□ How many times do I have to tell you to be quiet?　静かにしなさいと何度言ったら分かるんですか。

□ How much do I owe you?　いくら払えばいいですか。

□ How often do you wash your car?　どれぐらいで洗車しますか。

□ How long has it been since your last checkup?　この前に健康診断を受けてからどれくらいになるの。

A: How old is your sister's boyfriend?
B: Old enough to be her father. （彼女の父親ほどの年ですよ）

A: How many times do I have to tell you to be quiet?
B: I'm sorry. （ごめんなさい）

A: How much do I owe you?
B: This is on me. （これは僕のおごりだよ）

A: How often do you wash your car?
B: Whenever I get the chance. （暇があるときはいつでも洗います）

A: How long has it been since your last checkup?
B: I guess it's been about three years. （3年くらいになるかなあ）

応答問題対策221表現の攻略

✒ 覚えておきたい重要関連表現

□ How soon can you have your new products ready?　新製品はどのくらいでご用意いただけますか。

□ How late is this store open?　この店は何時まで開いていますか。

□ How much is the express?　急行料金はいくらですか。

□ How many subscribers does this business magazine have?　このビジネス誌の購読者数はどれぐらいですか。

□ How far into the work are you?　仕事はどこまで終わっているの。

73

UNIT 14　Whyで始まる質問

CD1 22

☐ Why are you getting angry?	腹が立つことでもあるの。
☐ Why are you all dressed up?	そんな格好してどうしたんだい。
☐ Why did you decide on this location?	なぜここに決めたんですか。
☐ Why did your brother drop out of college?	弟さんなぜ大学をやめたの。
☐ How come you didn't go to the party last night?	どうして昨日のパーティーに行かなかったんですか。

A: **Why are you getting angry?**
B: I'm not getting upset.（別に怒ってなんかいないわよ）

A: **Why are you all dressed up?**
B: I'm on my way to an interview.（面接に行く途中なのよ）

A: **Why did you decide on this location?**
B: First of all, it is close to our company.（第1に、会社に近いからね）

A: **Why did your brother drop out of college?**
B: I'd rather not talk about it.（できれば話したくないんだよ）

A: **How come you didn't go to the party last night?**
B: That's a good question.（それはいい質問だね）

✓ 覚えておきたい重要関連表現

☐ **Why is that movie so popular?**	あの映画なぜあんなに人気があるの。
☐ **Why did you choose such a car?**	なぜあんな車を選んだんですか。
☐ **Why me?**	どうして私なの。
☐ **Why is that?**	どうしてですか。

応答問題対策221表現の攻略

UNIT 15　Whichで始まる質問

CD1 23

☐ **Which folder do I need for this project?**
このプロジェクトにはどのフォルダーが必要ですか。

☐ **Which car have you decided to buy?**
どっちの車を買うか決めましたか。

☐ **Which brand do you prefer?**
どのブランドがお気に入りですか。

☐ **Which party does that Diet member belong to?**
あの国会議員はどの政党に所属しているんですか。

☐ **Which do you prefer, this big car or that small one?**
この大きい車とあの小さい車とではどっちが好きですか。

A: **Which folder do I need for this project?**
B: I think it's the blue one.（その青いやつだと思います）

A: **Which car have you decided to buy?**
B: I haven't made a decision yet.（まだ決めていないんです）

A: **Which brand do you prefer?**
B: I love Prada.（プラダが好きです）

A: **Which party does that Diet member belong to?**
B: I think it's the LDP.（自民党だと思いますよ）

A: **Which do you prefer, this big car or that small one?**
B: It makes no difference to me.（僕にはどっちでも関係ないよ）

応答問題対策221表現の攻略

📝 覚えておきたい重要関連表現

☐ **Which kind of soup do you like, spicy or mild?**
スパイシーとマイルド、どちらがよろしいですか。

☐ **Which parent do you get on with the best?**
ご両親のどちらとうまくいっていますか。

☐ **Which bank did you open an account with?**
どの銀行に口座を開いたんですか。

75

UNIT 16　Where で始まる質問

CD1 24

☐ **Where is Mr. Tanaka?** 　　　　　田中さんはどちらですか。
☐ **Where'd you get that sweater?** 　そのセーターどこで手に入れたの。
☐ **Where did I put my keys?** 　　　　鍵をどこに置いたかな。
☐ **Where are you shipping this parcel?** 　この小包どこに送りますか。
☐ **Where in the world did you get that hat?** 　その帽子はいったいどこで手
　　　　　　　　　　　　　　　　　　　　　に入れたんですか。

A: **Where is Mr. Tanaka?**
B: He's gone home for the day. （彼はもう帰宅しましたよ）

A: **Where'd you get that sweater?**
B: At a discount shop in Miami. （マイアミのディスカウントショップだよ）

A: **Where did I put my keys?**
B: Did you look on the kitchen counter? （キッチンカウンターは見まし
　　た か）

A: **Where are you shipping this parcel?**
B: I'm mailing it to New York. （ニューヨークまでなんです）

A: **Where in the world did you get that hat?**
B: I picked it up at a rummage sale. （がらくた市で買ったんですよ）

✐ 覚えておきたい重要関連表現

☐ **Where do you go to school?** 　　どこの大学に行っているのですか。
☐ **Where does this cable need to** 　このケーブルはどこに差し込めばい
　be plugged in? 　　　　　　　　いんですか。
☐ **Where are your manners?** 　　　あなたには礼儀というものがないの。
☐ **Where am I?** 　　　　　　　　　ここはどこですか。
☐ **Where is the spelling mistake?** 　スペルミスはどこですか。

応答問題対策221表現の攻略

UNIT 17　Yes や No を意味する別の表現

CD1 25

☐ **Can't say that I would.** そうもいかないんです。
☐ **Not likely.** たぶん駄目でしょう。
☐ **Definitely!** もちろんです。
☐ **Don't mind if I do.** そうしても構いません。
☐ **Right away.** すぐにします。

A: Would you like to come with me?（僕と一緒に来たいですか）
B: **Can't say that I would.**

A: Do you think Mom will let me get my ears pierced?（ママは私がピアス
　の穴を開けさせてくれると思う？）
B: **Not likely.**

A: Are you coming over Sunday night?（日曜の夜は来るのかい）
B: **Definitely!**

A: Would you like another beer?（ビールをもう1杯いかがですか）
B: **Don't mind if I do.**

A: Will you give this to the manager, please?（これを部長に渡してくれ
　ますか）
B: **Right away.**

応答問題対策221表現の攻略

🔋 覚えておきたい重要関連表現

☐ **Of course not!** もちろん、違います。
☐ **Probably not.** たぶん違います。
☐ **Right.** そうです。
☐ **Exactly!** その通りです。
☐ **I'm afraid not.** たぶん違います。

77

UNIT 18　同意・受諾の表現（1）

CD1 26

☐ That's okay by me.	私はそれでいいですよ。
☐ You can say that again.	おっしゃる通りですね。
☐ You're telling me.	その通りですね。
☐ Don't I know it!	本当にそうですね。
☐ I could't agree with you more.	大賛成ですよ。

A: Do you mind if we stop at the next rest area? （次の休憩所で止まってもいいですか）

B: **That's okay by me.**

A: This is the best novel I've ever read. （これは今まで読んだ中で最高の小説だよ）

B: **You can say that again.**

A: This is the worst concert I've ever been to. （これまでで最悪のコンサートだね）

B: **You're telling me.**

A: Is it cold or what? （寒いのなんのって）

B: **Don't I know it!**

A: There is no need to change our present personnel system. （現在の人事制度を変える必要なんかないですよ）

B: **I couldn't agree with you more.**

応答問題対策221表現の攻略

✐ 覚えておきたい重要関連表現

☐ **Sounds good.**	いいですね。
☐ **I think you're right.**	あなたが正しいと思いますよ。
☐ **That's it.**	それですよ。
☐ **I see what you mean.**	おっしゃっていることは分かります。
☐ **That's exactly what I wanted to say.**	まさに私もそう言いたかったんです。

78

UNIT 19 同意・受諾の表現 (2)

CD1 27

☐ **You said it.**	その通りだ。
☐ **Suits me fine.**	いいですね。
☐ **All right.**	分かったよ。
☐ **Sure.**	もちろん。
☐ **Fine with me.**	私はそれでいいですよ。

A: I think we should get rid of her! (彼女は追い払うべきだと思うわ)
B: **You said it.**

A: Are you coming to our potluck party this weekend? (今週末の持ち寄りのパーティに来ますか)
B: **Suits me fine.** I'm coming. (いいですねえ。行きますよ)

A: Don't forget to lock the front door before you go out. (出かける前に玄関の戸の鍵を掛け忘れないでね)
B: **All right.**

A: Could you help me set the table? (テーブルをセットするのを手伝ってくれますか)
B: **Sure.** I'll be right there. (もちろん。すぐ行くわ)

A: I won't be going to tomorrow's meeting. (明日の会議には行かないよ)
B: **Fine with me.**

応答問題対策221表現の攻略

🔖 覚えておきたい重要関連表現

☐ **Why not?**	もちろん。
☐ **Certainly.**	分かりました。
☐ **No problem.**	いいですよ。
☐ **No sweat.**	いいですよ。
☐ **My pleasure.**	喜んで。

79

UNIT 20　反対・断りの表現 (1)

CD1 28

☐ It's out of the question.	それは問題外です。
☐ I'm afraid not.	残念ながらそうは思えません。
☐ I can't go along with you.	あなたには賛成できません。
☐ No way!	絶対に駄目よ。
☐ I have to disagree with you.	あなたには同意しかねます。

A: What do you think about buying a new car?（新車を買うのはどうかな）

B: **It's out of the question** at this time.（今の時点では問題外ね）。

A: Don't you think that he is the right person for the position?（彼がその役職には適役だと思いませんか）

B: **I'm afraid not.**

A: I vote we use that idea?（あのアイデアを採用しようよ）

B: Sorry, but **I can't go along with you** this time.（すまないが、今回は賛成できないね）

A: Can I copy your notes from economics class?（経済学クラスのノートを写させてくれないか）

B: **No way!**

A: We need to modify Article 6 in this contract.（この契約の第6条項を修正するというのはいかがですか）

B: I'm afraid **I have to disagree with you** on this point.（その点に関しては、あなたに同意しかねます）

✔ 覚えておきたい重要関連表現

☐ I'm afraid I can't.	残念ですができません。
☐ I'm sorry, but ...	残念ですが、
☐ No, I don't think so.	いいえ、そうは思いません。
☐ I can't agree with you.	あなたには賛成できません。
☐ I don't know about that.	そのことは知りません。

80

応答問題対策221表現の攻略

UNIT 21　反対・断りの表現 (2)

CD1 29

☐ No can do.	駄目だよ。
☐ Can I take a rain check?	またの機会にしてもらえますか。
☐ Why do I have to do that?	どうして私がそんなことをしなければならないんですか。
☐ No. Perhaps a little later.	いいえ、もう少し後でね。
☐ Give me a break!	ちょっと待ってよ。

A: Can I go there with you?（あなたと一緒に行っていいですか）
B: Sorry. **No can do.**（悪いが、駄目だよ）

A: Let's go to see the movies tonight.（今夜映画を見に行こうよ）
B: **Can I take a rain check?**

A: Help me to prepare for the presentation.（プレゼンテーションの準備をするのを手伝ってくれますか）
B: **Why do I have to do that?**

A: Would you like to get ready for dinner?（夕食の準備をしましょうか）
B: **No. Perhaps a little later.**

A: Could you stay a little longer?（もう少しここにいてもらえますか）
B: **Give me a break!** I've been here more than ten hours already.（勘弁してよ。もう10時間以上ここにいるんだよ）

応答問題対策221表現の攻略

✓ 覚えておきたい重要関連表現

☐ **Nothing doing!**	嫌ですよ。
☐ **Let's make it some other time.**	またの機会にしましょう。
☐ **Well, I don't really want to.**	本当はやりたくないんですよね。
☐ **Absolutely not!**	絶対に違います。
☐ **Have it your way.**	好きなようにしなさい。
☐ **Suit yourself.**	好きなようにしなさい。

81

UNIT 22 あいまいな態度・間をつなぐ表現

CD1 30

☐ I'll think about it.	考えておきましょう。
☐ I'm not sure yet.	まだはっきり分かりません。
☐ That all depends.	状況によりますね。
☐ Let me sleep on it.	少し考えさせてください。
☐ That's a tough question.	それは難しい質問ですね。

A: Will you help us with the new project? （新プロジェクトでわれわれを手助けいただけますか）
B: Well, **I'll think about it.** （えーっと、考えておきましょう）

A: Are you coming to the party with me this weekend? （今週末に僕と一緒にパーティに行きますか）
B: **I'm not sure yet.**

A: Would you like to go swimming tomorrow? （明日泳ぎに行きたい？）
B: **That all depends.**

A: Will you give us a 5 percent discount? （5パーセントの割り引きをしていただけますか）
B: **Let me sleep on it.**

A: Why did you get fired? （あなたはどうしてクビになったんですか）
B: **That's a tough question.**

応答問題対策221表現の攻略

✒ 覚えておきたい重要関連表現

☐ Let me think about it.	それについて考えさせてください。
☐ I'll give it some thought.	ちょっと考えてみましょう。
☐ Either will do.	どっちでもいいですよ。
☐ Let me see …	そうですね
☐ That's a good question.	それはいい質問ですね。

82

UNIT 23　相手の言ったことを聞き返す表現

CD1 31

☐ **Come again?**	何て言ったの。
☐ **What's that again?**	何とおっしゃいましたか。
☐ **Would you please say it again?**	もう一度言っていただけますか。
☐ **Run that by me again.**	もう一度言ってください。
☐ **Excuse me?**	何とおっしゃいましたか。

A: Would you like to come over to my house for a little while?（少し家に寄っていきますか）

B: **Come again?**

A: Mr. Yamamoto got transferred to the New York branch, didn't he?（山本さんはニューヨーク支店に転勤されたんですよね）

B: **What's that again?**

A: Go two blocks and turn right. My house is the fourth one on the left.（2ブロック行って右に曲がってください。私の家は左側の4件目です）

B: **Would you please say it again?**

A: Our department is having a staff meeting next Monday, isn't it?（われわれの課のスタッフ会議は来週の月曜日ですよね）

B: **Run that by me again.**

A: Is this seat taken?（この席は空いていますか）

B: **Excuse me?**

応答問題対策221表現の攻略

✏ 覚えておきたい重要関連表現

☐ **What was the name again?**	名前は何とおっしゃいましたか。
☐ **What did you say?**	何と言いましたか。
☐ **What does that mean?**	それはどういうことですか。
☐ **Pardon me?**	何ておっしゃいましたか。
☐ **I beg your pardon?**	何ておっしゃいましたか。

83

REVIEW TEST ...1

1. "Could you turn down the lights, please?"
   "Yeah, no _____."
   (A) incident　　(B) case　　(C) problem　　(D) change

2. "Do you mind _____ I take next Friday off?"
   "I have no problem with that."
   (A) that　　(B) what　　(C) then　　(D) if

3. "Can I finish this report on Monday?"
   "It's _____ you."
   (A) up to　　(B) down to　　(C) over　　(D) above

4. "May I have _____ with you?"
   "I'm busy now."
   (A) a word　　(B) a time　　(C) a tip　　(D) a sense

5. "Can I have something cold to drink?"
   "_____ yourself. The drinks are in the fridge."
   (A) Help　　(B) Pull　　(C) Bring　　(D) Judge

正解　1.（C）　2.（D）　3.（A）　4.（A）　5.（A）

1. 「明りを少し暗くしていただけますか」「はい、分かりました」
2. 「来週の金曜日に休みをもらってもいいですか」「問題ないと思いますよ」
3. 「このレポートを終えるのは月曜日でもいいですか」「君次第だね」
4. 「ちょっとお話があるんですが」「今忙しいんです」
5. 「何か冷たい飲み物をいただけますか」「どうぞ自由にお飲みください。冷蔵庫に入っていますから」

参照➡　1.（U1-1）　2.（U1-2）　3.（U2-1）　4.（U2-2）　5.（U2-3）

REVIEW TEST ...2

6. "Why don't we stay home tonight?"
   "That's a _____."
   (A) good work   (B) good job   (C) good condition   (D) good idea

7. "How about going to Jamaica this year?"
   "That's okay _____ me."
   (A) on   (B) beyond   (C) by   (D) into

8. "Does this need to be done in pen or pencil?"
   "_____ is okay."
   (A) Other   (B) None   (C) Either   (D) Every

9. "Is there an electrical outlet?"
   "Yeah. It's _____ here."
   (A) good   (B) right   (C) more   (D) also

10. "Will it stop raining soon?"
    "_____ again?"
    (A) Tell   (B) Come   (C) Make   (D) Give

応答問題対策221表現の攻略

正解 6. (D) 7. (C) 8. (C) 9. (B) 10. (B)

6. 「今夜はうちにいようよ」「それは名案だ」
7. 「今年はジャマイカに行こうよ」「私はそれでいいわよ」
8. 「ペンと鉛筆のどちらで書いた方がいいですか」「どちらでも構いませんよ」
9. 「コンセントはありますか」「はい、ここですよ」
10. 「雨はすぐにやむでしょうか」「何と言いましたか」

参照➡ 6. (U3-2) 7. (U3-4) 8. (U5-1) 9. (U6-4) 10. (U7-5)

85

REVIEW TEST
...3

11. "Wasn't that an exciting movie?"
    "Wasn't it, _____."
    (A) though　　(B) despite　　(C) although　　(D) however

12. "Don't you think Mr. Yamanaka is very sharp?"
    "You can _____ that again."
    (A) get　　(B) break　　(C) come　　(D) say

13. "When are we supposed to return this video?"
    "_____ 11 p.m. tonight."
    (A) By　　(B) In　　(C) Until　　(D) On

14. "What are the chances of you getting the promotion?"
    "_____ to none."
    (A) Slip　　(B) Slim　　(C) Slick　　(D) Slit

15. "How does it taste?"
    "_____."
    (A) Not bad at all　　(B) Not well　　(C) Not like it　　(D) Not that

応答問題対策221表現の攻略

正解　11.（A）　12.（D）　13.（A）　14.（B）　15.（A）

11.「エキサイティングな映画でしたね」「本当ですね」
12.「山中さんは本当に頭が切れる人だと思いませんか」「本当にそうですね」
13.「このビデオいつ返却することになっているの」「今夜11時までだよ」
14.「あなたが昇進する見込みはどうなんですか」「まずないね」
15.「味はどうですか」「まあ、悪くないですね」

参照　11.（U8-2）　12.（U8-3）　13.（U9-1）　14.（U10-1）　15.（U12-1）

86

REVIEW TEST ...4

16. "How's it going?"
    "_____ be better."
    (A) It   (B) Couldn't   (C) Please   (D) will

17. "How's the cavity?"
    "It's still _____."
    (A) there   (B) then   (C) up   (D) over

18. "How much do I owe you?"
    "This is _____ me."
    (A) to   (B) for   (C) on   (D) from

19. "Why did your brother drop out of college?"
    "I'd _____ not talk about it."
    (A) have   (B) only   (C) rather   (D) even

20. "Which do you prefer, this big car or that small one?"
    "It makes no _____ to me."
    (A) means   (B) distinction   (C) fault   (D) difference

応答問題対策221表現の攻略

正解 16. (B) 17. (A) 18. (C) 19. (C) 20. (D)

16. 「調子はどうですか」「最高だね」
17. 「虫歯はどうですか」「まだ痛みが取れないんです」
18. 「僕はいくら払えばいいですか」「これは僕のおごりだよ」
19. 「君の弟はどうして大学をやめたんだい」「できれば話したくないんだよ」
20. 「この大きい車とあの小さい車とではどっちが好きですか」「僕にはどっちでも関係ないよ」

参照➡ 16. (U12-3) 17. (U12-4) 18. (U13-3) 19. (U14-4) 20. (U15-5)

87

REVIEW TEST
...5

21. "Do you think Mom will let me get my ears pierced?"
    "Not _____."
    (A) like   (B) liking   (C) likely   (D) liken

22. "This is the worst concert I've ever been to."
    "You're _____ me."
    (A) speaking   (B) saying   (C) talking   (D) telling

23. "Is it cold or what?"
    "Don't I _____ it!"
    (A) know   (B) carry   (C) hit   (D) flip

24. "I think we should get rid of her!"
    "You said _____."
    (A) so   (B) it   (C) such   (D) much

25. " Are you coming to our potluck party this weekend?"
    "_____ me fine. I'm coming."
    (A) Beats   (B) Keeps   (C) Suits   (D) Leaves

正解 21.（C） 22.（D） 23.（A） 24.（B） 25.（C）

21.「ママは私がピアスの穴を開けさせてくれると思う？」「たぶん駄目だろうね」。
22.「これまでで最悪のコンサートだね」「本当にその通りだ」
23.「寒いのなんのって」「本当にそうだね」
24.「彼女は追い払うべきだと思うわ」「その通りだ」
25.「今週末の持ち寄りのパーティに来ますか」「いいですねえ。行きますよ」

参照➡ 21.（U17-2） 22.（U18-3） 23.（U18-4） 24.（U19-1） 25.（U19-2）

88

REVIEW TEST
...6

26. "Can I copy your notes from economics class?"
    "No _____!"
    (A) way   (B) check   (C) mark   (D) force

27. "Let's go to see the movies tonight?"
    "Can I take a _____ check?"
    (A) sleet   (B) snow   (C) thunder   (D) rain

28. "Will you give us a 5 percent discount?"
    "Let me _____ on it."
    (A) consider   (B) awake   (C) sleep   (D) allow

29. "Mr. Yamamoto got transferred to the New York branch, didn't he?"
    "_____'s that again?"
    (A) What   (B) Where   (C) How   (D) When

30. "Our department is having a staff meeting next Monday, isn't it?"
    "_____ that by me again."
    (A) Come   (B) Run   (C) Walk   (D) Jump

応答問題対策221表現の攻略

正解 26. (A) 27. (D) 28. (C) 29. (A) 30. (B)

26. 「経済学のクラスのノートを写させてくれないか」「絶対に駄目よ」
27. 「今夜映画を見に行こうよ」「またの機会にしてくれる?」
28. 「5パーセント割引をしていただけますか」「ちょっと考えさせてください」
29. 「山本さんはニューヨーク支店に転勤されたんですよね」「今何て言ったの」
30. 「われわれの課のスタッフ会議は来週月曜ですよね」「もう一度言ってもらえますか」

参照 26. (U20-4) 27. (U21-2) 28. (U22-4) 29. (U23-2) 30. (U23-4)

89

第3章

Part 3
会話問題の単語と表現

この章で学ぶ単語・表現と学習法

単語・表現

　New Versionでは、以前より会話が長くなったために、本章で扱う会話もやや長めにしてあります（ただし、効率よく単語を習得していただくことがねらいなので、本番のTOEIC TESTよりもやや短めになっています）。旧TOEIC TESTでは、3回のやり取りであったのが、新TOEICでは、4回のやり取りが中心になっています。

　会話問題では、日常的なトピックに加え、ビジネス環境で交わされる会話が多く出題されます。ビジネス環境といってもそれほど専門的なものではありません。37のトピックを設定し、必要な関連語を多く掲載しました。一度に覚えてしまおうとする必要はありません。「少しずつ完璧に」ではなく、「大量に何度も繰り返す」が確実な単語習得のコツです。

学習法

1) まずユニットのテーマの会話を聞いて内容が理解できるかを確認する。
2) 聞きながら発音してみる（聞き取れない、意味不明の部分がよく分かる）。
3) 聞き取れない、意味不明の部分をテキストで確認し意味を覚える。
4) 会話をもう一度聞いて、完全に内容が理解できるようにする。
5) 次に関連語を覚える。ざっと目を通し発音と意味を確認する。その後繰り返して見て単語の音と意味を定着させていく。（最初から完璧に覚えようとしないで、まずは大雑把に単語を眺めながら意味と音を確認し繰り返し学習で少しずつ自分のものにしていく方が効率的に覚えられます）。
6) ある程度単語が定着したら定期的に見直すようにする。（必ず耳から音も確認する。時間があれば10分でも見直す習慣を付けると確実に定着します）。

会話問題

…UNIT 学習チェック一覧…

- □ 1 通勤
- □ 2 勤務時間
- □ 3 電話の応対
- □ 4 景気の後退
- □ 5 株式市場
- □ 6 会議
- □ 7 税金
- □ 8 事務機器
- □ 9 失業
- □ 10 企業倒産
- □ 11 買収・合併
- □ 12 人事異動
- □ 13 経費削減
- □ 14 コンピューター
- □ 15 営業報告
- □ 16 銀行
- □ 17 空港
- □ 18 ホテル
- □ 19 レストラン

- □ 20 車
- □ 21 料理
- □ 22 掃除・洗濯
- □ 23 ファッション
- □ 24 テレビ・ラジオ
- □ 25 映画
- □ 26 病院
- □ 27 音楽
- □ 28 スポーツ
- □ 29 旅行
- □ 30 交通
- □ 31 家族
- □ 32 美容室
- □ 33 ペット
- □ 34 犯罪
- □ 35 新聞・雑誌
- □ 36 環境問題
- □ 37 学校教育

会話問題対策660単語・表現の攻略

UNIT 1　通勤／Commuting

CD1 32

□ **traffic jam**　交通渋滞　同 traffic congestion
□ **the public transportation system**　公共交通機関
□ **like clockwork**　正確に
□ **sardine** 名 [sɑːrdíːn]　イワシ　※イワシの缶詰のような寿司詰め状態

M: Another **traffic jam**! The city authorities need to do something.
W: They have. **The public transportation system** runs **like clockwork**.
M: Yes, I guess it's O.K., if you don't mind being a **sardine**.
W: That's only on the subways. The trains have plenty of room.

M：また交通渋滞だって。市当局に何か手を打ってもらう必要があるね。
W：ちゃんとやってるじゃない。公共の交通は時間通りに動いているし。
M：ああ、まあ寿司詰め状態になるのが嫌じゃなければね。
W：それは地下鉄だけでしょう。電車はまだ余裕があるわ。

📝 覚えておきたい重要関連表現

□ **commuting** 名 [kəmjúːtiŋ]　通勤　動 commute [kəmjúːt]　通勤する
□ **commuter** 名 [kəmjúːtər]　通勤者
□ **commuter train**　通勤電車
□ **commuter pass**　定期券
□ **local train**　普通電車
□ **express train**　急行電車
□ **limited express train**　特急列車
□ **platform** 名 [plǽtfɔːrm]　ホーム
□ **automobile** 名 [ɔ́ːtəmoʊbiːl]　乗用車
□ **taxi stand**　タクシー乗り場
□ **passenger station**　旅客駅　表 indicator board　案内板
□ **platform entrance**　改札口　表 ticket control　改札
□ **timetable** 名 [táimtèibl]　時刻表
　　表 departure time indicator　発車時刻表示
□ **Traffic is heavy.**　交通量が多い。
　　表 Traffic is light.　交通量が少ない。

会話問題対策660単語・表現の攻略

93

UNIT 2　勤務時間／**Working Hours**

CD1 33

□ **work late**　遅刻する
□ **lay off**　やめる、一時解雇する　名 layoff [léiɔ̀(ː)f]　一時解雇
□ **partying** 名 [pɑ́ːtiŋ]　浮かれ騒ぎ

W: This is the fourth time this month that you've come in to **work late**.
M: I'm really sorry. I haven't been getting enough sleep these past few weeks.
W: Maybe you should **lay off** the **partying** for a while.
M: Actually, my wife just brought home our new baby from the hospital.

W：遅刻したのは今月これで4回目ですよ。
M：本当にすみません。ここ数週間あまりよく眠れないんです。
W：しばらく浮かれ騒ぐのもやめた方がいいんじゃないの。
M：実は、妻が病院から生まれたばかりの子供を連れ帰ったところなので。

✍ 覚えておきたい重要関連表現

□ **working hours**　勤務時間
□ **office hours**　営業時間
□ **flexible working hours**　フレックスタイム　同 flextime [flékstàim]
□ **overtime work**　残業　表 work overtime　残業する
□ **work shift**　勤務シフト
□ **work an eight-hour shift**　8時間シフトで働く
□ **five-day work week**　週休2日
□ **break** 名 [bréik]　休憩時間　表 Let's take a break.　休憩しよう。
□ **actual hours**　実働時間
□ **work rule**　就業規則
□ **paid dayoff**　有給休暇
□ **compensatory day off**　代休
□ **leave for childbirth**　産休
□ **sick leave**　病欠
□ **Let's get down to work.**　仕事に取り掛かろう。
□ **Let's call it a day.**　きょうはこれまでにしよう。

会話問題対策660単語・表現の攻略

UNIT 3　電話の応対／Telephone

CD1 34

☐ **you have a call**　あなたに電話がかかっている
☐ **urgent** 形 [ə́ːrdʒənt]　緊急の
☐ **call ～ back**　かけ直す

W: **You have a call** on line 2 from a Mr. Cochran. He says it's **urgent**.
M: Tell him I'm in a meeting and will **call him back** as soon as possible.
W: He said it is about his boss.
M: Let him know that that is the person I am having the meeting with right now.

⋯⋯⋯⋯⋯⋯⋯⋯⋯⋯⋯⋯⋯⋯⋯⋯⋯⋯⋯⋯⋯⋯⋯⋯⋯⋯⋯⋯⋯⋯

W：コクランさんという方から2番にお電話が入っていますよ。緊急だと おっしゃっていますよ。
M：会議中だからできるだけ早くかけ直すと伝えてください。
W：彼の上司についてだとおっしゃってましたよ。
M：たった今、私が会議をしている相手が彼の上司だと伝えてください。

✒ 覚えておきたい重要関連表現

☐ **area code**　市外局番　同 long-distance number
☐ **call-waiting telephone**　キャッチホン
☐ **answering service**　留守番電話
☐ **cellular phone**　《米》携帯電話　同《英》mobile phone
☐ **long distance call**　長距離電話　表 local call　市内電話
☐ **international call**　国際電話
☐ **telephone charge**　電話料金　表 handset 名 [hǽndsèt]　受話器
☐ **hang up**　電話を切る
☐ **I will forward this call.**　電話をお回しします。
☐ **Hold the line, please.**　少々お待ちください。
☐ **I'll get the phone.**　私が電話に出ます。
☐ **You have the wrong number.**　おかけ間違いです。
☐ **The line is busy.**　話し中です。
☐ **He is on another line.**　彼は別の電話に出ています。
☐ **leave a message**　伝言を残す　反 take a message　伝言を受ける
☐ **return the call**　折り返し電話をする　同 call back

会話問題対策660単語・表現の攻略

95

UNIT 4　景気の後退／Recession

CD1 35

- □ **times** 名 [táimz]　時代　裏 time（単数形）　時間
- □ **little guy**　弱小企業
- □ **small businesses**　中小企業　裏 business（単数形）　仕事
- □ **tighten one's belts**　財政を引き締める
- □ **starve** 動 [stάːrv]　飢える、景気の低迷に苦しんでいる

M: **Times** are hard for the **little guy**.

W: Yes, **small businesses** will have to **tighten their belts**.

M: Actually, a lot have already **starved**.

W: Really? I didn't realize it had gone that far.

···

M：弱者には風当たりが強い時代だよ。

W：そうですね、小企業は気を引き締めてかからないとね。

M：実際、多くの小企業がアップアップの状態だよ。

W：本当ですか？　それほど深刻な状況になっているとは思いませんでした。

✒ 覚えておきたい重要関連表現

- □ **economic trend**　景気　同 economic condition
- □ **economic performance**　景気の動向
- □ **economic fluctuation**　景気の変動
- □ **boom** 名 [búːm]　好況　同 prosperity 名 [prɑspérəti]
- □ **recession** 名 [riséʃən]　景気の後退　裏 depression 名 [dipréʃən]　恐慌
- □ **economic stagnation**　景気の停滞
- □ **inflation** 名 [infléiʃən]　インフレ　動 inflate [infléit]　膨らます
- □ **deflation** 名 [difléiʃən]　デフレ　動 deflate [difléit]　空気を抜く
- □ **supply-demand relationship**　需給関係
- □ **How's your business?**　景気はどうですか。
- □ **pick up**　（景気が）良くなる　同 動 improve [imprúːv]
- □ **slow down**　（景気が）悪くなる　同 動 worsen [wə́ːrsn]
- □ **business cycle**　景気の循環
- □ **contraction** 名 [kəntrǽkʃən]　景気の縮小
  　動 contract [kəntrǽkt]　縮小する
- □ **expansion** 名 [ikspǽnʃən]　景気の拡大　動 expand [ikspǽnd]　拡大する

会話問題対策660単語・表現の攻略

96

UNIT 5　株式市場／Stock Market

CD1 36

☐ **stock** 名 [sták]　株
☐ **turn out to be ～**　～であると判明する
☐ **gold mine**　金鉱
☐ **stockholder** 名 [stákhòuldər]　株主　同 shareholder [ʃéərhòuldər]
☐ **rake ～ in**　～をかき集める　表 rake 名 [réik]　クマデ
☐ **hand over fist**　大量に　同 hand over hand
☐ **bullish** 形 [búliʃ]　相場が強気の　反 bearish 形 [béəriʃ]　相場が弱気の

W: That **stock** has **turned out to be** a **gold mine**.
M: Yes, a lot of **stockholders** are **raking** it **in hand over fist**.
W: In fact, the whole field is **bullish**.
M: Just don't expect it to last that much longer.

....

W：あの株はまさにドル箱でしたね。
M：うん、多くの株主たちが大量にかき集めているところだよ。
W：実際、全体的に強気の相場ですね。
M：でもそんなに長く続くとは期待しないほうがいいですよ。

会話問題対策660単語・表現の攻略

📘 覚えておきたい重要関連表現

☐ **listed stock**　上場株　表 blue chip　優良株
☐ **dividend** 名 [dívidènd]　配当
☐ **securities** 名 [sikjúərətiz]　証券　表 negotiable securities　有価証券
☐ **issue** 名 [íʃuː]　銘柄　表 turnover 名 [tə́ːrnòuvər]　出来高
☐ **opening price**　始値　反 closing price　終値
☐ **bull market**　強気の相場　反 bear market　弱気の相場
☐ **margin trading**　信用取引
☐ **papers stock trade**　株式取引　表 Dow-Jones averages　ダウ平均
☐ **stockholders' meeting**　株主総会
☐ **individual investor**　個人投資家
　　表 機関投資家　institutional investor
☐ **stock investment trust**　株式投資信託
☐ **crash** 名 [krǽʃ]　暴落　同 collapse 名 [kəlǽps] = tumble 名 [tʌ́mbl]

97

UNIT 6 会議／Meeting

CD1 37

- [ ] **make a copy of ～**　～をコピーする
- [ ] **marketing research**　市場調査の
- [ ] **hand out**　配布する　裏 hand in　提出する
- [ ] **board meeting**　重役会
- [ ] **My goose is cooked!**　万事休す。
- [ ] **in no time**　すぐに　同 soon 副 [súːn]
- [ ] **lifesaver** 名 [láifsèivər]　命の恩人

M: Oh no! I forgot to **make the 150 copies of** Ms. Kramer's **marketing research** results to be **handed out** at the **board meeting** today! **My goose is cooked!**

W: Don't worry. I'll help you do it and we'll be done **in no time**. Everything's going to be all right.

M: Thanks! You're a **lifesaver**.

W: I know, that's what everybody says.

....

M：しまった、今日の重役会で配布される予定のクレイマーさんの市場調査の報告書を150部コピーするのを忘れてた。もうおしまいだ。

W：心配しないで。手伝うからすぐに終わるわよ。これで万事うまくいくわよ。

M：ありがとう。君は命の恩人だよ。

W：ええ、みんなそう言うわ。

✒ 覚えておきたい重要関連表現

- [ ] **meeting** 名 [míːtiŋ]　会議　裏 agenda 名 [ədʒéndə]　議題
- [ ] **minutes** 名 [mínits]　議事録　形 minute [main(j)úːt]　詳細の
- [ ] **I will take the minutes of the meeting.**　私が議事録を取ります。
- [ ] **chair** 動 [tʃéər]　議長を務める　裏 chairman 名 [tʃéərmən]　議長
- [ ] **annual conference**　年次総会　裏 emergency meeting　緊急会議
- [ ] **executive meeting**　重役会議　裏 the board directors　取締役会
- [ ] **luncheon meeting**　昼食会
- [ ] **The meeting will be called to order.**　会議が間もなく始まります。

会話問題対策660単語・表現の攻略

UNIT 7 税金／Tax

CD1 38

□ **evade** 動 [ivéid]　回避する　名 evasion [ivéiʒən]　回避
□ **set up**　設立する
□ **dummy company**　ダミー会社
□ **too clever for one's own good**　策をろうし過ぎる

M: How did James manage to **evade** taxes?
W: He **set up** a **dummy company**.
M: He's **too clever for his own good**.
W: It's really only a matter of time before he gets caught.

M：ジェームズはどうやって税金逃れをやったんだい。
W：ダミー会社を設立したのよ。
M：彼は策をろうし過ぎのように思うけど。
W：彼が捕まるのもまさに時間の問題のようね。

✒ 覚えておきたい重要関連表現

□ **income tax**　所得税
□ **tax system**　税制
□ **tax payment**　納税　表 taxpayer 名 [tǽkspèijər]　納税者
□ **tax decrease**　減税　反 tax increase　増税
□ **tax evasion**　脱税
□ **tax rates**　税率
□ **tax office**　税務署
□ **tax exemption**　免税
□ **withholding tax**　源泉徴収税
□ **final tax returns**　確定申告
□ **year-end tax adjustment**　年末調整
□ **deduction for dependants**　扶養控除
□ **deduction for medical expenses**　医療費控除
□ **basic deduction**　基礎控除
□ **tax deductions and allowances**　所得控除
□ **delinquent** 名 [dilíŋkwənt]　滞納者

会話問題対策660単語・表現の攻略

99

UNIT 8 事務機器／Office Supplies

CD1 39

□ **have had it with ～** ～はもうたくさんだ ※itは「それ」と訳さない。

□ **just about** 本当に（強調の表現）

□ **copy machine** コピー機 回 copier 名 [kɑ́piər]

□ **every time ～** 接 ～するたびに

□ **jam up** 動 詰まる

□ **purchasing department** 購買部

□ **supply** 動 [səplái] 供給する

□ **keep ～ing** ～し続ける

W: Well, I**'ve just about had it with** this old **copy machine**. **Every time** anyone uses it, it **jams up**.

M: Maybe the **purchasing department** will **supply** us with a new one.

W: **Keep dreaming**.

M: I heard that they just bought a new fax for the office, so I wouldn't give up hope.

···

W：もう、この古いコピー機にはうんざりよ。だれかがスペース使うたびに詰まるのよ。

M：たぶん購買部が新しいやつを買ってくれるんじゃないかな。

W：そんなの甘いわよ。

M：オフィス用の新しいファックスを購入したところらしいから、希望はあきらめないよ。

✔ 覚えておきたい重要関連表現

□ **office supplies** 事務機器

□ **letterhead** 名 [létərhèd] 社用せん 表 memo pad メモ帳

□ **ball-point pen** ボールペン 表 mechanical pen シャーペン

□ **electronic calculator** 電卓 表 calculate 動 [kǽlkjəlèit] 計算する

□ **paste** 名 [péist] のり 動 のりで張り付ける

□ **white** 修正液 回 cover-up liquid

□ **scissors** 名 [sízərz] はさみ 表 a pair of scissors はさみ1本

□ **stapler** 名 [stéiplər] ホッチキス 動 staple [stéipl] ホッチキスで止める

□ **shredder** 名 [ʃrédər] シュレッダー 動 shred [ʃréd] ずたずたに裂く

UNIT 9　失業／Unemployment

CD1 40

□ **bum** 名 [bʌ́m]　浮浪者
□ **compassionate** 形 [kəmpǽʃənət]　同情的な　名 compassion [kəmpǽʃən]　同情
□ **fortune** 名 [fɔ́ːrtʃən]　運　反 名 misfortune [misfɔ́ːrtʃən]　不運
　形 unfortunate [ʌnfɔ́ːrtʃənət]　不運な
□ **employment** 名 [emplɔ́imənt]　雇用　動 employ [emplɔ́i]　雇用する
□ **crisis** 名 [krάisis]　危機　表 crises（複数形）名 [krάisiːz]
　形 critical [krítikl]　危機的な
□ **hurt** 動 [hə́ːrt]　傷付ける

W: Just look at all the **bums** sleeping in the station!
M: You should be more **compassionate**. There but for **fortune** go we.
W: I guess you're right. This **employment crisis** is **hurting** everyone.
M: I know. Our company just laid off 30 people last week.

....

W：駅の中で寝ているあの人たちを見てごらんなさいよ。
M：もっと同情すべきだよ。運が悪けりゃ僕たちもそうなるんだから。
W：そうね。この雇用危機にはみんなが苦しめられているものね。
M：そうだね。わが社も先週30人をレイオフしたばかりだしね

✎ 覚えておきたい重要関連表現

□ **unemployment** 名 [ʌ̀nimplɔ́imənt]　失業　表 the unemployed　失業者
□ **lose one's job**　失業する　同 become unemployed
□ **workforce reduction**　人員整理
□ **dismiss** 動 [dismís]　解雇する　名 dismissal [dismísl]　解雇
□ **unemployment benefits**　失業手当
□ **unemployment rate**　失業率
□ **unemployment insurance**　失業保険
　表 insure 動 [inʃúər]　保険を掛ける
□ **job placement office**　職業安定所
□ **reinstatement** 名 [rìːinstéitmənt]　復職
　表 reinstated worker　復職者
□ **job switch**　転職　同 change of job

会話問題対策660単語・表現の攻略

101

UNIT 10 企業倒産／Bankruptcy

CD1
41

- □ **raise** 動 [réiz] 上げる
- □ **minimum wage** 最低賃金
- □ **go under** 倒産する 同 go bankrupt
- □ **for sure** 確実に
- □ **operating strategy** 経営戦略
- □ **so far** これまでのところ
- □ **hit-or-miss** 形 [hítərmís] 行き当たりばったりの

M: If the government **raises** the **minimum wage** again, my shop will **go under for sure**.

W: Well, what has your **operating strategy** been **so far**?

M: To tell you the truth, it's been very **hit-or-miss**.

W: Sounds to me like you ought to get things a little more organized.

．．．

M：もし政府が最低賃金額をもう一度引き上げれば、僕の店は確実に倒産だろう。

W：そうね、これまでの経営戦略はどんなものだったの。

M：本当のことを言うと、行き当たりばったりにやってきたんだよ。

W：あなたの場合、もうちょっと状況を整理しなくちゃいけないと思うけど。

■覚えておきたい重要関連表現

- □ **enterprise** 名 [éntərpràiz] 企業 同 company 名 [kámpəni]
- □ **business** 名 [bíznəs] 事業 表 small-sized business 零細企業
  small and medium-sized business 中小企業
- □ **private company** 私企業 表 subsidiary 名 [səbsídièri] 子会社
- □ **corporation** 名 [kɔ̀ːrpəréiʃən] 株式会社
- □ **incorporate** 動 [inkɔ́ːrpərèit] 法人組織にする
- □ **bankruptcy** 名 [bǽŋkrʌptsi] 倒産 形 bankrupt [bǽŋkrʌpt] 倒産の
- □ **structural recession** 構造不況
  表 recession 名 [riséʃən] 不況 同 slump 名 [slámp]
- □ **cutthroat competition** 食うか食われるかの競争
- □ **paper company** 幽霊会社 表 dummy 名 [dʌ́mi] トンネル会社

会話問題対策660単語・表現の攻略

102

UNIT 11　買収・合併／M&A

CD1 42

□ **merger** 名 [mə́ːrdʒər]　合併　表 horizontal merger　水平的合併
□ **around the clock**　24時間
□ **Time is running out.**　時間がなくなりつつある。

W: Have the attorneys worked out the details of the **merger**?
M: No, but they're working **around the clock**.
W: They'd better. **Time is running out**.
M: From what I understand, the first draft is already finished.

W：弁護士たちは合併の詳細を立案しましたか。
M：いいえ、でも彼らは24時間働いています。
W：それは結構。時間がないのよ。
M：私が見たところでは、第一草案はすでに出来上がっているようですよ。

覚えておきたい重要関連表現

□ **M&A**（= mergers and acquisitions）[émədèi]　（企業の）買収・合併
□ **merge** 動 [mə́ːrdʒ]　合併する　同 consolidate [kənsálidèit]
□ **acquisition** 名 [ækwizíʃən]　（企業の）吸収、買収
□ **take over**　乗っ取る
□ **joint venture**　合弁事業
□ **business partner**　提携先
□ **affiliated company**　関連会社
□ **holding company**　持ち株会社
□ **takeover bid**（**TOB**）　株式公開買付け（制度）
□ **leveraged buyout**（**LBO**）　てこ入れ買収
□ **split up**　分割する
□ **divestiture** 名 [daivéstətʃər]　分割　同 split 名 [split]
□ **horizontal integration**　水平統合　反 vertical integration　垂直統合
□ **management right**　経営権
□ **business line**　営業品目
□ **liability** 名 [làiəbíləti]　負債
□ **creditor** 名 [kréditər]　債権者　表 creditors' meeting　債権者会議
□ **receiver** 名 [risíːvər]　管財人

会話問題対策660単語・表現の攻略

103

UNIT 12 人事異動／Personnel Change
CD1 43

- □ **What's eating ～?** ～はなぜいらいらしているんですか。
- □ **have an angry look** 怒った表情をしている
- □ **pass up** 逃す
- □ **count on** 頼る
- □ **advertising accounts** 取引関係

W: **What's eating** Kevin? He's **had an angry look** on his face all day.

M: Well, I heard that he got **passed up** for that promotion he was **counting on**.

W: Losing those two **advertising accounts** last month probably didn't help.

M: Not only that, but he got told off by the boss the other day.

··

W：ケビンは何いらいらしているの。1日中怒ったような顔つきをして。

M：ああ、彼は当てにしていた昇進を見送られたと聞いたよ。

W：先月あの2つの取引先を失ったせいね。

M：それだけじゃなくて、先日ボスに叱られたんだよ。

✒ 覚えておきたい重要関連表現

- □ **personnel administration** 人事　**表** personnel change　人事異動
- □ **personnel department** 人事課　**表** performance rating　人事考課
- □ **promotion** 名 [prəmóuʃən] 昇進　**表** get a promotion　昇進する
- □ **transfer** 名 [trǽnsfəːr] 転勤　**表** be transferred　転勤する
- □ **demotion** 名 [dimóuʃən] 左遷　**表** be demoted　左遷される
- □ **life time employment system** 終身雇用制
- □ **president** 名 [prézədənt] 社長　**表** chairman 名 [tʃéərmən]　会長
  representative director　代表取締役　vice-president [váisprézədənt]　副社長
- □ **department manager** 部長　**同** general manager
- □ **executive director** 常務取締役　**表** managing director　専務取締役
- □ **section chief** 課長　**表** chief [tʃiːf]　係長
- □ **She was promoted to section chief.** 彼女は課長に昇進した。
- □ **He will leave the company next month.** 彼は来月退職します。
- □ **He'll be transferred to our Osaka office.** 彼は大阪に転勤になります。

UNIT 13 経費削減／Cost-cutting

CD1 44

- □ **cost-cutting strategy** 経費削減戦略
- □ **compromise** 動 [kámprəmàiz] 妥協する
- □ **quality** 名 [kwáləti] 品質
- □ **concede** 動 [kənsíːd] 認める

W: I'm worried that the new **cost-cutting strategy** is going to **compromise quality**.

M: So am I, but there seems to be nothing else for it.

W: I'm not ready to **concede** that yet.

M: If you have any ideas, you better bring them up at the next meeting.

⋯⋯⋯⋯⋯⋯⋯⋯⋯⋯⋯⋯⋯⋯⋯⋯⋯⋯⋯⋯⋯⋯⋯⋯⋯⋯⋯⋯⋯⋯⋯⋯⋯⋯⋯

W：新しい経費削減戦略が導入されると品質を犠牲にするんじゃないかと心配です。

M：僕もだよ。でも他に方法もないようだし。

W：でも私はまだそれを受け入れる準備はできていないわ。

M：何か考えがあるなら、次の会議で提案したほうがいいよ。

✓ 覚えておきたい重要関連表現

- □ **cost** 名 [kɔ́(ː)st] 経費　表 cost-effective　コスト効率が良い
- □ **direct costs** 直接費　表 indirect costs　間接費
- □ **cost accounting** 原価計算　表 break-even point　損益分岐点
- □ **fixed costs** 固定費　表 variable costs　変動費
- □ **cutback** 名 [kʌ́tbæk] 削減　表 cut back　削減する
- □ **accounting** 名 [əkáuntiŋ] 経理
- □ **depreciation expense** 減価償却費
- □ **balance sheet** 貸借対照表
- □ **revenue** 名 [révən(j)ùː] 収益　表 profit ratio　利益率
- □ **account settlement** 決算
- □ **window-dressing settlement** 粉飾決算
- □ **wage** 名 [wéidʒ] 賃金　表 wage freeze　賃金凍結
- □ **wage negotiation** 賃金交渉　表 settlement 名 [sétlmənt]　賃金妥結
- □ **wage cut** 賃金カット

会話問題対策660単語・表現の攻略

105

UNIT 14 コンピューター／Computer

CD1 45

□ **What's going on?** どうしたんですか。
□ **sit around** 囲むように座る
□ **The main server's down.** メインサーバーがダウンしている。
□ **It won't be up.** 再始動しないだろう。
□ **for another two and a half hours** あと2時間半の間
□ **What else is new?** ほかの何が新しいのか。

W: **What's going on?** Why is everyone just **sitting around**?
M: **The main server's down** and **it won't be up** and running **for another two and a half hours**.
W: **What else is new?**
M: I hear that. Maybe someday they'll get all the bugs worked out of the system.

....

W：どうしたんですか。みんな寄り集まって座って。
M：メインサーバーがダウンして、2時間半ぐらいは元に戻らないようだよ。
W：いつものことじゃないですか。
M：そうだね。多分そのうちバグも全部システムから締め出してくれるでしょう。

✔ 覚えておきたい重要関連表現

□ **personal computer** パソコン
　表 computerize 動 [kəmpjúːtəràiz] コンピューター化する
□ **computer peripherals** 周辺機器　表 hook up 接続する
□ **printer** 名 [príntər] プリンター
　表 laser printer レーザープリンター
□ **scanner** 名 [skǽnər] スキャナー　表 scan 動 [skǽn] スキャンする
□ **disk** 名 [dísk] ディスク
□ **network** 名 [nétwəːrk] ネットワーク
　表 Internet 名 [íntərnèt] インターネット　Intranet 名 [íntrənèt] イントラネット
□ **e-mail** 動 [íːmèil] メールで送る
□ **online** 副 [ánlàin] オンライン上に
□ **surfer** 名 [sə́ːrfər] サイトを見て回る人　動 surf [sə́ːrf] サイトを見る
□ **virus check** ウイルスチェック　表 hacker 名 [hǽkər] ハッカー

106

UNIT 15　営業報告／Sales Reports

CD1 46

- [ ] **latest** 形 [léitist]　最新の
- [ ] **sales figure reports**　営業成績報告書
- [ ] **impressive** 形 [imprésiv]　立派な
- [ ] **to say the least**　ごく控えめに言っても
- [ ] **be down**　（コンピューターが）ダウンする

M: I've just gotten in all of the **latest sales figure reports** for the month of April and they're pretty **impressive, to say the least**.

W: Would it be possible for you to e-mail the sales figure reports to me? It would be a lot easier for me that way.

M: But our computers **have been down** since this morning.

W: Well, I am open to any suggestions you might have.

M：4月期の最新の営業報告書がすべて手元にそろったんだけど、ごく控えめに言ってもかなり素晴らしいですね。

W：営業報告書をメールで送っていただけますか。その方がずっと都合がいいんです。

M：でも今朝からコンピューターがダウンしているんです。

W：それじゃ、代わりの提案があるならお聞きしますよ。

✔ 覚えておきたい重要関連表現

- [ ] **sales** 名 [séilz]　営業、売上　形 promotional [prəmóuʃənl]　営業用の
- [ ] **salesman** 名 [séilzmən]　営業マン　同 salesperson [séilzpə̀ːrsn]
- [ ] **sales reports**　営業報告　表 sales figures　売上高
- [ ] **sales conference**　営業会議　表 sales quota　営業売上目標
- [ ] **sales promotion**　営業促進　表 sales territory　営業区域
- [ ] **profit** [práfət]　利益　表 gross profit　総収益　net profit　純利益
- [ ] **quotation** 名 [kwoutéiʃən]　見積り　動 quote [kwóut]　見積もる
- [ ] **marketing** 名 [máːrkitiŋ]　マーケティング
      表 market research　市場調査　market share　市場占有率
- [ ] **merchandising** 名 [máːrtʃəndàiziŋ]　販売、取引、マーチャンダイジング
- [ ] **distribution industry**　流通産業
- [ ] **sales network**　販売網　同 sales channel

107

会話問題対策660単語・表現の攻略

UNIT 16 銀行／Bank

CD1 47

- □ **withdraw** 動 [wiðdrɔ́ː]　引き出す
- □ **eat one's card**　（機械から）カードが出てこない
- □ **let's see**　そうですね
- □ **take long**　長い時間がかかる
- □ **in a hurry**　急いで

M: Excuse me, I was trying to **withdraw** some money and the machine **ate my card**.

W: OK, **let's see** here...

M: Is this going to **take long**? I'm **in** quite **a hurry.**

W: Should be just a few minutes. I have to trace down your transaction on our computer.

．．．

M：すいません。お金を引き出そうとしたんですが、機械からカードが出てこないんです。

W：分かりました。ちょっと見てみましょう。

M：長くかかりますか。とても急いでいるんですが。

W：少々お待ちください。お客様のお取引をコンピュータでチェックしてみますから。

覚えておきたい重要関連表現

- □ **bank** 名 [bǽŋk]　銀行
  - 表 city bank　都市銀行　regional bank　地方銀行
- □ **trust bank**　信託銀行　表 bank loan　銀行融資
- □ **savings account**　普通預金
  - 表 checking account　当座預金
- □ **deposit** 名 [dipázət]　預金　動 預ける
- □ **deposit book**　預金通帳　表 time deposit　定期預金
- □ **postal savings**　郵便貯金
- □ **interest** 名 [íntərəst]　金利　表 interest rate　利率
- □ **automatic teller machine（ATM）**　預金・支払兼用機
- □ **bill** 名 [bíl]　手形　表 check 名 [tʃék] 小切手
- □ **balance** 名 [bǽləns]　残高

会話問題対策660単語・表現の攻略

108

UNIT 17　空港／Airport

CD1 48

□ **May I help you?**　どうされましたか。

□ **baggage carousel**　荷物受取所

□ **luggage** 名 [lʌ́gidʒ]　荷物　同 baggage 名 [bǽgidʒ]

□ **fill out**　（書類に）書き込む

□ **form** 名 [fɔ́ːrm]　（申込書などの）書類

□ **I'll see what I can do.**　どうしたらいいか考えてみましょう。

W: Yes, **may I help you?**
M: I waited at the **baggage carousel** but my **luggage** never came through.
W: Okay, just **fill out** this **form** and **I'll see what I can do.**
M: I hope it's here, because it has all of my clothes in it.

- -

W：はい、どうされましたか。
M：荷物受取所で待っていたんですが、荷物が出てこなかったんです。
W：このフォームを書き込んでください。どうすべきか考えてみましょう。
M：衣類が全部その中に入っているので、ここにあればいいのですが。

✓ 覚えておきたい重要関連表現

□ **passenger terminal**　空港ビル

□ **runway** 名 [rʌ́nwèi]　滑走路
　表 taxiway 名 [tǽksiwèi]　誘導路

□ **takeoff** 名 [téikɔ́(ː)f]　離陸　反 landing 名 [lǽndiŋ]　着陸

□ **control tower**　管制塔
　表 control tower cab　管制室

□ **baggage claim area**　荷物受取所
　表 conveyer belt　ベルトコンベヤー

□ **ticket counter**　搭乗手続カウンター
　表 information counter　案内カウンター

□ **boarding room**　搭乗者控室　表 boarding bridge　搭乗ブリッジ
　boarding walkway　搭乗者通路

□ **observation deck**　送迎デッキ
　表 duty-free shop　免税店

□ **apron** 名 [éiprən]　エプロン　表 parking area　駐車場

会話問題対策660単語・表現の攻略

109

UNIT 18　ホテル／Hotel

CD1 49

□ **wake-up call**　モーニングコール
□ **actually** 副 [ǽktʃuəli]　実際のところ
□ **computerized system**　コンピューター化された自動システム
□ **set** 動 [sét]　設定する
□ **punch** 動 [pʌ́ntʃ]　（ボタンなどを）押す
□ **I'm afraid**　（あまりよくないことを）思う

M: Can you give me a **wake-up call** at 7:00?
W: **Actually**, there's a **computerized system** you can **set** yourself. Key in the time you want to wake up and **punch** "0."
M: **I'm afraid** that's too hard for me.
W: Here, I can help walk you through the procedure.

M：7時に起こしてもらえますか。
W：ご自分で設定できる自動システムがございます。起きたい時刻を設定してから0番を押してください。
M：私にはちょっと難し過ぎますね。
W：それでは、私が設定のお手伝いをさせていただきます。

✓ 覚えておきたい重要関連表現

□ **front desk**　フロント　表 cloak room　クローク
□ **hotel manager**　支配人　表 receptionist [risépʃənist]　フロント受付
□ **operator** 名 [ápərèitər]　電話受付係　表 reservation status　予約状況
□ **pick-up bus**　送迎バス　表 bellboy 名 [bélbòi]　ベルボーイ
□ **hotel lobby**　ロビー
□ **check-in** 名 [tʃékin]　チェックイン　表 check-out 名 [tʃékàut]　チェックアウト
□ **guest room**　客室　表 vacant room　空室
□ **room charge**　室料　表 service charge　サービス料
□ **single room**　シングルルーム　表 double room　ダブルルーム
　suite room　スイートルーム　room service　ルームサービス
□ **book** 動 [búk]　予約する　同 reserve 動 [rizə́ːrv]
□ **cancellation charge**　キャンセル料
　表 room service charge　ルームサービス料

110

UNIT 19　レストラン／ Restaurant

CD1 50

□ **Italian restaurant**　イタリアレストラン

□ **nightmare** 名 [náitmèər]　悪夢

□ **service** 名 [sə́:ɾvəs]　サービス

□ **overpriced** 形 [òuvərpráist]　値段が高過ぎる

□ **I guess**　思う

M: How did you like that new **Italian restaurant**?

W: It was **a nightmare**. The food was bad, the **service** was slow, and it is so **overpriced**.

M: **I guess** I won't be going there, then.

W: I definitely wouldn't recommend it.

....

M：新しいイタリアレストランはどうでしたか。

W：最悪よ。料理はひどいし、サービスはのろい、それに高すぎるのよ。

M：じゃあ、行かない方がいいみたいだね。

W：絶対にお勧めできないわ。

✒ 覚えておきたい重要関連表現

□ **This is on me.**　僕がおごります。

□ **go Dutch treat**　割り勘で支払う　同 split the bill

□ **Japanese cuisine**　日本料理　表 French cuisine　フランス料理
　Chinese cuisine　中華料理

□ **meat dishes**　肉料理　表 seafood dishes　魚介類料理

□ **steak** 名 [stéik]　ステーキ　表 rare 名 [réər]　レア
　medium 名 [mí:diəm]　ミディアム　well-done 名 [wéldʌn]　ウエルダン

□ **hamburger** 名 [hǽmbə̀:rgər] ハンバーガー　表 hot dog　ホットドッグ

□ **French fries**　ポテト

□ **salad** 名 [sǽləd]　サラダ　表 chef's salad　シェフサラダ

□ **French dressing**　フレンチドレッシング
　表 Italian dressing　イタリアンドレッシング

□ **soup** 名 [sú:p]　スープ　表 vegetable soup　野菜スープ

□ **appetizer** 名 [ǽpətàizər]　前菜　表 aperitif 名 [əpèrətí:f]　食前酒

□ **entree** 名 [á:ntrei]　メインディシュ

会話問題対策660単語・表現の攻略

111

UNIT 20 車／Car

CD1 51

- [ ] **I hear that ～**　～だそうですね
- [ ] **figure** 動 [fígjər]　思う
- [ ] **on one's way**　～の途中で
- [ ] **four-wheel drive**　4輪駆動
- [ ] **carpool** 動 [ká:pù:l]　自家用車を共同で使う　名 自動車の相乗り

W: **I heard that** you bought that RS400 that you had always been talking about.

M: Yup. I **figured** that winter's **on its way** and a **four-wheel drive** would help in the snow.

W: Do you **carpool**?

M: Only if they are willing to share the cost for gas.

・・・

W：あなたがいつも話をしていたあのRS400を買ったそうですね。

M：うん。冬もそこまで来てるし、雪道では4輪駆動が役に立つからね。

W：共同で使うんですか。

M：彼らが、ガソリン代を折半してくれるならね。

✒ 覚えておきたい重要関連表現

- [ ] **standard-sized car**　普通車　表 compact car　小型車
- [ ] **new model**　新車　表 economy car　低価格車
- [ ] **engine** 名 [éndʒən]　エンジン　表 diesel engine　ディーゼルエンジン
- [ ] **steering wheel**　ハンドル　表 名 windshield [windʃì:ld]　フロントガラス
- [ ] **front-wheel drive**　前輪駆動　表 rear-wheel drive　後輪駆動
- [ ] **speedometer** 名 [spidámətər]　速度計
  - 表 odometer 名 [oudámətər]　走行距離計
- [ ] **fuel gauge**　燃料計　表 fuel-efficiency 名 [fjú:əl-ifíʃənsi]　燃費
- [ ] **gas** 名 [gǽs]　ガソリン　表 cylinder 名 [sílindər]　気筒
- [ ] **accelerator** 名 [əksélərèitər]　アクセル　表 brake 名 [bréik]　ブレーキ
- [ ] **seat belt**　シートベルト　表 flat tire　パンクしたタイヤ
- [ ] **driver's seat**　運転席　表 rear seat　後部座席
- [ ] **safety belt**　安全ベルト　表 air bag　エアバッグ

112

UNIT 21　料理／Cooking

CD1 52

□ **Could you ～?**　～してもらえますか。

□ **hand** 動 [hǽnd]　手渡す

□ **ladle** 名 [léidl]　おたま

□ **colander** 名 [kʌ́ləndər]　ろ過器

□ **That's a good idea.**　それはいい考えだ。

M: **Could you hand** me that **ladle**, please?

W: Do you want the **colander**, too?

M: **That's a good idea.**

W: I figured you might want to strain that stuff first.

....

M：そのおたまを取ってくれるかい。

W：ろ過器もいるの。

M：そうだね。

W：先にその材料をこしたいのかなと思ったの。

会話問題対策660単語・表現の攻略

✔ 覚えておきたい重要関連表現

□ **cooking utensils**　調理器具

□ **kitchen knife**　包丁　表 cutting board　まな板

□ **bowl** 名 [bóul]　ボール

□ **measuring spoon**　計量スプーン

□ **whisk** 名 [hwísk]　泡立て器　表 strainer 名 [stréinər]　こし器

□ **peeler** 名 [píːlər]　皮むき器　表 grater 名 [gréitər]　おろし器

□ **rolling pin**　麺棒

□ **frying pan**　フライパン　表 pot 名 [pát]　深鍋　pan 名 [pǽn]　平鍋

□ **plate** 名 [pléit]　食卓皿　表 platter 名 [plǽtər]　大皿

□ **salt shaker**　塩入れ　表 sugar bowl　砂糖入れ

□ **oven** 名 [ʌ́vn]　オーブン　表 microwave oven　電子レンジ

□ **toaster** 名 [tóustər]　トースター

□ **heat** 動 [híːt]　暖める　表 boil 動 [bɔ́il]　ゆでる
　steam 動 [stíːm]　蒸す

□ **fry** 動 [frái]　炒める、揚げる　表 動 bake [béik], broil [brɔ́il]　焼く

□ **chill** 動 [tʃíl]　冷やす　表 freeze 動 [fríːz]　冷凍する

113

UNIT 22　掃除・洗濯／Cleaning

CD1 53

- □ **vacuum** 名 [vǽkjuəm]　電気掃除機　動 掃除機をかける
- □ **out of order**　壊れている
- □ **broom** 名 [brúːm]　ほうき

W: This **vacuum** is **out of order**.
M: Well, you have a **broom**, don't you?
W: A big help you are!
M: Look, I'm not good with electric gadgets or I'd help.

┄┄┄┄┄┄┄┄┄┄┄┄┄┄┄┄┄┄┄┄┄┄┄┄┄┄┄┄┄┄┄┄┄┄┄┄┄┄

W：この掃除機壊れているわ。
M：それじゃ、ほうきがあるだろう。
W：どうもご親切に！
M：ねえ、僕は電気機器が苦手なんだよ。でなきゃ直してるよ。

☑ 覚えておきたい重要関連表現

- □ **garbage** 名 [gάːrbidʒ]　ゴミ　裏 garbage can　ゴミ箱
- □ **dust** 名 [dʌ́st]　ちり　裏 dustpan 名 [dʌ́stpən]　ちりとり
- □ **clean** 動 [klíːn]　掃除する
- □ **sweep** 動 [swíːp]　ふく　同 wipe 動 [wáip]
- □ **vacuum cleaner**　掃除機
- □ **cleaning things**　掃除用具
- □ **washing machine**　洗濯機
- □ **do the laundry**　洗濯する
- □ **detergent** 名 [ditə́ːrdʒənt]　洗剤
  　裏 synthetic detergent　合成洗剤
- □ **dry** 動 [drái]　干す
- □ **drier** 名 [dráiər]　乾燥機
- □ **dry-clean** 動 [dráiklìːn]　ドライクリーニングする
- □ **bedding** 名 [bédiŋ]　寝具　同 bedclothes 名 [bédklòu(ð)z]
- □ **hang out the bedding**　布団を干す
- □ **make a bed**　ベッドを整える　同 make the bed

会話問題対策660単語・表現の攻略

114

UNIT 23　ファッション／Fashion

CD1 54

□ **fashion** 名 [fǽʃən]　ファッション、流行

　表 in fashion　流行して　out of fashion　流行遅れで

□ **innovative** 形 [ínəvèitiv]　斬新な、革新的な

　動 innovate [ínəvèit]　革新する

□ **designer** 名 [dizáinər]　デザイナー

□ **break with**　～との関係を断ち切る

□ **the tried and true**　絶対に確かなもの

□ **at the expense of**　～を犠牲にして　同 at the cost of

□ **taste** 名 [téist]　趣味、スタイル

M: These new fall **fashions** are really **innovative**.

W: Yes, the **designers** are **breaking with the tried and true**.

M: Sometimes **at the expense of taste**.

W: I take it you don't care for the new line of colors.

....

M：この秋物のファッションは本当に斬新ですね。

W：デザイナーたちは今までの殻を打ち破ろうとしているんですよ。

M：時には、スタイルを犠牲にしてね。

W：新色が気に入らないみたいですね。

✔ 覚えておきたい重要関連表現

□ **ready-made** 形 [rédi-méid]　既製服の

　表 形 order-made [ɔ́:dər-méid]　注文服の

□ **suit** 名 [sú:t]　スーツ　表 three-piece suit　三揃え

□ **necktie** 名 [néktài]　ネクタイ　表 vest [vést]　ベスト

□ **dress** 名 [drés]　ワンピース　表 tuxedo [tʌksí:dou]　タキシード

　jacket 名 [dʒǽkit]　ジャケット　leather jacket　皮ジャケット

□ **raincoat**　レインコート　表 fur coat　毛皮コート

□ **jeans** 名 [dʒí:nz]　ジーンズ　表 slacks 名 [slǽks]　スラックス

□ **shorts** 名 [ʃɔ́:rts]　半ズボン　表 button down shirt　ワイシャツ

□ **skirt** 名 [skə́:rt]　スカート　表 culottes 名 [k(j)u:lát]　キュロット

□ **pierced earring**　ピアス　表 earring 名 [íəriŋ]　イアリング

□ **bracelet** 名 [bréislət]　ブレスレット　表 necklace 名 [nékləs]　ネックレス

会話問題対策６６０単語・表現の攻略

115

UNIT 24 テレビ・ラジオ／TV&Radio

CD1 55

□ **go to bed** 寝る

□ **miss** [動] [mis] 見逃す

□ **sports highlights** スポーツのハイライト番組

□ **weather report** 天気予報

M: It's too late I'm **going to bed**.

W: You'll **miss** the **sports highlights**.

M: I already watched the **weather report**, and that was all I needed to see.

W: But I hear they are going to feature the lead draft picks for the NFL.

· ·

M：遅いからもう寝るよ。

W：スポーツのハイライトを見逃すわよ。

M：天気予報を見たから、僕はそれで十分だよ。

W：でもNFLのドラフト1位の選手の特集をやるみたいよ。

✒ 覚えておきたい重要関連表現

□ **broadcast** [名] [brɔ́ːdkæst] 放送 [動] 放送する

□ **program** [名] [próugræm] 番組

□ **announcer** [名] [ənáunsər] アナウンサー

□ **news broadcast** ニュース

□ **documentary** [名] [dàkjəméntəri] ドキュメンタリー

□ **soap opera** 連続ドラマ

□ **variety show** バラエティー

□ **commercial** [名] [kəmə́ːrʃl] コマーシャル

□ **high-definition television** 高画質テレビ

□ **channel** [名] [tʃǽnl] チャンネル

□ **TV station** テレビ局　[表] viewer [名] [vjúːər] 視聴者

□ **radio station** ラジオ放送局　[表] [名] listener [lísnər] 聴取者

□ **televise** [動] [téləvàiz] テレビ放映する

□ **turn on the TV** テレビをつける　[反] turn off the TV テレビを消す

□ **on the radio** ラジオで　[同] over the radio

□ **What's on tonight?** 今夜はどんな番組をやっていますか。

会話問題対策660単語・表現の攻略

116

UNIT 25 映画／Movie

CD1 56

□ **I wish** 〜であればいいのに（非現実的な願望）
□ **follow** 動 [fάlou] 理解する
□ **subtitles** 字幕
□ **That'll be the day!** まさか（驚きの表現）
□ **make it** 成し遂げる
□ **a year or so** 1年かそこら

W: **I wish** I could **follow** this without the **subtitles**.
M: **That'll be the day!**
W: I'll **make it**. Just give me **a year or so**.
M: You've been studying for years. If you haven't figured it out by now, you never will.

....

W：字幕なしでこれが理解できればいいのにね。
M：まさか！
W：やってみせるわよ。1年ぐらい猶予をちょうだい。
M：君はすでに何年も勉強しているんだよ。今の段階で理解できないんじゃ無理でしょう。

✓ 覚えておきたい重要関連表現

□ **movie theater** 映画館
□ **moviegoer** 名 [mú:vigòuər] 映画ファン
□ **reserved seat** 予約席
□ **road show** ロードショー
□ **plot** 名 [plάt] 映画の粗筋
□ **screen** 名 [skrí:n] 画面
□ **film star** 映画スター
　　表 **actor** 名 [ǽktər] 男優　**actress** 名 [ǽktrəs] 女優
□ **feature** 名 [fí:tʃər] 長編映画　**short** 名 [ʃɔ́:rt] 短編映画
□ **director** 名 [dəréktər] 監督　表 **assistant director** 助監督
　　scenarist 名 [sənǽrist] シナリオライター
□ **action movie** アクション映画　表 **horror movie** ホラー映画
　　science-fiction movie SF映画　**newsreel** 名 [n(j)ú:zri:l] ニュース映画

会話問題対策660単語・表現の攻略

117

UNIT 26 病院／Hospital

CD1 57

□ **you've got** = you have
□ **swollen tonsils** はれた扁桃腺
□ **headache** 名 [hédèik] 頭痛
□ **flu** 名 [flúː] インフルエンザ
□ **instructions** 名 [instrʌ́kʃənz] 指示

□ **fever** 名 [fíːvər] 熱
□ **what seems like** ～のようだ
□ **case** 名 [kéis] 症状
□ **pharmacy** 名 [fáːrməsi] 薬局
□ **feel better** 気分が良くなる

M: Well, **you've got** a **fever**, **swollen tonsils**, and **what seems like** a pretty bad **headache**—maybe a light **case** of the **flu**.

W: What should I do, doctor?

M: Take this to a **pharmacy** and have it filled. Follow the **instructions** on the package and you'll **feel better** within the next few days.

W: Sounds great! Thanks a lot, doc.

⋯⋯⋯

M：まあ熱があるし、扁桃腺もはれているし、かなりひどい頭痛もあるようですね。たぶんインフルエンザの軽い症状ですね。

W：先生、どうすればいいですか。

M：これを薬局に持って行って記入してもらうこと。包みに書かれている指示に従ってください。数日で良くなるでしょう。

W：わかりました。先生ありがとうございました。

✔ 覚えておきたい重要関連表現

□ **fracture** 名 [frǽktʃər] 骨折　表 sprain 名 [spréin] ねんざ
□ **bruise** 名 [brúːz] 打ち身、挫傷　表 目の周りのあざ
□ **cut** 名 [kʌ́t] 切り傷　表 scab 名 [skǽb] （傷の）かさぶた
□ **bleeding** 名 [blíːdiŋ] 出血　同 hemorrhage 名 [héməridʒ]
□ **blood infusion** 輸血　表 blood type 血液型
□ **anemia** 名 [əníːmiə] 貧血　表 hemophilia 名 [hìːməfíliə] 血友病
□ **allergy** 名 [ǽlərdʒi] アレルギー
　　形 allergic [əláːrdʒik] アレルギーの
□ **cold** 名 [kóuld] 風邪　表 cough 名 [kɔ́(ː)f] せき
□ **hypertension** 名 [hàipərténʃən] 高血圧
　　反 hypotension 名 [hàipəténʃən] 低血圧
□ **contagious disease** 伝染病　表 vaccination 名 [vǽksənéiʃən] 予防接種

会話問題対策660単語・表現の攻略

118

UNIT 27　音楽／Music

CD1 58

☐ **play** 動 [pléi]　演奏する

☐ **instrument** 名 [ínstrəmənt]　楽器　形 instrumental　器楽の

☐ **used to**　かつて〜したものだった（現在はしない）

☐ **trumpet** 名 [trʌ́mpət]　トランペット

☐ **a couple of years ago**　数年前に

☐ **trombone** 名 [trɑmbóun]　トロンボーン

W: Do you **play** any **instruments**?

M: I **used to** play the **trumpet** but I gave it up **a couple of years ago**.

W: I always liked the trumpet, but I play the **trombone**.

M: You don't really look like a trombone player to me.

⋯⋯⋯⋯⋯⋯⋯⋯⋯⋯⋯⋯⋯⋯⋯⋯⋯⋯⋯⋯⋯⋯⋯⋯⋯⋯⋯⋯⋯⋯

W：何か楽器は演奏されますか。

M：前はトランペットを吹いていましたが、数年前にやめました。

W：いつもトランペットは好きでしたが、トロンボーンを演奏します。

M：あなたはあまりトロンボーン奏者には見えないんですけどね。

✒ 覚えておきたい重要関連表現

☐ **popular music**　ポピュラー音楽　表 classical music　クラシック

☐ **rock music**　ロック　表 jazz 名 [dʒǽz]　ジャズ　blues 名 [blúːz]　ブルース
　folk music　フォーク　rap 名 [rǽp]　ラップ

☐ **Latin music**　ラテン音楽　表 reggae music　レゲエ

☐ **piano** 名 [piǽnou]　ピアノ　表 guitar 名 [gitɑ́ːr]　ギター

☐ **violin** 名 [vàiəlín]　バイオリン　表 cello 名 [tʃélou]　チェロ

☐ **flute** 名 [flúːt]　フルート　表 saxophone 名 [sǽksəfòun]　サキソフォン

☐ **drum** 名 [drʌ́m]　ドラム

☐ **orchestra** 名 [ɔ́ːrkəstrə]　オーケストラ　表 conductor 名 [kəndʌ́ktər]　指揮者

☐ **composer** 名 [kəmpóuzər]　作曲家　表 songwriter　作詞家

☐ **scale** 名 [skéil]　音階　表 note 名 [nóut]　音符　rest 名 [rést]　休符

☐ **major** 名 [méidʒər]　長調　反 minor 名 [máinər]　短調

☐ **keyed instruments**　鍵盤楽器　表 stringed instruments　弦楽器

☐ **wind instruments**　管楽器　表 percussion instruments　打楽器

会話問題対策660単語・表現の攻略

119

UNIT 28　スポーツ／Sports

CD1 59

□ **an exhibition game**　公開練習試合
□ **risk** 動 [rísk]　（危険を）冒す
□ **injuries** 名 [indʒəriz]　けが　動　けがをさせる
□ **at a gallop**　全速力で

M: This may be just **an exhibition game**, but I want you to give it your all.
W: Why **risk injuries** for a friendly game?
M: We need to practice getting out the gate **at a gallop**.
W: I hope you told the rest of the players about this.

....

M：これは練習試合かもしれないが、全力を尽くしてもらいたい。
W：親善試合でけがをしてもいいんですか。
M：全速力でゲートから出る練習をする必要があるんだ。
W：このことについて残りの選手に伝えてくださいね。

✔ 覚えておきたい重要関連表現

□ **ball game**　球技　表 American football　アメリカンフットボール
　basketball 名 [bǽskətbɔ̀:l]　バスケットボール　rugby 名 [rʌ́gbi]　ラグビー
　volleyball 名 [válibɔ̀:l]　バレーボール　golf 名 [gálf]　ゴルフ
　tennis 名 [ténəs]　テニス
□ **track and field**　陸上競技
□ **baseball** 名 [béisbɔ̀:l]　野球　表 baseball stadium　野球場
　Major League　大リーグ　night game　ナイター
□ **pitcher** 名 [pítʃər]　投手
　表 catcher 名 [kǽtʃər]　捕手　batter 名 [bǽtər]　打者
　infielder 名 [ínfi:ldər]　内野手　outfielder 名 [áutfi:ldər]　外野手
□ **umpire** 名 [ʌ́mpaiər] 審判　strike 名 [stráik]　ストライク　ball 名 [bɔ́:l]　ボール
□ **swing-out** 名 [swíŋ-àut]　三振　homer 名 [hóumər]　ホームラン
□ **stealing** 名 [stí:liŋ]　盗塁
□ **extra-inning game**　延長戦
□ **runs batted in (RBI)**　打点　表 time at bat　打席
□ **batting average**　打率　表 batting order　打順
□ **earned-run average**　防御率　表 earned run　自責点

120

UNIT 29　旅行／Travel

CD1 60

- □ **go over**　調べる
- □ **itinerary** 名 [aitínərèri]　旅行日程表
- □ **Boy.**　まあ、おや（驚きの表現）
- □ **whirlwind tour**　駆け足旅行　表 whirlwind 名 [hwə́ːrlwìnd]　旋風
- □ **get started**　始める

W: Let's **go over** our **itinerary**: Athens on Thursday, Prague on Friday, Munich on Saturday ...

M: **Boy**, that's a **whirlwind tour**!

W: Hey, I'm just **getting started**!

M: Everybody had better bring an extra suitcase then.

‥‥‥‥‥‥‥‥‥‥‥‥‥‥‥‥‥‥‥‥‥‥‥‥‥‥‥‥‥‥‥‥‥‥‥‥‥‥

W：ちょっと旅行日程表をチェックしてみましょう、木曜日がアテネで、金曜日がプラハで、土曜日がミュンヘンで...

M：駆け足の旅行だね。

W：ちょっと、まだ始めたばっかりよ。

M：それじゃあ、みんな余分のスーツケースを持っていったほうがよさそうだね。

▶ 覚えておきたい重要関連表現

- □ **sightseeing** 名 [sáitsìːiŋ]　観光　表 package tour　団体旅行
- □ **destination** 名 [dèstənéiʃən]　目的地　表 sightseeing spots　名所
- □ **accommodations** 名 [əkàmədéiʃənz]　宿泊施設
  　表 pension 名 [pɑːnsjóun]　ペンション　youth hostel　ユースホステル
- □ **train ticket**　列車の乗車券　表 excursion ticket　周遊券
- □ **overseas travel**　海外旅行　表 passport 名 [pǽspɔ̀ːrt]　パスポート
- □ **visa** 名 [víːzə]　ビザ　表 identification card　身分証明書
- □ **travelers check**　旅行者用小切手　表 foreign currency　外貨
- □ **customs** 名 [kʌ́stəmz]　税関　表 duty-free goods　免税品
- □ **city map**　市街地図　表 bus route map　バス路線図
- □ **historic places**　名所旧跡
- □ **tourist information office**　観光案内所
- □ **day excursion**　日帰り旅行

会話問題対策660単語・表現の攻略

121

UNIT 30　交通／Traffic

CD1 61

□ **red light**　赤信号
□ **smash into**　～に激突する
□ **side of the bus**　バスのサイド
□ **license plate**　ナンバープレート

W: I saw the blue car run that **red light** and then it **smashed into** the **side of the bus**.
M: Were you able to get the **license plate**?
W: No, the car was going too fast.
M: Do you remember which way the driver was headed?

W：青い車が赤信号を無視してバスの横にぶつかるのを目撃しました。
M：車のナンバープレートは見ましたか。
W：いいえ、その車は猛スピードで走って行ったので。
M：ドライバーがどちらの方向に向かったか覚えていますか。

覚えておきたい重要関連表現

□ **driver's license**　運転免許
□ **traffic sign**　交通標識
□ **traffic light**　信号　表 jaywalking 名 [dʒéiwɔ̀:kiŋ]　信号無視
□ **parking lot**　駐車場　表 illegal parking　駐車違反
□ **traffic violation**　交通違反　表 traffic ticket　違反チケット
□ **unlicensed driving**　無免許運転
□ **drunken driving**　飲酒運転
□ **traffic accident**　交通事故
□ **collision** 名 [kəlíʒən]　衝突　head-on collision　正面衝突
□ **rear-end collision**　追突
□ **speed limit**　速度制限　表 speeding 名 [spí:diŋ]　スピード違反
□ **traffic regulations**　交通規則
□ **super express highway**　高速道路　表 highway 名 [háiwèi]　幹線道路
□ **turnpike** 名 [tə́:rnpàik]　有料道路　表 toll gate　料金所

122

UNIT 31　家族／Family

CD1 62

□ **How many ～?**　いくつの～（可算名詞）

　表 How much ～?　いくらの～（不可算名詞）

□ **That's great!**　それはいいですね。

□ **kids** 名 [kidz]　子供

M: **How many children** do you have?

W: I have two boys and one girl.

M: **That's great!** I have four **kids** myself.

W: Actually, we were thinking of having another, but I don't know if we could afford it right now.

....

M：何人のお子さんをお持ちですか。

W：男の子2人と女の子1人です。

M：それはいいですね。私は4人いるんですよ。

W：実は、もう1人考えていたんですけど、今のところ余裕がないかなあ
　　と思ったんです。

✔ 覚えておきたい重要関連表現

□ **parents** 名 [péərənt]　両親

□ **son** 名 [sʌ́n]　息子　表 daughter 名 [dɔ́ːtər]　娘

□ **grandfather** 名 [grǽndfɑ̀ːðər]　祖父　表 grandmother 名 [grǽnmʌ̀ðər]　祖母

□ **great-grandfather** 名 [gréitgrændfɑ̀ːðər]　曾祖父

　反 great-grandmother 名　曾祖母

□ **grandchild** 名 [grǽndtʃàild]　孫

□ **father-in-law** 名 [fɑ́ːðərinlɔ̀ː]　義父

□ **brother-in-law** 名　義理の兄弟　反 名sister-in-law　義理の姉妹

□ **son-in-law** 名　義理の息子　反 名daughter-in-law　義理の娘

□ **stepmother** [stépmʌ̀ðər]　継母

□ **adopted child**　養子

□ **relative** 名 [rélətiv]　親戚

□ **uncle** 名 [ʌ́ŋkl]　おじ　表 名 aunt [ǽnt]　おば

□ **nephew** 名 [néfjuː]　甥　表 名 niece [níːs]　姪

□ **cousin** 名 [kʌ́zn]　いとこ

会話問題対策660単語・表現の攻略

123

UNIT 32　美容室／Hairdresser

CD1 63

- □ **hairstyle** 名 [héərstàil]　髪型　同 hairdo [héərdù:]
- □ **Why don't you ~?**　～してはどうですか。
- □ **try** 動 [trái]　試す
- □ **length** 名 [léŋkθ]　長さ
- □ **That sounds good.**　それはいいですね。

W: I want to make a **hairstyle** change.

M: **Why don't you try** a different color, or a different **length**?

W: **That sounds good.** Let's do both.

M: How about we try a shoulder length and if you want to go shorter it will be no problem.

··

W：ちょっと髪形を変えたいんです。

M：髪の色か長さを変えられてはいかがですか。

W：それはいいですね。両方試してみましょう。

M：肩ぐらいの長さにしてみましょうか。もっと短くしたければそれでもかまいませんよ。

🖋 覚えておきたい重要関連表現

- □ **get a haircut**　髪を切る
- □ **dye one's hair**　髪を染める
- □ **make one's hair light**　脱色する
- □ **perm** 名 [pá:rm]　パーマ
- □ **part** 動 [pá:rt]　分ける
- □ **curled hair**　カールした髪
- □ **shampoo** 名 [ʃæmpú:]　シャンプー　表 conditioner 名 [kəndíʃənər]　リンス
- □ **curling iron**　こて
- □ **brush** 名 [brʌ́ʃ]　ヘアーブラシ　表 comb 名 [kóum]　くし
- □ **hair drier**　ヘアードライヤー
- □ **hair tonic**　ヘアートニック
- □ **hair spray**　ヘアースプレー
- □ **sideburns** 名 [sáidbə̀:rnz]　もみあげ　表 mustache 名 [mʌ́stæʃ]　口ひげ
- □ **bob** 名 [báb]　刈り上げ　表 trim 名 [trím]　刈り込み

会話問題対策660単語・表現の攻略

UNIT 33　ペット／Pets

CD1 64

□ **let ～ out**　～を外に出す
□ **already** 副 [ɔːlrédi]　すでに
□ **Well.**　それじゃ（つなぎの言葉）
□ **get to it**　取り掛かる

W: Did you **let** the dog **out**?
M: No, I thought you'd **already** done it.
W: No, I haven't. **Well, get to it**!
M: All right, just let me finish putting away the dishes.

W：犬を外に出してやったの。
M：いや、君がもうやっていたかと思ってたよ。
W：まだなの、じゃあ出してやってよ。
M：わかったよ。じゃあ先に皿を片付けてからね。

会話問題対策660単語・表現の攻略

✏ 覚えておきたい重要関連表現

□ **pedigreed dog**　血統書付きのイヌ
□ **puppy** 名 [pʌ́pi]　小イヌ
□ **kitten** 名 [kítn]　子ネコ
□ **hamster** 名 [hǽmstər]　ハムスター
□ **squirrel** 名 [skwə́ːrəl]　リス
□ **rabbit** 名 [rǽbət]　ウサギ
□ **parakeet** 名 [pǽrəkíːt]　インコ
□ **parrot** 名 [pǽrət]　オウム
□ **canary** 名 [kənéəri]　カナリア
□ **turtle** 名 [tə́ːrtl]　カメ
□ **lizard** 名 [lízərd]　トカゲ
□ **beetle** 名 [bíːtl]　カブトムシ　表 stag beetle　クワガタムシ
□ **killifish** 名 [kílifiʃ]　メダカ
□ **goldfish** 名 [góuldfiʃ]　金魚
□ **tropical fish**　熱帯魚
□ **carp** 名 [káːrp]　コイ
□ **make a pet of**　～をかわいがる　表 pet 動 [pét]　ペットにする

125

UNIT 34 犯罪／Crime

CD1 65

- □ **take a bite out of** 〜に一矢報いる
- □ **organized crime** 組織犯罪　表 money source 資金源
- □ **have no teeth** 効果がない
- □ **The proof is in the pudding.** 論より証拠

W: This new law should **take a bite out of organized crime**.
M: Actually, I'm afraid it **has no teeth**.
W: Well, **the proof is in the pudding**.
M: Yeah, but we need to get the mafia out of this city right away.

....

W：この新しい法律で組織犯罪に一矢報いることになるはずです。
M：実際のところ、効果がないように思えますがね。
W：論より証拠ですよ。
M：うん、でもすぐにこの都市からマフィアを締め出す必要がありますね。

✒ 覚えておきたい重要関連表現

- □ **murder** 名 [mə́:rdər]　殺人　同 homicide 名 [háməsàid]
- □ **bombing incident**　爆破事件
- □ **theft** 名 [θéft]　窃盗　表 larceny 名 [lá:rsəni]　窃盗罪
- □ **robbery** 名 [rábəri]　強盗　表 bank robbery　銀行強盗
- □ **kidnap** 名 [kídnæp]　誘拐　表 hostage 名 [hástidʒ]　人質、身代金
- □ **hijack** 名 [háidʒæk]　ハイジャック　表 confinement 名 [kənfáinmənt]　監禁
- □ **shoplifting** 名 [ʃápliftiŋ]　万引　表 stolen goods　盗品
- □ **pickpocket** 名 [píkpàkit]　すり　表 fraud 名 [frɔ́:d]　詐欺
- □ **narcotics** 名 [nɑːrkátik]　麻薬　表 stimulant 名 [stímjələnt]　覚醒剤
- □ **hallucination** 名 [həlùːsənéiʃən]　幻覚症状
- □ **heroin** 名 [hérouən]　ヘロイン　表 hemp 名 [hémp]　大麻
- □ **marijuana** 名 [mæ̀rəhwáːnə]　マリファナ　表 cocaine 名 [koukéin]　コカイン
- □ **corruption** 名 [kərápʃən]　汚職　表 bribe 名 [bráib]　わいろ
- □ **embezzlement** 名 [embézlmənt]　横領
- □ **shakedown** 名 [ʃéikdàun]　ゆすり、たかり　同 bracing 名 [bréisiŋ]

UNIT 35　新聞・雑誌／Newspaper&Magazine

CD1 66

□ **come** 動 [kʌ́m]　発刊される　□ **highly regarded**　高く評価された
□ **periodical** 名 [pìəriάdikl]　定期刊行物
□ **twice as often**　2倍の頻度で
□ **reputation** 名 [rèpjətéiʃən]　評判　□ **go with 〜**　〜に同意する

M: *The Business Times* **comes** every month and is one of the most **highly regarded** business **periodicals**.
W: Yes, but *Management Magazine* comes **twice as often** and has about the same **reputation**.
M: Let's **go with** that one, then.
W: If you're okay with it, we could just get both.

M：『ビジネスタイムズ』は毎月出版されていて、最も高い評価を受けているビジネス関連の定期刊行物の1つですよね。
W：はい、でも『マネジメントマガジン』は月2度発行されていて、ほぼ同じような評価を受けていますよ。
M：じゃあ、それにしましょう。
W：あなたがよければ、両方でもいいですよ。

会話問題対策660単語・表現の攻略

✓ 覚えておきたい重要関連表現

□ **article** 名 [ά:rtikl]　記事　表 headline 名 [hédlàin]　見出し
□ **editorial** 名 [èditɔ́:riəl]　社説　表 front page　一面　book review　書評
□ **comic** 名 [kάmik]　漫画　表 serial cartoon　連載漫画
□ **coverage** 名 [kʌ́vəridʒ]　取材　scoop 名 [skú:p]　特種
□ **press conference**　記者会見　表 mass communication　マスコミ
□ **morning newspaper**　朝刊　表 evening newspaper　夕刊
□ **national newspaper**　全国紙　表 tabloid 名 [tǽblɔid]　タブロイド紙
□ **newsstand** 名 [n(j)ú:zstænd]　売店　表 latest issue　最新号
□ **weekly** 名 [wí:kli]　週刊誌　表 monthly 名 [mʌ́nθli]　月刊誌
□ **business magazine**　業界誌　表 class magazine　専門誌
　journal 名 [dʒə́:rnl]　専門誌
□ **subscription** 名 [səbskrípʃən]　定期購読　表 back number　バックナンバー
□ **classified ad**　求人広告　同 want ad

127

UNIT 36　環境問題／**Environmental Issues**

CD1 67

- ☐ **environmental conditions**　環境の状況
- ☐ **get ～ concerned**　～を不安にさせる
- ☐ **pitch in**　必死に取り組む
- ☐ **You can say that again.**　その通りですね。

W: **Environmental conditions** have really **got** me **concerned**.
M: Yes, we're all going to have to **pitch in**.
W: **You can say that again**.
M: And it wouldn't hurt if the government did something too.

··

W：現在の環境の状況は本当に心配ですよね。
M：そうですね、われわれは必死に取り組まなければならなくなるでしょう。
W：その通りですね。
M：政府も何か措置を講じてもいいんじゃないですかね。

✒ 覚えておきたい重要関連表現

- ☐ **environment** 图 [enváiərənmənt]　環境
- ☐ **ecosystem** 图 [ékousìstim]　生態系　表 ecology [ikálədʒi]　生態学
- ☐ **public hazard**　公害　表 pollution-triggered disease　公害病
- ☐ **noise pollution**　騒音公害　表 water pollution　水質汚染
- ☐ **air pollution**　大気汚染　表 exhaust 图 [igzɔ́:st]　排気ガス
- ☐ **environmental pollution**　環境汚染
- ☐ **prevention of environmental pollution**　環境汚染防止
- ☐ **photochemical smog**　光化学スモッグ
- ☐ **industrial waste**　産業廃棄物
- ☐ **ozone depletion**　オゾン層破壊
- ☐ **acid rain**　酸性雨
- ☐ **greenhouse effect**　温室効果
- ☐ **global warming**　地球温暖化
- ☐ **chlorofluorocarbons** 图 [klɔ̀:rouflù:ərouká:rbnz]　フロンガス(CFCs)
- ☐ **deforestation** 图 [di:fɔ(:)ristéiʃən]　森林破壊

UNIT 37　学校教育／Education

CD1 68

□ **Don't you think 〜?**　〜と思いませんか
□ **the public school system**　公立学校の制度
□ **come apart at the seams**　崩壊する　表 seam 名 [siːm]　割れ目
□ **put it strongly**　強く表現する
□ **be unaware of**　〜に気付かない
□ **What's going on?**　何が起こっているのか。

M: **Don't you think the public school system** is **coming apart at the seams?**
W: That seems to be **putting it** too **strongly**.
M: I'm afraid you**'re unaware of what's going on**.
W: Actually, I have been paying very close attention to what the school board has been up to.

- -

M：公立学校の制度が崩壊しかかっていると思いませんか。
W：それはあまりにも大げさなように思えるのですが。
M：あなたは現場で何が起こっているかお気付きではないようですね。
W：実際、私は教育委員会が取り組んできたことにずっと着目してきてはいるんですけどね。

✏ 覚えておきたい重要関連表現

□ **educational system**　教育制度
□ **compulsory education**　義務教育
□ **higher education**　高等教育
□ **private school**　私立学校　表 public school　公立学校
□ **kindergarten** 名 [kíndərgàːrtn]　幼稚園　表 elementary school　小学校
□ **university** 名 [jùːnəvɑ́ːrsəti]　総合大学　表 college 名 [kálidʒ]　単科大学
□ **graduate school**　大学院
□ **preparatory school**　予備校　表 cram school　塾
□ **entrance examination**　入学試験
□ **final examination**　期末試験　表 mid-term examination　中間試験
□ **deviation value**　偏差値　表 standard deviation　標準偏差
□ **curriculum** 名 [kəríkjələm]　教育課程　表 course of study　学習指導要領

会話問題対策660単語・表現の攻略

129

REVIEW TEST ...1

1. Another traffic _____! The city authorities need to do something.
   - (A) joke
   - (B) jam
   - (C) juice
   - (D) jelly

2. This is the fourth time this month that you've come in to work _____.
   - (A) lately
   - (B) last
   - (C) late
   - (D) latter

3. Mr. Kartes, you have a call on _____ 2 from a Mr. Cochran.
   - (A) number
   - (B) line
   - (C) sign
   - (D) board

4. Small _____ will have to tighten their belts.
   - (A) tasks
   - (B) businesses
   - (C) jobs
   - (D) careers

5. That stock has turned out to be a _____ mine.
   - (A) silver
   - (B) brown
   - (C) gold
   - (D) red

正解 1. (B)　2. (C)　3. (B)　4. (B)　5. (C)

1. また交通渋滞だって。市当局には何か手を打ってもらう必要があるね。
2. 遅刻したのは今月これで4回目ですよ。
3. カーツさん、コクランさんという方から2番にお電話が入っていますよ。
4. 小企業は気を引き締めてかからないとね。
5. あの株はまさにドル箱でしたね。

参照 ➡ 1. (U1)　2. (U2)　3. (U3)　4. (U4)　5. (U5)

REVIEW TEST
...2

6. I forgot to make the 150 _____ of Ms. Kramer's marketing research results.
   - (A) mistakes
   - (B) points
   - (C) copies
   - (D) notes

7. How did James manage to _____ taxes?
   - (A) export
   - (B) extend
   - (C) evoke
   - (D) evade

8. I've just about had _____ with this old copy machine.
   - (A) it
   - (B) that
   - (C) those
   - (D) this

9. This _____ crisis is hurting everyone.
   - (A) employment
   - (B) employer
   - (C) employing
   - (D) employed

10. If the government raises the minimum wage again, my shop will go _____ for sure.
   - (A) under
   - (B) into
   - (C) over
   - (D) up

会話問題対策６６０単語・表現の攻略

正解　6. (C)　7. (D)　8. (A)　9. (A)　10. (A)

6. クレイマーさんの市場調査の報告書を150部コピーするのを忘れてた。
7. ジェームズはどうやって税金逃れをやったんだい。
8. この古いコピー機にはうんざりよ。
9. この雇用危機にはみんなが苦しめられているものね。
10. もし政府が最低賃金額をもう一度引き上げれば、僕の店は確実に倒産だろう。

参照　6. (U6)　7. (U7)　8. (U8)　9. (U9)　10. (U10)

131

REVIEW TEST
...3

会話問題対策660単語・表現の攻略

11. I heard that he got _____ up for that promotion he was counting on.
    (A) booked
    (B) passed
    (C) appointed
    (D) resigned

12. I'm worried that the new _____ strategy is going to compromise quality.
    (A) cost-cut
    (B) cost-cutting
    (C) cut-cost
    (D) cutting-cost

13. The main server's _____ and it won't be up and running for another two and a half hours.
    (A) over
    (B) down
    (C) in
    (D) up

14. Would it be possible for you to e-mail the sales _____ reports to me?
    (A) digit
    (B) figure
    (C) number
    (D) quality

15. Excuse me, I was trying to _____ some money and the machine ate my card.
    (A) withdraw
    (B) focus
    (C) respond
    (D) withstand

正解 11.（B） 12.（B） 13.（B） 14.（B） 15.（A）

11. 彼は当てにしていた昇進を見送られたと聞いたよ。
12. 新しい経費削減策が導入されると品質を犠牲にするんじゃないかと心配です。
13. メインサーバーがダウンしてしまって、2時間半ぐらいは元に戻らないようだよ。
14. 営業報告書をメールで送っていただけますか。
15. すみません、お金を引き出そうとしたんですが、機械からカードが出てこないんです。

参照⭕ 11.（U12） 12.（U13） 13.（U14） 14.（U15） 15.（U16）

REVIEW TEST ...4

16. Can you give me a _____ call at 7:00?
    (A) waking-up   (B) wake-up
    (C) awaken   (D) awaking

17. The food was bad, the _____ was slow, and it is so overpriced.
    (A) action   (B) comment
    (C) service   (D) price

18. A four-wheel drive would _____ in the snow.
    (A) gain   (B) help
    (C) promise   (D) access

19. This _____ is out of order, isn't it?
    (A) vacancy   (B) vacation
    (C) vacuum   (D) vacuity

20. I already watched the weather _____, and that was all I needed to see.
    (A) climate   (B) report
    (C) check   (D) control

会話問題対策660単語・表現の攻略

正解　16. (B)　17. (C)　18. (B)　19. (C)　20. (B)

16. 7時に起こしてもらえますか。
17. 料理はひどい、サービスはのろい、おまけに値段が高すぎるのよ。
18. 雪道では四輪駆動が役に立つからね。
19. この掃除機は壊れているわね。
20. 天気予報を見たから、僕はそれで十分だよ。

参照◯　16.（U18）　17.（U19）　18.（U20）　19.（U22）　20.（U24）

133

第4章

Part 4
説明文問題徹底攻略の単語と表現

この章で学ぶ単語・表現と学習法

単語・表現

　アナウンス、スピーチ、トークなどを聞いて質問に答えます。ここでは実際のアナウンス、スピーチ、トークを数多く利用して、重要な語彙表現の習得を目指します。生きた素材に出てくる生きた語彙表現に触れていただくのがこの章の目的です。専門的で難解な単語は出題されません。習得した語彙表現は、他のPartや実際のコミュニケーションの場でも生かすことができるものばかりです。

学習法

1) まず英文を聞きポイントを理解する。聞き取れない部分をチェックする。
2) 何度か聞いてから音をまねてフォローする（発音してみると、聞き取れていない部分、意味不明の部分がよりはっきりするはずです）。
3) テキストで意味を確認する。スクリプトに目を通して速読してみる。速読では決して戻り読みしないこと。意味の取れない所は語彙リストと訳で確認し完璧に理解する。
4) 説明文に含まれていた単語を確認する（単語は文脈から切り離して覚えないで英文を何度も聞き読む中で自然に身に付けると確実に定着します）。
5) ある程度単語が定着したら定期的に見直すようにする（あせらず繰り返してください。ここはPART IIIの学習法と同じことがいえます）。

説明文問題

…UNIT 学習チェック一覧…

- ☐ 1 アナウンス（1）
- ☐ 2 アナウンス（2）
- ☐ 3 アナウンス（3）
- ☐ 4 アナウンス（4）
- ☐ 5 アナウンス（5）
- ☐ 6 アナウンス（6）
- ☐ 7 アナウンス（7）
- ☐ 8 スピーチ（1）
- ☐ 9 スピーチ（2）
- ☐ 10 スピーチ（3）
- ☐ 11 スピーチ（4）
- ☐ 12 スピーチ（5）
- ☐ 13 トーク（1）
- ☐ 14 トーク（2）
- ☐ 15 トーク（3）
- ☐ 16 トーク（4）
- ☐ 17 トーク（5）
- ☐ 18 トーク（6）
- ☐ 19 トーク（7）
- ☐ 20 トーク（8）
- ☐ 21 トーク（9）
- ☐ 22 トーク（10）
- ☐ 23 ラジオ放送

説明文問題対策350単語・表現の攻略

UNIT 1　アナウンス（1）／ Grand Opening

CD1 69

□ **under construction**　工事中の　表 under repair　修理中の
□ **near completion**　完成に近づく　表 near 前 ～の近くに
□ **await** 動 [əwéit]　～を待ち望む　表 wait for　～を待つ
□ **provide A with B**　AにBを提供する　同 supply A with B
□ **resource** 名 [ríːsɔ̀ːrs]　供給元、資源　形 resourceful　機知に富んだ
□ **conveniences** 名 [kənvíːniənsiz]　便利なもの　表 convenience　都合
□ **community** 名 [kəmjúːnəti]　地域社会
　　表 the Jewish community　ユダヤ人社会
□ **grand opening**　新装開店　表 an opening ceremony　開会式

Coming this fall, to the downtown plaza, is the new Davis-Mart. It has been **under construction** for the past year and is finally **nearing completion**. This long **awaited** department store will **provide** the area **with** a much needed **resource**. No longer will we have to travel outside of town to get some of the modern **conveniences**. It will also provide a number of jobs for the **community**. Please show your support by visiting the plaza for the Davis-Mart **grand opening**.

新装のデイビスマートがこの秋ダウンタウン・プラザにやってきます。この1年工事中でしたが、ついに完成間近。長く待ち望まれたこのデパートのおかげで、その地域に必要な供給元が誕生することになります。もう近代的な便利なものを手に入れるためにわざわざ町を出る必要はなくなるでしょう。それはまた、その地域社会に多くの仕事口も提供してくれることになります。デイビスマートの新装オープンに当たり、ぜひプラザにお越しください。

✐ プラスアルファ英単語（店）

□ **shop** 名 [ʃáp]　店　同 store [stɔ́ːr]　店
□ **opening sale**　開店セール　反 closing sale　閉店セール
□ **renovate** 動 [rénəvèit]　改装する　名 renovation [rènəvéiʃən]　改装
□ **supermarket** 名 [súːpərmàːrkət]　スーパー　表 department store　デパート
□ **shoe store**　靴屋　表 flower shop　花屋　liquor shop　酒屋
□ **bookstore** 名 [búkstɔ̀ːr]　本屋　表 stationery shop　文房具屋
□ **furniture shop**　家具屋　表 a piece of furniture　1点の家具
□ **grocery store**　食料品店　表 fruit shop　果物屋
□ **restaurant** 名 [réstərənt]　レストラン　表 coffee shop　喫茶店

説明文問題対策350単語・表現の攻略

137

UNIT 2　アナウンス（2）／ Recall

CD1 70

- □ **interrupt** 動 [ìntərʌ́pt]　妨害する、さえぎる　　名 interruption　妨害
- □ **programming** 名 [próugræmiŋ]　プログラムの作成
  名 program　プログラム、番組
- □ **recall** 名 [rikɔ́:l]　リコール、撤回、回収　　動 ～を思い起こす
- □ **bottling plant**　瓶詰め作業工場　　表 bottle 動 [bátl]　瓶詰めする
- □ **container** 名 [kəntéinər]　容器　　動 contain　含む
- □ **contaminate** 動 [kəntǽminèit]　汚染する　　同 pollute [pəlú:t]
- □ **purchase** 名 [pə́:rtʃəs]　購入　　動 購入する
- □ **reimburse** 動 [rì:imbə́:rs]　弁償する、返済する
- □ **assure** 動 [əʃúər]　保証する　　名 assurance　保証、請け合い

We **interrupt** our regularly scheduled **programming** to bring you this special announcement. The manufacturer Bronson and Joy, maker of the product Cabin Syrup, has issued a **recall** of all its maple syrup. It seems that food bacteria were discovered at the **bottling plant** and a number of food **containers** are feared to be **contaminated**. If you have any of this product at home, simply return it to the place of **purchase** and you will be **reimbursed** for the full price of the product. The people at Bronson and Joy wish to extend their sincerest apologies and **assure** that they will continue to serve the public in the safest manner possible.

特別なお知らせがありますので、通常のスケジュールの進行を少し中断させていただきます。キャビンシロップの製造元であるブロンソン＆ジョイ社は、すべてのメイプルシロップにリコールをかけました。瓶詰め工場で食物バクテリアが検出されたため、いくつかの容器が汚染されている可能性があるそうです。もしご家庭にこの製品がありましたら、購入された場所にお返しくだされば全額が返済されます。ブロンソン＆ジョイのスタッフ一同、心からおわび申し上げるとともに、今後最も安全な形でご奉仕し続けることをお約束します。

🔧 プラスアルファ英単語（食べ物）

- □ **food additive**　食品添加物　　表 preservatives 名 [prizə́:rvətivz]　防腐剤
- □ **artificial flavor**　人工調味料　　表 artificial sweetener　人工甘味料
- □ **natural food**　自然食品　　表 additive-free food　無添加食品
- □ **frozen food**　冷凍食品　　表 processed food　加工食品
- □ **dry food**　乾燥食品　　表 fast food　インスタント食品

説明文問題対策350単語・表現の攻略

UNIT 3　アナウンス (3) ／ Zoo Tram Ride

CD1 71

□ **tram** 名 [trǽm]　（園内を見てまわる）トラムカー　《英》市街電車
　表 streetcar [strí:tkà:r]　《米》市街電車
□ **at all times**　ずっと　同 all the time　表 at any time　いつでも
□ **feed** 動 [fí:d]　えさを与える　名 かいば、飼料
□ **refrain from**　～を差し控える、慎む　同 forbear 動 [fɔːrbéɚr]　こらえる
□ **comply** 動 [kəmplái]　従う、承知する
　表 comply with one's request　要求に応じる
□ **make stops (a stop)**　止まる　表 at a stop　止まって
□ **for the purpose of**　～の目的のために　表 on purpose　故意に
□ **for one's own safety**　自分の安全のために　表 safe 形 [séif]　安全な

Hello, and welcome to the zoo **tram** ride. We ask that you please keep your hands and feet inside the tram **at all times**. We also ask that you do not **feed** any of the animals. If, at any time, the tour guide asks you to **refrain from** taking photographs we ask that you **comply**. You will also note that at certain times the tram will **make stops for the purpose of** observing a certain animal. During this time, please stay within the tram **for your own safety**. We hope you enjoy the tour.

こんにちは、動物園のトラムカーにようこそ。乗車中、手足をトラムの外に出されませんようにご注意願います。また、動物には一切えさを与えないようにお願いいたします。ツアーガイドが、お客様に写真を撮ることを控えていただくようにお願いしましたときにはいつでも、これに従ってくださるようにお願いいたします。動物の観察のために何度かトラムが停車することになります。この間には、どうぞ安全のために、トラムの中からお出になりませんようにお気を付けください。それではトラムの旅をお楽しみください。

✓ プラスアルファ英単語（施設と建物）

□ **zoo** 名 [zú:]　動物園　表 menagerie 名 [mənǽdʒəri]　移動動物園
□ **aquarium** 名 [əkwéəriəm]　水族館　表 aquaculture 名 [ǽkwəkλltʃər]　魚の養殖
□ **botanical garden**　植物園　表 botany 名 [bátəni]　植物学
□ **museum** 名 [mjuːzíəm]　博物館　表 art museum　美術館
□ **amusement park**　遊園地　表 rides 名 [ráidz]　乗り物
□ **swimming pool**　プール　表 gym 名 [dʒím]　体育館
□ **golf course**　ゴルフ場　表 driving range　ゴルフ練習場

139

（右側縦書き）説明文問題対策350単語・表現の攻略

UNIT 4 アナウンス（4）／ Fire Drill

CD1 72

- □ **fire drill** 防火訓練　表 drill 名 [dríl]　訓練
- □ **fire alarm** 火災報知機　表 alarm clock　目覚まし時計
- □ **remain calm** 冷静さを保つ　表 calm down　落ち着く
- □ **corridor** 名 [kɔ́:rədər]　廊下、通路
- □ **main entrance** メインエントランス、正門　反 exit 名 [égzit]　出口
- □ **parking lot** 駐車場　表 park 動 [pá:rk] 駐車する
- □ **attendance** 名 [əténdəns]　出席　表 attendant 名 [əténdənt]　付添い人

Today we will be doing a practice **fire drill**. When the **fire alarm** goes off I would like you all to please **remain calm** and follow my instructions. We will be leaving the classroom and going down to the left. Please stay to the right of the **corridor** until you reach the **main entrance**. Go through the double doors and follow me to the **parking lot**. When we reach the lot I must take **attendance**, so please stay together.

本日は防災訓練を実施する予定です。火災報知器が鳴りましたら、落ち着いて指示に従ってください。教室を出て、左側に降りてください。メインエントランスに着くまでは廊下の右側を通るようにしてください。そして二重ドアを通り抜けて、駐車場まで私についてきてください。駐車場についたら、点呼をとりますから、離れないようにしてください。

✐ プラスアルファ英単語（職業）

- □ **firefighter** 名 [fáiərfàitər]　消防士　同 fireman
- □ **policeman** 名 [pəlí:smən]　警察官　比 police　警察（複数扱い）
- □ **judge** 名 [dʒʌ́dʒ]　裁判官　比 jury [dʒúəri]　陪審員
- □ **engineer** 名 [èndʒəníər]　技術者　表 computer engineer　コンピューター技師
- □ **translator** 名 [trænsléitər]　翻訳者　表 interpreter [intə́:rprətər]　通訳者
- □ **novelist** 名 [návəlist]　小説家　表 scriptwriter [skríptràitər]　脚本家
- □ **politician** 名 [pàlətíʃən]　政治家　表 politics [pálətiks]　政治
- □ **composer** 名 [kəmpóuzər]　作曲家　比 songwriter　作詞家
- □ **public servant** 公務員　表 public 形　公の
- □ **producer** 名 [prəd(j)ú:sər]　プロデューサー　表 動 produce [prəd(j)ú:s]　製作する
- □ **farmer** 名 [fá:rmər]　農夫　表 fisherman [fíʃərmən]　漁師
- □ **astronaut** 名 [ǽstrənɔ̀:t]　宇宙飛行士　比 astronomer　天文学者
- □ **carpenter** 名 [ká:rpəntər]　大工　表 artisan [á:rtəzən]　職人

説明文問題対策３５０単語・表現の攻略

UNIT 5　アナウンス（5）／ Health Codes

CD1 73

□ **in keeping with** 〜と調和して　表 keeping 名 [kíːpiŋ]　調和、一致
□ **code** 名 [kóud]　規約、慣例　表 the moral code　道徳律
□ **protective** 形 [prətéktiv]　保護の　名 protection　保護
□ **in addition** 加えて　副 additionally　加えて
□ **staff** 名 [stǽf]　スタッフ、職員
□ **prep** [prép]（=preparation/preparatory）　準備（の）
□ **regulation** 名 [règjəléiʃən]　規制　動 regulate　規定する
□ **termination** 名 [tə̀ːrmənéiʃən]　終了、結末　動 terminate　終わらせる

In keeping with current health codes, all food handlers must wear
protective gloves when handling or preparing cold foods. In addition, all
kitchen staff must wear a hat or hairnet while in the food prep area.
Failure to comply with these regulations will result in immediate
termination of employment. Any questions should be directed towards
management.

> 現在の健康規約に従い、食品を扱うすべての人は、冷たい食品を扱ったり、準備し
> たりするときには、衛生手袋を付けなければなりません。加えて、すべてのキッチ
> ンスタッフも、食品準備場所にいる間は、帽子かヘアネットを付けなければなりま
> せん。この規則に従わない場合は、即座に雇用打ち切りとなります。疑問があれば、
> すべて経営者にお尋ねください。

🔧 プラスアルファ英単語（家とキッチン）

□ **kitchen** 名 [kítʃən]　台所　表 gas range　ガス台　sink [síŋk]　流し
□ **dish washer**　皿洗い機　表 disposer [dispóuzər]　ディスポーザー
□ **gas water heater**　ガス湯沸し　表 ventilation fan　換気扇
□ **dining table**　食卓　表 cupboard [kʌ́bərd]　戸棚
□ **dining room**　ダイニングルーム　表 living room　居間
□ **study** 名 [stʌ́di]　書斎　表 guest room　客間
□ **bedroom** 名 [bédrùːm]　寝室　表 king (queen) size bed　ダブルベッド
　single bed　シングルベッド
□ **bathroom** [bǽθrùːm]　トイレ　表 flush toilet　水洗トイレ
□ **attic** 名 [ǽtik]　天井裏部屋　表 ceiling [síːliŋ]　天井　roof [rúːf]　屋根
□ **staircase** 名 [stéərkèis]　階段
　表 handrail [hǽndrèil]　手すり　landing [lǽndiŋ]　踊り場

説明文問題対策350単語・表現の攻略

141

UNIT 6 アナウンス (6) ／ On Board

CD1 74

- □ **captain** 图 [kǽptn] 機長　表 pilot [páilət] パイロット
- □ **aboard** 副 [əbɔ́ːd] 飛行機に乗って　同 on board
- □ **flight** 图 [fláit] フライト、飛行　表 a long-distance flight 長距離飛行
- □ **altitude** 图 [ǽltit(j)ùːd] 高度　表 a high-altitude flight 高度飛行
- □ **approximately** 副 [əpráksimətli] おおよそ
- □ **serve someone lunch** 昼食を出す　表 serve as ～としての役割を果たす
- □ **the movie being shown** 上映の映画　表 go to the movies 映画に行く

This is your **captain** speaking. Welcome **aboard** Air-Span **flight** number 104. We will be flying from Pittsburgh to Houston at an **altitude** of 10,000 feet. The flight will be **approximately** 4 hours and we will be **serving you lunch** and refreshments. **The movie being shown** today is *Green Card*. Please sit back and enjoy your flight. Thank you for choosing Air-Span.

こちら機長です。エアースパン104便にご搭乗ありがとうございます。ピッツバーグからヒューストンまで高度1万フィートで飛行する予定です。ご搭乗時間は約4時間で、機内では昼食をご用意させていただきます。本日上映される映画は、『グリーンカード』でございます。ゆったりとおくつろぎになられて、快適な空の旅をお楽しみください。本日はエアースパンにご搭乗いただきありがとうございます。

📘 プラスアルファ英単語（空港）

- □ **purser** 图 [pə́ːrsər] パーサー　表 assistant purser アシスタントパーサー
- □ **stewardess** 图 [st(j)úːərdəs] スチュワーデス
- □ **airport** 图 [éərpɔ̀ːrt] 空港　表 control tower 管制塔
- □ **terminal** 图 [tə́ːrmənl] ターミナル　表 waiting room 待合室
- □ **departure lobby** 出発ロビー　反 arrival lobby 到着ロビー
- □ **international line** 国際線　反 domestic line 国内線
- □ **airline ticket** 航空券　表 discount ticket ディスカウントチケット
- □ **boarding** 图 [bɔ́ːrdiŋ] 搭乗　表 boarding pass 搭乗券
- □ **customs inspection** 税関検査　表 quarantine 图 [kwɔ́(ː)rəntìːn] 検疫
- □ **seat** 图 [síːt] 座席　表 window seat 窓側席　aisle seat 通路側席
- □ **smoking seat** 喫煙席　反 non-smoking seat 禁煙席
- □ **in-flight meal** 機内食　表 in-flight sales 機内販売
- □ **carry-on baggage** 機内持込手荷物　表 checked baggage 受託手荷物

説明文問題対策350単語・表現の攻略

142

UNIT 7　アナウンス（7）／ Rapid Express Train　CD1 75

□ **depart** 動 [dipáːrt]　出発する　表 departure time　出発時刻
□ **arrival time**　到着時刻
□ **bound for ~**　行きの
　　表 the train bound for Los Angeles　ロサンゼルス行きの電車
□ **restroom** 名 [réstrúːm]　トイレ　同 bathroom 名 [bǽθrùːm]
□ **located** 形 [loukéitid]　位置して　表 location 名 [loukéiʃən]　場所
□ **mobile phone**　携帯電話　同 cellular phone
□ **refrain from**　~を差し控える　同 abstain from
□ **on board**　乗車して、乗船して　表 board 動 [bɔ́ːrd]　搭乗する、乗車する

Good morning, ladies and gentlemen. Welcome aboard Eastcoast Rapid Express Train, **departing** New York Station at 9:10 AM and **bound for** Central Station in Washington, D.C. Our scheduled travel time to Washington, D.C. is three hours and twenty-five minutes, so we should be arriving at Central Station at 12:35 PM. Eastern Standard Time. We will be making brief stops at Newark, New Jersey, Philadelphia, Pennsylvania, Wilington, Delaware, and Baltimore, Maryland before arriving at our final destination in Washington, D.C. **Restrooms** are **located** in the rear section of each car, and cars #3 and 7 are lounge cars with beverage and snack service. Out of courtesy to your fellow passengers, please turn off your **mobile phones** and **refrain from** using them while **on board**. Thank you for riding U.S. Railways today.

皆様おはようございます。ニューヨーク駅を午前9時10分に出発し、ワシントンDCのセントラル駅へ向かう東海岸特急列車へようこそ。ワシントンDCまでの所要時間は3時間25分で、セントラル駅には東部標準時間の午後12時35分に到着の予定です。ワシントンDCに到着するまでに、途中、ニュージャージー州ニューアーク、ペンシルベニア州フィラデルフィア、デラウエア州ウイリントン、メリーランド州ボルティモアに停車いたします。お手洗いは各車両の後方にあり、3号車と7号車は飲み物と軽食をお出しできるラウンジカーとなっております。車両内では、他のお客様への配慮のため、携帯電話の電源をお切りになり使用を差し控えていただきますようによろしくお願い申し上げます。本日、USレイルウエイズにご乗車いただきまことにありがとうございます。

プラスアルファ英単語（電車）

□ **entrance gate**　改札口　同 ticket wicket　改札口
□ **commuter pass**　定期券　表 commute 動 [kəmjúːt]　通勤する

説明文問題対策350単語・表現の攻略

143

UNIT 8　スピーチ（1）／Business

CD1 76

- □ **thank** 動 [θǽŋk]　感謝する
- □ **Inc.**（= incorporated）　法人組織の
  動 incorporate [inkɔ́ːrpərèit]　～を法人組織にする
- □ **extend one's gratitude**　謝意を表する　表 gratuity [grət(j)úːəti]　チップ
- □ **clientele** 名 [klàiəntél]　（集合的）顧客　表 client [kláiənt]　顧客
- □ **due to**　～のために　同 because of = on account of
- □ **positive** 形 [pázətiv]　積極的な　反 negative [négətiv]　消極的な

I'd like to **thank** everyone for coming tonight. As president of Touland **Inc**. I would like to **extend my gratitude** to all the employees here. This year alone, we have seen a 17% increase in sales and a dramatic increase in **clientele**. I feel this is **due to** the hard work and **positive** attitudes of everyone here tonight. If we continue making such progress I don't see how anyone can stop us.

> 今夜お越しのすべての方にお礼を申しあげます。ツーランドの社長として、ここにいるすべての社員の方々に謝意を表したいと思います。今年だけでもわが社の売り上げは17パーセントの伸びを示し、顧客も劇的に増加しました。これもひとえに、ここにおられる方々の、勤勉な働きや残業や積極的な態度のたまものであると感じています。この勢いで成長し続ければ、何者も止めることはできないでしょう。

✍ プラスアルファ英単語（挨拶のスピーチの表現）

- □ **Good evening, ladies and gentlemen.**　皆様、こんばんは。
- □ **Good morning, gentlemen. My name is James Cook.**
  皆様、おはようございます。私の名前はジェームズ・クックと申します。
- □ **It is my pleasure to be here as a representative of JJ Inc.**　JJ株式会社の代表としてここに出席しますのは私の喜びといたすところでございます。
- □ **I am very pleased and gratified to see such a large audience.**　これほど多くの聴衆の方々をお迎えでき大変うれしく思いまた感謝いたしております。
- □ **It is my great pleasure to say a word of hearty welcome to you all.**
  お集まりの皆様に心から歓迎の言葉を述べられることを大変うれしく思います。
- □ **It is my great privilege to say a word of congratulations to you.**　皆様方にお祝いの言葉を申し上げることができますことは大変光栄でございます。
- □ **I'd like to take just a moment to introduce a special guest to our meeting today.**　まず本日の会議への特別ゲストを紹介させていただきます。

144

UNIT 9 スピーチ (2) ／ Condolence

CD1 77

- □ **honor** 名 [ánər]　名誉、栄誉　動 栄誉を与える
- □ **the deceased**　故人　同 the dead　表 condolence 名 [kəndóuləns]　弔詞
- □ **occasion** 名 [əkéiʒən]　機会、折柄　形 occasional [əkéiʒənl]　時折の
- □ **manage to do**　どうにかやり遂げる
- □ **passing** 名 [pǽsiŋ]　死ぬこと　表 動 pass away　死ぬ
- □ **spirit** 名 [spírət]　魂、霊魂　形 spiritual [spíritʃuəl]　霊の

I have been given the **honor** of saying a few words about **the deceased** on this sad **occasion**. He was a good father and a wonderful husband. He worked very hard but always **managed to find** time for his family, friends and community. I see his **passing** as a great loss to us all, and can only hope that his **spirit** lives on in all of us.

この悲しき日に、故人についてお悔やみの言葉を述べさせていただく機会をいただきました。彼は、良き父であり、素晴らしい夫でありました。仕事に忙しい方でしたが、いつも家族や友達や地域社会のために時間を割いてくれたものです。彼が亡くなったことは、われわれみんなにとって多大な損失でありますが、あとはただご冥福を祈るばかりです。

✎ プラスアルファ英単語（歓送迎会のスピーチの表現）

- □ **I take great pleasure in bidding you all a hearty welcome to our company.**　当社へ入社されたあなた方すべてに心から歓迎の意を表します。
- □ **I'm very glad you've come back to our head office.**
  あなたが本社に戻って来られたことを大変うれしく思っております。
- □ **I can't thank you sufficiently for holding this welcome party.**
  このような歓迎会を開いてくださりお礼の申しようもございません。
- □ **I would like to express my deepest gratitude for the party you have prepared.**　このようなパーティを準備してくださり心からお礼申します。
- □ **May you have the best of luck in the Osaka branch.**
  大阪支社でのご成功をお祈りいたしております。
- □ **I have no words with which to thank all of you for what you have done.**
  これまでしてくださったことに対しお礼の言葉もございません。
- □ **We will miss you a lot.**　あなたがいなくなると、とても寂しくなるでしょう。
- □ **We are gathered here to send off Mr. Yamada.**
  今日は山田さんのお見送りのためにここにお集まりいただきました。

説明文問題対策350単語・表現の攻略

145

UNIT 10　スピーチ（3）／ Wedding

CD1 78

- [ ] **best man**　新郎の付添人　同 bridesman [bráidzmən]
- [ ] **pay homage to**　〜に敬意を払う　表 homage 名 [hámidʒ]　敬意
- [ ] **think of**　〜のことを思い付く　表 think of A as B　AをBと見なす
- [ ] **deserving of**　〜を受けるに値する
- [ ] **union** 名 [júːnjən]　結婚、結合、組合
- [ ] **with the utmost confidence**　最大の自信を持って

    表 confidence 名 [kánfidəns]　自信　confident 形 [kánfidnt]　自信のある
- [ ] **be friends with**　〜と友達でいる　表 make friends with　〜と友になる
- [ ] **raise our glasses**　乾杯する　同 toast to　〜に乾杯する

As **best man** it is my duty to **pay homage to** the bride and groom. I can **think of** no other two people more **deserving of** such a wonderful **union**. I say this **with the utmost confidence**, for I have **been** best **friends with** Jim since high school and have known Mary since our freshman year at college. I am sure that these two will have a beautiful life together and I wish them the very best, so let us **raise our glasses**.

新郎の付添人として花婿、花嫁に対しお祝いの言葉を述べさせていただくのが私の役目です。これほど素晴しい息の合ったカップルを他に思い付きません。私は最大の自信を持って断言します。なぜなら、ジムとは高校時代からの親友ですし、メアリーは大学の1年生のときからの知り合いです。この2人がともに素晴しい人生を築いていくものと確信しております。2人に最高の人生が訪れることを祈って、乾杯しましょう。

✔ プラスアルファ英単語（結婚式やお祝いのスピーチの表現）

- [ ] **Let me say congratulations to both of you.**
  あなた方お二人におめでとうの言葉を言わせてください。
- [ ] **We are gathered here to witness the union of two lives in marriage.**
  私たちはお二人のご結婚に立ち合わせていただくためにここにおります。
- [ ] **I wish you a very happy married life.**
  お二人が素晴らしい結婚生活を送られることを願っております。
- [ ] **May all your birthdays be happy and festive.**
  あなたのすべての誕生日が楽しく幸多からんことを願います。
- [ ] **Let me congratulate you on your success.**
  あなたのご成功にお祝いの言葉を述べさせてください。

説明文問題対策350単語・表現の攻略

UNIT 11 スピーチ（4）／ Labor Union

CD1 79

- □ **labor union** 労働組合　表 labor and management　労使
- □ **committee** 名 [kəmíti]　委員会　表 sit on a committee　委員を務める
- □ **secretary** 名 [sékrətèri]　書記、秘書　形 secretarial　書記の、秘書の
- □ **treasurer** 名 [tréʒərər]　出納係、会計　表 treasury　宝庫、資金
- □ **extensive** 形 [iksténsiv]　広範囲に渡る　反 intensive　集中した
- □ **operation** 名 [àpəréiʃən]　運営　形 operating [ápərèitiŋ]　運営上の
- □ **retirement** 名 [ritáiərmənt]　退職　動 retire [ritáiər]　引退する

As you all know, I will be running for the post of **labor union** representative this year. For the past 5 years I have served on the **committee** as both **secretary** and **treasurer**. I feel that my **extensive** knowledge in the **operations** of this board makes me a strong candidate for this position. I promise to work hard to protect our rights as workers and to maintain the security of our jobs and **retirement** plans. So when it comes time to cast your vote, vote for me, John Thomley.

> ご存じのように、私は今年労働組合の代表に立候補する予定です。この5年間、私は、委員会では書記として、また会計係としての役割を果たしてきました。この職務の有力な候補として私が立候補することを決心できたのは、この委員会の運営における私の幅広い知識のおかげです。私は、労働者としてのわれわれの権利を守るために懸命に努力し、仕事および退職条件の安全を維持していくことを約束いたします。そこで投票時には、ぜひこの私、ジョン・ティモシーに投票していただきますようにお願いいたします。

説明文問題対策350単語・表現の攻略

✒ プラスアルファ英単語（ビジネススピーチ関連の表現）

- □ **I am going to give you a brief outline that explains our new product.**
  わが社の新製品を説明した簡単な概略を述べさせていただきます。
- □ **Our new project has been very successful.**
  わが社の新しいプロジェクトはこれまで極めて順調です。
- □ **Today I'd like to briefly introduce to you the management philosophy of our company.**　本日はわが社の経営哲学を簡単にご紹介させていただきます。
- □ **I would like to thank you all for taking the time to attend this business seminar.**　このビジネスセミナーにお越しくださり誠にありがとうございます。
- □ **Let me reiterate the point made at the beginning.**
  最初に述べさせていただいた点をもう一度繰り返させていただきます。

147

UNIT 12 スピーチ（5）／ Health Spa contract

CD1 80

- □ **bid** 名 [bíd] 入札、入札の機会 動 ～に入札で値をつける
- □ **call** 動 [kɔ́:l] 電話をかける、集める
- □ **dedication** 名 [dèdikéiʃən] 献身
  - 表 dedicate [dédikèit] 動 ～を捧げる、専心する
- □ **advertising** 名 [ǽdvərtàiziŋ] 宣伝広告 表 advertise 動 [ǽdvərtàiz] 宣伝広告する
- □ **ad agency** 広告代理店 表 travel agency 旅行代理店
- □ **land a contract** 契約を獲得する 表 win a contract 契約を勝ち取る
- □ **a feather in our cap** 立派な業績、誇りとなるもの

説明文問題対策３５０単語・表現の攻略

Mr. Watson, Mr. Nakata, Ms. Sanchez, Ms. Carlson. Mr. Philips, and all of the rest of you who helped put together our **bid** for the Health Spa contract: As president of Carter and Blane, I've **called** you all together today to thank you for your long months of **dedication** and hard work and to announce that I have just received word this morning that we have been awarded a three-year contract for all **advertising** and promotional campaigns, including TV commercials, for the Health Spa resort hotel chain. Health Spa is one of the fastest-growing hotel chains in the nation, with 422 hotels currently operating and another 43 scheduled to open within the next two years. Considering that we were bidding against some of the biggest and best-know **ad agencies** on Madison Avenue, **landing this contract** is **a big feather in our cap**! I want to congratulate all of you on a job well done.

ワトソンさん、中田さん、サンチェスさん、カールソンさん、フィリップさん、そしてヘルス・スパの契約の入札にご協力いただいた皆様、カーター・アンド・ブレイン社の社長として、何ヶ月にも及ぶご尽力ときつい仕事に対してお礼を述べさせていただくため、そして今朝、ヘルス・スパ・リゾートホテルチェーンの、テレビコマーシャルを含めたすべての宣伝およびプロモーション活動を実行していく３年間の契約がわれわれに託されたという知らせを受け取ったことをお知らせするために、皆さんにここに集まっていただきました。ヘルス・スパは、国内では最も急速に成長を遂げているホテルチェーンのひとつで、現在422のホテルが営業を行っており、２年以内には、後43件のホテルがオープンする予定です。マジソン・アベニューの最大手の広告代理店のいくつかを相手に競い合ったことを考えれば、この契約を勝ち取れたことは、格別立派な業績だと言えるでしょう。皆さんの素晴らしい仕事ぶりに、おめでとうといわせていただきたいと思います。

148

UNIT 13　トーク（1）／Computer Software

CD1 81

□ **hit the store**　市場で売られる　回 come onto the market
□ **guarantee** 動 [gærəntíː]　保証する　表 a letter of guarantee　保証書
□ **manage** 動 [mǽnidʒ]　管理する　表 manage a business　企業を経営する
□ **accounts** 名 [əkáunts]　収支計算　表 keep accounts　帳簿を付ける
□ **struggle** 動 [strʌ́gl]　奮闘する　名 努力、奮闘
□ **paperwork** 名 [péipərwòːrk]　事務処理　表 paper(s)　書類
□ **documents** 名 [dákjəmənts]　書類、記録　形 documentary　記録の

The new Bookkeeper Manager program will be **hitting the store** this month. This new system **guarantees** ease and simplicity in **managing** your **accounts** for your business and/or home. **Struggle** no further with messy **paperwork** and confusing **documents**. The Bookkeeper Manager will take care of all of it with just the push of a button.

> 新発売の会計管理ソフトが今月発売される予定です。この新しいシステムを使うと、あなたのビジネスの、あるいは家庭での会計管理が便利に簡単になることをお約束します。繁雑な事務処理やややこしい書類整理に、これ以上振り回されることはありません。ボタンを一押しするだけで、この新しいソフトがすべてを解決してくれるでしょう。

✒ プラスアルファ英単語（コンピューターソフト）

□ **financial calculations**　財務計算　表 動 calculate [kǽlkjəlèit]　計算する
□ **print** 動 [prínt]　印刷する　名 printer　プリンター
□ **file and retrieve data**　データを整理収集して取り出す
□ **word processor**　ワープロ　表 spell checker　スペルチェック機能
□ **font** 名 [fánt]　フォント　表 bold [bóuld]　太字　italic [itǽlik]　イタリック体
□ **header** 名 [hédər]　ヘッダー　反 footer [fútər]　フッター
　表 paste [péist]　張り付ける　cut 動 [kʌ́t]　切り取る　undo [ʌ́ndùː]　元に戻す
□ **copy** 動 [kápi]　コピーする　digitalized photo　デジタル写真
□ **overwrite** 動 [òuvərráit]　上書きする　表 edit [édit]　編集する
□ **draw lines**　けい線を引く　表 cursor [kɑ́ːrsər]　カーソル
□ **save** 動 [séiv]　保存する　表 template [témplət]　定型文書
□ **table** 名 [téibl]　表　表 graphs [grǽf]　グラフ
□ **spreadsheet program**　表計算ソフト
□ **database program**　データベースソフト　表 search function　検索機能

説明文問題対策350単語・表現の攻略

149

UNIT 14 トーク (2) / Work Force

CD1 82

□ **employee** 名 [emplɔíi:/implɔíi:] 従業員　反 employer [emplɔ́iər] 雇用主
□ **have trouble 〜ing** 〜するのに苦労する　同 have difficulty 〜ing
□ **contact** 動 [kántækt] 連絡する　表 get in contact with 〜と連絡を取る
□ **search for** 〜を探す　表 in search of 〜を探して
□ **state-of-the-art** 最新の　同 latest [léitist]
□ **needs** 名 [ní:dz] ニーズ、要求　表 meet one's needs ニーズを満たす
□ **business hours** 営業時間　表 working hours 勤務時間

Can't seem to find the right **employee**? **Having trouble getting** a suitable job? Well, simply **contact** United Work Force and we'll do all the **searching for** you. With the use of our **state-of-the-art** databases we can find the job or employee best suited for your **needs**. Our **business hours** are M-F 8 am to 7 pm and Sat. 10 am-4 pm.

> お望みの社員が見つかりませんか。あなたに合った仕事を見つけるのに苦労していますか。それでは、ユナイティッド人材会社にご連絡ください。あなたに代わり必要な調査のすべてを行います。最新のデータベースを利用しあなたのニーズに最適の仕事や人材を探し出します。営業時間は、月曜から金曜までは午前8時から午後7時まで、土曜は午前10時から午後4時までです。

✍ プラスアルファ英単語 (会社組織構造)

□ **headquarters** 名 [hédkwɔ̀:rtərz] 本社　同 head office
□ **branch office** 支社　表 sales branch 営業所
□ **division (div.)** 名 [divíʒən] 事業本部　表 sales division 営業事業本部
□ **department** 名 [dipá:rtmənt] 部
　　表 marketing strategy department 営業企画部
□ **sales operation department** 業務部　表 public relations 広報部
□ **general affairs department** 総務部　表 personnel department 人事部
□ **planning department** 企画部
　　表 product development department 商品企画部
□ **overseas business department** 海外事業部
　　表 overseas sales department 海外営業部
□ **audit** 名 [ɔ́:dət] 監査　表 auditor [ɔ́:dətər] 監査役
□ **section** 名 [sékʃən] 課　表 sales promotion section 販売促進課
□ **secretaries' office** 秘書室

UNIT 15　トーク（3）／ Automobiles

CD1 83

- □ **van** 名 [vǽn]　バン　同 wagon [wǽgn]　表 delivery van　配達用バン
- □ **vehicle** 名 [víːəkl]　乗り物　表 passenger vehicle　乗用車
- □ **model** 名 [mádl]　型　表 model year　型式年度
- □ **in stock**　在庫がある　表 stock 動 [sták]　仕入れる
- □ **trade** 名 [tréid]　交換　表 in trade of　〜と交換して

Looking to buy a new car, truck, or **van**? Come on in to Robert's Autos where you can find the lowest prices in town on new and used **vehicles**. We have plenty of **models in stock** to choose from, and several employees to assist you. If you have an old car or truck, bring it on in for a **trade** on a new vehicle. At Robert's Autos we are offering a special low 1.9% APR (annual percentage rate) for the month of August, so hurry in now while it lasts.

新しい車、トラック、バンなどをお探しですか。新車も中古車も、町で一番安い車を見つけたいなら、ロバーツ自動車にどうぞ！たくさんの車種をご用意して、スタッフ数人がご案内申し上げます。現在お乗りになっている車やトラックをお持ちの方は、新車の下取りにお持ち込みいただけます。ロバーツ自動車では、8月は年間1.9パーセント特別ローンをご提供しています。この期間中に、ぜひお急ぎください。

⚡ プラスアルファ英単語（車の装備）

- □ **air conditioning**　エアコン
  - 形 air-conditioned [éərkəndiʃənd]　エアコンをきかせた
- □ **automatic transmission**　オートマチック
  - 反 standard transmission　ギア変速
- □ **power windows**　パワーウインドウ　表 power 動 [páuər]　力を与える
- □ **power steering**　パワーステアリング　表 steer 動 [stíər]　操縦する
- □ **keyless entry**　キーレスエントリー　表 entry 名 [éntri]　入ること、入場
- □ **dual air bags**　二重エアバッグ
- □ **4-speaker stereo with CD**　CD付きフォースピーカーステレオ
- □ **power door locks**　自動ドアロックシステム
- □ **closed-end lease**　クローズド・エンド・リース
- □ **tilt wheel**　上下動ハンドル　表 tilt 動 [tílt]　傾く

説明文問題対策350単語・表現の攻略

151

UNIT 16 トーク (4) ／ Music Sale

CD1 84

□ **outrageous** 形 [àutréidʒəs]　法外な　名 outrage　乱暴、侮辱
□ **order** 動 [ɔ́:rdər]　注文する　名 注文　表 a tall order　大口注文
□ **unbeatable** 形 [ʌnbí:təbl]　打ち破れない
□ **as low as**　～の安さで　反 as high as　～の高さで
□ **title** 名 [táitl]　表題、見出し　動 (表題・字幕など) を付ける
□ **stand by**　待機する、準備して待つ

Love getting new music but hate going down to the store and paying **outrageous** prices? Well, look no further. We here at CDG offer you new tapes and CD's that you can **order** right from your home! And our prices are **unbeatable**. CD's for **as low as** $6.99 and tapes for $3.99 each. We have plenty of **titles** in a wide variety of music, so call us now. Our operators are **standing by** 24 hours a day.

新しい音楽は聞きたいが店に行って高い値段を払うのが嫌だという方に朗報です。もう悩む必要はありません。ここ CDG では皆様のご家庭からご注文された新しいテープや CD をお届けします。CD は 6.99 ドル、テープは 3.99 ドルの安さです。さまざまなジャンルのさまざまな曲やアルバムをご用意しています。今すぐご一報ください。受付は 24 時間お待ちしております。

✒ プラスアルファ英単語 (商品の注文)

□ **place an order**　注文する　表 purchase order sheet　注文書
□ **order No.**　注文番号　表 confirmation No.　確認番号
□ **item** 名 [áitəm]　商品
　　同 merchandise [mə́:rtʃəndàiz]　表 sample [sǽmpl]　見本
□ **payment terms**　支払い条件　表 terms and conditions　取引条件
□ **delivery** 名 [dilívəri]　配達　表 deliver date　配達日、納期
□ **cancel one's order**　注文を取り消す
□ **shipment** 名 [ʃípmənt]　積み荷、出荷　動 ship [ʃíp]　出荷する
□ **damaged** 形 [dǽmidʒd]　破損した　表 replacement [ripléismənt]　代替品
□ **invoice** 名 [ínvɔis]　請求書
　　表 invoiced amount　請求金額　statement [stéitmənt]　明細書
□ **due date**　支払期日　表 overdue [òuvərd(j)ú:]　期限切れの
□ **reminder** 名 [rimáindər]　催促状
　　動 remind A of B　A に B を思い起こさせる

152

説明文問題対策350単語・表現の攻略

UNIT 17 トーク（5）／Coffee Maker

CD1 85

□ **be tired of** ～に飽きる 同 be sick of = be fed up with
□ **prayers** 名 [préərz] 祈り 動 pray [préi] 祈る
□ **by the time** ～するまでに（期限） 表 until (till) ～まで（継続）
□ **sensor** 名 [sénsər] センサー 形 sensory 感覚の 名 sense 感覚
□ **available** 形 [əvéiləbl] 利用できる 名 availability 利用できること

If you**'re tired of** waking up and having to make coffee, then your **prayers** have been answered. The new Coffee Alarm from Kevco will have it ready for you **by the time** you get to your kitchen. Simply attach the Coffee Alarm **sensor** to your alarm clock and when the alarm goes off the coffee maker turns on! No longer do you have to worry about setting your coffee maker to the right time. Whenever you wake up the brewing begins. **Available** at most major outlets.

> 目が覚めてコーヒーを作るのが面倒だと思っているあなた、あなたのその祈りが通じました。新しいケブコのコーヒー・アラームは、あなたがキッチンにたどり着くまでに、コーヒーを準備してあなたをお待ちしています。コーヒー・アラームのセンサーをあなたの目覚まし時計に取り付けるだけです。目覚まし時計が鳴ると、コーヒーメーカーのスイッチが入ります。もう必要な時間にコーヒーメーカーをセットする心配をすることもありません。あなたが目覚めたときにはいつでも、コーヒー作りが始まります。ほとんどの主要なコンセントで利用できます。

説明文問題対策350単語・表現の攻略

⚡ プラスアルファ英単語（嗜好品）

□ **black coffee** ブラックコーヒー
　　表 strong [strɔ́(ː)ŋ] 濃い 反 weak [wíːk] 薄い
□ **tobacco** 名 [təbǽkou] たばこ 表 butt [bʌ́t] 吸殻 nicotine [níkətiːn] ニコチン
□ **cigar** 名 [sigáːr] 葉巻 表 pipe [páip] パイプ filter [filtər] フィルター
□ **caffeine** 名 [kæfíːn] カフェイン
　　表 decaffeinated coffee カフェイン抜きコーヒー
□ **alcoholic beverages** アルコール飲料 同 liquors [líkərz] アルコール類
□ **cola** 名 [kóulə] コーラ 同 coke [kóuk] 表 soda pop ソーダ水
□ **green tea** 緑茶 表 cocoa [kóukou] ココア
□ **sherry** 名 [ʃéri] シェリー酒 表 Cognac [kóunjæk] コニャック
□ **nightcap** 名 [náitkæp] 寝酒
　　表 sip [síp] すする 反 guzzle [gʌ́zl] がぶがぶ飲む

153

UNIT 18 トーク（6）／A Small Business

CD1
86

- □ **aspect** 名 [ǽspekt] 局面、ポイント **表** aspect = appearance 外観
- □ **a small business** 小企業 **表** business 仕事（冠詞のaはつかない）
- □ **facets** 名 [fǽsits] 局面、側面
- □ **undertake** 動 [ʌ̀ndərtéik] 引き受ける、始める
  名 undertaking 引き受けること、事業
- □ **start-up** 名 [stάːrtʌ̀p] 操業開始 動 start up 始動させる、始める
- □ **demographics** 名 [dèməgrǽfiks] 人口統計 形 demographic 人口統計の

Today we will be discussing the major **aspects** of starting **a small business**. We will explore a number of **facets** that have to be examined before **undertaking** the initial **start-up**. The major focus of this lecture will be on **demographics** and location, and why these two elements play such an important role in any business.

> 本日は、小さな会社を始めるにあたっての主なポイントについてお話しすることにしましょう。操業開始に着手する前に調べておかなければならない幾つかの点を探ることにしましょう。この講義の主眼点は、人口統計と場所そしてどんなビジネスにおいても、この2つの要素が非常に重要な役割を果たす理由に置かれます。

✓ プラスアルファ英単語（ビジネス拡大の表現）

- □ **We are planning to expand our business to Italy.**
  私たちは（新規に）イタリアへ進出していく予定です。
- □ **Our company is going to branch out to China next year.**
  わが社は来年中国に進出するつもりです。
- □ **That company is planning to go into the food industry.**
  あの会社は食品産業にも進出することを計画しています。
- □ **We are now looking for a new, larger market to supply our products.**
  現在、わが社の製品を供給できる新しいより大きな市場を探しています。
- □ **We are seriously considering doing business with your company to further develop our overseas market.** 海外市場をさらに拡大するために、貴社との取引を真剣に考えているところです。
- □ **Do you think we should market our products in the overseas market?**
  わが社の製品を海外市場に進出させるべきだと思いますか。

説明文問題対策350単語・表現の攻略

UNIT 19 トーク（7）／ Public Transportation

CD1 87

□ **modes** 名 [móuz] 形態、様式 表 a mode of living 生活様式
□ **sacrifice** 名 [sǽkrəfàis] 犠牲 動 犠牲にする
□ **stopover** 名 [stápouvər] 途中寄港 動 stop over 途中下車する
□ **time-consuming** 時間のかかる 表 consume 動 [kəns(j)úːm] 消費する
□ **predicament** 名 [pridíkəmənt] 苦境 同 plight [pláit]

Most public **modes** of transportation involve a **sacrifice** of time. A large portion of this involves waiting for the arrival of vehicles. Time is also lost due to the indirect routes that these vehicles may take. Some forms, such as airplanes, may take a direct route but one has to consider the probability of **stopovers**. There is yet another problem to face and that is the distance we have to travel from our homes to reach public transportation, which is yet another **time-consuming predicament** that must be accounted for.

> ほとんどの公共の交通機関には、時間の犠牲が付きものです。その大部分は、ある乗り物の到着の待つことにかかわりあいがあるかもしれません。交通機関が取る間接的なルートが、もう1つの面として挙げられるかもしれません。飛行機のような乗り物は直接的なルートを取るかもしれませんが、乗り換えの可能性を考慮しなければなりません。さらにまた別の問題として、私たちの家から公共の交通機関までの移動距離が挙げられます。これは、解決されるべき時間を犠牲にする別の問題であるといえるでしょう。

✒ プラスアルファ英単語（交通機関利用の表現）

□ **Is there a train station around here?** この辺に電車の駅はありますか。
□ **What time does the last train leave?** 最終電車は何時に出ますか。
□ **Where can I get a bus route map?** バスの路線図はどこで手に入りますか。
□ **You need to change trains there.** そこで乗り換える必要があります。
□ **Is the nearest station far from here?** 最寄りの駅はここから遠いですか。
□ **Two round-trip tickets, please.** 往復切符を2枚下さい。
□ **Where is the taxi stand?** タクシー乗り場はどこですか。
□ **What track is for Albany?** アルバニー行きの電車は何番線ですか。
□ **Where should I transfer?** どこで乗り換えればいいですか。
□ **How long does it take to get there?** そこまでどれくらいかかりますか。
□ **This bus is going direct to the airport.** このバスは空港に直行します。

説明文問題対策350単語・表現の攻略

155

UNIT 20 トーク（8）／The Oakland Raiders

CD1 88

□ **favored** 形 [féivərd] 人気のある 表 形 favorite [féivərət] お気に入りの
□ **passing abilities** パス技術
　passing 形 [pǽsiŋ] 通過の、一時的な、合格の
□ **coupled with** 〜と組み合わせると
　動 couple A with B AをBと組み合わせる
□ **incredible** 形 [inkrédəbl] 信じられない 反 credible 信じられる
□ **offensive** 形 [əfénsiv] 攻撃の 反 defensive [difénsiv] 防御の
□ **outscore** 動 [àutskɔ́:r] 〜より多くのスコアを獲得する

The Oakland Raiders stand to be one of the most **favored** teams this
year in the NFL. One of their strong points is their quarterback, Rich
Cannon. He has shown excellent **passing abilities** over the past few
years, and when **coupled with** the **incredible** skills of his **offensive**
line and wide receivers there seems little chance of any team being able to
outscore them.

> オークランド・レイダーズは今年NFLでは、最も支持されているチームの1つとして
> の地位を確立しています。このチームの強みの1つはクォーターバックのリッチ・キ
> ャノンです。彼はここ数年間素晴しいパスの技術を見せてきましたが、彼の攻撃ラ
> インの信じられないほどの技術と、レシーバーのレンジの広さがそろうと、今後彼
> らを超えるチームが出現する可能性はほとんどなさそうです。

✔ プラスアルファ英単語（体の動きの表現）

□ **The man is unloading the truck.** その男性はトラックから荷物を下ろしている。
□ **The boy is throwing a stone at the dog.** その男の子はイヌに石を投げている。
□ **He is swinging a golf club.** 彼はゴルフクラブを振っている。
□ **The boy is doing push-ups.** その少年は腕立て伏せをしている。
□ **They are playing catch.** 彼らはキャッチボールをしている。
□ **He is bending himself backward.** 彼は体を後ろにそらしている。
□ **The girl is stretching her arms out.** その少女は腕を伸ばしている。
□ **She is twisting her hip to the left.** 彼女は腰を左にひねっている。
□ **The man is stepping down from the stage.** その男性は舞台から降りて行く。
□ **The player is dribbling the ball.** その選手はボールをドリブルしている。
□ **She is pushing herself up on her tiptoes.** 彼女はつま先立ちをしている。
□ **The dog is climbing over the wall.** イヌは壁を乗り越えようとしている。

説明文問題対策350単語・表現の攻略

UNIT 21　トーク (9) ／ Concrete Floor

CD1 89

- □ **lay down** （床などを）敷設する、下に置く
- □ **level out** 平らにする　同 smooth off
- □ **sawing** 形 [sɔ́:iŋ] のこぎりの　動 saw [sɔ́:] のこぎりで切る
- □ **make for** 〜に向かう、〜に近づく
- □ **finish** 名 [fíniʃ] 仕上げ　形 finishing [fíniʃiŋ] 仕上げの

When **laying down** a concrete floor, be sure to use a screed board to **level out** the surface. If you run the board from left to right in a **sawing** motion while you pull back on it, you will find it **makes for** a much flatter surface than if you were to just use a shovel. A device called a float can be used afterwards to smooth off the surface and make for a cleaner **finish**.

> コンクリートの床を敷設するときには、表面を平らにするために必ずスクリード板を使用するようにしてください。のこぎりでひくときの動きで、板を左から右に動かせば、ショベルを使った場合よりもずっと平らな表面になっていくことが分かるでしょう。表面をなめらかにし、より美しい仕上げをするために、最終的にフロートという道具が使われます。

✎ プラスアルファ英単語（大工仕事の表現）

- □ **Drive a nail home.** 釘を頭まで打ち込んでください。
- □ **Will you help me saw this board?** この板をのこぎりで切るのを手伝ってくれますか。
- □ **Just plane the board along the grain.** 木目に沿ってカンナをかけてください。
- □ **I screwed the hinge to the door.** ちょうつがいをドアにねじで取り付けた。
- □ **First, you need to take it apart.** まずそれを分解しなければなりませんよ。
- □ **Will you solder this part?** この部分をハンダで付けてくれますか。
- □ **You can put them together by yourself.** 自分でそれを組み立てられますよ。
- □ **Who drilled a hole on this board?** 誰がこの板に穴を開けたんですか。
- □ **How many coats of varnish did you apply?** ニスを何回塗りましたか。
- □ **The carpenter is filing off irregularities.** 大工はやすりをかけている。
- □ **Cut this block into two.** このブロックを2つに切ってください。
- □ **Where did you put my chisel?** 僕ののみをどこに置きましたか。
- □ **I don't think this tenon fits into the mortise.** この凸は凹に合わないと思う。
- □ **Will you unscrew all the bolts?** ボルトを全部外してくれますか。

説明文問題対策350単語・表現の攻略

157

UNIT 22 トーク（10）／Poison Ivy

CD1 90

- □ **calm itching** かゆみを静める　表 itchy 形 [ítʃi]　かゆみのある
- □ **poison ivy** うるし　表 poisonous 形 [pɔ́iznəs]　毒のある
- □ **remedy** 名 [rémədi]　治療法　動 治療する　同 cure [kjúər]
- □ **counterproductive** 形 [káuntərprədʌ́ktiv]　逆の効果を生み出す
  - 比 productive　生産的な
- □ **immediate** 形 [imí:diət]　即座の　副 immediately　すぐに、直接に
- □ **deplete** 動 [diplí:t]　減らす、枯渇させる　名 depletion　減少、枯渇
- □ **relief** 名 [rilí:f]　息抜き、救済　動 relieve [rilí:v]　軽減する

To **calm itching** from a close encounter with **poison ivy**, jump into a hot shower. Such a **remedy** would seem to be **counterproductive** because heat usually promotes the release of histamine—the very substance in the skin's cells that causes severe itching. In fact, the **immediate** result of a hot shower will be increased itching, but you'll be better off in the long run; the heat will **deplete** your cells of histamine so you can enjoy up to 8 hours of **relief** before the itching returns.

うるしに近づいたことで起こったかゆみを静めたいなら、熱いシャワーに飛び込んでください。これは大抵ひどいかゆみを引き起こす皮膚細胞の中のまさにその物質ヒスタミンの放出を促すので、この方法は逆効果と思われるかもしれません。実際は、熱いシャワーの直後の効果はかゆみを増すでしょうが、長い目で見れば改善するでしょう。熱は細胞からヒスタミンを除去してくれ、その結果、次にかゆみが再び襲ってくるまで、8時間までの休息を得ることができます。

✏ プラスアルファ英単語（病気やケガの表現）

- □ **I'm allergic to pollen.**　花粉アレルギーです。
- □ **I have heat rashes all over my body.**　全身にあせもができています。
- □ **I have stiff shoulders.**　肩が凝っているんです。
- □ **I turned my ankle.**　足首をねんざしました。
- □ **I got a sliver in my finger.**　指にトゲが刺さってしまいました。
- □ **I nicked my chin while shaving.**　ひげそり中あごに傷を付けてしまった。
- □ **I have diarrhea.**　下痢しています。
- □ **I have a stomachache.**　おなかが痛い。
- □ **I have fits of sneezing.**　くしゃみが止まりません。
- □ **I got stung by a bee.**　ハチに刺されました。

UNIT 23　ラジオ放送／PWIB

CD1 91

□ **chapter** 名 [tʃǽptər]　支部、総会、章　動　章に分ける
□ **monthly** 形 [mánθli]　月間の、毎月の　名　月刊誌
□ **headquartered in**　～に本部を置いている　同 based in ～
□ **career** 名 [kəríər]　生涯、経歴　表 career counseling　職業カウンセリング
□ **recommend** 動 [rèkəménd]　推薦する
　　名 recommendation [rèkəməndéiʃən]　推薦
□ **for further information**　さらに情報が必要な場合は

The Chicago **Chapter** of PWIB－Professional Women In Business－will be holding its **monthly** dinner and lecture on Friday May 14th at 6 pm. in the Park Hotel. This month's guest lecturer will be Ms. Paula Peterson, CEO of Promex Industries, **headquartered in** Dallas, Texas. The title of Ms. Peterson's lecture is "**Career** Building: How to Work your Way to the Top". Tickets will be sold at the door, but reservations are **recommended**. Ticket prices are $15.00 for members, $20.00 for non-members with reservations, and $25.00 for non-members without reservations. **For further information**, please call (888) 555-3006.

> 職業を持つ女性の会のシカゴ支部は、5月14日の金曜日、午後6時より、パークホテルにて、月例食事会と講演会を開催する予定です。今月のゲスト講演者は、テキサス州ダラスに本社を置くプロメックス産業の最高経営責任者であるポーラ・ピーターソンさんの予定です。ピーターソンさんの講演のタイトルは、「経歴の充実：トップに登り詰める方法」です。チケットは入口で販売していますが、予約をお勧めいたします。チケットの価格は、会員が15ドル、予約をされた非会員は20ドル、予約をされていない非会員は25ドルとなっています。詳しい情報が知りたい方は、(888) 555-3006までお電話ください。

説明文問題対策350単語・表現の攻略

⚡ プラスアルファ英単語　（職業の表現）

□ **Law for Equal Employment Opportunity of Men and Women**
　　男女雇用機会均等法　表 career-minded woman　キャリア志向の女性
□ **feminism** 名 [fémənìzm]　男女同権主義
　　表 feminist 名 [féminist]　フェミニスト
□ **working woman**　働く女性　表 single working woman　独身の働く女性
□ **working housewife**　兼業主婦　表 full-time housewife　専業主婦

159

REVIEW TEST
...1

1. No longer will we have to travel outside of town to get some of the modern _____.
   - (A) convenience
   - (B) conveniences
   - (C) convenient
   - (D) conveniently

2. We _____ our regularly scheduled programming to bring you this special announcement.
   - (A) interrupt
   - (B) confuse
   - (C) erupt
   - (D) assess

3. We _____ that you please keep your hands and feet inside the tram at all times.
   - (A) join
   - (B) put
   - (C) ask
   - (D) fail

4. Today we will be doing a practice fire _____.
   - (A) drill
   - (B) case
   - (D) cause
   - (D) set

5. Failure to comply with these regulations will result in immediate _____ of employment.
   - (A) termination
   - (B) endorsement
   - (C) deformation
   - (D) assignment

正解　1. (B)　2. (A)　3. (C)　4. (A)　5. (A)

1. もう近代的な便利な物を得るために町を出る必要はなくなるでしょう。
2. 特別なお知らせがありますので、通常のスケジュールの進行を少し中断させていただきます。
3. 乗車中、手足をトラムの外に出されませんようにご注意願います。
4. 本日は防災訓練を実施する予定です。
5. この規則に従わない場合は、即座に雇用打ち切りとなります。

参照　1. (U1)　2. (U2)　3. (U3)　4. (U4)　5. (U5)

REVIEW TEST
...2

6. Welcome aboard Air-Span _____ number 104. We will be flying from Pittsburgh to Houston at an altitude of 10,000 feet.
   - (A) plane
   - (B) runway
   - (C) engine
   - (D) flight

7. I'd like to thank everyone _____ coming tonight.
   - (A) in
   - (B) for
   - (C) from
   - (D) into

8. I have been given the _____ of saying a few words about the deceased on this sad occasion.
   - (A) praise
   - (B) flatter
   - (C) compliment
   - (D) honor

9. As _____ man it is my duty to pay homage to the bride and groom.
   - (A) best
   - (B) worse
   - (C) good
   - (D) better

10. As you all know, I will be running for the post of labor _____ representative this year.
    - (A) unit
    - (B) uniform
    - (C) union
    - (D) unity

正解 6. (D) 7. (B) 8. (D) 9. (A) 10. (C)

6. エアースパン 104 便にご搭乗ありがとうございます。ピッツバーグからヒューストンまで高度 1 万フィートで飛行する予定であります。
7. 今夜お越しのすべての方にお礼を申しあげます。
8. この悲しき日に、故人にお悔やみの言葉を述べる機会をいただきました。
9. 新郎の付添人として、花婿、花嫁にお祝いの言葉を述べる私の役目です。
10. ご存じのように、私は今年労働組合の代表に立候補する予定です。

参照 6. (U6) 7. (U7) 8. (U8) 9. (U9) 10. (U10)

161

REVIEW TEST
...3

説明文問題対策３５０単語・表現の攻略

11. The new Bookkeeper Manager program will be _____ the store this month.
    - (A) hitting
    - (B) beating
    - (C) striking
    - (D) kicking

12. Simply _____ United Work Force and we'll do all the searching for you.
    - (A) conduct
    - (B) contain
    - (C) condemn
    - (D) contact

13. Come on in to Robert's Autos where you can find the lowest prices in town on new and used _____.
    - (A) machines
    - (B) gadgets
    - (C) vehicles
    - (D) equipment

14. We here at CDG offer you new tapes and CD's that you can _____ right from your home!
    - (A) command
    - (B) recommend
    - (C) order
    - (D) advise

15. If you're _____ of waking up and having to make your coffee, then your prayers have been answered.
    - (A) glad
    - (B) tired
    - (C) ill
    - (D) unhappy

正解 11. (A)　12. (D)　13. (C)　14. (C)　15. (B)

11. 新発売の会計管理ソフトが今月発売される予定です。
12. ユナイティッド人材会社にご連絡を。あなたに必要な調査をすべて行います。
13. 新車も中古車も、町一番安い車を見つけたいなら、ロバーツ自動車にどうぞ！
14. CDGでは皆様のご家庭からご注文の新しいテープやCDをお届けいたします。
15. 目が覚めコーヒーを作るのが面倒だと思っているあなた、その祈りが通じました。

参照⬢ 11. (U11)　12. (U12)　13. (U13)　14. (U14)　15. (U15)

REVIEW TEST ...4

16. We will be discussing the major _____ of starting a small business.
   (A) respects
   (B) inspects
   (C) aspects
   (D) prospects

17. Most public _____ of transportation involve a sacrifice of time. A large portion of this involves waiting for the arrival of vehicles.
   (A) modes
   (B) mocks
   (C) moves
   (D) mates

18. The Mariners stand to be one of the most _____ teams this year.
   (A) favor
   (B) favored
   (C) favoritism
   (D) faving

19. When laying down a concrete floor, be sure to use a screed board to _____ out the surface.
   (A) give
   (B) level
   (C) knock
   (D) put

20. The heat will _____ your cells of histamine so you can enjoy up to 8 hours of relief before the itching returns.
   (A) replete
   (B) supply
   (C) comply
   (D) deplete

説明文問題対策350単語・表現の攻略

正解 16. (C) 17. (A) 18. (B) 19. (B) 20. (D)

16. 小さな会社を始めるにあたっての主なポイントについてお話しすることにしましょう。
17. ほとんどの公共の交通機関には時間の犠牲が付きものです。その大部分は、ある乗り物の到着の待つことにかかわりあいがあるかもしれません。
18. マリナーズは今年最も支持されているチームとしての地位を確立しています。
19. コンクリートの床を敷設するときには、表面を平らにするために必ずスクリード板を使用するようにしてください。
20. 熱は細胞からヒスタミンを除去してくれるでしょう。その結果、かゆみが再び襲ってくるまで、8時間までの休憩時間を得ることができます。

参照➡ 16. (U16) 17. (U17) 18. (U18) 19. (U19) 20. (U20)

163

第 2 部

リーディング
徹底攻略のための
単語と表現

　　Part 5を中心にリーディング全般に必要な重要語彙を養うため、接頭語、語幹、接尾語という単語のパーツを活用した語彙増強法を紹介しています。一度要領を身につけば、間違いなく語彙数は飛躍的に増えます。次に重要な句動詞とイディオムを紹介しています。2語3語で構成されたお決まりの表現は、知らないと理解できません。少しでも覚えやすいように、短くなじみやすい内容の例文を使っています。

　　Part 6の長文穴埋め問題で使われている素材は、Part 7で使われている英文とほぼ同じものです。そこで、Part 6とPart 7の対策として、(1)分野別と(2)出題形式別の2種類を用意しました。分野別対策では、ビジネス、経済、政治、科学、スポーツなどの分野ごとに重要な語彙表現を拾いました。やや難しめの時事英単語も含まれています。書式別対策は、Part 6とPart 7の内容に即しているので、直接的な対策が可能です。本試験と全く同じタイプのビジネスレター、社内メモ、メールなどの英文を多く利用して、生きた語彙に触れてください。

第1章

Part 5・6・7
リーディング総合対策の単語と表現

この章で学ぶ単語・表現と学習法

単語・表現

　　ここでは、Part 5の短文穴埋め問題対策が中心となりますが、習得した単語は、Part 6の長文穴埋め問題やPart 7の長文読解問題を解くにあったっても、きわめて重要なものばかりだということも意識して、学習を進めてください。実際に例文は、すべて短文を利用していますが、ビジネスに関連した内容のものを多く取り入れています。

　　前半は接頭語・語幹・接尾語の語源的なアプローチで、語彙増強を図ります。語源を利用すると、覚えるだけの単調な暗記作業から解放され、意味のある楽しい単語学習ができます。後半は、重要な句動詞とイディオムで、表現の幅を広げます。短めで取り組みやすい内容の例文を工夫しました。丸ごと覚えてどんどん活用するようにしましょう。

学習法

●接頭語・語幹・接尾語
1) 各ユニットの接頭語・語幹・接尾語とその意味を確認する。
2) 接頭辞・語幹のセットでリストの単語の意味を確認、音も同時に学習。
3) 例文を読み意味をとる。読む前に耳から意味がとれるか挑戦してもいい。
4) 例文を見ながら何度も単語を見直すようにする。余裕があれば派生語や関連語も覚えていくようにする。
5) 次に語彙力アップを目指し「覚えておきたい重要関連語」に挑戦する。
6) 接頭語・語幹・接尾語の意味を常に考え合わせ定期的な復習学習を行う。
●句動詞・イディオム
1) リストに目を通して意味を確認する。音も耳から確認する。
2) 例文で意味を確認する（例文は丸ごと覚えられるよう短くしてあるので何度も見直し耳からの学習も同時行ってなるべく覚えてしまってください）。
3) 定期的な復習チェックを行う（実際のコミュニケーションの場で使える表現はどんどん活用すると理解が確実に定着するのでお勧めです）。

接頭語・語幹・接尾語の単語学習を始める前に

　接頭語・語幹・接尾語の語源的なアプローチを活用すると、単調な単語暗記から解放され、ゲームのように推理しながらの楽しい単語学習を進めることができます。語源は追求すれば限りなく奥が深いものですが、ここでのねらいはあくまでも快適に短期間で単語を倍増させる有効な手段として語源的な要素を利用することです。

　接頭語・語幹・接尾語は、漢字の「部首」「へん」「つくり」をイメージすると分かりやすいでしょう。長い単語を意味なく覚えるのではなく、各部の意味を考え合わせながら意味を組み立てる方がずっと忘れにくいものです。また、未知の単語に遭遇したときに応用で意味が推測できますから、潜在的な語彙増強の基本として欠かせないものです。

　学習法に入る前に、最低限知っておいていただきたいルールがあります。

1　接頭語と語幹の手掛かりで意味を定着する

　例えば、**depress**（落胆させる）という動詞があるとします。これは次のように頭の**de-**と中心部分の**press**に分けることができます。このde-を【接頭語】、pressを【語幹】と呼びます。

・**depress** → **de**（接頭語）＋ **press**（語幹）

これにはそれぞれ次のような意味があります。

・**de- = down**（下へ）、**press = push**（押す）

この2つの意味を併せると、『（人の気持ちを）下に押す』で『落胆させる』のような意味が出来上がります。この意味の確定は最初「そんな！」という気もしますが、学習が進むにつれ覚える有力な手段として定着してきます。

2　接尾語で派生語を増やす

　この【動詞】**depress**を**depression**のような形にすると【名詞】ができあがります。語尾に付けた**-sion**は【名詞】を示す【接尾語】と呼ばれます。この接尾語は、動詞、名詞、形容詞、副詞などの品詞を区別するときに便利です。

　語幹の**press**と接頭語と組み合わせで、com**press**（圧縮する）、ex**press**（表現する）、im**press**（印象づける）、sup**press**（鎮圧する）のようにどんどん単語が出来上がり、接尾語を交換するだけで名詞、形容詞、副詞などの派生語もを生まれるわけですから、いかに単語力強化に有効かお分かりいただけるでしょう。以上の仕組みを理解し上で、学習を開始してください。

168

語彙・文法問題Ⅰ　同じ接頭語を持つ単語

…UNIT学習チェック一覧…

- ☐ 1　ad (ac, af, ag, al, an, ap, ar, as, at)
- ☐ 2　con (col, com, cor)
- ☐ 3　de
- ☐ 4　dis (di, dif)
- ☐ 5　ex (e, ec, ef)
- ☐ 6　in (im, il, ir)
- ☐ 7　ob (oc, of, op)
- ☐ 8　per
- ☐ 9　pre
- ☐ 10 pro
- ☐ 11 re
- ☐ 12 sub (suc, suf, sug, sup)
- ☐ 13 trans

　1、2、4、5、6、7、12は語幹との組み合わせによりカッコ内のようにつづりが変化することがあります。例えば、accordはcordという語幹の<u>c</u>の音に合わせて（同化）、ad-という接頭語がac-となりました。ほかにも、<u>ef</u>fort、<u>op</u>ponent、<u>sug</u>gestのように、同じつづりが2度続いているものは一般に接頭語が変化したものです。このようにカッコ内の接頭語は変形したものですが、意味において違いはありません。

169

UNIT 1　接頭語　ad (ac,af,ag,al,an,ap,ar,as,at)

CD2 1-2

(= to : ～へ、toward : ～へ、in the direction of : の方向へ)

□ **account** [əkáunt]　　　　　(ac ～へ + count 数える)　　動 占める、説明する
　表 account for　～を説明する

□ **adapt** [ədǽpt]　　　　　　(ad ～へ + apt 合う)　　　　動 適合させる
　名 adaptation [æ̀dæptéiʃən]　適合　表 adapt to ～　～に適合する

□ **allow** [əláu]　　　　　　　(al ～へ + low 置く)　　　　動 許可する
　名 allowance [əláuəns]　許可
　表 allow 人 to do　人が～するのを許可する

□ **appoint** [əpóint]　　　　　(ap ～へ + point 指す)　　　動 指名する、任命する
　名 appointment [əpóintmənt]　任命、約束

□ **appreciate** [əprí:ʃièit]　　　(ap ～へ + prec 価格)　　　動 感謝する、鑑賞する
　反 動 depreciate [diprí:ʃièit]　価値を下げる

□ **assimilation** [əsìməléiʃən]　(as ～へ + simil 同じ)　　　名 同化
　動 assimilate [əsíməlèit]　同化する

---

[1] Although one out of every four new businesses fails within the first two years, small businesses **accounted** for three out of four of the new jobs created in the 1990s.
（新規事業の4つに1つは最初の2年以内に失敗しているが、1990年代に生み出された新しい仕事4つのうち3つを小企業が占めていた）

[2] Some American firms have **adapted** well to the new environment.
（アメリカの会社には、新しい環境にうまく順応してきたものもある）

[3] We cannot **allow** a further discount, because this is a very popular product.
（人気商品ですから、これ以上のディスカウントには応じられません）

[4] Mr. Tanaka has been **appointed** Sales Manager of our New York branch.
（田中氏は私たちのニューヨーク支社の営業部長に任命されました）

[5] We would **appreciate** it if you could help us with this project.
（このプロジェクトをお手伝いいただければ幸いです）

[6] **Assimilation**, both cultural and linguistic, has evolved naturally among the nation's immigrant groups.
（同化は、文化的なものも言語的なものも、その国の移民グループの間で自然に進化してきた）

語彙・文法問題 I　同じ接頭語を持つ単語317語の攻略

✍ 覚えておきたい重要関連語

□ **accident** [ǽksidənt]　　　（ac〜へ + cid 落ちる）　　　图 事故
　　形 accidental [æksədéntl]　偶然の

□ **accord** [əkɔ́ːrd]　　　（ac〜へ + cord 心）　　　图 調和
　　反 图 discord [dískɔːrd]　不和

□ **accommodate** [əkámədèit]　（ac〜へ + commod 合わす）　動 収容する
　　图 accommodations [əkàmədéiʃənz]　宿泊施設

□ **accurate** [ǽkjərət]　　　（ac〜へ + cur 注意）　　　形 正確な
　　图 accuracy [ǽkjərəsi]　正確さ

□ **add** [ǽd]　　　（ad〜へ + d 置く）　　　動 加える
　　图 addition [ədíʃən]　足し算

□ **adhere** [ədhíər]　　　（ad〜へ + here くっつく）　　動 付着する
　　图 adherence [ədhíərəns]　固執

□ **adjust** [ədʒʌ́st]　　　（ad〜へ + just 正しい）　　　動 調節する
　　图 adjustment [ədʒʌ́stmənt]　調節

□ **adopt** [ədápt]　　　（ad〜へ + opt 選択する）　　　動 採用する
　　图 adoption [ədápʃən]　採用

□ **advocate** [ǽdvəkèit]　　（ad〜へ + voc = voice; 声）　動 提唱する

□ **aggressive** [əgrésiv]　　　（ag〜へ + gress 進む）　　　形 攻撃的な
　　图 aggression [əgréʃən]　攻撃

□ **apparatus** [æpərǽtəs]　　（ap〜へ + para 準備する）　　图 器具
　　同 图 instrument [ínstrəmənt]　道具

□ **apparent** [əpǽrənt]　　　（ap〜へ + pare 現われる）　　形 明らかな
　　副 apparently [əpǽrəntli]　明らかに

□ **appeal** [əpíːl]　　　（ap〜へ + peal 行く）　　　图 訴え、手段
　　形 appealing [əpíːliŋ]　魅力的な

□ **approve** [əprúːv]　　　（ap〜へ + prove 試す）　　　動 是認する
　　图 approval [əprúːvl]　是認

□ **arrange** [əréindʒ]　　　（ar〜へ + range 列に並べる）　動 手配する
　　图 arrangement [əréindʒmənt]　手配

□ **arrest** [ərést]　　　（ar〜へ + rest 留まる）　　　图 逮捕する

□ **assemble** [əsémbl]　　　（as〜へ + semble 一緒に）　　動 組み立てる

□ **attempt** [ətémpt]　　　（at〜へ + tempt 試みる）　　　動 企てる

171

UNIT 2　接頭語　con (col, com, cor)

CD2 3-4

(together：一緒に、utterly：完全に)

- □ **concentrate** [kánsəntrèit]　（con 一緒に + centr 中心）　動 集中する
  - 名 concentration [kànsəntréiʃən]　集中
- □ **contact** [kántækt]　（con 一緒に + tact 触れる）　動 接触する
- □ **conservation** [kànsərvéiʃən]　（con 完全に + serve 保つ）　名 保護、保存
  - 動 conserve [kənsə́ːrv]　保存する
- □ **concern** [kənsə́ːrn]　（con 一緒に + cern 篩にかける）　動 関係する
- □ **competition** [kàmpətíʃən]　（com 完全に + peti 求める）　名 競争
  - 形 competitive [kəmpétətiv]　競争の激しい
- □ **complain** [kəmpléin]　（con 一緒に + plain 悲しむ）　動 文句を言う
  - 名 complaint [kəmpléint]　文句、不平

---

[1] The American whaling industry initially **concentrated** its efforts along the eastern coast of North America.
（アメリカの捕鯨業は、初期には北米の東海岸沿いに力を注いでいた）

[2] For details please **contact** the personnel officer in charge.
（詳細は、担当の人事係までご連絡ください）

[3] **Conservation** groups around the world are trying to help save our dwindling tropical rain forests.
（世界中の環境保護団体が、減少しつつある熱帯雨林を救う援助をしようとしている）

[4] Specific brain sites have been found to be **concerned** with appetite, balance, thermal regulation, and the circulation of the blood.
（脳の特定の場所が、食欲、バランス、熱制御、血液循環と関係があると見なされてきた）

[5] **Competition** protects the freedom of the individual by ensuring that there is no monopoly of power.
（競争とは、確実に権力の独占が起こらないように保証することによって、個人の自由を保護するものである）

[6] You'd better not **complain** about your salary no matter how small it may be.
（どんなに少なくても、給料について文句を言わない方がいい）

✓ 覚えておきたい重要関連語

□ **Congress** [káŋgrəs]　　　　（con 一緒に + gress 進む）　　　图《米》議会

□ **conscious** [kánʃəs]　　　　（con 一緒に + sci 知る）　　　形 意識している

□ **consent** [kənsént]　　　　（con 一緒に + sent 感じる）　　　動 同意する
　　反 動 dissent [disént]　反対する

□ **consequence** [kánsəkwèns]　（con 一緒に + sequence 連続）　图 結果
　　副 consequently [kánsəkwèntli]　結果として

□ **connect** [kənékt]　　　　（con 一緒に + nect 結ぶ）　　　動 結ぶ
　　图 connection [kənékʃən]　接続

□ **contest** [kántest]　　　　（con 一緒に + test 証言する）　　图 競技

□ **confirm** [kənfə́ːrm]　　　　（con 完全に + firm 確かな）　　動 確実にする
　　图 confirmation [kànfərméiʃən]　確実

□ **concise** [kənsáis]　　　　（con 完全に + cise 切る）　　形（言葉など）簡潔な

□ **confess** [kənfés]　　　　（con 完全に + fess 話す）　　　動 告白する
　　图 confession [kənféʃən]　告白

□ **constant** [kánstənt]　　　　（con 完全に + stant 立つ）　　形 一定の
　　副 constantly [kánstəntli]　一定に

□ **conquer** [káŋkər]　　　　（con 完全に + quer 求める）　　動 征服する
　　图 conqueror [káŋkərər]　征服者

□ **convince** [kənvíns]　　　　（con 完全に + vince 征服する）　動 納得させる
　　形 convincing [kənvínsiŋ]　説得力のある

□ **compromise** [kámprəmàiz]　（con 一緒に + promise 約束する）　图 妥協

□ **compare** [kəmpéər]　　　　（con 一緒に + par 同等の）　　　動 比較する
　　图 comparison [kəmpǽrisn]　比較

□ **compensate** [kámpənsèit]　（con 一緒に + pense ぶら下がる）　動 償う
　　图 compensation [kámpənséiʃən]　償い

□ **competent** [kámpətnt]　　　（con 完全に + pet 求める）　　形 能力のある
　　图 competence [kámpətns]　能力

□ **collapse** [kəlǽps]　　　　（con 一緒に + lapse 落ちる）　　動 崩壊する

□ **collect** [kəlékt]　　　　（con 一緒に + lect 集める）　　　動 集める
　　图 collection [kəlékʃən]　収集

□ **correct** [kərékt]　　　　（con 一緒に + rect 規則）　　　图 正す
　　图 correction [kərékʃən]　訂正

語彙・文法問題Ⅰ　同じ接頭語を持つ単語317語の攻略

173

UNIT 3　接頭語　de

CD2 5-6

(= not：否定、down：下に、away：離れて、utterly：完全に、
from：〜から、remove：除く、apart：離れた)

□ **decide** [disáid]　　　　(de 離れて + cide 切る)　　　動 決定する
　　名 decision [disíʒən]　決定
□ **demand** [dimǽnd]　　　(de 完全に + mand 命令する)　動 要求する　名 要求
□ **detect** [ditékt]　　　　(de 〜から + tect 覆いを取る)　動 発見する
　　名 detective [ditéctiv]　探偵
□ **delivery** [dilívəri]　　　(de 〜から + liver 自由にする)　名 配達
　　動 deliver [dilívər]　配達する
□ **depend** [dipénd]　　　　(de 〜から + pend ぶら下がる)　動 依存する
　　形 dependent [dipéndənt]　依存した
□ **definitely** [défənətli]　　(de 下に + fini 終える)　　　副 確実に
　　形 definite [défənət]　確実な

語彙・文法問題Ⅰ　同じ接頭語を持つ単語317語の攻略

[1] We should conduct market research in Singapore before we **decide** to
export our products there.
(製品の輸出を決定する前に、シンガポールの市場調査を実施すべき
です)

[2] Frontier men and women were constantly facing new problems and
situations that **demanded** new solutions.
(フロンティア時代の人は、男性も女性も、常に新しい解決策を必要
とする新しい問題や状況に直面していた)

[3] Although astronomers cannot yet directly see the planets of other
stars, they do have methods of **detecting** them.
(天文学者は他の星の惑星を直接見ることはできないが、それらの惑
星を発見する方法を持っていることは確かだ)

[4] Unfortunately we cannot guarantee the date of **delivery**.
(残念ながら、納期はお約束しかねます)

[5] The control of the many functions of the several parts of the human
body **depends** on an intricate nervous system. (人体の幾つかの部位
の多くの機能の制御は、複雑な神経システムに依存している)

[6] That car of mine has broken down again, so I will **definitely** get a new one.
(僕のあの車がまた壊れてしまったんです。だから絶対に新車を買います)

✔ 覚えておきたい重要関連語

□ **degrade** [digréid]　　（de 下に + grade 階級）　　　動（地位を）下げる
　　反 動 upgrade [ʌpgréid]　　（等級を）上げる

□ **decrease** [dìːkríːs]　　（de 〜から + crease 成長する）　　動 減少する
　　反 動 increase [inkríːs]　　増加する

□ **depress** [diprés]　　（de 下に + press 押す）　　　動 意気消沈させる
　　名 depression [dipréʃən]　　憂うつ、不況

□ **decease** [disíːs]　　（de 〜から + cease 止まる）　　動 死亡する
　　形 deceased [disíːst]　　亡くなった

□ **decline** [dikláin]　　（de 〜から + cline 傾く）　　動 傾く、辞退する

□ **deplore** [diplɔ́ːr]　　（de すっかり + plore 泣く）　　動 嘆き悲しむ
　　同 動 mourn [mɔ́ːrn]　　嘆き悲しむ

□ **descend** [disénd]　　（de 下に + scend 登る）　　　動 下がる
　　反 動 ascend [əsénd]　　登る

□ **despise** [dispáiz]　　（de 下に + spise 見る）　　　動 軽蔑する
　　同 動 scorn [skɔ́ːrn]　　軽蔑する

□ **detach** [ditǽtʃ]　　（de 離れて + tach くぎ）　　　動 引き離す
　　反 動 attach [ətǽtʃ]　　くっつける

□ **delinquent** [dilíŋkwənt]　　（de 〜から + linque 去る）　　名 非行少年
　　名 delinquency [dilíŋkwənsi]　　不良行為

□ **decay** [dikéi]　　（de 下に + cay 落ちる）　　動 腐る、朽ちる

□ **debug** [dìːbʌ́g]　　（de 除く + bug 虫）　　動 駆除する

□ **declare** [dikléər]　　（de 完全に + clare 明らかにする）　動 宣言する
　　名 declaration [dèkləréiʃən]　　宣言

□ **demonstrate** [démənstrèit]　　（de 完全に + monstr 示す）　動 論証する
　　名 demonstration [dèmənstréiʃən]　　論証

□ **denominate** [dinámənèit]　　（de 完全に + nomi 名前）　　動 名前を付ける
　　名 denomination [dinàmənéiʃən]　　名称

□ **deny** [dinái]　　（de 完全に + ny ノーと言う）　　動 否定する
　　名 denial [dináiəl]　　否定

□ **depict** [dipíkt]　　（de 完全に + pict 塗る）　　　動 描写する
　　名 depiction [dipíkʃən]　　描写

□ **detail** [díːteil/ditéil]　　（de 〜から + tail 切る）　　名 詳細

UNIT 4　接頭語　dis (di, dif)

CD2 7-8

（= off：外れた、away：離れた、apart：離れて、thoroughly：完全に）

□ **distrust** [distrʌ́st]　　　　　（dis 外れた + trust 信頼）　图 不信

　㊒ distrustful [distrʌ́stfl]　信頼しない

□ **disregard** [dìsrigάːrd]　　　（dis 外れた + regard 配慮）　動 無視する、軽視する

　同 ignore [ignɔ́ːr]　無視する

□ **distinguished** [distíŋgwiʃt]　（dis 完全に + tingu 印をつける）　㊒ 著名な

□ **disagreement** [dìsəgríːmənt]　（dis 外れた + agreement 同意）　图 不一致

　反 agreement [əgríːmənt]　同意

□ **disturbance** [distə́ːrbəns]　　（dis 外れた + turb 乱す）　图 動揺、不安

　動 disturb [distə́ːrb]　動揺させる

---

[1] Americans have traditionally had a strong **distrust** of their government.
（アメリカ人は伝統的に自分たちの政府に対して強い不信感を抱いてきた）

[2] If you have already completed adjustments, please **disregard** this notice.
（もし清算がお済みならば、このお知らせは無視してください）

[3] Charles Steinmetz, a pioneer in the field of electronics, was one of the most **distinguished** scientists of the 20th century.
（チャールズ・スタインメッツはエレクトロニクスの分野におけるパイオニアだが、20世紀の最も著名な科学者の1人であった）

[4] If you have any **disagreement** about this matter, please let us know immediately.
（この件について異論がおありのようでしたら、すぐに私たちにお知らせください）

[5] A major mental disorder which causes radical **disturbances** in the individual's personality and behavior is known as psychosis.
（個人の人格や行動において激しい動揺を引き起こすような大きな精神的障害は精神病として知られている）

✔ 覚えておきたい重要関連語

□ **discover** [diskʌ́vər]　　（dis 離れた + cover 覆いを取る）　動 発見する
　　名 discovery [diskʌ́vəri]　発見

□ **dispense** [dispéns]　　（dis 離れた + pense ぶら下がる）　動 分配する

□ **disarm** [disάːrm]　　（dis 離れた + arm 武器）　　動 （武装を）解除する
　　反 動 arm [άːrm]　武装する

□ **dishearten** [dishάːrtn]　　（dis 離れた + heart 心）　　動 落胆させる

□ **disaster** [dizǽstər]　　（dis 離れた + ster 星）　　名 災害
　　形 disastrous [dizǽstrəs]　災害の

□ **discord** [dískɔːrd]　　（dis 離れた + cord 心）　　名 不一致
　　反 名 accord [əkɔ́ːrd]　一致

□ **dissent** [disént]　　（dis 離れた + sent 感じる）　　動 反対する
　　反 動 consent [kənsént]　同意する

□ **dissolve** [dizάlv]　　（dis 離れた + solve 解く）　　動 溶かす
　　名 dissolution [dìsəlúːʃən]　分解

□ **distort** [distɔ́ːrt]　　（dis 離れた + tort 曲げる）　　動 ゆがめる
　　名 distortion [distɔ́ːrʃən]　ゆがみ

□ **discard** [diskάːrd]　　（dis 離れた + card カード）　　動 捨てる

□ **discern** [disə́ːrn]　　（dis 完全に + cern 篩）　　動 見分ける
　　形 discerning [disə́ːrniŋ]　洞察力のある

□ **discrepancy** [diskrépənsi]　（dis 外れた + crepan 雑音）　名 相違
　　形 discrepant [diskrépənt]　相違する

□ **discriminate** [diskrímənèit]　（dis 離れた + crim 分ける）　動 差別する

□ **discuss** [diskʌ́s]　　（dis 離れた + cuss 揺する）　　動 討論する
　　名 discussion [diskʌ́ʃən]　討論

□ **dispute** [dispjúːt]　　（dis 離れた + pute 数える）　　動 論争する

□ **diminish** [dimíniʃ]　　（dis 離れた + mini 小さい）　　動 減少する

□ **divide** [diváid]　　（dis 離れた + vide 見る）　　動 分割する
　　名 division [divíʒən]　分割

□ **diffident** [dífidənt]　　（dis 外れた + fid 信頼）　　形 自信のない
　　反 形 confident [kɑ́nfidnt]　自信のある

□ **diffuse** [difjúːz]　　（dis 離れた + fuse 注ぐ）　動 普及させる、発散する
　　名 diffusion [difjúːʒən]　普及

語彙・文法問題Ⅰ　同じ接頭語を持つ単語317語の攻略

UNIT 5　接頭語　ex (e, ec, ef)

CD2 9-10

(= out：外へ、from：～から、off：離れて)

□ **eliminate** [ilímənèit]　(e ～から + limin 敷居)　　動 除く
　　名 elimination [ilìmənéiʃən]　排除
□ **effort** [éfərt]　(ef 外へ +fort 力)　　名 努力
　　同 名 endeavor [endévər]
□ **excel** [iksél]　(ex 外へ + cel 上げる)　　動 他に勝る
　　形 excellent [éksələnt]　優れた
□ **enormous** [inɔ́ːrməs]　(e 外へ + norm 基準)　　形 巨大な
　　同 形 huge [hjúːdʒ]
□ **expand** [ikspǽnd]　(ex ～から + pand 広がる)　　動 拡大する
　　名 expansion [ikspǽnʃən]　拡大

---

[1] The U.S. government began to **eliminate** medical experiments in federal prisons in 1973.
（アメリカ政府は1973年に連邦刑務所の医学実験を排除し始めた）

[2] I made every **effort** to quit smoking and drinking, but in vain.
（酒とたばこをやめる最大限の努力はしたが、無駄であった）

[3] The president seems to be convinced that the Japanese management style **excels** in every sphere.
（社長は、日本式経営があらゆる点で優れていると確信しているようだ）

[4] The entrepreneurs started with very little money or power and ended up as the heads of huge companies that earned **enormous** fortunes.
（起業家たちは、金も権力もほとんどない状態から始めて、最終的には巨額の富を稼ぎ出す大企業のトップに上りつめた）

[5] Government debt has steadily **expanded** to $130 billion, about 50 percent of gross domestic product.
（政府の負債額は増え続け1,300億ドルに膨張した。この額は国内総生産のほぼ50パーセントに相当する）

語彙・文法問題Ⅰ　同じ接頭語を持つ単語317語の攻略

✐ 覚えておきたい重要関連語

□ **exact** [igzǽkt]　　　　　（ex 外へ + act 動かす）　　　形 正確な
　　副 exactly [igzǽk*t*li]　正確に

□ **exaggerate** [igzǽdʒərèit]　（ex 外へ + agger 山のように積む）　動 誇張する

□ **exclaim** [ikskléim]　　　（ex 外へ + claim 要求する）　　動 叫ぶ
　　名 exclamation [èkskləméiʃən]　叫び

□ **excuse** [ikskjú:s]　　　　（ex ～から + cuse 責める）　　名 弁解
　　動 [ikskjú:z]　許す

□ **execute** [éksəkjù:t]　　　（ex 外へ + cute 従う）　　　動 実行する
　　名 execution [èksəkjú:ʃən]　実行

□ **exert** [igzə́:*r*t]　　　　　（ex 外へ + ert 結ぶ）　　　動 努力する
　　名 exertion [igzə́:*r*ʃən]　努力

□ **exhale** [ekshéil]　　　　　（ex 外へ + hale 呼吸する）　動（息を）はく
　　反 動 inhale [inhéil]　吸い込む

□ **exhaust** [igzɔ́:st]　　　　（ex 外へ + haust 引く）　動 疲れさせる、使い果たす

□ **exhibit** [igzíbit]　　　　（ex 外へ + hibit 持つ）　　　動 展示する
　　名 exhibition [èksəbíʃən]　展示

□ **exit** [égzit]　　　　　　　（ex 外へ + it 行く）　　　　名 出口
　　反 名 entrance [éntrəns]　入口

□ **expedition** [èkspədíʃən]　（ex 外へ + ped 足）　　　　名 探検

□ **explode** [iksplóud]　　　（ex 離れて + plode 手をたたく）動 爆発する
　　名 explosion [iksplóuʒən]　爆発

□ **exploit** [iksplɔ́it]　　　　（ex 外へ + ploit 曲げる）　動 開発する
　　名 [éksplɔit]　開発、偉業

□ **extinct** [ikstín*k*t]　　　（ex 外へ + tinc 消す）　　　形 絶滅した

□ **extinguish** [ikstíŋgwiʃ]　（ex 外へ + ting 消す）　　　動 消す

□ **elaborate** [ilǽbərət]　　（e ～から + labor 労働）　形 精巧な、念入りの

□ **elude** [ilú:d]　　　　　　（e ～から + lude 遊び）　　　動 逃れる

□ **eminent** [émənənt]　　　（e 外へ + mine 立つ）　　　形 著名な
　　同 形 famous [féiməs]　有名な

□ **emotion** [imóuʃən]　　　（e 外へ + motion 動き）　　名 感動、感情

□ **erect** [irékt]　　　　　（e 外へ + rect 真っすぐにする）形 直立した　動 建立する

□ **eccentric** [ikséntrik]　　（ec ～外へ + centr 中心）　形 風変わりな
　　同 形 odd [ád]　奇妙な

語彙・文法問題 I　同じ接頭語を持つ単語 317 語の攻略

179

UNIT 6　接頭語　in (im, il, ir)

CD2 11-12

（= in：中に、into：中へ、not：否定、on：接触して）

☐ **influence** [ínfluəns]　　　　　（in 中に + flu 流れ）　　　　名 影響
　 動 影響を与える

☐ **insincere** [ìnsinsíər]　　　　　（in 否定 + sincere 誠実な）　　形 不誠実な
　 反 sincere [sinsíər]　　誠実な

☐ **independence** [ìndipéndəns]　（in 否定 + de 下へ + pend ぶら下がる）　名 独立
　 形 independent [ìndipéndənt]　　独立した

☐ **innovation** [ìnəvéiʃən]　　　　（in 中に + nov 新しくする）　　名 革新
　 動 innovate [ínəvèit]　　革新する

☐ **increasingly** [inkrí:siŋli]　　　（in 中に + crease 成長する）　　副 ますます
　 動 increase [inkrí:s]　　増加する　　名 増加

---

[1] The most important **influence** on the outcome of the harvest was the weather.
（収穫高に及ぼす最も重要な影響は天候だった）

[2] He is such an **insincere** person that I don't want to talk to him any more.
（彼は本当に不誠実な人なので、もう口もききたくない）

[3] It is often said that Americans are taught **independence** from an early age.
（アメリカ人は幼いころから、独立心を教えられるとはよく言われる）

[4] Our new model is characteristic of many style changes, but there are few technological **innovations**.
（私たちの新しいモデルは、多くのスタイル変更を特徴としているが、技術的な革新はほとんどない）

[5] It has become **increasingly** difficult for families to maintain their standard of living on just one income.
（家族が、1人の収入で生活水準を維持することがますます難しくなってきている）

✔ 覚えておきたい重要関連語

□ **incident** [ínsidənt]　(in 付着して + cid 落ちる)　名 出来事

□ **income** [ínkʌm]　(in 中に + come 来る)　名 収入

□ **incline** [inkláin]　(into 中へ + cline 傾く)　動 傾けさせる

□ **indicate** [índikèit]　(in 中に + dic 話す)　動 示す

□ **inherit** [inhérət]　(in 中に + herit 相続人)　動 相続する
　　名 inheritance [inhérətəns]　相続

□ **insert** [insə́:rt]　(in 中に + sert つなぐ)　動 挿入する
　　名 insertion [insə́:rʃən]　挿入

□ **install** [instɔ́:l]　(in 中に + stall 座らせる)　動 取り付ける
　　名 installment [instɔ́:lmənt]　設置

□ **invade** [invéid]　(in 中に + vade 行く)　動 侵入する
　　名 invasion [invéiʒən]　侵入

□ **invest** [invést]　(in 中に + vest 着る)　動 投資する
　　名 investment [invéstmənt]　投資

□ **investigate** [invéstəgèit]　(in 中に + vestig 痕跡)　動 調査する
　　名 investigation [invèstəgéiʃən]　調査

□ **involve** [inválv]　(in 中に + volve 転がる)　動 巻き込む
　　名 involvement [inválvmənt]　巻き込むこと

□ **inadequate** [inǽdəkwət]　(in 否定 + adequate 十分な)　形 不十分な

□ **inappropriate** [ìnəpróupriət]　(in 否定 + appropriate 適当な)　形 不適当な

□ **incapable** [inkéipəbl]　(in 否定 + capable 能力がある)　形 能力がない
　　反 capable [kéipəbl]　能力

□ **incompatible** [inkəmpǽtəbl]　(in 否定 + compatible 両立できる)　形 矛盾した

□ **incompetent** [inkάmpətənt]　(in 否定 + competent 能力がある)　形 無能な

□ **incredible** [inkrédəbl]　(in 否定 + credible 信じられる)　形 信じられない

□ **indispensable** [indispénsəbl]　(in 否定 + dispensable なしで済ます)　形 不可欠な

□ **inexperienced** [inikspíəriənst]　(in 否定 + experienced 経験のある)　形 無経験な

□ **insensitive** [insénsətiv]　(in 否定 + sensitive 敏感な)　形 無感覚の

□ **invisible** [invízəbl]　(in 否定 + visible 目に見える)　形 目に見えない

□ **immense** [iméns]　(im 否定 + mense 測る)　形 膨大な
　　同 形 vast [vǽst]　広大な

□ **illegal** [ilí:gl]　(il 否定 + legal 合法的な)　形 不法の

181

UNIT 7　接頭語　ob (oc, of, op)

CD2
13-14

(＝ to：〜へ、toward：方へ、over：越えて、against：反対して、in the way of
：じゃまになって、before：前に、near：近くに、exposed：さらされて)

□ **occupation** [ὰkjəpéiʃən]　(oc 〜へ + cup 取る)　　　　图 職業、占有
　　動 occupy [ὰkjəpὰi]　占める
□ **occasion** [əkéiʒən]　　(oc じゃまになって + cas 落ちる)　图 機会、場合
　　形 occasional [əkéiʒənl]　時折の
□ **observe** [əbzə́:rv]　　(ob 前に + serve 保つ)　　　　動 守る、観察する
　　图 observation [ὰbzərvéiʃən]　観察　observance [əbzə́:rvəns]　遵守
□ **obvious** [ὰbviəs]　　(ob 近くに + vi 道)　　　　　　形 明らかな
　　副 obviously [ὰbviəsli]　明らかに
□ **obnoxious** [ɑbnɑ́kʃəs]　(ob さらされて + noxi 傷つける)　形 不快な

---

[1] There are **occupations** for which technical training is necessary.
（専門的な訓練が必要な職業がある）

[2] Although the new staff member doesn't have much experience in this field, I'm sure he is equal to the **occasion**.
（新しいスタッフはこの分野においてはあまり多くの経験はないが、臨機応変な人であることは間違いないと思う）

[3] You'd better **observe** the traffic regulations if you don't want to have your driver's license suspended again.
（もう一度免停になりたくなければ、交通規則は守った方がいいよ）

[4] It is **obvious** that he lied to me about his marital status.
（彼が婚姻のことで私にうそをついたことは明らかだ）

[5] He is such an **obnoxious** politician that everyone must hate him.
（本当に鼻もちならない政治家なので、みんな彼を嫌いにちがいない）

✔ 覚えておきたい重要関連語

□ **oblige** [əbláidʒ] (ob 下に + iga 結ぶ) 動 強いる
　同 動 force [fɔ́ːrs]

□ **obstinate** [ábstənət] (ob じゃまになって + stin 立つ) 形 頑固な
　同 形 stubborn [stʌ́bərn]

□ **oblong** [áblɔ(ː)ŋ] (ob 越えて + long 長い) 形 長方形の

□ **obstacle** [ábstəkl] (ob じゃまになって + stac 立つ) 名 障害
　同 名 barrier [bǽriər]

□ **obscene** [əbsíːn] (ob 越えて + scene いやらしい) 形 わいせつな

□ **obese** [oubíːs] (ob 越えて + ese 食べる) 形 肥満の
　名 obesity [oubíːsəti]　肥満

□ **oblique** [əblíːk] (ob 完全に + lique 傾いた) 形 傾いた

□ **oblivion** [əblíviən] (ob 越えて + livi 忘れ) 名 忘却
　形 oblivious [əblíviəs]　忘却した

□ **obscure** [əbskjúər] (ob 越えて + scure 覆う) 形 あいまいな
　同 形 ambiguous [æmbígjuəs]

□ **obsess** [əbsés] (ob 近くに + sess 座る) 動 付きまとう
　名 obsession [əbséʃən]　取りつかれている状態

□ **obsolete** [ὰbsəlíːt] (ob 越えて + sole 使う) 形 時代遅れの

□ **obtuse** [əbt(j)úːs] (ob 反対して + tuse 叩く) 形 (刃などが)鈍い

□ **occlude** [əklúːd] (oc 越えて + clude 閉じる) 動 ふさぐ
　名 occlusion [əklúːʒən]　ふさぐこと

□ **occult** [əkʌ́lt] (oc 越えて + cult 隠れる) 名 不可思議な

□ **offend** [əfénd] (of 反対して + fend 打つ) 動 感情を害する

□ **oppress** [əprés] (op 反対して + press 押す) 動 抑圧する
　名 oppression [əpréʃən]　抑圧

□ **opponent** [əpóunənt] (op じゃまになって + pon 置く) 名 相手

□ **opportune** [ὰpərt(j)úːn] (op 前に + port 運ぶ) 形 都合の良い

183

UNIT 8 接頭語 per

CD2 15-16

(= through ：貫いて、thoroughly、completely ：完全に)

☐ **percolate** [pə́:rkəlèit]　　(per貫いて + cola こす)　　動 ろ過する、浸透する

☐ **perfume** [pə́:rfju:m]　　(per完全に + fume 煙)　　名 香水

☐ **persuade** [pərswéid]　　(per完全に + suade 助言する)　　動 説得する

　反 動 dissuade [diswéid]　思いとどまらせる

☐ **persecute** [pə́:rsəkjù:t]　　(per完全に + secu 従う)　　動 迫害する

　名 persecution [pə̀:rsəkjú:ʃən]　迫害

☐ **perseverance** [pə̀:rsəvíərəns]　(per完全に + sever 厳しい)　　名 忍耐

　動 persevere [pə̀:rsəvíər]　忍耐を貫く

---

[1] You need to grind coffee beans before **percolating** coffee.
（コーヒーを入れる前に、コーヒー豆をひかなければなりません）

[2] She always puts on a strong **perfume**.
（彼女はいつもきつい香水を付けています）

[3] I tried to **persuade** him to join our new research team, but in vain.
（新しい研究チームに参加するよう彼を説得しようとしたが、無駄だった）

[4] Since dissenters, as well as Catholics, were bitterly **persecuted** by the government, thousands sought refuge in America.
（カトリック教徒だけではなく、反乱者たちも、政府によって厳しく迫害されたので、何千人という人たちがアメリカに避難場所を求めた）

[5] It is **perseverance** that you really need to complete the work.
（その仕事を完成させるのに必要なのは忍耐力です）

✏️ 覚えておきたい重要関連語

□ **percussion** [pərkʌ́ʃən]　　（per 貫いて + cus 振動させる）　　名 衝突

□ **perennial** [pəréniəl]　　（per 貫いて + enni 年）　　形 1年中続く

□ **perambulate** [pərǽmbjəlèit]（per 貫いて + ambu 歩く）　　動 歩き回る

□ **perfunctory** [pərfʌ́ŋktəri]　（per 貫いて + funct 行う）　　形 おざなりの

□ **permanent** [pə́ːrmənənt]　　（per 貫いて + manen 続ける）　　形 永久の

□ **permeate** [pə́ːrmièit]　　（per 貫いて + meat 通す）　　動 浸透する

□ **perhaps** [pərhǽps]　　（per 完全に + hap 偶然）　　副 たぶん

□ **perpendicular** [pə̀ːrpəndikjələr]（per 完全に + pend ぶら下がる）形 垂直の
　　反 形 horizontal [hɔ̀(ː)rəzɑ́ntl]　　水平の

□ **perpetrate** [pə́ːrpətrèit]　　（per 完全に + petr 行う）　　動 (悪事を)犯す

□ **perspire** [pərspáiər]　　（per 貫いて + spir 呼吸する）　　動 汗をかく
　　同 動 sweat [swét]

□ **pertain** [pərtéin]　　（per 完全に + tain 保つ）　　動 属する

□ **pertinent** [pə́ːrtənənt]　　（per 完全に + tin 保つ）　　形 適切な
　　反 形 impertinent [impə́ːrtənənt]　　不適切な

□ **perverse** [pərvə́ːrs]　　（per 完全に + verse 向ける）　　形 つむじ曲がりの

□ **pertinacious** [pə̀ːrtənéiʃəs]（per 完全に + tenacious ねばり強い）形 不屈の

□ **perturb** [pərtə́ːrb]　　（per 完全に + turb 乱す）　　動 動揺させる

□ **pervade** [pərvéid]　　（per 貫いて + vade 行く）　　動 充満する

□ **pervious** [pə́ːrviəs]　　（per 貫いて + vi 道）　　形 (光などを)通す

語彙・文法問題I　同じ接頭語を持つ単語317語の攻略

UNIT 9　接頭語　pre

CD2 17-18

（＝ before：前に、beforehand：前もって）

☐ **prelude** [prélju:d]	（pre 前に + lude 演じる）	图 準備、序幕
☐ **prepare** [pripéər]	（pre 前に + pare 用意する）	動 準備する
图 preparation [prèpəréiʃən]　準備		
☐ **preserve** [prizə́:rv]	（pre 前もって + serve 保つ）	動 保存する
图 preservation [prèzərvéiʃən]　保存		
☐ **prediction** [pridíkʃən]	（pre 前に + dic 言う）	图 予測
☐ **prevalent** [prévələnt]	（pre 前に + val 価値）	形 行き渡った
☐ **previous** [prí:viəs]	（pre 前に + vi 道）	形 以前の

[1] The sound of distant thunder must be a **prelude** to thunderstorm.
（遠くで鳴る雷の音は、激しい雷雨の前触れに違いない）

[2] Jim is really nice, but I'm not **prepared** to accept his proposal.
（ジムはとてもいい人だけど、彼のプロポーズを受ける覚悟はできていません）

[3] How long have these eggs been **preserved** in the refrigerator?
（この卵は、どれぐらいの期間冷蔵庫で保存されていますか）

[4] The stars have been relied upon to make agricultural **predictions** in the past.
（昔から農作業に関する予測をするのに星が利用されてきた）

[5] Basil Cell, the most **prevalent** form of skin cancer, can be caused by long-term exposure to the sun.
（バジル細胞は、最もよく見られる皮膚ガンであるが、長時間太陽にさらされることによって起こることがある）

[6] In the 1990s, ozone levels over the northern hemisphere declined by up to 8% over the **previous** decade.
（1990年代に、北半球上空のオゾン量はそれまでの10年で8パーセント減少した）

✍ 覚えておきたい重要関連語

□ **precaution** [prikɔ́:ʃən]　　（pre 前に + caution 注意）　　名 用心
　　形 precautionary [prikɔ́:ʃənèri]　　注意深い

□ **predict** [pridíkt]　　（pre 前に + dict 言う）　　動 予言する

□ **prehistoric** [prìhistɔ́(:)rik]（pre 前に + historic 歴史の）　形 有史以前の

□ **precise** [prisáis]　　（pre 前に + cise 切る）　　形 正確な
　　同 形 accurate [ǽkjərət]　　正確な

□ **predecessor** [prédəsèsər]（pre 前に + de 下に + cess 行く）　名 前任者

□ **preliminary** [prilímənèri]（pre 前に + limin 敷居）　形 予備の

□ **prescribe** [priskráib]　　（pre 前に + scribe 書く）　　動 処方する

□ **preside** [prizáid]　　（pre 前に + side 座る）　　動 議長を務める

□ **pretend** [priténd]　　（pre 前に + tend 伸ばす）　　動 ふりをする

□ **prevail** [privéil]　　（pre 前に + vail 強い）　　動 行き渡る

□ **prevent** [privént]　　（pre 前に + vent 来る）　　動 妨げる

□ **predominate** [pridámənèit]（pre 前に + dominate 支配する）　形 優れた

□ **prejudice** [prédʒədəs]　　（pre 前に + jud 判断する）　　名 偏見

□ **prerogative** [prirágətiv]　　（pre 前に + rog 求める）　　名 特権

□ **prestige** [prestí:ʒ]　　（pre 前に + stig 結ぶ）　　名 信望
　　形 prestigious [prestí:dʒəs]　　高名な

□ **predispose** [prìdispóuz]（pre 前に + dispose 処分する）　動 する気にさせる
　　名 predisposition [prìdispəzíʃən]　　傾向、性質

□ **preempt** [priémpt]　　（pre 前に + empt 買う）　　動 先買権を独占する

□ **prefabricate** [prìfǽbrikeit]（pre 前に + fabric 建てる）　動 前もって製造する

□ **preface** [préfəs]　　（pre 前に + fac 話す）　　名 序文

□ **pregnant** [prégnənt]　　（pre 前に + gna 生まれた）　　形 妊娠した、重要な

□ **premeditated** [priméditèitəd]　（pre 前に + meditate 熟慮する）　形 計画的な

□ **preannounce** [prìənáuns]（pre 前に + announce 発表する）　動 予告する

□ **preclude** [priklú:d]　　（pre 前に + clude 閉じる）　　動 妨げる

□ **premature** [prì:mət(j)úər]（pre 前に + mature 成熟した）　形 時期尚早の

□ **preposition** [prèpəzíʃən]　　（pre 前に + pos 置く）　　名 前置詞

語彙・文法問題 I　同じ接頭語を持つ単語 317 語の攻略

187

UNIT 10　接頭語　pro

CD2 19-20

（= forward：前へ、forth：前へ、out：外へ、instead of：代わりに、in comparison with：と比べて）

□ **provocative** [prəvákətiv]　（pro 前へ + voc 呼ぶ）　　形 挑発的な
　　動 provoke [prəvóuk]　挑発する
□ **protect** [prətékt]　　　　（pro 前へ + tect 覆う）　　動 保護する
　　名 protection [prətékʃən]　保護
□ **protest** [prətést]　　　　（pro 前へ + test 証言する）　動 抗議する
　　名 protestant [prátistənt]　プロテスタント
□ **progress** [prágres]　　　（pro 前へ + gress 進む）　　名 進歩
　　形 progressive [prəgrésiv]　進歩的な
□ **promote** [prəmóut]　　　（pro 前へ + mote 動かす）　動 昇進させる
　　名 promotion [prəmóuʃən]　昇進

[1] His **provocative** remarks angered his superior.
（彼の挑発的な言葉が彼の上司を怒らせた）

[2] Millions of dollars are spent annually to **protect** America's shores from the relentless oceans.
（情け容赦なく荒れ狂う海からアメリカの海岸を保護するために、毎年何百万ドルが費やされている）

[3] The families of the victims **protested** to the bus company over the accident.
（被害者の遺族はその事故のことでバス会社に抗議をした）

[4] He didn't seem to make any **progress** in French although he had lived for about three years in Paris.
（彼はパリに約3年も住んでいたが、フランス語はまったく進歩していないようだった）

[5] Mr. Yabe has been **promoted** to the sales manager of the Osaka branch.
（矢部氏は大阪支社の営業部長に栄転されました）

語彙・文法問題1　同じ接頭語を持つ単語317語の攻略

✔ 覚えておきたい重要関連語

☐ **proclaim** [proukléim]　　（pro 外へ + claim 要求する）　　動 宣言する

☐ **procreate** [próukrièit]　　（pro 前へ + create 作り出す）　　動 (子を) 産む
　　名 procreation [pròukriéiʃən]　子を生むこと

☐ **profane** [prəféin]　　（pro 前へ + fane 寺）　　形 卑俗な

☐ **profess** [prəfés]　　（pro 外へ + fess 認める）　　動 宣言する

☐ **profound** [prəfáund]　　（pro 前へ + found 底）　　形 深遠な
　　同 deep [díːp]　深い

☐ **profuse** [prəfjúːs]　　（pro 前へ + fuse 注ぐ）　　形 豊富な
　　名 profusion [prəfjúːʒən]　おびただしい量

☐ **progeny** [prádʒəni]　　（pro 前に + gen 種）　　名 継承者

☐ **prognostic** [prɑɡnástic]　　（pro 前に + gnos 知る）　　形 前兆となる
　　名 prognosis [prɑɡnóusəs]　予兆

☐ **program** [próuɡræm]　　（pro 前に + gram 書く）　　名 計画、予定

☐ **prohibit** [prouhíbət]　　（pro 前に + hibit 持つ）　　動 禁じる
　　同 動 inhibit [inhíbət]　禁止する

☐ **prologue** [próulɔ(ː)ɡ]　　（pro 前に + logu 言葉）　　名 序幕

☐ **prolong** [prəlɔ́(ː)ŋ]　　（pro 前へ + long 長い）　　動 延期する

☐ **prominent** [prámɪnənt]　　（pro 前へ + min 突き出た）　　形 目立った
　　同 形 outstanding [àutstǽndiŋ]　目立った

☐ **pronoun** [próunaun]　　（pro 代わりに + noun 名詞）　　名 代名詞

☐ **proportion** [prəpɔ́ːrʃən]　　（pro と比べて + port 分ける）　　名 割合
　　同 名 ratio [réiʃou]

☐ **prosecute** [prásəkjùːt]　　（pro 前に + secu 従う）　　動 告訴する
　　名 prosecution [pràsəkjúːʃən]　告訴

☐ **prostitute** [prástit(j)ùːt]　　（pro 前に + stit 立つ）　　名 売春婦

☐ **protrude** [prətrúːd]　　（pro 前へ + trude 突き出る）　　動 突き出る
　　名 protrusion [prətrúːʒən]　突起

語彙・文法問題Ⅰ　同じ接頭語を持つ単語317語の攻略

UNIT 11　接頭語　re

CD2 21-22

（＝ again：再び、back　後ろへ、away　離れて）

□ **remind** [rimáind]　　　（re 再び + mind 心）　　　動 思い出させる
　　名 reminder [rimáindər]　催促状

□ **representative** [rèprizéntətiv]（re 再び + present 配置する）　名 代表者
　　動 represent [rèprizént]　意味する

□ **remove** [rimú:v]　　　（re 離れて + move 動かす）　　動 取り除く
　　名 removal [rimú:vl]　除去、移動

□ **reputation** [rèpjətéiʃən]　（re 再び + pute 考える）　　名 評判
　　動 repute [ripjú:t]　評する、見なす

□ **replace** [ripléis]　　　（re 後ろへ + place 置く）　　動 取って代わる
　　名 replacement [ripléismənt]　代用品

---

[1] This is just to **remind** you that your payment is overdue.
（これは、お支払いの期限が過ぎていることをお知らせするためのものです）

[2] The House of Representatives consists of a total of 435 **representatives**.
（下院は総勢435人の議員から構成されている）

[3] There's a stain on this white shirt that doesn't seem to be easy to **remove**.
（この白いシャツにしみが付いているんだけど、簡単に取れそうにないですね）

[4] The author's new novel has such a good **reputation** that it is always sold out at bookstores.
（その作家の新しい小説は非常に評判がいいので、書店ではいつも売り切れです）

[5] You need to **replace** these old parts with new ones, if you still want to use this old photocopier.
（この古いコピー機をまだ使いたいならば、これらの古い部品を新しい部品と取り換える必要があります）

190

✏️ 覚えておきたい重要関連語

□ **recall** [rikɔ́ːl]　　(re 後ろへ + call 呼ぶ)　　🔲 思い出す
　同 🔲 recollect [rèkəlékt]

□ **reproduce** [rìːprəd(j)úːs]　(re 再び + produce 生み出す)　🔲 複製する
　名 reproduction [rìːprədʌ́kʃən]　再生

□ **regain** [rigéin]　　(re 後ろへ + gain 獲得する)　🔲 取り戻す、回復する
　同 🔲 recover [rikʌ́vər]　回復する

□ **remote** [rimóut]　　(re 後ろへ + mote 動く)　　形 遠く離れた

□ **rebel** [rébl]　　　(re 再び + bel 戦争)　　名 反逆者
　名 rebellion [ribéljən]　謀反

□ **recommend** [rèkəménd]　(re 再び + commend 賞賛する)　🔲 推薦する

□ **reconcile** [rékənsàil]　(re 再び + concil 呼び集める)　🔲 調停する

□ **redeem** [ridíːm]　　(re 再び + deem 買う)　　🔲 取り戻す
　形 redeemable [ridíːməbl]　買い戻せる

□ **reflect** [riflékt]　　(re 後ろへ + flect 曲げる)　🔲 反射する
　名 reflection [riflékʃən]　反射

□ **refrain** [rifréin]　　(re 後ろへ + frain 手綱)　🔲 抑制する

□ **regard** [rigάːrd]　　(re 再び + gard 見る)　　🔲 見なす

□ **rely** [rilái]　　　(re 後ろへ + ly 結ぶ)　　🔲 頼る
　形 reliable [riláiəbl]　頼れる

□ **renown** [rináun]　　(re 再び + nown 名前)　　名 名声
　同 名 fame [féim]

□ **resent** [rizént]　　(re 再び + sent 感じる)　　🔲 憤慨する
　名 resentment [rizéntmənt]　憤慨

□ **resign** [rizáin]　　(re 後ろへ + sign 印を付ける)　🔲 辞職する
　名 resignation [rèzignéiʃən]　辞職

□ **resolve** [rizάlv]　　(re 後ろへ + solve 解く)　🔲 決心させる
　名 resolution [rèzəlúːʃən]　決心

□ **restrict** [ristríkt]　　(re 後ろへ + strict 押す)　🔲 制限する
　名 restriction [ristríkʃən]　制限

□ **retail** [ríːteil]　　(re 再び + tail 切る)　　名 小売り
　表 名 wholesale [hóulsèil]　卸し

□ **retrieve** [ritríːv]　　(re 後ろへ + trieve 見つける)　🔲 取り戻す

UNIT 12　接頭語　sub (suc, suf, sug, sup)

CD2 23-24

（= under：下に、near：近くに）

□ **suburb** [sʌ́bəːrb]　　　（sub 近くに + urb 都市）　　图 郊外
　　形 suburban [səbə́ːrbn]　郊外の

□ **substantial** [səbstǽnʃl]　（sub 下に + stant 立つ）　　形 相当な、多大な

□ **suspend** [səspénd]　　　（sus 下に + pend ぶら下がる）　動 つるす、浮遊させる
　　图 suspense [səspéns]　停止、不安

□ **subway** [sʌ́bwèi]　　　（sub 下に + way 道）　　　 图 地下鉄

□ **suggest** [sʌgdʒést]　　　（sug 下に + gest 運ぶ）　　 動 提案する、ほのめかす
　　图 suggestion [səgdʒéstʃən]　提案

---

[1] My aunt, who lives in the **suburbs** of New York, runs two Japanese restaurants in Manhattan.
（私のおばは、ニューヨークの郊外に住んでいますが、マンハッタンで日本料理店を2軒経営しています）

[2] We are ready to offer a **substantial** discount if you order 5,000 or more.
（5千以上注文されると、かなりの割引きを提示する準備がございます）

[3] The blue of the sea is caused by the scattering of sunlight by tiny particles **suspended** in the water.
（海の青色は水の中に漂っている微粒子により日光が拡散することによって引き起こされる）

[4] Where should I transfer to the **subway** to get to the botanical garden?
（植物園に行くためには、どこで地下鉄に乗り換えなければなりませんか）

[5] Will you **suggest** how to settle the problem?
（この問題をどのように解決したらよいか提案していただけますか）

✔ 覚えておきたい重要関連語

□ **subterranean** [sÀbtəréiniən]（sub 下に + terra 地面） 形 地下の
　同 形 underground [ʌ́ndərgràund] 地下の

□ **submarine** [sʌ́bmərìːn]（sub 下に + marine 海の） 名 潜水艦

□ **subordinate** [səbɔ́ːrdənət]（sub 下に + ordin 等級） 形 下位の　名 部下

□ **subconscious** [səbkʌ́nʃəs]（sub 下に + conscious 意識のある） 形 潜在意識の

□ **subdivide** [sə̀bdiváid]（sub 下に + divide 分割する） 動 細分化する
　名 subdivision [sʌ́bdiví3ən] 細分化

□ **submerge** [səbmə́ːrdʒ]（sub 下に + merge 浸す） 動 水中に沈める
　同 動 submerse [səbmə́ːrs] 沈める

□ **subside** [səbsáid]（sub 下に + side 座る） 動 沈下する、静まる

□ **subcommittee** [sʌ́bkəmìti]（sub 下に + committee 委員会） 名 小委員会

□ **subtropical** [sə̀btrúpikl]（sub 下に + tropical 熱帯の） 形 亜熱帯の

□ **sublease** [sʌ́blìːs]（sub 下に + lease 貸す） 名 転貸、また貸し

□ **sublime** [səbláim]（sub 下に + lime 高い） 形 気高い

□ **subdue** [səbd(j)úː]（sub 下に + due 導く） 動 征服する

□ **subsequent** [sʌ́bsəkwənt]（sub 下に + sequent 従う） 形 その後の
　副 subsequently [sʌ́bsəkwəntli] その後に

□ **subsidize** [sʌ́bsədàiz]（sub 下に + sid 座る） 動 補助金を与える
　名 subsidiary [səbsídièri] 補助金

□ **subcontractor** [sÀbkəntrǽktər]（sub 下に + contractor 契約者） 名 下請け契約者

□ **surrogate** [sə́ːrəgèit]（sur 下に + rog 求める） 名 代理人

□ **suffocate** [sʌ́fəkèit]（suf 下に + foca 喉） 動 窒息させる

語彙・文法問題Ⅰ　同じ接頭語を持つ単語317語の攻略

193

UNIT 13　接頭語　trans

CD2 25-26

（＝ over：越えて、through：貫いて、across：横切って）

□ **transaction** [trænsǽkʃən]　（trans貫いて + act行動する）　名 取引
　　動 transact [trænsǽkt]　（交渉などを）行う

□ **translate** [trænsleit]　（trans越えて + late運ぶ）　動 翻訳する
　　名 translation [trænsléiʃən]　翻訳

□ **transparent** [trænspǽrənt]　（trans横切って + pare現われる）　形 透明な
　　反 形 opaque [oupéik]　不透明な

□ **transfusion** [trænsfjúːʒən]　（trans横切って + fuse注ぐ）　名 輸血
　　動 transfuse [trænsfjúːz]　輸血する

□ **transcend** [trænsénd]　（trans越えて + cend登る）　動 越える
　　形 transcendent [trænséndənt]　超越した

---

[1] The GNP cannot cover non-monetary **transactions** such as barter,
subsistence agriculture, housework and voluntary community work.
（GNPには物々交換、自給農業、家事、地域社会のボランティア活動
のような非金銭的な取引は含まれない）

[2] It took me a long time to **translate** a few Japanese sentences into
French.
（幾つかの日本語の文をフランス語に訳すのに長時間かかりました）

[3] The walls of the seafood restaurant are made of **transparent** glass.
（そのシーフードレストランの壁は透明のガラスでできている）

[4] The man was infected with the virus through **transfusion**.
（その男性は、輸血を通してそのウイルスに感染した）

[5] The spectacular scenery of the Grand Canyon **transcends** description.
（グランドキャニオンの雄大な景色は筆舌に尽くしがたいものがある）

語彙・文法問題Ⅰ　同じ接頭語を持つ単語317語の攻略

✅ 覚えておきたい重要関連語

□ **transect** [trænsékt]　(trans 横切って + sect 切る)　動 切開する

□ **transfigure** [trænsfígjər]　(trans 横切って + figure 姿)　動 (形を)変える

　　同 動 transform [trænsfɔ́ːrm]　(外見などを)変える

□ **transfix** [trænsfíks]　(trans 貫いて + fix 固定する)　動 突き刺す

□ **transgress** [trænsgrés]　(trans 横切って + gress 進む)　動 逸脱する

　　名 transgression [trænsgréʃən]　逸脱

□ **transient** [trǽnziənt]　(trans 横切って + sie 行く)　形 はかない

　　同 形 temporary [témpərèri]　一時的な

□ **transit** [trǽnsət]　(trans 横切って + sit 行く)　名 通過

□ **transliterate**　(trans 横切って + litera 文字)　動 他国語に書き直す
　[trænslítərèit]

□ **translocate**　(trans 横切って + loca 場所)　動 移動させる
　[trænsloukèit]

□ **translucent** [trænslúːsnt]　(trans 貫いて + lucent 透明な)　形 半透明の

□ **transmarine**　(trans 横切って + marine 海の)　形 海外からの
　[trænsməríːn]

□ **transmigrant**　(trans 横切って + migr 動く)　名 移民
　[trænsmáigrənt]

　　同 名 immigrant [ímigrənt]　移民

□ **transmute** [trænsmjúːt]　(trans 横切って + mute 変化)　動 変形させる

□ **transnational**　(trans 横切って + national 国家の)　形 国境を越えた
　[trænsnǽʃənl]

□ **transpacific**　(trans 横切って + pacific 太平洋)　形 太平洋を横切る
　[trænspəsífik]

□ **transpire** [trænspáiər]　(trans 横切って + pire 呼吸する)　動 起こる、排出する

□ **transplant** [trænsplǽnt]　(trans 横切って + plant 植える)　動 移植する

　　名 transplantation [trænsplæntéiʃən]　移植

語彙・文法問題Ⅰ　同じ接頭語を持つ単語317語の攻略

REVIEW TEST
...1

1. Some American firms have _____ well to the new environment.
   - (A) allowed
   - (B) appointed
   - (C) adapted
   - (D) added

2. _____ protects the freedom of the individual by ensuring that there is no monopoly of power.
   - (A) Competition
   - (B) Conservation
   - (C) Consequence
   - (D) Compromise

3. We should conduct market research in Singapore before we _____ to export our products there.
   - (A) decrease
   - (B) detect
   - (C) decide
   - (D) despise

4. Unfortunately we cannot guarantee the date of _____.
   - (A) decay
   - (B) declare
   - (C) detail
   - (D) delivery

5. If you have already completed adjustments, please _____ this notice.
   - (A) disregard
   - (B) dissolve
   - (C) discord
   - (D) discard

正解 1.（C） 2.（A） 3.（C） 4.（D） 5.（A）

1. アメリカの会社には、新しい環境にうまく順応してきたものもある。
2. 競争とは、確実に権力の独占が起こらないよう保証することによって個人の自由を保護するものである
3. 製品の輸出を決定する前に、シンガポールの市場調査を実施すべきです。
4. 残念ながら、納期はお約束しかねます。
5. もし清算がお済みならば、このお知らせは無視してください。

参照 ➡ 1.（U1-2） 2.（U2-5） 3.（U3-1） 4.（U3-4） 5.（U4-2）

REVIEW TEST
...2

6. The president seems to be convinced that the Japanese management style
   _____ in every sphere.
   (A) excels   (B) explodes
   (C) exclaims   (D) exerts

7. The most important _____ on the outcome of the harvest was the
   weather.
   (A) involve   (B) invest
   (C) inherit   (D) influence

8. You'd better _____ the traffic regulations if you don't want to have
   your driver's license suspended again.
   (A) oblige   (B) observe
   (C) oblong   (D) oppress

9. I tried to _____ him to join our new research team, but in vain.
   (A) persuade   (B) persecute
   (C) permeate   (D) perturb

10. How long have these eggs been _____ in the refrigerator?
    (A) prepared   (B) preserved
    (C) prevailed   (D) prevented

語彙・文法問題Ⅰ　同じ接頭語を持つ単語317語の攻略

正解　6. (A)　7. (D)　8. (B)　9. (A)　10. (B)

6. 社長は、日本式経営があらゆる点で優れていると確信しているようだ。
7. 収穫高に及ぼす最も重要な影響は天候だった。
8. もう一度免停になりたくなければ、交通規則は守った方がいいよ。
9. 新しい研究チームに参加するよう彼を説得しようとしたが無駄だった。
10. この卵は、どれぐらいの期間冷蔵庫で保存されていますか。

参照➡ 6. (U5-3)　7. (U6-1)　8. (U7-3)　9. (U8-3)　10. (U9-3)

197

REVIEW TEST
...3

11. Millions of dollars are spent annually to _____ America's shores from the relentless oceans.

　(A) protect　　(B) prosecute　　(C) promote　　(D) profess

12. This is just to _____ you that your payment is overdue.

　(A) reconcile　　　　　　(B) resolve
　(C) resent　　　　　　　(D) remind

13. There's a stain on this white shirt that doesn't seem to be easy to _____.

　(A) rely　　　　　　　　(B) remove
　(C) refrain　　　　　　　(D) regard

14. The blue of the sea is caused by the scattering of sunlight by tiny particles _____ in the water.

　(A) suggested　　　　　　(B) subsided
　(C) suspended　　　　　　(D) subdued

15. The spectacular scenery of Grand Canyon _____ description.

　(A) transacts　　　　　　(B) transcends
　(C) translates　　　　　　(D) transfixes

正解　11. (A)　12. (D)　13. (B)　14. (C)　15. (B)

11. 情け容赦なく荒れ狂う海からアメリカの海岸を保護するために、毎年何百万ドルが費やされている。
12. これは、お支払いの期限が過ぎていることをお知らせするためのものです。
13. この白いシャツにしみが付いているんだけど、簡単に取れそうにないですね。
14. 海の青色は水中に漂っている微粒子により日光が拡散することによって引き起こされる。
15. グランドキャニオンの雄大な景色は筆舌に尽くしがたいものがある。

参照⊃　11. (U10-2)　12. (U11-1)　13. (U11-3)　14. (U12-3)　15. (U13-5)

語彙・文法問題 II　同じ語幹を持つ単語

… UNIT 学習チェック一覧 …

- [ ] 1　ced, ceed, cess
- [ ] 2　ceiv, cept, cip
- [ ] 3　clud, clus, clos
- [ ] 4　cur
- [ ] 5　duc, duct
- [ ] 6　fac, fic, fact, fect
- [ ] 7　fer
- [ ] 8　form
- [ ] 9　ject
- [ ] 10　mit, mis
- [ ] 11　nounce
- [ ] 12　pel, puls
- [ ] 13　ple, pli, ply
- [ ] 14　plex, plic, ply
- [ ] 15　pon, pos, posit
- [ ] 16　port
- [ ] 17　quest, quir
- [ ] 18　rupt
- [ ] 19　scribe, script
- [ ] 20　sist (ist)
- [ ] 21　spec, spic, spect
- [ ] 22　struct
- [ ] 23　sult
- [ ] 24　sume
- [ ] 25　tain, ten, tent, tin
- [ ] 26　tend, tens, tent
- [ ] 27　tract
- [ ] 28　tribute
- [ ] 29　vent
- [ ] 30　vid, vis, vic

UNIT 1 語幹 ced, ceed, cess

CD2 27

(= go：行く)

□ **access** [ǽkses]　　　　　(ac ～へ)　　　　　　　　動 アクセスする
　　图 接近、出入り、近づく手段
　　形 accessible [æksésəbl]　近づきやすい、出入りのできる、得やすい

□ **precedent** [présidənt]　　(pre 前に)　　　　　　图 先例、判例
　　動 precede [prisíːd]　先に来る

□ **process** [prάːses]　　　　(pro 前へ)　　　　　　图 過程　動 処理する
　　图 procedure [prəsíːdʒər]　手続き　動 proceed [prəsíːd]　進む

□ **recession** [riséʃən]　　　(re 後ろへ)　　　　　　图 景気の後退
　　图 recess [ríːses]　休暇　動 recede [risíːd]　退く

□ **succeed** [səksíːd]　　　　(suc の下に)　　　　　　動 成功する
　　图 success [səksés]　成功　形 successful [səksésfl]　成功した
　　表 形 successive [səksésiv]　相次ぐ　图 successor [səksésər]　後継者

[1] I have **accessed** your web site and am very interested in your new
computer model.（ホームページにアクセスし、御社の新しいコンピューターにとても興味を持ちました）

[2] A court must follow the **precedent** of a higher court's previous decision.
（法廷は高等裁判所の以前の決断による前例に従わなければならない）

[3] Short-term memory is the **process** by which we remember recent events.
（短期記憶とは、最近の出来事を記憶しておく過程のことである）

[4] The nation's economy is now falling into **recession**.
（その国の景気はピークを過ぎ、今や後退に入りつつある）

[5] The surgical team **succeeded** in restoring the patient's heartbeat.
（その外科チームは患者の心臓の鼓動を回復させることに成功した）

✐ 覚えておきたい重要関連語

□ **antecedent** [æntisíːdnt]　　(ante ～以前)　　　　形 先行の、仮定の
□ **concede** [kənsíːd]　　　　　(con 一緒に)　　　　動 認める、譲歩する
　　图 concession [kənséʃən]　譲歩、譲与物
□ **exceed** [iksíːd]　　　　　　(ex 外へ)　　　　　動 (限度、程度を)越える
　　图 excess [iksés]　過剰　形 excessive [iksésiv]　過度の
□ **unprecedented** [ʌnprésidəntəd]　(un ～でない／pre 前に)　　形 前例がない

語彙・文法問題Ⅱ　同じ語幹を持つ単語246語の攻略

200

UNIT 2　語幹　ceiv, cept, cip

（= take：取る、hold：つかむ）

- □ **accept** [əksépt]　　　　　（ac ～へ）　　　　　　　動 受け取る
  - 名 acceptance [əkséptəns]　受け入れ
- □ **deceive** [disí:v]　　　　　（de 離れて）　　　　　　動 だます
  - 名 deception [disépʃən]　欺くこと
- □ **except** [iksépt]　　　　　（ex 外へ）　　　　　　　前 ～を除いて
  - 名 exception [iksépʃən]　例外　形 exceptional [iksépʃənl]　例外の
- □ **perceive** [pərsí:v]　　　　（per 完全に）　　　　　　動 気づく、捉える
  - 名 perception [pərsépʃən]　知覚　形 perceptible [pərséptəbl]　感知できる
- □ **receive** [risí:v]　　　　　（re 後ろへ）　　　　　　動 受け取る
  - 名 reception [risépʃən]　受け入れること

[1] I'm afraid I can't **accept** your counter offer requesting a reduction in price.（値引きを要求するカウンターオファーは残念ながら受け入れることはできません）

[2] My father was **deceived** into buying a lemon.
（父はだまされて欠陥車を買わされた）

[3] All the students handed in their reports by the due date **except** me.
（私以外の学生全員が期日までにレポートを提出した）

[4] We should **perceive** obesity as a serious health problem.
（われわれは肥満を深刻な健康上の問題と考えるべきだ）

[5] Our new products seem to be well **received** in the market, don't they?（われわれの新製品は市場でよく受けているようですね）

✓ 覚えておきたい重要関連語

- □ **anticipate** [æntísəpèit]　（anti ～以前）　　　　動 予想する
- □ **conceive** [kənsí:v]　　　　（con 一緒に）　　　　　動 想像する
  - 形 conceivable [kənsí:vəbl]　考えられる　名 concept [kánsept]　概念
  - 名 conception [kənsépʃən]　概念
- □ **intercept** [intərsépt]　　　（inter 間に）　　　　　動 横取りする
- □ **participate** [pɑːrtísəpèit]　（parti 部分）　　　　　動 参加する

語彙・文法問題Ⅱ　同じ語幹を持つ単語246語の攻略

201

UNIT 3　語幹　clud, clus, clos

CD2
29

（＝ close, shut：閉める、閉じる）

☐ **conclude** [kənklú:d]　　（con 完全に）　　　　　動 結論を下す
　　名 conclusion [kənklú:ʒən]　結論　　形 conclusive [kənklú:siv]　最終的な
☐ **disclose** [disklóuz]　　（dis 外れた）　　　　　動 明らかにする
　　名 disclosure [disklóuʒər]　暴露
☐ **exclude** [iksklú:d]　　（ex 外へ）　　　　　　動 締め出す
　　名 exclusion [iksklú:ʒən]　除外、排除　　形 exclusive [iksklú:siv]　排他的な
☐ **include** [inklú:d]　　（in 中に）　　　　　　動 含む
　　名 inclusion [inklú:ʒən]　包含、含有物　　形 inclusive [inklú:siv]　含めて
☐ **preclude** [priklú:d]　　（pre 前に）　　　　　動 妨害する

[1] The president **concluded** his speech with a smile on his face.
（大統領は顔に笑みをたたえてスピーチを締めくくった）
[2] George is the last person to **disclose** such an important secret to others.
（ジョージはそんなに重要な秘密を他人に暴露するような人間ではない）
[3] Some fringe benefits may be **excluded** from the employee's gross income. （諸手当の中には総収入から除外されるものもあるかもしれない）
[4] The order that I placed in June **included** two items that I did not request.
（私が6月にした注文には、注文外の品物が2つ含まれていた）
[5] What factors do you think have **precluded** our company from developing a new product?
（私たちの会社の新製品開発を阻む要素は何だと思いますか）

覚えておきたい重要関連語

☐ **close** [klóuz]　　　　　　　　　　　　　動 閉じる
　　副 closely [klóusli]　密接に
☐ **enclose** [enklóuz]　　（en 中に）　　　　動 囲む、同封する
☐ **seclude** [siklú:d]　　（se 離れて）　　　　動 引き離す
　　名 seclusion [siklú:ʒən]　隔離

202

UNIT 4　語幹　cur

CD2 30

（= run：走る、駆ける、急ぐ）

□ **concur** [kənkə́:*r*]　　　（con 一緒に）　　　　 動 一致する
　　图 concurrence [kənkə́:rəns]　意見の一致
　　形 concurrent [kənkə́:rənt]　同時に起こる
□ **current** [kə́:rənt]　　　　　　　　　　　　 形 現在の　　图 潮流
□ **incur** [inkə́:*r*]　　　　　（in 中に）　　　　 動 （危険など）招く
　　图 incurrence [inkə́:rens]　（損害などを）受けること
□ **occur** [əkə́:*r*]　　　　　（oc ～の方へ）　　 動 起こる
　　图 occurrence [əkə́:rəns]　発生
□ **recurrence** [rikə́:rəns]　（re 後ろへ）　　　 图 再発
　　動 recur [rikə́:*r*]　再発する　　形 recurrent [rikə́:rənt]　再発する

---

[1] After the three-day meeting, we all **concurred** on this point.
（3日間の会議の後、われわれはこの点に関して意見が一致した）

[2] We would like you to permit us to change the **current** payment terms.
（現在の支払い条件の変更を許可していただきたいと思います）

[3] What should we do in order not to **incur** large losses?
（多額の損失を被らないために何をすべきでしょうか）

[4] A breach of warranty **occurs** when the promise is broken, i.e., a product is defective or not as should be expected by a reasonable buyer.（約束が破棄されたとき、すなわち製品に欠陥があったり、適正なバイヤーの期待に沿うものでなかったりしたときには、保証不履行が発生する）

[5] There was a **recurrence** of the problem after the cataract operation.
（白内障の手術をした後、問題が再発した）

✒ 覚えておきたい重要関連語

□ **currency** [kə́:rənsi]　　　　　　　　　 图 通貨
□ **curriculum** [kəríkjələm]　　　　　　　 图 カリキュラム
　　形 curricular [kəríkjələ*r*]　教科課程の

203

語彙・文法問題Ⅱ　同じ語幹を持つ単語246語の攻略

UNIT 5　語幹　duc, duct

CD2 31

（= draw, lead ; 引く、導く）

□ **conduct** [kəndʌ́kt]　　（con 一緒に）　　　　　動 振る舞う、運営する
　　名 [kándʌkt] 振る舞い、品行　名 conductor [kəndʌ́ktər] 指揮者
□ **education** [èdʒəkéiʃən]　（e〜から）　　　　　名 教育
　　形 educational [èdʒəkéiʃənl] 教育的な　動 educate [édʒəkèit] 教育する
□ **introduce** [intrəd(j)úːs]　（intro 中へ）　　　　動 紹介する
　　名 introduction [intrədʌ́kʃən] 紹介、序文
□ **product** [prádəkt]　　（pro 前に）　　　　　　名 製品
　　動 produce [prəd(j)úːs] 製造する、生産する
　　名 production [prədʌ́kʃən] 生産　名 productivity [pròudʌktívəti] 生産性
□ **reduce** [rid(j)úːs]　　（re 後ろへ）　　　　　動 少なくする
　　名 reduction [ridʌ́kʃən] 減少、削減

---

[1] We **conducted** market research to find out what consumers want.
　（消費者が何を求めているかを探るためマーケットリサーチを実施した）

[2] **Education** is one of most important factors in analyzing market segments.
　（市場の細分化を分析する上で、教育は最も重要な要素の1つである）

[3] Compulsory education was **introduced** earliest in Protestant countries.
　（義務教育はプロテスタントの国で最も早く導入された）

[4] We are pleased to send some samples of our new **products**.
　（わが社の新製品のサンプルを喜んで送らせていただきます）

[5] What measures has the government taken to **reduce** poverty?
　（貧困を減らすために政府はどのような措置を講じてきましたか）

✔ 覚えておきたい重要関連語

□ **abduct** [æbdʌ́kt]　　　（ad 〜へ）　　　　動 誘拐する
□ **deduce** [did(j)úːs]　　（de 〜から）　　　動 （結論）を引き出す
□ **deduct** [didʌ́kt]　　　（de 〜から）　　　動 控除する
□ **induce** [ind(j)úːs]　　（in 中に）　　　　動 勧めて〜させる
□ **seduce** [sid(j)úːs]　　（se 離れて）　　　動 誘惑する
　　同 動 tempt [témpt]

語彙・文法問題Ⅱ　同じ語幹を持つ単語246語の攻略

204

UNIT 6　語幹　fac, fic, fact, fect

（＝ do, make ； する、作る）

□ **affect** [əfékt]　　　　（af 〜へ）　　　　　　動 影響を及ぼす
　同 influence [ínfluəns]　名 affection [əfǽkʃən]　愛情

□ **effective** [iféktiv]　　（ef 外へ）　　　　　　形 効果的な
　名 effect [ifékt]　効果　名 efficiency [ifíʃənsi]　能率
　形 efficient [ifíʃənt]　能率的な

□ **official** [əfíʃl]　　　　（of 〜へ）　　　名 役人　形 公式の
　名 office [áfəs]　事務所

□ **perfect** [pə́ːrfikt]　　（per 完全に）　　　　　形 完全な
　同 flawless [flɔ́ːləs]　名 perfection [pərfékʃən]　完成、完全

□ **proficient** [prəfíʃənt]　（pro 前へ）　　　　　形 熟練した

---

[1] The emphasis on the individual sometimes **affects** children in a negative way.（個人の重視は、時に子供にマイナスの影響を与える）

[2] The TV commercial is generally considered the most **effective** mass-market advertising format.（テレビコマーシャルは、一般的に最も効果的な大量販売の宣伝形態だと考えられている）

[3] My father is a government **official**.（私の父は政府の役人です）

[4] The hero is always flawed, for there are no **perfect** humans.（英雄にも必ず欠点がある。だから完璧な人間なんていない）

[5] His brother Jim is **proficient** in oil painting.（彼の弟のジムは油絵にたけています）

✒ 覚えておきたい重要関連語

□ **beneficial** [bènəfíʃl]　（bene 良い）　　　　形 有益な
　名 benefit [bénəfit]　利益

□ **defect** [díːfekt]　　　（de 下に）　　　　　　名 欠点
　形 defective [diféktiv]　欠陥のある

□ **deficiency** [difíʃənsi]　　　　　　　　　　　名 欠乏
　形 deficient [difíʃənt]　不足した

□ **fact** [fǽkt]　　　　　　　　　　　　　　　　名 事実

□ **infection** [infékʃən]　（in 中に）　　　　　　名 感染
　形 infectious [infékʃəs]　伝染性の　動 infect [infékt]　感染させる

□ **sufficient** [səfíʃənt]　（suf 下に）　　　　　形 十分な

語彙・文法問題Ⅱ　同じ語幹を持つ単語246語の攻略

UNIT 7　語幹　fer

CD2 33

（= carry, bear；運ぶ、耐える）

□ **different** [dífərənt]　　（dif 離れて）　　形 さまざまの
　　動 differ [dífər]　異なる　　名 difference [dífərəns]　相違
□ **offer** [ɔ́(:)fər]　　（of 〜へ）　　名 申し出　動 申し出る
□ **prefer** [prifə́:r]　　（pre 前に）　　動 〜の方を好む
　　形 preferable [préfərəbl]　好ましい　名 preference [préfərəns]　好み
□ **refer** [rifə́:r]　　（re 後ろへ）　　動 言及する、参照する
　　名 reference [réfərəns]　参照
□ **suffer** [sʌ́fər]　　（suf 下に）　　動 （苦痛などを）受ける
　　名 suffering [sʌ́fəriŋ]　苦労
□ **transfer** [trænsfə́:r]　　（trans 越えて）　　動 移す、転勤させる

[1] Banks allow borrowers and lenders of **different** sizes to coordinate their activity. （銀行のおかげで、さまざまな規模の借り手と貸し手が活動の調整をすることができる）

[2] Why did you turn down his **offer** to help?
（なぜ彼の援助の申し出を断わったんですか）

[3] How do you **prefer to** spend your leisure time?
（あなたは余暇をどのように過ごすのが好きですか）

[4] If you need further information, you had better **refer** to an encyclopedia.
（さらに情報が必要ならば百科事典を参照した方がよいでしょう）

[5] The smokers **suffer** from diseases caused by cigarettes.
（喫煙者たちはたばこが原因で起こる病気にかかっている）

[6] Mr. Chang is going to be **transferred** to the New York office next month. （チェンさんは来月ニューヨーク支社に転勤する予定です）

覚えておきたい重要関連語

□ **confer** [kənfə́:r]　　（con 一緒に）　　動 相談する
　　名 conference [kánfərəns]　会議
□ **infer** [infə́:r]　　（in 中に）　　動 推論する
　　名 inference [ínfərəns]　推論
□ **fertile** [fə́:rtl]　　　　　　　　　　　形 （土地が）肥沃な
　　反 形 infertile [infə́:rtl]　やせた

語彙・文法問題Ⅱ　同じ語幹を持つ単語 246 語の攻略

206

UNIT 8　語幹　form

CD2 34

(＝ form, shape：姿、形)

☐ **conform** [kənfɔ́ːrm]　　　(con 一緒に)　　　　　　動 (規則に) 従う
　　图 conformity [kənfɔ́ːrməti]　一致

☐ **inform** [infɔ́ːrm]　　　　　(in 接触して)　　　　　動 知らせる
　　图 information [infərméiʃən]　情報
　　形 informative [infɔ́ːrmətiv]　情報を提供する

☐ **perform** [pərfɔ́ːrm]　　　　(per 完全に)　　　　　動 行う、実行する
　　图 performance [pərfɔ́ːrməns]　実行、上演

☐ **reform** [rifɔ́ːrm]　　　　(re 再び) 動 改善する、改革する　图 改善、改革
　　图 reformation [rèfərméiʃən]　改革　形 reformative [rifɔ́ːrmətiv]　矯正の

☐ **transform** [trænsfɔ́ːrm]　(trans 別の状態へ)　　　動 変形させる、変換する
　　動 transformation [trænsfərméiʃən]　変形、変換

---

[1] You had better **conform** to the standards.
（基準に従う方がよいでしょう）

[2] This is to **inform** you that BJ Enterprise Inc. has decided to employ you as a public relations officer. （BJ社が貴殿を広報担当員としての採用を決定したことをご通知いたします）

[3] A marching band often **performs** during the time between the two halves of a football game. （マーチングバンドはフットボールの試合の前半と後半のハーフの間によく演奏を行う）

[4] I suppose we badly need to **reform** the present promotion system. （われわれは現在の昇進制度をぜひとも改革する必要があると思います）

[5] Data analysis is the act of **transforming** data with the aim of extracting useful information and facilitating conclusions. （データ分析とは、役立つ情報を引き出し、結論を導くことを容易にすることを目的として、データを変換する行為である）

✔ 覚えておきたい重要関連語

☐ **deform** [difɔ́ːrm]　　　　(de 下に)　　　　　　　動 変形させる
　　表 图 form [fɔ́ːrm]　形　formality [fɔːrmǽləti]　形式 (的な行動)

☐ **uniform** [júːnəfɔ̀ːrm]　　(uni 1つの)　　　　　　图 ユニフォーム

語彙・文法問題Ⅱ　同じ語幹を持つ単語246語の攻略

207

UNIT 9　語幹　ject

CD2 35

（＝ throw, cast ：投げる）

□ **dejected** [didʒéktid]　　（de 下に）　　　　　形 落胆した
　同 disappointed [dìsəpɔ́intid]

□ **injection** [indʒékʃən]　　（in 中に）　　　　　名 注入、注射
　動 inject [indʒékt]　注入する

□ **object** [əbdʒékt]　　　　　（ob 反対して）　　　動 反対する
　名 objection [əbdʒékʃən]　反対　objective [əbdʒéktiv] 名　目的
　形 客観的な

□ **project** [prádʒekt]　　　　（pro 前へ）　　　　　名 計画

□ **reject** [ridʒékt]　　　　　（re 後ろへ）　　　　　動 拒否する
　名 rejection [ridʒékʃən]　拒絶

□ **subject** [sʌ́bdʒekt]　　　　（sub 下に）　　　　　名 主題
　形 subjective [səbdʒéktiv]　主観的な

---

[1] Kathy felt **dejected** when she didn't get the job.
（キャシーはその仕事が決まらなかったとき落胆した）

[2] That drug was given not by mouth but by **injection**.
（その薬は口からではなく注射で投入された）

[3] My parents strongly **objected** to my going abroad to study.
（両親は、私が留学することに強く反対した）

[4] Please send me an e-mail with a complete explanation of our next **project**.
（私たちの次のプロジェクトについて完全に説明したものを含めてメールを送ってください）

[5] Our company will definitely **reject** a buyout offer from G&L Industries.
（わが社は断固としてG&L産業の買収の申し出を拒絶するだろう）

[6] We should be careful not to digress from the **subject**.
（主題からそれないように注意しましょう）。

✒ 覚えておきたい重要関連語

□ **adjective** [ǽdʒiktiv]　　　（ad ～へ）　　　　　名 形容詞
□ **eject** [idʒékt]　　　　　　（e 外へ）　　　　　　動 追い出す
□ **interjection** [ìntərdʒékʃən]　（inter 間に）　　　　名 叫び声

UNIT 10　語幹　mit, mis

CD2 36

（= send：送る、throw：投げる）

□ **admit** [ədmít]　　　　　（ad〜へ）　　　　　動 認める
　 名 admission [ədmíʃən]　入学を許すこと　名 admittance [ədmítns]　入学許可

□ **commission** [kəmíʃən]　（com一緒に）　　　名 手数料、委任
　 名 commitment [kəmítmənt]　委託　名 committee [kəmíti]　委員会
　 動 commit [kəmít]　委託する、犯す

□ **promise** [práməs]　　　（pro前へ）　　　　　動 約束する　名 約束

□ **permission** [pərmíʃən]　（per完全に）　　　名 許可
　 動 permit [pərmít]　許す

□ **remittance** [rimítəns]　（re後ろへ）　　　　名 送金
　 動 remit [rimít]　送金する

[1] I am sure that your brother John will be **admitted** to college next time.
（君の弟のジョンは、次回は必ず大学に入学を許可されるでしょう）

[2] I would like you to add two percent on top of the current **commission**
rate.
（現在の手数料に2パーセント上乗せしていただきたいんですが）

[3] I had **promised** to take my wife to the Saturday matinee of a new movie.
（私は新しい映画の土曜のマチネに妻を連れていくことを約束していた）

[4] You are not allowed to use this machine without **permission**.
（許可なしにこの機械を使うことはできません）

[5] Your prompt **remittance** will be very much appreciated.
（すぐに送金いただければ幸いです）

📝 覚えておきたい重要関連語

□ **dismiss** [dismís]　　　　（dis離れて）　　　　動 解雇する（させる）
　 名 dismissal [dismísl]　解雇

□ **emit** [imít]　　　　　　（e外へ）　　　　　　動 発する
　 形 emission [imíʃən]　放射

□ **omit** [oumít]　　　　　（o = ob じゃまになって）　動 省く

□ **submit** [səbmít]　　　　（sub〜下に）　　　　動 服従する、提出する
　 名 submission [səbmíʃən]　服従　形 submissive [səbmísiv]　服従する

□ **transmit** [trænsmít]　　（trans越えて）　　　動 送る、伝える

語彙・文法問題Ⅱ　同じ語幹を持つ単語246語の攻略

209

UNIT 11　語幹　nounce

CD2 37

（= bring news, report：知らせる、告げる）

□ **announce** [ənáuns]　（an ～へ）　　　　　動 発表する
　　名 announcement [ənáunsmənt]　発表
　表 名 announcer [ənáunsər]　アナウンサー

□ **denounce** [dináuns]　（de 完全に）　　　動 （公然と）非難する
　　名 denunciation [dinÀnsiéiʃən]　公然の非難

□ **pronounced** [prənáunst]　（pro 前へ）　　形 際立った
　　動 pronounce [prənáuns]　発音する
　　名 pronunciation [prənÀnsiéiʃən]　発音

□ **renounce** [rináuns]　（re 後ろへ）　　　　動 放棄する
　　名 renunciation [rinÀnsiéiʃən]　放棄

---

[1] We are pleased to **announce** the fund-raising campaign for the new
library has gone very well.
（新しい図書館の資金集め運動が、これまできわめて順調であること
をお知らせします）

[2] You are not in a position to **denounce** other staff members for neglect
of duty.
（君は、他のスタッフが義務を怠っていると非難できる立場にはい
ない）

[3] The most **pronounced** difference between Degas and his colleagues
lies in the former's working methods.
（デガスと彼の仲間の最も際立った違いは前者の実用的方法にある）

[4] You don't have to **renounce** all the rights because you can't meet one
of the requirements.
（必要条件の1つを満たせないからといって、すべての権利を放棄す
る必要はありません）

✔ 覚えておきたい重要関連語

□ **annunciate** [ənÁnsièit]　（an ～へ）　　　動 告知する
□ **denunciate** [dinÁnsièit]　（de 完全に）　　形 公に非難する

語彙・文法問題Ⅱ　同じ語幹を持つ単語246語の攻略

210

UNIT 12 語幹 pel, puls

CD2 38

(= push, drive：押す)

□ **compulsory** [kəmpʌ́lsəri]　　(com一緒に)　　　形 強制的な
　　名 compulsion [kəmpʌ́lʃən]　強制　動 compel [kəmpél]　強要する

□ **expel** [ikspél]　　　　　　　(ex外へ)　　　　　動 追い出す
　　名 expulsion [ikspʌ́lʃən]　追放

□ **impulse** [ímpʌls]　　　　　　(im接触して)　　　名 衝撃、衝動
　　動 impel [impél]　押し進める　形 impulsive [impʌ́lsiv]　衝動的な

□ **propeller** [prəpélər]　　　　(pro前へ)　　　　　名 プロペラ
　　形 propellant [prəpélənt]　推進する　動 propel [prəpél]　推進する

□ **repel** [ripél]　　　　　　　(re後ろへ)　　　　　動 はねつける、追い払う
　　名 repulsion [ripʌ́lʃən]　反発、反感　動 repulse [ripʌ́ls]　はねつける
　　形 repulsive [rpʌ́lsiv]　不快な

---

[1] Japan has **compulsory** education for all people between the ages of 7 and 15.
（日本では、7歳から15歳のすべての人に対して義務教育の制度がある）

[2] The man was **expelled** from the union when he was arrested by the police.
（その男は、警察に逮捕されたとき、その組合から追放された）

[3] I understand your feelings, but you shouldn't act on **impulse**.
（君の気持ちは理解できるが、衝動にかられて行動すべきではない）

[4] Engines and **propellers** are mounted in the wings or in front of the fuselage in most planes.
（エンジンとプロペラは、ほとんどの飛行機の翼か機胴の前に搭載されている）

[5] All the staff members present at the meeting **repelled** my proposal.
（会議に出席していたスタッフは全員私の提案をはねつけた）

✔ 覚えておきたい重要関連語

□ **dispel** [dispél]　　　　　(dis離れて)　　　　　動 追い散らす
□ **pulse** [pʌ́ls]　　　　　　　　　　　　　　　　　名 脈
　　動 pulsate [pʌ́lseit]　脈打つ

語彙・文法問題II　同じ語幹を持つ単語 246語の攻略

211

UNIT 13　語幹　ple, pli, ply

CD2
39

（= fill：満たす）

- □ **complete** [kəmplíːt]　　　（com 一緒に）　　　動 完成させる　形 完全な
  - 名 complement [kámpləmənt]　補足物
- □ **deplete** [diplíːt]　　　　　（de 〜から）　　　　動 減らす
  - 名 depletion [diplíːʃən]　（資力などの）減
- □ **implementation** [ìmpləməntéiʃən]　（im 中に）　　名 遂行
  - 動 implement [ímpləmənt]　（約束などを）遂行する
- □ **replenish** [ripléniʃ]　　　　（re 再び）　　　　動 補充する
- □ **supply** [səplái]　　　　　　（sup 下に）　　　　動 供給する
  - 動 supplement [sápləmənt]　補足する
  - 形 supplementary [sàpləméntəri]　補充の

[1] Most of the work has been **completed**, but there are still some problems to be worked out. （作業のほとんどは終わりましたが、まだいくつか解決しなければならない問題が残っています）

[2] We human beings have been **depleting** natural resources at an alarming rate.
（われわれ人類は、驚くべき速度で天然資源を減らし続けてきた）

[3] Motor vehicle fatalities fell 20 percent immediately following **implementation** of the Road Safety Act.
（道路安全条例が施行された後すぐに自動車の死亡事故が20パーセント減少した）

[4] It takes more than an hour to **replenish** the machine with fuel.
（その容器に燃料を補充するのに1時間以上かかります）

[5] There are some signs of rising **supply** and continued oil price weakness.
（供給が増え、石油の価格が低下する兆候が見られます）

✓ 覚えておきたい重要関連語

- □ **plenty** [plénti]　　　　　　　　　　　　　　　名 豊富
  - 形 plentiful [pléntifl]　豊富な
- □ **compliment** [kámpləmənt]　（com 一緒に）　　名 賛辞
  - 動 comply [kəmplái]　従う

UNIT 14　語幹　plex, plic, ply

CD2 40

(= fold, join：たたむ、重ねる)

□ **apply** [əplái]　　　　　(ap〜へ)　　　　　🔲 適用する、申し込む
　🔲 applicable [ǽplikəbl]　適用できる　🔲 applicant [ǽplikənt]　申込者
　🔲 application [æ̀plikéiʃən]　適用、申込み

□ **complex** [kámpleks/kəmpléks] (com一緒に)　　🔲 複雑な
　🔲 complicated [kámpləkèitəd]

□ **duplicate** [d(j)úːplikət]　(du 2つ)　　　　🔲 複製の
　🔲 [d(j)úːplikèit]　複製する

□ **explicit** [iksplísit]　　　(ex外へ)　　　　🔲 明白な
　🔲 implicit 🔲 [implísit]　暗に含む

□ **reply** [riplái]　　　　　(re後ろへ)　　　　🔲 返事　🔲 返事する

---

[1] Most businesses require those **applying** for a job to submit a resume.
（ほとんどの企業は職を志望する人たちが履歴書を提出するよう要求する）

[2] Mobile phones are becoming more **complex** as more people use them to do more things.
（携帯電話は、より多くの人々がより多くの事をするために利用するにつれて、ますます複雑になりつつある）

[3] Where did you put my **duplicate** key?（僕の合鍵をどこに置いたの）

[4] The section chief's instructions were so **explicit** that we understood them very well.
（課長の指示は非常に明確だったので非常によく理解できました）

[5] We are looking forward to a favorable **reply** from you.
（あなたからの良い返事をお待ちしています）

✒ 覚えておきたい重要関連語

□ **display** [displéi]　　　　(dis離れて)　　　🔲 見せる

□ **imply** [implái]　　　　　(im中に)　　　　🔲 ほのめかす
　🔲 implication [ìmplikéiʃən]　暗示

□ **multiply** [mʌ́ltəplài]　　(multi多く)　　　🔲 増やす
　🔲 multiplication [mʌ̀ltəplikéiʃən]　増加、掛け算

□ **perplex** [pərpléks]　　　(per完全に)　　　🔲 当惑させる

213

語彙・文法問題Ⅱ　同じ語幹を持つ単語246語の攻略

UNIT 15　語幹　pon, pos, posit

CD2 41

(= put、place：置く)

□ **compose** [kəmpóuz]　　（com 一緒に）　　　動 構成する
　图 composition [kàmpəzíʃən]　構成　component [kəmpóunənt]　構成要素

□ **deposit** [dipázət]　　（de 下に）　　　　　　動 預ける、置く
　反 動 withdraw [wiðdrɔ́ː]　引き出す

□ **exposure** [ikspóuʒər]　（ex 外へ）　　　　　图 さらすこと、曝露
　動 expose [ikspóuz]　（危険・攻撃などに）さらす

□ **proposal** [prəpóuzl]　　（pro 前に）　　　　图 提案、申し出
　動 propose [prəpóuz]　提案する

□ **suppose** [səpóuz]　　（sup 下に）　　　　　動 仮定する
　图 supposition [sʌ̀pəzíʃən]　仮定

---

[1] The new project is **composed** of a very experienced group of staff members.
（その新プロジェクトは、きわめて経験豊かな社員で構成されている）

[2] I **deposited** $200 in my savings account yesterday.
（昨日預金口座に200ドルを入金しました）

[3] **Exposure** to that chemical can cause throat irritations. （その化学物
質にさらされていると、喉の炎症を引き起こす可能性がある）

[4] I really don't understand why you rejected their **proposal**.
（私にはなぜあなたが彼らの申し出を拒絶したのか理解できません）

[5] **Suppose** you're fired, what will you do then? （解雇されたらどうしますか）

✔ 覚えておきたい重要関連語

□ **decompose** [dìːkəmpóuz]　（de 離れて + com 一緒に）　動 分解する

□ **disposal** [dispóuzl]　　（dis 離れて）　　　　图 配置、処分
　動 dispose [dispóuz]　処理する

□ **impose** [impóuz]　　　（im 中に）　　　　　動 課す

□ **oppose** [əpóuz]　　　　（op 反対して）　　　動 反対する
　形 opposite [ápəzit]　向かい合った　图 opposition [àpəzíʃən]　野党

□ **position** [pəzíʃən]　　　　　　　　　　　　图 立場
　形 positive [pázətiv]　積極的な、自信のある

□ **postpone** [poustpóun]　（post ～の後で）　　動 延期する

□ **purpose** [pə́ːrpəs]　　（pro 前に）　　　　　图 目的

214

UNIT 16　語幹　port

CD2 42

(= to carry, to bear：運ぶ)

□ **deport** [dipɔ́ːrt]　(de 離れて)　　動 追放する

□ **export** [ékspɔːrt]　(ex 外へ)　　名 輸出

　反 import 名 [impɔːrt]　輸入

□ **important** [impɔ́ːrtənt]　(im 中に)　　形 重要な

　名 importance [impɔ́ːrtəns]　重要性

□ **portable** [pɔ́ːrtəbl]　　形 持ち運べる

□ **report** [ripɔ́ːrt]　(re 後ろへ)　　動 報告する

　副 reportedly [ripɔ́ːrtidli]　伝えられるところでは

　名 reporter [ripɔ́ːrtər]　リポーター

□ **support** [səpɔ́ːrt]　(sup 下に)　　名 支持　動 支持する

□ **transport** [trænspɔ́ːrt]　(trans 越えて)　　動 輸送する

　名 transportation [trænspərtéiʃən]　輸送

---

[1] The authorities **deported** the man for smuggling illegal drugs.
（当局は、その男を違法なドラッグの密輸で国外追放した）

[2] **Exports** of European wheat fell from 25.5 million tons to 13.5 million tons.
（ヨーロッパの小麦の輸出は2,250万トンから1,350トンに落ち込んだ）

[3] The majority of American women value companionship as the most **important** part of marriage.（アメリカ人女性の大半は、友人であることを結婚の最も重要な要素として大切にしている）

[4] Don't forget to take a **portable** radio when you go camping.
（キャンプに行くときは携帯ラジオを忘れずに持って行きなさい）

[5] When you have finished your analysis, **report** your findings to the staff.
（分析が終了したら、スタッフに発見したことを報告してください）

[6] There are a variety of interest groups which want government **support**.（政府の援助を求めるさまざまな利益団体が存在している）

[7] How long did it take to **transport** all the equipment to the new laboratory.
（装置すべてを新しい実験室に運び込むのにどれほどかかりましたか）

✎ 覚えておきたい重要関連語

□ **comport** [kəmpɔ́ːrt]　(com 一緒に)　　動 振る舞う

□ **purport** [pə́ːrpɔːrt]　(pur 前へ)　　名 趣旨

語彙・文法問題II　同じ語幹を持つ単語246語の攻略

215

UNIT 17　語幹　quest, quir

CD2 43

（＝seek：求める）

- □ **acquire** [əkwáiər]　(ac～へ)　動 得る
  - 名 acquisition [ækwizíʃən]　取得
- □ **exquisite** [ikskwízit]　(ex外へ)　形 絶妙な
- □ **inquiry** [ínkwəri]　(in中へ)　名 問い合わせ、調査
  - 動 inquire [inkwáiər]　尋ねる　形 inquisitive [inkwízətiv]　詮索好きな
- □ **require** [rikwáiər]　(re後ろへ)　動 要求する、必要とする
  - 名 requirement [rikwáiərmənt]　必要なもの　名 request [rikwést]　要求

[1] The mechanics of vocabulary learning are still something of a mystery, but one thing we can be sure of is that words are not instantaneously **acquired**.
（語彙習得のメカニズムは依然としてなぞめいているが、1つ確かなことは、言葉は即座に習得されるものではないということである）

[2] I have never seen such an **exquisite** art work.
（そのように素晴らしい芸術作品は見たことがない）

[3] We appreciate your **inquiry** about our new product dated April 25th.
（4月25日に、わが社の新製品に関してお問い合わせいただきありがとうございます）

[4] All personnel are **required** to report for a health check at 10:00 a.m. next Friday, July 24th.
（すべての職員は、来週金曜日7月24日の午前10時に、健康診断を受けに来るように義務付けられています）

覚えておきたい重要関連語

- □ **conquer** [káŋkər]　(con完全に)　動 征服する
  - 名 conquest [kánkwest]　征服
- □ **question** [kwéstʃən]　名 問い
  - 形 questionable [kwéstʃənəbl]　（真実性などが）疑わしい

UNIT 18 語幹 rupt

CD2 44

(= break：破る)

□ **abrupt** [əbrʌ́pt] (ab 離れて) 形 突然の

□ **bankrupt** [bǽŋkrʌpt] (bank 銀行) 形 破産した

  名 bankruptcy [bǽŋkrʌptsi] 破産

□ **corrupt** [kərʌ́pt] (cor 完全に) 形 堕落した

  動 堕落する 名 corruption [kərʌ́pʃən] 腐敗

□ **disrupt** [disrʌ́pt] (dis 離れて) 動 混乱させる

  名 disruption [disrʌ́pʃən] 崩壊 形 disruptive [disrʌ́ptiv] 崩壊的な

□ **erupt** [irʌ́pt] (e 外へ) 動 噴火する

  名 eruption [irʌ́pʃən] 噴火

□ **interrupt** [intərʌ́pt] (inter ~の間) 動 じゃまをする

  名 interruption [intərʌ́pʃən] 妨害、障害物

---

[1] We were all shocked by his **abrupt** death.
（私たちは彼の突然の死にショックを受けた）

[2] Did you hear that the famous apparel company went **bankrupt**?
（あの有名なアパレル会社が倒産したって聞きましたか）

[3] What do you think of the criticism that the Japanese people suffer from a government that is **corrupt** and inefficient?（日本国民は、腐敗した、非能率的な政府に苦しめられているという批判をどう思いますか）

[4] Agitators tried to **disrupt** the political rally, but were arrested by the police.
（扇動者はその政治集合を混乱させようとしたが、警官に逮捕された）

[5] Old Faithful, the most famous geyser in the world, **erupts** almost every hour, rising to a height of 125 to 170 feet.
（オールド・フェイスフルは世界で一番有名な間欠泉であるが、ほとんど毎時間吹き上げ、125から170フィートの高さまで達する）

[6] I'm sorry to **interrupt** you, but you have to finish this work by 6 o'clock.（じゃまして申し訳ありませんが、6時までにこの仕事を終わらせなければならないんですよ）

📝 覚えておきたい重要関連語

□ **rupture** [rʌ́ptʃər] 名 裂け目

語彙・文法問題Ⅱ　同じ語幹を持つ単語246語の攻略

217

UNIT 19　語幹　scribe, script

CD2
45

(＝ write：書く)

□ **ascribe** [əskráib]　　　　　(a＝ad〜へ)　　　　動 〜のせいにする
　同 attribute [ətríbjuːt]
□ **describe** [diskráib]　　　　(de下へ)　　　　　動 表現する、説明する
　動 description [diskrípʃən]　描写、記述、説明
□ **manuscript** [mǽnjəskript]　(manu手で)　　　　名 原稿
□ **prescribe** [priskráib]　　　(pre前に)　　　　　動 規定する、処方する
　名 prescription [priskrípʃən]　処方箋
□ **subscriber** [səbskráibər]　(sub下へ)　　　　　名 購読者
　動 subscribe [səbskráib]　購読する、予約する

[1] Jim **ascribed** his success not to his father's fame, but to his own efforts.（ジムは成功は父親の名声ではなく自分の努力のたまものだと考えていた）

[2] Most of us usually **describe** Mr. Kato as a sharp man.
（われわれのほとんどは、加藤さんを頭の切れる人だと評している）

[3] When is this **manuscript** scheduled to go to press?
（この原稿はいつ印刷に回される予定ですか）

[4] There is some doubt whether all **prescribed** surgery is really advisable.
（すべての規定された外科手術が本当に好ましいかどうかは疑問が残る）

[5] The business magazine offered to give a special discount to new **subscribers**.
（そのビジネス雑誌は、新規の購読者に特別割引を提示した）

✓ 覚えておきたい重要関連語

□ **inscribe** [inskráib]　　　　(in中に)　　　　　動 刻む
　名 inscription [inskrípʃən]　碑文
□ **postscript** [póustskrìpt]　　(post〜の後で)　　名 追伸
□ **scribble** [skríbl]　　　　　　　　　　　　　　　動 走り書きする
□ **transcribe** [trænskráib]　　(trans越えて)　　　動 書き写す

UNIT 20 　語幹　sist（ist）

CD2 46

（= stand：立つ、stop：止まる、set：置く）

□ **assist** [əsíst]　　　　　（as〜へ）　　　　　 動 助ける
　　名 assistance [əsístəns]　助力　名 assistant [əsístənt]　助手

□ **consist** [kənsíst]　　　（con一緒に）　　　　 動 〜から構成される
　　形 consistent [kənsístənt]　首尾一貫した

□ **exist** [igzíst]　　　　　（ex外へ）　　　　　 動 存在する
　　名 existence [igzístns]　存在

□ **insist** [insíst]　　　　　（in接触して）　　　 動 主張する
　　名 insistence [insístəns]　主張

□ **persistent** [pərsístənt]　（per完全に）　　　　 形 しつこい、慢性の
　　名 persistence [pərsístəns]　固執　動 persist [pərsíst]　固執する

□ **resistance** [rizístəns]　（re〜に反対して）　 名 抵抗
　　形 resistible [rizístəbl]　抵抗できる　動 resist [rizíst]　抵抗する

---

[1] The U.S. Constitution does not talk about physician-**assisted** suicide.
（合衆国憲法は医者の助けを借りた自殺については触れられていない）

[2] How many members does this committee **consist** of?
（この委員会は何名のメンバーから構成されていますか）

[3] Nicotine is regulated under **existing** drug laws.
（ニコチンは現行の薬事法の下で規制されている）

[4] The doctor **insisted** that the patient be operated on for appendicitis.
（医者はその患者が虫垂炎の手術を受けるべきだと主張した）

[5] My brother is suffering from **persistent** gastritis.
（私の兄は慢性の胃炎を患っています）

[6] New technology often causes much fear and **resistance**.
（新しい科学技術は、しばしば多くの恐れや抵抗を引き起こすものである）

✓ 覚えておきたい重要関連語

□ **irresistible** [irizístəbl]　（ir〜でない、re〜に反対して）　形 抵抗できない

□ **subsist** [səbsíst]　　　（sub下に）　　　　　 動 生きて行く
　　名 subsistence [səbsístəns]　生存、暮らし

語彙・文法問題Ⅱ　同じ語幹を持つ単語246語の攻略

219

UNIT 21　語幹　spec, spic, spect（pect）

CD2 47

（＝ to see, to look at ; 見る）

□ **aspect** [ǽspekt]　　　　　　（a〜に）　　　　　图 局面、ポイント
□ **expect** [ikspékt]　　　　　　（ex外へ）　　　　　動 期待する
　　图 expectation [èkspektéiʃən]　予期
□ **inspector** [inspékə*r*]　　　　（in中に）　　　　　图 検査官
　　動 inspect [inspékt]　詳しく調べる　图 inspection [inspékʃən]　検査
□ **prospective** [prɑspéktiv]　　（pro前に）　　　　形 見込みのある
　　图 prospect [práspekt]　見込み
□ **respect** [rispékt]　　　　　　（re後ろへ）　　　　動 尊敬する　图 尊敬
　　形 respectable [rispéktəbl]　りっぱな　respectful [rispéktfl]　尊敬する
　　respective [rispéktiv]　個々の
□ **suspect** [səspékt]　　　　　　（sus下に）　　　　　動 疑う
　　图 suspicion [səspíʃən]　疑念　形 suspicious [səspíʃəs]　疑い深い

---

[1] We need to reconsider each **aspect** of this project.
　（このプロジェクトの各局面について再考する必要がある）

[2] Young people are **expected** to find a husband or wife on their own in the US.
　（アメリカでは若者は自分で夫や妻を見つけるように期待されている）

[3] An **inspector** is checking the contents of the baggage.
　（検査官がその荷物の中味を調べている）

[4] You'd better take a copy of the annual report to our **prospective** buyers.
　（顧客と見込めるところに年次報告のコピーを持っていった方がいいよ）

[5] We need to make an effort to **respect** each other's point of view.
　（われわれはお互いの考え方を尊重する努力をする必要がある）

[6] Who has been **suspected** of the murder?
　（だれが殺人の容疑者ですか）

覚えておきたい重要関連語

□ **conspicuous** [kənspíkjuəs]　（con完全に）　　　形 はっきり見える
□ **perspective** [pə*r*spéktiv]　（per貫いて）　　　图 見通し
□ **special** [spéʃl]　　　　　　　　　　　　　　　　形 特別の
□ **spectacular** [spektǽkjələ*r*]　　　　　　　　　形 壮観な

220

UNIT 22　語幹　struct

CD2 48

（= pile up：積み重ねる、build：構築する）

□ **construction** [kənstrʌ́kʃən]　（con一緒に）　　　图 建設
　　動 construct [kənstrʌ́kt]　建設する　 形 constructive [kənstrʌ́ktiv]　建設的な
□ **destroy** [distrɔ́i]　　　　　（de逆）　　　　 動 破壊する
　　图 destruction [distrʌ́kʃən]　破壊　 形 destructive [distrʌ́ktiv]　破壊的な
□ **instruct** [instrʌ́kt]　　　　（in中に）　　　　 動 指示する、教える
　　图 instruction [instrʌ́kʃən]　指示、教授　 動 instructor [instrʌ́ktər]　教師、講師
　　形 instructive [instrʌ́ktiv]　ためになる、教育的な
□ **obstruct** [əbstrʌ́kt]　　　（ab〜へ）　　　　 動 じゃまをする
　　图 obstruction [əbstrʌ́kʃən]　障害物
　　形 obstructive [əbstrʌ́ktiv]　妨害となる
□ **structural** [strʌ́ktʃərəl]　　　　　　　　　　 形 構造上の
　　图 structure [strʌ́ktʃər]　構造

> [1] In fast-rising industrial zones, itinerant **construction** crews are an everyday sight.（急速に成長している工業地区では、転々と職場を移動する建築作業員は日常的な光景である）
>
> [2] The new computer virus **destroyed** my computer's hard disk.（新型のコンピュータウイルスが私のコンピュータのハードディスクを破壊した）
>
> [3] Mr. Smith **instructed** his subordinate to quote their best terms.（スミス氏は彼の部下に最良の取引条件を見積もるように指示した）
>
> [4] He tried to **obstruct** the investigation of the embezzlement scandal.（彼は、横領事件の調査の妨害をしようとした）
>
> [5] Japan's economy is caught in the midst of some painful **structural** changes.（日本経済は、苦しい構造変化の真っただ中にある）

✍ 覚えておきたい重要関連語

□ **instrument** [ínstrəmənt]　　　（in中に）　　　 图 道具、楽器
　　形 instrumental [ìnstrəméntl]　楽器の
□ **reconstruction** [rìkənstrʌ́kʃən]　（re再び／con一緒に）　图 再建

221

語彙・文法問題Ⅱ　同じ語幹を持つ単語246語の攻略

UNIT 23 語幹 sult

CD2 49

(= leap：跳ぶ、跳ねる)

☐ **assault** [əsɔ́ːlt]　　　　　(as 〜へ)　　　　　動 襲撃する、暴行する
　　名 assaulter [əsɔ́ːltər]　攻撃者
☐ **consult** [kənsʌ́lt]　　　　(con 一緒に)　　　　動 相談する
☐ **insulting** [insʌ́ltiŋ]　　　(in 中に)　　　　　　形 無礼な
　　動 insult [insʌ́lt]　侮辱する
☐ **result** [rizʌ́lt]　　　　　(re 後ろへ)　　　　　動 (result from で)から生
じる、(result in で)という結果になる　　名 結果
　　形 resultant [rizʌ́ltənt]　結果として生じる　　形 resulting [rizʌ́ltiŋ]　効果のある

---

[1] A man who was walking in the park was **assaulted** by a group of boys and robbed of his bag last night.
　(公園を歩いていた男性が、昨夜少年たちのグループに襲撃されバッグを奪われた)

[2] Fresh out of Yale's M.B.A. program, I went to work for a major **consulting** firm in Boston.
　(私は、エール大学のMBAプログラムを出てすぐに、ボストンの大きなコンサルティング会社に就職しました)

[3] I can't put up with his **insulting** remarks any more.
　(これ以上彼の侮辱的な言葉には我慢できない)

[4] There were many violent strikes in the 19th century, some of which **resulted** in numerous deaths.
　(19世紀には激しいストライキが何度も起こった。中には多数の死者を出すものもあった)

覚えておきたい重要関連語

☐ **desultory** [désəltɔ̀ːri]　　(de 離れて)　　　　形 漫然とした
☐ **exult** [igzʌ́lt]　　　　　　(ex 外へ)　　　　　動 大喜びする
　　形 exultant [igzʌ́ltnt]　大喜びの　　名 exultation [ègzʌltéiʃən]　歓喜

UNIT 24　語幹　sume

CD2 50

（= take：取る）

□ **assume** [əs(j)úːm]　　　（as ～へ）　　　　動 仮定する、引き受ける
　　名 assumption [əsʌ́mpʃən]　仮定
□ **consume** [kəns(j)úːm]　（con 完全に）　　　動 消費する
　　名 consumer [kəns(j)úːmər]　消費者
　　名 consumption [kənsʌ́mpʃən]　消費
□ **presume** [priz(j)úːm]　（pre 前に）　　　　動 推定する
　　名 presumption [prizʌ́mpʃən]　推定
　　副 presumably [priz(j)úːməbli]　おそらく
□ **resume** [riz(j)úːm]　　（re 再び）　　　　　動 再開する
　　名 resumption [rizʌ́mpʃən]　再開
　　形 resumptive [rizʌ́mptiv]　再開の

---

[1] I have decided to **assume** full responsibility for the new project.
（私は、その新しいプロジェクトに関しての全責任を負うことに決めた）

[2] Many people claimed to have been taken ill after **consuming** milk or related products made by the food company.
（多くの人々が、その食品会社によって製造された牛乳や関連食品を消費した後に気分が悪くなったと訴えた）

[3] I **presume** that they will not accept our counter offer.
（彼らは、われわれのカウンターオファーにはおそらく応じないだろう）

[4] The chemical plant was destroyed by the fire four months ago, but it will **resume** operation within a year.
（その化学工場は4ヵ月前に焼け落ちたが、年内には操業を再開することになるだろう）

✒ 覚えておきたい重要関連語

□ **presumptuous** [prizʌ́mptʃuəs]　（pre 前に）　　形 横柄な
□ **sumptuous** [sʌ́mptʃuəs]　　　　　　　　　　　形 高価な

語彙・文法問題 II　同じ語幹を持つ単語 246 語の攻略

223

UNIT 25　語幹　tain, ten, tent, tin

CD2 51

(= hold：持つ、endure：維持する)

□ **abstain** [əbstéin]　　　　　　　(abs ～から離れて)　　　動 慎む
　　图 abstention [əbsténʃən]　棄権

□ **contain** [kəntéin]　　　　　　　(con 一緒に)　　　　　　動 含む
　　图 container [kəntéinər]　容器

□ **entertainment** [èntərtéinmənt]　(enter 間に)　　　　　图 娯楽
　　動 entertain [èntərtéin]　楽しませる

□ **maintain** [meintéin]　　　　　　(main→manu 手)　　　　動 維持する
　　图 maintenance [méintənəns]　維持

□ **obtain** [əbtéin]　　　　　　　　(ob 強意)　　　　　　　動 得る

---

[1] If you want to stay healthy, you should **abstain** from smoking.
（健康を保ちたいなら、たばこは慎むべきである）

[2] The annual report **contains** the balance sheet and cash flow statement.
（アニュアルレポートには貸借対照表と資金収支表が含まれている）

[3] A subscriber can pay extra for movie and other **entertainment** services.
（視聴者は映画と他の娯楽番組に対して追加金を支払うこともある）

[4] Young parents must work in order to **maintain** their lifestyles.
（若い親たちは、生活スタイルを維持するために働かなければならない）

[5] You need to call the personnel office to **obtain** further information.
（さらに情報が必要ならば、人事部に連絡する必要がある）

✔ 覚えておきたい重要関連語

□ **content** [kántent]　　　　　　　　　　　　　　图 内容、目次

□ **detain** [ditéin]　　　　　　　　(de ～から)　　　　　動 引き留める
　　图 detention [diténʃən]　引き留め

□ **discontent** [dìskəntént]　　　　(dis 離れて)　　　　图 不満

□ **pertain** [pərtéin]　　　　　　　(per 完全に)　　　　動 関係する

□ **retain** [ritéin]　　　　　　　　(re 後ろへ)　　　　動 保つ、記憶にとどめる
　　图 retention [riténʃən]　保有、記憶力

□ **sustain** [səstéin]　　　　　　　(sus 下から)　　　　動 支える
　　图 sustenance [sʌ́stənəns]　栄養、生計

語彙・文法問題Ⅱ　同じ語幹を持つ単語246語の攻略

224

UNIT 26　語幹　tend, tens, tent

CD2 52

（= stretch：伸ばす、努力する）

□ **attend** [əténd]　　　（atの方向へ）　　　　動 出席する
　名 attendance [əténdəns]　出席
　表 attention 名 [əténʃən]　注意　attentive [əténtiv] 形　注意深い
□ **contend** [kənténd]　　（con共に）　　　　　動 主張する、競う
　名 contention [kənténʃən]　争い
□ **extend** [iksténd]　　　（ex外へ）　　　　　動 伸ばす
　名 extension [iksténʃən]　拡大　形 extensive [iksténsiv]　広範囲な
□ **intend** [inténd]　　　（in〜の方へ）　動 〜を意図する、〜するつもりである
　名 intention [inténʃən]　意図　名 intent [intént]　意図
□ **pretend** [priténd]　　（pre前もって）　　　動 ふりをする
　名 pretense [prí:tens]　見せかけ、口実

[1] I am invited to **attend** a reception celebrating the launch of their new model. （彼らの新作発表会に出席するように招待されています）

[2] He **contends** that lowering taxes would allow locals to spend more freely. （税金を下げれば、地元の人はもっと自由にお金を使えるようになるだろうと彼は主張している）

[3] Why don't you ask them to **extend** the deadline of delivery? （彼らに納入期限を延ばしてくれるように頼んでみたらどうですか）

[4] The company is intending to lay off most of the part-timers. （その会社はアルバイトのほとんどを一時解雇しようとしている）

[5] He **pretends** to be an expert on psychology, but he knows little about it. （彼は心理学の専門家のふりをしているが、その知識はほとんどない）

✐ 覚えておきたい重要関連語

□ **superintend** [sù:pərinténd]　（super越えて／in中に）　動 指揮する
□ **intense** [inténs]　　　　　（in中に）　　　　　形 極度の、激しい

語彙・文法問題Ⅱ　同じ語幹を持つ単語246語の攻略

UNIT 27　語幹　tract

CD2 53

（= draw：引く、drag：動かす）

□ **abstract** [ǽbstrækt]　　　　（ab 離れて）　　　　　形 抽象的な
　　反 concrete [kánkri:t] 形　具体的な

□ **attraction** [ətrǽkʃən]　　　（at ～へ）　　　　　　名 魅力、呼び物
　　動 attract [ətrǽkt]　魅惑する　形 attractive [ətrǽktiv]　魅力的な

□ **contractor** [kántræktər]　　（con 一緒に）　　　　名 請負業者
　　動 contract [kəntrǽkt]　契約する　名 contraction [kəntrǽkʃən]　収縮

□ **distract** [distrǽkt]　　　　（dis 離れて）　　　　動 そらす
　　名 distraction [distrǽkʃən]　気晴らし

□ **extract** [ikstrǽkt]　　　　（ex 外へ）　　　　　動 抜き取る
　　名 extraction [ikstrǽkʃən]　抽出

□ **subtract** [səbtrǽkt]　　　（sub 離れて）　　　　動 減ずる、控除する

---

[1] The professor's explanation is too **abstract** for us to understand.
（教授の説明は抽象的過ぎてわれわれには理解できません）

[2] Oxygen has a tremendous **attraction** for carbon and hydrogen.
（酸素は炭素と水素を強力に引き付ける）

[3] The air industry has the structure of a pyramid, with a few prime **contractors** orchestrating the work of thousands of subcontractors.
（航空機業界は何千という下請け業者を束ねる数少ない主要な請負業者から構成され、ピラミッド構造をしている）

[4] If you can't **distract** yourself from eating, try a low-calorie snack.
（食べることから気をそらせないなら、低カロリーのものにしなさい）

[5] The new digital technologies will not help the next generation **extract** knowledge and wisdom from data.
（新しいデジタル型技術は次世代がデータから知識や知恵を引き出す役には立たないだろう）

[6] When you **subtract** 20 from 100, you get 80. （100から20を引くと80）

覚えておきたい重要関連語

□ **retract** [ritrǽkt]　　　　（re 後ろへ）　　　　動 取り消す
　　名 retraction [ritrǽkʃən]　取り消し

□ **tractable** [trǽktəbl]　　　　　　　　　　　　形 扱いやすい

226

（左側縦書き）語彙・文法問題 II　同じ語幹を持つ単語246語の攻略

UNIT 28 語幹 tribute

CD2 54

(= give：与える、assign：割り当てる、tribe：部族)

□ **attribute** [ətríbjuːt]　　　　　(at〜へ)　　　 動 〜に帰する、〜のせいにする
　　名 attribution [æ̀trəbjúːʃən]　帰すること
□ **contribution** [kὰntribjúːʃən]　(con一緒に)　　名 貢献
　　動 contribute [kəntríbjuːt]　主張する
□ **distribution** [dìstribjúːʃən]　(dis離れて)　　名 流通、分配
　　動 distribute [distríbjət]　分配する
□ **tribute** [tríbjuːt]　　　　　　　　　　　　　名 捧げ物、賛辞

---

[1] High levels of bone porosity are indicators of long-term anemia,
commonly **attributed** to iron deficiency.
(骨の多孔性が高いのは通常鉄分不足のために起こる長期間にわたる
貧血があったことを示している)

[2] Mr. Yamada's **contribution** to our section is enormous, isn't it?
(山田さんのわが課への貢献は多大なものですね)

[3] We are planning to make a drastic change in our **distribution** channel
for the product.
(われわれは、その製品の流通経路を抜本的に変えることを計画し
ています)

[4] First I would like to pay **tribute** to all of you here.
(まず、ここにいらっしゃるすべての方に賛辞を述べたいと思います)

覚えておきたい重要関連語

□ **redistribute** [rìdistríbjət]　(re再び)　　　　 動 再分配する
□ **retribution** [rètrəbjúːʃən]　(re後ろへ)　　　 名 悪事の報い

語彙・文法問題Ⅱ　同じ語幹を持つ単語 246 語の攻略

UNIT 29　語幹　vent

CD2 55

(= come：来る)

□ **advent** [ǽdvent]	(ad ~へ)	名 出現
□ **convenience** [kənvíːniəns]	(con 一緒に)	名 便利
形 convenient [kənvíːniənt]　便利な		
□ **event** [ivént]	(e 外へ)	名 出来事、行事
形 eventful [ivéntfl]　事件の多い、重大な		
□ **invent** [invént]	(in 接触して)	動 発明する
名 invention [invénʃən]　発明、発明品		
形 inventive [invéntiv]　発明の		
□ **preventive** [privéntiv]	(pre 前に)	形 予防の
動 prevent [privént]　妨害する　名 prevention [privénʃən]　予防		

[1] With the **advent** of national television came major changes.
（全国的なテレビの普及とともに大きな変化が起こった）

[2] Will you let me know about the schedule at your earliest **convenience**?
（できるだけ早い機会に、スケジュールについてお知らせ願えますか）

[3] My brother's death was one of the most shocking **events** of my life.
（兄の死は、私の人生において最もショッキングな出来事の1つでした）

[4] George Eastman **invented** his own original dry plate and a machine for manufacturing dry plates.
（ジョージ・イーストマンは彼独自の乾板とそれを製造する機械を発明した）

[5] What **preventive** steps should we take not to catch cold?
（風邪をひかないようにどんな予防策を取ればよいですか）

✓ 覚えておきたい重要関連語

□ **circumvent** [sèːrkəmvént]	(circum ~の回りに)	動 包囲する
□ **convention** [kənvénʃən]	(con 一緒に)	名 集会
□ **venture** [véntʃər]		動 思い切ってする

語彙・文法問題Ⅱ　同じ語幹を持つ単語246語の攻略

UNIT 30 語幹 vid, vis, vic

CD2 56

(to see ; 見る)

□ **advise** [ədváiz] (ad～へ) 動 忠告する
　　名 advice [ədváis] 忠告 形 advisable [ədváizəbl] 当を得た
□ **evident** [évidənt] (e 外へ) 形 明白な
　　名 evidence [évidns] 証拠
□ **provide** [prəváid] (pro 前へ) 動 供給する
　　名 provision [prəvíʒən] 供給
□ **revise** [riváiz] (re 再び) 動 改訂する
　　名 revision [rivíʒən] 改訂
□ **supervision** [sù:pərvíʒən] (super～の上に) 名 監視
　　動 supervise [sú:pərvàiz] 監督する 名 supervisor [sú:pərvàizər] 監督者
□ **visibility** [vìzəbíləti] 名 視界
　　形 visible [vízəbl] 目に見える 反 invisible [invízəbl] 目に見えない

[1] The doctor **advised** that I cut down on calories.
（医者はカロリー摂取量を減らすように指導した）

[2] It is **evident** that the accused is guilty.（被告人が有罪なのは明らかだ）

[3] A digital film scanner **provides** imaging tools for film input and output.（デジタル・フィルム・スキャナーはフィルムを入出力してスクリーンに映し出す道具として用いられる）

[4] We are going to **revise** the current commission rate of 4 percent to 6 percent next month.（来月現在の手数料率を4パーセントから6パーセントに改訂する予定である）

[5] An epoch-making experiment was conducted under the **supervision** of Dr. Davidson.（画期的な実験がデイビッドソン博士の下で行われた）

[6] **Visibility** was zero due to the dense fog.
（濃霧のため視界はゼロだった）

✒ 覚えておきたい重要関連語

□ **improvise** [ímprəvàiz] (im 否定／pro 前へ) 動 即席でする
□ **vision** [víʒən] 名 視力、洞察力
　　形 visual [víʒuəl] 視覚の
　　動 visualize [víʒuəlàiz] 目に見えるようにする

語彙・文法問題II 同じ語幹を持つ単語246語の攻略

229

REVIEW TEST
...1

1. I have _____ your web site and am very interested in your new computer model.
   - (A) recessed
   - (B) exceeded
   - (C) accessed
   - (D) preceeded

2. What factors do you think have _____ our company from developing a new product?
   - (A) precluded
   - (B) concluded
   - (C) excluded
   - (D) included

3. What should we do in order not to _____ large losses?
   - (A) recurrence
   - (B) occur
   - (C) current
   - (D) incur

4. A female pill bug may _____ over 100 eggs.
   - (A) reduce
   - (B) produce
   - (C) induce
   - (D) deduce

5. If you need further information, you had better _____ to an encyclopedia.
   - (A) refer
   - (B) suffer
   - (C) prefer
   - (D) infer

正解 1.（C）　2.（A）　3.（D）　4.（B）　5.（A）

1. ホームページにアクセスし、御社の新しいコンピューターにとても興味を持ちました。
2. 私たちの会社の新製品開発を阻む要素は何だと思いますか。
3. 多額の損失を被らないために何をすべきでしょうか。
4. メスのワラジムシは100個以上の卵を生むこともある。
5. さらに情報が必要ならば百科事典を参照した方がよいでしょう。

参照● 1.（U1-1）　2.（U3-5）　3.（U4-3）　4.（U5-4）　5.（U7-4）

230

REVIEW TEST
...2

6. My parents strongly _____ to my going abroad to study.
   - (A) rejected
   - (B) injected
   - (C) subjected
   - (D) objected

7. I would like you to add two percent on top of the current _____ rate.
   - (A) remittance
   - (B) admission
   - (C) commission
   - (D) submission

8. By 1900 the country's railroad network was virtually _____.
   - (A) depleted
   - (B) completed
   - (C) implied
   - (D) replied

9. Water is _____ of hydrogen and oxygen.
   - (A) imposed
   - (B) composed
   - (C) disposed
   - (D) supposed

10. There are a variety of interest groups which want government _____.
    - (A) import
    - (B) export
    - (C) support
    - (D) transport

語彙・文法問題Ⅱ　同じ語幹を持つ単語246語の攻略

正解　6. (D)　7. (C)　8. (B)　9. (B)　10. (C)

6. 両親は、私が留学することに強く反対した。
7. 現在の手数料に2パーセント上乗せしていただきたいんですが。
8. 1900年までにその国の鉄道網は事実上完成した。
9. 水は水素と酸素から構成されている。
10. 政府の援助を求めるさまざまな利益団体が存在している。

参照⇒　6. (U9-3)　7. (U10-2)　8. (U13-1)　9. (U15-1)　10. (U16-6)

231

REVIEW TEST
...3

11. Jim _____ his success not to his father's fame, but to his own efforts.
   - (A) ascribed
   - (B) described
   - (C) inscribed
   - (D) subscribed

12. The doctor _____ that the patient be operated on for appendicitis.
   - (A) insisted
   - (B) persisted
   - (C) resisted
   - (D) consisted

13. The frontier _____ the inventive individual.
   - (A) conspicuous
   - (B) inspector
   - (C) respected
   - (D) suspicious

14. I _____ that they will not accept our counter offer.
   - (A) assumption
   - (B) consume
   - (C) resumption
   - (D) presume

15. If you can't _____ yourself from eating, try a low-calorie snack.
   - (A) attract
   - (B) extract
   - (C) retract
   - (D) distract

正解 11.（A） 12.（A） 13.（C） 14.（D） 15.（D）

11. ジムは成功は父親の名声ではなく自分の努力のたまものだと考えていた。
12. 医者はその患者が虫垂炎の手術を受けるべきだと主張した。
13. フロンティアは創意に富む人物も高く評価した。
14. 彼らは、われわれのカウンターオファーにはおそらく応じないだろう。
15. 食べることから気をそらせないなら、低カロリーのものにしなさい。

参照 11.（U19-1） 12.（U20-4） 13.（U21-5） 14.（U24-3） 15.（U27-4）

語彙・文法問題 III　動詞・形容詞・名詞を作る接尾語

…UNIT学習チェック一覧…

☐　1　動詞を作る接尾語　　　-ish / -ize / -ate / -fy / -en / -le / -er

☐　2　形容詞を作る接尾語　　-(t)ive / -ous / -ical / -ful / -(i)al /
　　　　　　　　　　　　　　-able, -ible / -ate / -ed / -ing / -ly /
　　　　　　　　　　　　　　-ary / -some / -like / -less / -ite /
　　　　　　　　　　　　　　-ic / -ory / -ish / -y / -ine / -ile /
　　　　　　　　　　　　　　-ique, -esque / -most / -id / -ar /
　　　　　　　　　　　　　　-fold / -ant, -ent / -ior

☐　3　名詞を作る接尾語　　　●抽象名詞を表す接尾語
　　　　　　　　　　　　　　-ment / -cy / -al / -ry / -ity / -ism /
　　　　　　　　　　　　　　-ice / -age / -ness / -hood / -ship /
　　　　　　　　　　　　　　-or / -ion / -ure / -ics / -y
　　　　　　　　　　　　　　●人を表す接尾語
　　　　　　　　　　　　　　-ist / -ent / -er / -ian / -ate / -ant /
　　　　　　　　　　　　　　-ee / -or / -ster / -eer
　　　　　　　　　　　　　　●その他の名詞を作る接尾語
　　　　　　　　　　　　　　-ry / -let / -cracy / -ory

UNIT 1　動詞を作る接尾語

CD2 57

語彙・文法問題Ⅲ　同じ接尾語を持つ単語333語の攻略

1　-ish　「〜にする」を表す。形容詞、名詞の語尾にもなる

□ **admonish** [ədmániʃ]　　　　　　　諭す
□ **banish** [bǽniʃ]　　　　　　　　　追放する
□ **cherish** [tʃériʃ]　　　　　　　　　大切にする
□ **demolish** [dimáliʃ]　　　　　　　破壊する
□ **diminish** [dimíniʃ]　　　　　　　減少する
□ **flourish** [flə́:riʃ]　　　　　　　　栄える
□ **furnish** [fə́:rniʃ]　　　　　　　　備え付ける
□ **publish** [pʌ́bliʃ]　　　　　　　　出版する
□ **punish** [pʌ́niʃ]　　　　　　　　　罰する

2　-ize　「〜化させる／〜という状態にする／〜になる」を表す

□ **Americanize** [əmérikənàiz]　　　アメリカ的にする
□ **actualize** [ǽktʃuəlàiz]　　　　　実現する
□ **civilize** [sívəlàiz]　　　　　　　開化させる
□ **energize** [énərdʒàiz]　　　　　　活発にする
□ **generalize** [dʒénərlàiz]　　　　　一般化する
□ **legalize** [líːgəlàiz]　　　　　　　合法化する
□ **modernize** [mádərnàiz]　　　　　現代化する
□ **organize** [ɔ́ːrgənàiz]　　　　　　組織化する
□ **penalize** [píːnəlàiz]　　　　　　罰する
□ **personalize** [pə́ːrsənælàiz]　　　擬人化する
□ **revitalize** [riváitəlaiz]　　　　　活性化する
□ **specialize** [spéʃəlàiz]　　　　　専門化する
□ **symbolize** [símbəlàiz]　　　　　象徴化する
□ **utilize** [júːtəlàiz]　　　　　　　利用する

3　-ate　「〜させる」を表す。形容詞、名詞の語尾にもなる

□ **accommodate** [əkámədèit]　　　収容する
□ **appropriate** [əpróuprièit]　　　　私有化する
□ **assassinate** [əsǽsənèit]　　　　暗殺する
□ **castigate** [kǽstigèit]　　　　　懲らしめる
□ **dominate** [dámənèit]　　　　　支配する

234

□ **fascinate** [fǽsənèit]	魅了する
□ **isolate** [áisəlèit]	孤立させる
□ **nominate** [nɑ́mənèit]	指名する
□ **originate** [ərídʒənèit]	起源を発する
□ **sophisticate** [səfístikèit]	洗練する
□ **speculate** [spékjəlèit]	思索する

4 -fy 「～させる／～にする／～化する」を表す

□ **amplify** [ǽmpləfài]	増幅する
□ **beautify** [bjúːtəfài]	美化する
□ **classify** [klǽsəfài]	分類する
□ **justify** [dʒʌ́stəfài]	正当化する
□ **liquify** [líkwəfài]	液化する
□ **personify** [pə(ː)rsánəfài]	擬人化する
□ **purify** [pjúərəfài]	純化する
□ **qualify** [kwɑ́ləfài]	資格を与える
□ **satisfy** [sǽtisfài]	満足させる
□ **signify** [sígnəfài]	象徴する
□ **solidify** [səlídəfài]	凝固する
□ **vivify** [vívəfài]	活気づける

5 -en 名詞、形容詞につけて「～する／～させる」を表す

□ **brighten** [bráitn]	明るくする
□ **broaden** [brɔ́ːdn]	広げる
□ **deepen** [díːpn]	深くする
□ **lengthen** [léŋkθn]	長引かせる
□ **lighten** [láitn]	軽くする
□ **liken** [láikn]	例える
□ **quieten** [kwáiətn]	静かになる
□ **sharpen** [ʃɑ́ːrpn]	鋭くする
□ **shorten** [ʃɔ́ːrtn]	縮める
□ **strengthen** [stréŋkθn]	強化する
□ **weaken** [wíːkn]	弱める
□ **widen** [wáidn]	広げる

語彙・文法問題Ⅲ　同じ接尾語を持つ単語333語の攻略

235

6　　-le　　「小さいこと」「反復の動作」を表す

□ **chortle** [tʃɔ́ːrtl]	得意になって笑う
□ **chuckle** [tʃʌ́kl]	くすくす笑う
□ **drizzle** [drízl]	霧雨が降る
□ **dwindle** [dwíndl]	縮小する
□ **huddle** [hʌ́dl]	詰め込む
□ **scribble** [skríbl]	走り書きをする
□ **sprinkle** [spríŋkl]	まき散らす
□ **startle** [stɑ́ːrtl]	びっくりさせる
□ **twinkle** [twíŋkl]	きらめく

7　　-er　　「反復の動作」を表す

□ **flicker** [flíkər]	ちらちらする
□ **glitter** [glítər]	ぴかぴか光る
□ **loiter** [lɔ́itər]	ぶらつく
□ **quiver** [kwívər]	震える
□ **scatter** [skǽtər]	ばらまく
□ **shiver** [ʃívər]	震える
□ **twitter** [twítər]	さえずる
□ **waver** [wéivər]	揺れる

UNIT 2　形容詞を作る接尾語

CD2 58-61

1　-(t)ive　「～する／～することができる」を表す。
inclusive は「含む、含むことのできる～」の意味。

□ **communicative** [kəmjú:nəkèitiv]　話し好きの
□ **compulsive** [kəmpʌ́lsiv]　強制的な
□ **connotative** [kánətèitiv]　暗示する
□ **exclusive** [iksklú:siv]　排他的な
□ **explosive** [iksplóusiv]　爆発性の
□ **imaginative** [imǽdʒənətiv]　想像力の
□ **impressive** [imprésiv]　感動的な
□ **inclusive** [inklú:siv]　含めた
□ **informative** [infɔ́rmətiv]　役に立つ
□ **initiative** [iníʃətiv]　初めの
□ **instructive** [instrʌ́ktiv]　役に立つ
□ **oppressive** [əprésiv]　圧制的な
□ **representative** [rèprizéntətiv]　代表の
□ **respective** [rispéktiv]　それぞれの
□ **sensitive** [sénsətiv]　敏感な
□ **talkative** [tɔ́:kətiv]　おしゃべりの

2　-ous　「～を引き起こす／～で満ちた」を表す
dangerous は「危険を引き起こす、危険に満ちた」の意味。

□ **cantankerous** [kæntǽŋkərəs]　つむじ曲がりの
□ **carnivorous** [kɑːrnívərəs]　肉食の
□ **delicious** [dilíʃəs]　おいしい
□ **envious** [énviəs]　ねたみ深い
□ **furious** [fjúəriəs]　すさまじい
□ **glorious** [glɔ́:riəs]　輝かしい
□ **gorgeous** [gɔ́:rdʒəs]　豪華な
□ **laborious** [ləbɔ́:riəs]　骨の折れる
□ **malicious** [məlíʃəs]　悪意のある
□ **perilous** [pérələs]　危険な
□ **precious** [préʃəs]　貴重な
□ **spacious** [spéiʃəs]　広々した

語彙・文法問題Ⅲ　同じ接尾語を持つ単語333語の攻略

237

| □ **tremendous** [triméndəs] | ものすごい |
| □ **tumultuous** [t(j)u(ː)mʌltʃuəs] | 動揺した |

3 -ical 「～的／～に関する」を表す

-icalと-icで終わる場合で意味が変わることが多い。politicalは「政治に関する」、politicは「分別のある」という意味。

□ **biological** [bàiəládʒik(l)]	生物学的な
□ **classical** [klǽsikl]	古典の
□ **economical** [èkənámikl]	節約の
□ **geographical** [dʒìːəgrǽfikl]	地理的な
□ **historical** [histɔ́(ː)rikl]	歴史の
□ **mechanical** [məkǽnikl]	機械的な
□ **physical** [fízikl]	肉体の
□ **political** [pəlítikl]	政治の
□ **radical** [rǽdikl]	急進的な
□ **technical** [téknikl]	専門的な
□ **theoretical** [θìːərétikl]	理論の
□ **tropical** [trápikl]	熱帯の
□ **typical** [típikl]	典型的な

4 -ful 「～で満ちた／～を引き起こす」を表す

fruitfulは「果実がいっぱい」の意味。

□ **bountiful** [báuntifl]	惜しみのない
□ **dreadful** [drédfl]	恐ろしい
□ **graceful** [gréisfl]	優美な
□ **merciful** [mɔ́ːrsifl]	慈悲深い
□ **painful** [péinfl]	痛い
□ **powerful** [páuərfl]	力強い
□ **resourceful** [riːsɔ́ːrsfl]	機知に富んだ
□ **thankful** [θǽŋkfl]	感謝している
□ **wonderful** [wʌ́ndərfl]	素晴らしい

5 -(i)al 「〜に関する」を表す

federal（連邦の）は「連邦に関係する」の意味。

☐ **artificial** [àːrtifíʃl]	人工の
☐ **brutal** [brúːtl]	残忍な
☐ **cordial** [kɔ́ːrdʒəl]	真心の
☐ **federal** [fédərəl]	連邦の
☐ **genial** [dʒíːnjəl]	温和な
☐ **industrial** [indʌ́striəl]	産業の
☐ **integral** [íntəgrəl]	不可欠な
☐ **intellectual** [intəléktʃuəl]	知的な
☐ **literal** [lítərl]	文字の
☐ **mortal** [mɔ́ːrtl]	死ぬべき運命の
☐ **racial** [réiʃl]	人種の
☐ **structural** [strʌ́ktʃərəl]	構造の

6 -able / -ible 「〜されうる」と可能と受け身を表す

respectable は「尊敬されうる」の意味。

☐ **available** [əvéiləbl]	利用できる
☐ **changeable** [tʃéindʒəbl]	変わりやすい
☐ **comparable** [kʌ́mpərəbl/kəmpéərəbl]	比較できる
☐ **contemptible** [kəntémptəbl]	下劣な
☐ **credible** [krédəbl]	信頼できる
☐ **describable** [diskráibəbl]	説明できる
☐ **desirable** [dizáiərəbl]	望ましい
☐ **forcible** [fɔ́ːrsəbl]	力ずくの
☐ **horrible** [hɔ́(ː)rəbl]	恐ろしい
☐ **noticeable** [nóutəsəbl]	目立つ
☐ **reasonable** [ríːznəbl]	筋の通った
☐ **respectable** [rispéktəbl]	立派な
☐ **terrible** [térəbl]	ひどい

7 -ate 「〜でいっぱいの／〜の性質を帯びた」を表す

fortunate は「幸運に満ちた」の意味。

☐ **accurate** [ǽkjərət]	正確な
☐ **affectionate** [əfékʃənət]	愛情の込もった

語彙・文法問題III　同じ接尾語を持つ単語333語の攻略

□ **appropriate** [əpróupriət]	適切な
□ **considerate** [kənsídərət]	慎重な
□ **deliberate** [dilibərət]	意図的な
□ **passionate** [pǽʃənət]	情熱的な
□ **temperate** [témpərət]	温和な

8　-ed　「～を持った」を表す

cold-blooded（冷血の）は「冷たい血を持つ」の意味。

□ **bearded** [bíərdid]	ひげのある
□ **gifted** [gíftid]	才能のある
□ **talented** [tǽləntid]	才能のある

9　-ing　現在分詞の形容詞的用法と考える

charming（魅力のある）などのように完全に形容詞化し辞書でも形容詞として扱っているものもある。

□ **accommodating** [əkámədèitiŋ]	親切な
□ **cunning** [kʌ́niŋ]	ずるい
□ **fascinating** [fǽsənèitiŋ]	魅力的な
□ **lasting** [lǽstiŋ]	永続する
□ **promising** [práməsiŋ]	有望な
□ **striking** [stráikiŋ]	目立つ

10　-ly　「態度、性質、様相において～のような」を表す

friendly（友好的な）は「態度に友達が感じられる」の意味。

□ **bodily** [bádəli]	肉体の
□ **costly** [kɔ́(:)stli]	高価な
□ **early** [ə́ːrli]	早い
□ **stately** [stéitli]	堂々とした
□ **womanly** [wú:mənli]	女らしい
□ **worldly** [wə́ːrldli]	世俗的な

11　-ary　「～に関する」を表す

sanitary（衛生的な）は「衛生に関係する」の意味。

| □ **customary** [kʌ́stəmèri] | 慣習の |
| □ **temporary** [témpərèri] | 一時的な |

□ **voluntary** [vάləntèri]　　　　　　　　自発的な

12　-some　「～を生み出す、引き起こす／～好きな／～する傾向がある」を表す

troublesomeは「迷惑を引き起こす」すなわち「面倒な」の意味。

□ **quarrelsome** [kwɔ́(:)rəlsəm]　　　　けんか好きな
□ **tiresome** [táiərsəm]　　　　　　　　退屈な
□ **troublesome** [trʌ́blsəm]　　　　　　面倒な
□ **wholesome** [hóulsəm]　　　　　　　健全な

13　-like　「～のような／～らしい」を表す

ladylikeは「レディーのような」の意味。

□ **businesslike** [bíznəslàik]　　　　　事務的な
□ **childlike** [tʃáildlàik]　　　　　　　子供らしい

14　-less　「～がない」を表す

mercilessは「マーシー（慈悲の心）がない」の意味。

□ **helpless** [hélpləs]　　　　　　　　　無力な
□ **priceless** [práisləs]　　　　　　　　貴重な
□ **reckless** [réklis]　　　　　　　　　　無謀な
□ **restless** [résʧləs]　　　　　　　　　落ち着きのない
□ **senseless** [sénsləs]　　　　　　　　無感覚な
□ **valueless** [vǽlju:ləs]　　　　　　　価値のない

15　-ite　形容詞の語尾を表す以外特に意味はない

名詞の語尾にもなることがあるので注意。

□ **favorite** [féivərət]　　　　　　　　お気に入りの
□ **infinite** [ínfənət]　　　　　　　　　無限の
□ **polite** [pəláit]　　　　　　　　　　礼儀正しい

16　-ic　「～の／～のような／～と関係がある」を表す

athleticは「競技の／競技に関係する」の意味。

□ **academic** [ækədémik]　　　　　　　学問の
□ **diplomatic** [dìpləmǽtik]　　　　　　外交の
□ **domestic** [dəméstik]　　　　　　　家庭内の

語彙・文法問題Ⅲ　同じ接尾語を持つ単語333語の攻略

□ **economic** [èkənámik]	経済の
□ **fantastic** [fæntǽstik]	空想的な
□ **politic** [pálətik]	分別のある

17 -ory 「～の性質を帯びた」を表す

□ **compulsory** [kəmpálsəri]	強制的な
□ **obligatory** [əbligətɔ́:ri]	義務的な
□ **preparatory** [pripǽrətɔ́:ri]	準備の
□ **satisfactory** [sæ̀tisfǽktəri]	十分な

18 -ish 「～のような／～の性質を帯びた」を表す

yellowish は「黄色がかった」という意味。

□ **childish** [tʃáildiʃ]	子供っぽい
□ **feverish** [fí:vəriʃ]	熱っぽい
□ **selfish** [sélfiʃ]	わがままな

19 -y 「～でいっぱいの／～で覆われた／～の性質を帯びた」

bloodyは「血まみれの」の意味。

□ **cloudy** [kláudi]	曇った
□ **clumsy** [klámzi]	不器用な
□ **greedy** [grí:di]	どん欲な

20 -ine 「～の性質を帯びた」を表す

□ **divine** [diváin]	神聖な
□ **feminine** [fémənin]	女性の
□ **genuine** [dʒénjuin]	本物の

21 -ile 「～に関係した／～しやすい」を表す

facile は「容易な」の意味。

□ **fertile** [fə́:rtl]	肥沃な
□ **fragile** [frǽdʒəl]	壊れやすい
□ **juvenile** [dʒú:vənàil]	青少年の

22 -ique ／ -esque 「〜様式の／〜のような」を表す

☐ **antique** [æntíːk] 古代の
☐ **grotesque** [groutésk] 異様な
☐ **picturesque** [pìktʃərésk] 絵のような

23 -most 「最も〜な」を表す

☐ **southernmost** [sʌ́ðərnmòust] 最南端の
☐ **topmost** [tɔ́pmòust] 最上の
☐ **utmost** [ʌ́tmòust] 極度の

24 -id 形容詞の語尾を表す以外さして意味はない

☐ **rapid** [rǽpid] 急な
☐ **splendid** [spléndid] 荘厳な
☐ **stupid** [st(j)úːpəd] ばかげた
☐ **timid** [tímid] 臆病な

25 -ar 「〜の／〜に関係する」を表す

☐ **familiar** [fəmíljər] なじみ深い
☐ **popular** [pápjələr] 人気のある
☐ **similar** [símələr] 類似した

26 -fold 「〜倍の／〜重の」を表す

☐ **hundredfold** [hʌ́ndrədfòuld] 百倍の
☐ **manifold** [mǽnəfòuld] 多種多様な
☐ **twofold** [túːfòuld] 2倍の

27 -ant ／ -ent 「〜する」を表す

☐ **ardent** [áːrdnt] 熱心な
☐ **expectant** [ikspéktnt] 期待している
☐ **fluent** [flúːənt] 流ちょうな
☐ **indignant** [indígnənt] 憤慨した
☐ **insolent** [ínsələnt] 横柄な
☐ **obedient** [oubíːdiənt] 従順な
☐ **pleasant** [pléznt] 気持ちの良い
☐ **proficient** [prəfíʃənt] 熟達した

語彙・文法問題Ⅲ 同じ接尾語を持つ単語333語の攻略

☐ **prudent** [prúːdənt]　　　　　　　　　　用心深い

28　-ior　「ラテン語の比較」を表す

☐ **superior** [supíəriər]　　　　　　　　より優れた
☐ **inferior** [infíəriər]　　　　　　　　より劣った
☐ **junior** [dʒúːnjər]　　　　　　　　　より若い
☐ **senior** [síːnjər]　　　　　　　　　より年上の

UNIT 3　名詞を作る接尾語

CD2 62

抽象名詞を表す接尾語

1　-ment

☐ **installment** [instɔ́:lmənt]　　　設置
☐ **movement** [mú:vmənt]　　　運動
☐ **treatment** [trí:tmənt]　　　待遇

2　-cy

☐ **bankruptcy** [bǽŋkrʌptsi]　　　倒産
☐ **intimacy** [íntəməsi]　　　親密さ
☐ **policy** [pάləsi]　　　政策

3　-al

☐ **approval** [əprú:vl]　　　是認
☐ **arrival** [əráivl]　　　到着
☐ **survival** [sərváivl]　　　生存

4　-ry

☐ **bravery** [bréivəri]　　　勇敢さ
☐ **luxury** [lʌ́gʒəri]　　　ぜいたく
☐ **slavery** [sléivəri]　　　奴隷制度

5　-ity

☐ **hospitality** [hὰspətǽləti]　　　歓待
☐ **originality** [ərìdʒənǽləti]　　　独創
☐ **reality** [ri(:)ǽləti]　　　実際

6　-ism　「主義・主張」を表す

☐ **enthusiasm** [enθ(j)ú:ziæ̀zm]　　　熱狂
☐ **optimism** [άptəmìzm]　　　楽観主義
☐ **pessimism** [pésəmìzm]　　　悲観主義

語彙・文法問題Ⅲ　同じ接尾語を持つ単語 333 語の攻略

245

7　-ice

☐ **cowardice** [káuərdis]	臆病
☐ **justice** [dʒʌ́stis]	正義
☐ **service** [sə́:rvəs]	奉仕

8　-age

☐ **courage** [kə́:ridʒ]	勇気
☐ **shortage** [ʃɔ́:rtidʒ]	不足
☐ **usage** [jú:sidʒ]	使用

9　-ness

☐ **happiness** [hǽpinəs]	幸福
☐ **kindness** [káindnəs]	親切
☐ **seriousness** [síəriəsnəs]	深刻さ

10　-hood

☐ **childhood** [tʃáildhùd]	幼少時代
☐ **falsehood** [fɔ́:lshud]	偽り
☐ **neighborhood** [néibərhùd]	付近

11　-ship

☐ **citizenship** [sítəznʃip]	市民権
☐ **friendship** [fréndʃip]	友情
☐ **scholarship** [skálərʃip]	奨学金

12　-or

☐ **behavior** [bihéivjər]	行為
☐ **favor** [féivər]	好意
☐ **humor** [hjú:mər]	ユーモア

13　-ion

☐ **protection** [prətékʃən]	保護
☐ **tradition** [trədíʃən]	伝統
☐ **translation** [trænsléiʃən]	翻訳

14　-ure

□ **exposure** [ikspóuʒə*r*]	暴露
□ **failure** [féiljə*r*]	失敗
□ **pressure** [préʃə*r*]	圧力

15　-ics

□ **economics** [èkənámiks]	経済学
□ **ethics** [éθiks]	倫理学
□ **mathematics** [mæ̀θəmǽtiks]	数学

16　-y

□ **delivery** [dilívəri]	配達
□ **discovery** [diskÁvəri]	発見
□ **honesty** [ánəsti]	正直

人を表す接尾語

1　-ist

□ **artist** [á:rtist]	芸術家
□ **dramatist** [drǽmətəst]	劇作家
□ **tourist** [túərist]	観光客

2　-ent

□ **opponent** [əpóunənt]	敵
□ **president** [prézədənt]	大統領
□ **student** [st(j)ú:dnt]	生徒

3　-er

□ **leader** [lí:də*r*]	指導者
□ **owner** [óunə*r*]	所有者
□ **waiter** [wéitə*r*]	ウェイター

4　-ian

□ **Canadian** [kənéidiən]	カナダ人
□ **magician** [mədʒíʃn]	魔術師

247

語彙・文法問題Ⅲ　同じ接尾語を持つ単語333語の攻略

☐ **pedestrian** [pədéstriən] 歩行者

5　-ate

☐ **advocate** [ǽdvəkət] 支持者
☐ **candidate** [kǽndidèit] 候補者
☐ **electorate** [iléktərət] 選挙民

6　-ant

☐ **assistant** [əsístənt] 助手
☐ **immigrant** [ímigrənt] 移民
☐ **inhabitant** [inhǽbətənt] 住民

7　-ee　「行為を受ける人」を表す

☐ **employee** [èmplɔ́iː/implɔ́iː] 従業員
☐ **examinee** [igzǽməniː] 受験者
☐ **interviewee** [ìntərvjuːíː] 被会見者

8　-or　「〜する人」を表す

☐ **director** [dəréktər] 指揮者
☐ **governor** [gávənər] 知事
☐ **successor** [səksésər] 後継者

9　-ster

☐ **gangster** [gǽŋstər] ギャング
☐ **minister** [mínəstər] 大臣
☐ **youngster** [jáŋgər] 若者

10　-eer

☐ **engineer** [èndʒəníər] 技師
☐ **pioneer** [pàiəníər] 開拓者
☐ **volunteer** [vùləntíər] 志願者

その他の名詞を作る接尾語

1 -ry 集合名詞を表す

☐ **machinery** [məʃíːnəri]　　　　　　　機械類
☐ **poetry** [póuətri]　　　　　　　　　詩
☐ **scenery** [síːnəri]　　　　　　　　　景色

2 -let 「小さい」を表す

☐ **leaflet** [líːflət]　　　　　　　　　チラシ
☐ **pamphlet** [pǽmflət]　　　　　　　小冊子
☐ **piglet** [píɡlət]　　　　　　　　　子豚

3 -cracy 「政治の形態」を表す

☐ **autocracy** [ɔːtákrəsi]　　　　　　専制
☐ **democracy** [dimákrəsi]　　　　　　民主主義
☐ **theocracy** [θi(ː)ákrəsi]　　　　　　神権政治

4 -ory 「場所」を表すことがある

☐ **dormitory** [dɔ́ːrmətɔ̀ːri]　　　　　寮
☐ **factory** [fǽktəri]　　　　　　　　工場
☐ **territory** [térətɔ̀ːri]　　　　　　　領土

語彙・文法問題Ⅲ　同じ接尾語を持つ単語333語の攻略

249

語彙・文法問題 IV　句動詞

…UNIT 学習チェック一覧…

◆ 表現の多い最重要句動詞

- ☐ 1 break
- ☐ 2 come
- ☐ 3 get
- ☐ 4 give
- ☐ 5 go
- ☐ 6 keep
- ☐ 7 look

- ☐ 8 make
- ☐ 9 pass
- ☐ 10 put
- ☐ 11 run
- ☐ 12 set
- ☐ 13 take
- ☐ 14 turn

◆ その他の重要句動詞

- ☐ 15 back
- ☐ 16 blow
- ☐ 17 bring
- ☐ 18 call
- ☐ 19 carry
- ☐ 20 catch
- ☐ 21 clear
- ☐ 22 cut
- ☐ 23 do
- ☐ 24 draw
- ☐ 25 fall
- ☐ 26 fill

- ☐ 27 hang
- ☐ 28 hold
- ☐ 29 lay
- ☐ 30 leave
- ☐ 31 let
- ☐ 32 live
- ☐ 33 pick
- ☐ 34 pull
- ☐ 35 see
- ☐ 36 stand
- ☐ 37 throw

UNIT 1 句動詞 break

CD2 63

☐ break away	去る、別れる
☐ break down	壊れる／分類する
☐ break in	（靴など）履き慣らす／訓練する
☐ break into	押し入る
☐ break off	急にやめる／別れる
☐ break out	（火事・戦争などが）発生する
☐ break through	切り抜ける
☐ break up	別れる／解体する／衰弱する／休会する

[1] Several regions are trying to **break away** from Russia.
（幾つかの地域はロシアから離れようとしている）

[2] That car of mine **broke down** again and had to be repaired.
（僕のあの車ときたら、また壊れてしまって修理が必要になったんだ）

[3] I hate **breaking in** a new pair of shoes.
（僕は新しい靴を履き慣らすのが嫌いだ）

[4] Several students **broke into** the school last night.
（昨夜、何人かの生徒が学校に押し入った）

[5] We **broke off** our conversation when he came into the room.
（彼が部屋に入ってきたとき私たちは急に会話を中断した）

[6] A big fire **broke out** in my uncle's building yesterday.
（昨日、私の叔父のビルで大火事が発生した）

[7] We made every effort to **break through** all the obstacles.
（われわれはあらゆる障害を切り抜けるため最善の努力を尽くした）

[8] We have finally **broken up** because my boyfriend cheated on me.
（彼が浮気をしていたことが分かり私たちは別れた）

✔ 覚えておきたい重要関連表現

☐ **break in on**	突然じゃまをする
☐ **break forth**	爆発する
☐ **break from**	〜から急に離れる
☐ **break off with**	絶交する
☐ **break with**	絶交する

語彙・文法問題Ⅳ　句動詞対策297語の攻略

UNIT 2　句動詞　come

CD2 64

☐ come across	出会う
☐ come back	戻る
☐ come by	近くを通る／手に入れる
☐ come down with	病気になる
☐ come on	来る／上達する
☐ come out with	一般に売り出す／思わずしゃべる
☐ come up with	提案する／（考えなど）持ち出す

[1] I **came across** one of my old friends when I went shopping downtown.
（町に買い物に出かけたとき古い友達に偶然出会った）

[2] Would you **come back** tomorrow, please?
（どうか明日戻ってきてくれませんか）

[3] **Come by** my office after school, Bill.
（ビル、放課後僕のオフィスに顔を出せよ）

[4] When did Steven **come down with** the flu?
（スティーブンはいつインフルエンザにかかったんだい）

[5] **Come on** over here. You don't have to sit alone.
（こっちへおいでよ。1人で座らなくてもいいよ）

[6] When is Toyota going to **come out with** its new minivan?
（トヨタはいつその新しいミニバンを売りに出すのかな）

[7] Did you **come up with** that idea on your own?
（君は、その考えを自分で思い付いたのかい）

✐ 覚えておきたい重要関連表現

☐ come about	起こる
☐ come from	～出身である
☐ come in for	受ける
☐ come into	相続する
☐ come in	流行する／参加する／始まる
☐ come off	成功する
☐ come out for	支持する
☐ come out	出版される／露見する／終わる

語彙・文法問題Ⅳ　句動詞対策297語の攻略

252

UNIT 3　句動詞　get

CD2 65

□ **get along with**	仲良くやる、うまくやる
□ **get at**	ほのめかす／手が届く／理解する
□ **get away with**	（罰などを）免れる
□ **get off**	降りる／離す／脱ぐ／免れる
□ **get on**	乗る／着る／進む／続ける
□ **get out**	出る／逃げる／漏れる
□ **get over**	打ち勝つ／乗り越える／訪れる
□ **get through**	連絡する、通じさせる／通り抜ける／終える
□ **get to**	到着する

[1] I can't **get along with** my new neighbor.
（新しい近所の人とはどうもうまくいかない）

[2] What are you **getting at**?
（君は何を言おうとしているんだ）

[3] I'm not going to let you **get away with** this!
（このことから逃れさせはしないぞ）

[4] **Get off** the bus at the next stop.　（次の停留所で降りなさい）

[5] **Get on** the bus in front of this building.
（このビルの前でバスに乗りなさい）

[6] **Get out** of my sight!　（目の前から消えうせろ！）

[7] It may take you a long time to **get over** your chronic disease.
（あなたの慢性病が治るのには長い時間がかかるかもしれない）

[8] How can I **get through** to your brother?
（あなたのお兄さんにはどうやって連絡することができますか）

[9] How can I **get to** the nearest bus stop?
（一番近いバス停にはどう行けばいいんですか）

✒ 覚えておきたい重要関連表現

□ **get about**	歩き回る／広まる
□ **get across**	渡る／分からせる
□ **get away**	立ち去る／逃げる／取り除く
□ **get by**	通り過ぎる／うまく逃げる
□ **get down**	降りる／降ろす

語彙・文法問題Ⅳ　句動詞対策２９７語の攻略

253

UNIT 4　句動詞　give

CD2 66

□ **give away**	与える、譲る／暴露する
□ **give back**	返す／戻す
□ **give forth**	（音・臭い・光などを）発する
□ **give in**	屈する、負ける／崩れる
□ **give off**	放つ／発散する
□ **give onto**	〜に面する
□ **give out**	配布する／発表する
□ **give up on**	〜に見切りをつける

[1] That rich man **gave away** all his money to the handicapped before he died.
（その金持ちの男性は死ぬ前に障害を負った人たちにすべての財産を譲った）

[2] **Give** me **back** my book!
（僕の本を返してくれ！）

[3] The cymbal **gave forth** a big, vibrant sound.
（シンバルは大きく響き渡るような音を出した）

[4] No matter what happens, you must not **give in** to his demand.
（どんなことがあっても彼の要求を受け入れてはいけない）

[5] This rotten milk **gives off** an unpleasant smell.
（この腐ったミルクは不快な臭いを放っている）

[6] The cottage **gives onto** the lake.
（そのコテージは湖に面している）

[7] The teacher will **give out** the assignments next week.
（先生は来週その課題を配布するでしょう）

[8] Don't **give up on** me.
（僕のことを見捨てないで）

✔ 覚えておきたい重要関連表現

□ **give over**	譲る／やめる
□ **give up**	あきらめる／放棄する

語彙・文法問題Ⅳ　句動詞対策297語の攻略

254

UNIT 5　句動詞　go

□ **go along**	同意する／成功する
□ **go away**	去る／出かける
□ **go down**	下がる／降りる／記録される／静かになる
□ **go into**	議論する／調べる／（ある状態に）入る
□ **go off**	爆発する／退場する／終わる／急に〜する
□ **go on**	続ける
□ **go out**	デートする／外出する／廃れる
□ **go over**	復習する／検査する
□ **go through**	通り抜ける／経験する

[1] I won't **go along** with this plan.
（この計画には賛成できないな）

[2] **Go away!** I don't want to speak with you.
（あっちへ行け！おまえとは口をききたくない）

[3] The value of the dollar is **going down**.（ドルの価値が下がっている）

[4] He didn't **go into** detail, so we had to guess what was going on.
（彼は詳しいことは話さなかったので、何が起こっているかを推測しなければならなかった）

[5] The unexploded bomb **went off.**（不発弾が爆発した）

[6] We **went on** talking about the accident for hours.
（私たちはその事故について何時間も話し続けた）

[7] Mike is **going out** with two girls.
（マイクは2人の女の子と付き合っている）

[8] Don't forget to **go over** today's lesson at home.
（家で今日のレッスンを復習することを忘れてはいけませんよ）

[9] I was stopped by the police after I **went through** the red light.
（信号無視をして警察に止められた）

覚えておきたい重要関連表現

□ **go around**	行き渡る／回り道をする
□ **go under**	沈む／屈する
□ **go up**	上がる
□ **go without**	〜なしで済ます

語彙・文法問題Ⅳ　句動詞対策297語の攻略

UNIT 6 句動詞 keep

CD2 68

□ keep away	近づかない／近づけない
□ keep back	阻止する／隠す
□ keep down	静める／押さえる
□ keep off	近づけない／近づかない
□ keep on	続ける
□ keep out	閉め出す／防ぐ
□ keep up	維持する／保つ／続ける
□ keep up with	遅れをとらない、ついていく

[1] **Keep away** from that huge dog. It has already bitten three people.
(あのばかでかい犬に近づくな。もう3人もかみついているんだから)

[2] I couldn't **keep back** my tears when I heard the sad news.
(その悲しいニュースを聞いたとき、涙をこらえられなかった)

[3] The police tried to **keep down** the riot.
(警察は暴動を制圧しようとした)

[4] We made a fire to **keep off** wild animals.
(野生動物を近づけないために私たちは火をたいた)

[5] We **kept on** discussing that matter all night.
(一晩中その事柄について話し合いを続けた)

[6] Don't forget to shut the front door to **keep out** the flies.
(ハエを入れないように正面のドアを閉め忘れないでください)

[7] Try to **keep up** the good work.
(その調子で頑張りなさい)

[8] I wasn't able to **keep up with** my studies when I was in the hospital.
(入院しているときに、自分の研究に遅れをとってしまった)

覚えておきたい重要関連表現

□ keep after	追い回す
□ keep in	押さえる／閉じ込める
□ keep out of	～に加わらない
□ keep to	守る
□ keep under	服従させる

UNIT 7　句動詞　look

CD2 69

□ **look after**	世話をする
□ **look back on**	振り返ってみる
□ **look down on**	軽べつする
□ **look into**	調査する
□ **look out**	注意する
□ **look over**	ざっと見る／調べる
□ **look up**	調べる／（状況が）良くなる
□ **look up to**	尊敬する
□ **look upon (on)**	見なす

[1] Will you **look after** my daughter while I'm gone?
(私がいない間、娘の面倒を見ていただけますか)

[2] Elderly people like to **look back on** their younger days.
(年を取った人は、若かりしころを思い起こすのが好きなものだ)

[3] You shouldn't **look down on** the poor.
(貧しい人たちを見下してはいけませんよ)

[4] The police are **looking into** the murder case.
(警察はその殺人事件を調査中である)

[5] You'd better **look out** for that fierce dog.
(あのどう猛な犬には気をつけた方がいいよ)

[6] **Look over** your test before you hand it in.
(提出する前にテストを見直しなさい)

[7] Why don't you **look up** that word in your dictionary?
(その単語を辞書で調べたらどうですか)

[8] I **look up to** my father.
(私は父を尊敬しています)

[9] I **look upon** my secretary as efficient.
(私の秘書は有能であると思います)

語彙・文法問題Ⅳ　句動詞対策297語の攻略

✔ 覚えておきたい重要関連表現

□ **look at**	見る
□ **look for**	探す
□ **look forward to**	～を楽しみにする

257

UNIT 8 句動詞 make

CD2 70

□ **make after**	追跡する
□ **make away with**	盗む／持ち逃げする
□ **make for**	～に向かう
□ **make of**	解釈する
□ **make off**	走って逃げる
□ **make out**	理解する／成功する／（文書を）作成する
□ **make over**	仕立て直す／譲渡する
□ **make up**	構成する／準備する／発明する／完成する／埋め合わせる
□ **make up for**	償う／補う

[1] The cat is **making after** the toy train.
（ネコはおもちゃの電車を追いかけ回している）

[2] The robbers broke into the office and **made away with** the payroll.
（強盗がオフィスに押し入り、従業員の給与を奪って逃げた）

[3] He rose to his feet and **made for** the door.
（彼は立ち上がりドアの方に向かった）

[4] What do you **make of** her sudden decision to study abroad?
（彼女の突然の留学の決意をどう解釈しますか）

[5] When the thief saw me, he **made off** at once.
（泥棒は私を見たとたんに逃げ出した）

[6] I can't **make out** what you mean no matter how hard you explain it.
（どんなに一生懸命説明しようと、君の言うことは理解できない）

[7] I asked the tailor to **make over** my evening dress.
（私は、イブニングドレスの仕立て直しを依頼した）

[8] This volunteer group is **made up** of fourteen college students.
（このボランティアグループは14人の大学生で構成されている）

[9] How can I **make up for** what I've done?
（私がしてしまったことに対してどう償えばいいんだろうか）

覚えておきたい重要関連表現

□ **make off with**	盗む／持ち逃げする
□ **make up to**	言い寄る、取り入る

UNIT 9　句動詞　pass

CD2 71

□ pass around	分配する／回す
□ pass away	亡くなる
□ pass by	通り過ぎる
□ pass for	〜で通じる／見なされる
□ pass on	渡す／与える
□ pass out	意識を失う
□ pass over	無視する
□ pass up	見逃す／見送る

[1] Would you **pass** this **around** to everyone, please?
（これをみんなに回してもらえますか）

[2] My grandmother **passed away** 3 years ago.
（私の祖母は3年前に亡くなりました）

[3] Kathy **passed by** without noticing me.
（キャシーは私に気付かずに通り過ぎた）

[4] He was able to **pass for** an American because he spoke English very well.
（彼は大変うまく英語を話したので、アメリカ人として通用した）

[5] Would you **pass** this money **on** to Steven, please?
（このお金をスティーブンに渡していただけますか）

[6] My brother **passed out** when he saw his forefinger bleeding.
（弟は人差し指が出血しているのを見て気を失ってしまった）

[7] I was **passed over** for a promotion again.
（私は今回も昇進を見送られた）

[8] Could you **pass up** that offer?
（その申し出は見送っていただけますか）

✒ 覚えておきたい重要関連表現

□ **pass down**	伝える
□ **pass into**	〜になる／〜の手に移る
□ **pass off**	（気を）そらす／無視する
□ **pass round**	回す
□ **pass through**	通り抜ける／経験する

語彙・文法問題Ⅳ　句動詞対策297語の攻略

259

UNIT 10 句動詞 put

CD2 72

□ **put aside**	わきへ置く／蓄える
□ **put away**	しまう／ためる
□ **put back**	（元の場所へ）戻す
□ **put down**	やり込める／鎮圧する／降ろす／書き留める
□ **put off**	延期する／取り去る／妨げる
□ **put on**	着る／上演する／増やす／だます
□ **put out**	消す／追い出す
□ **put up**	示す、行う／建てる／上げる／泊まる 泊める／立候補する
□ **put up with**	我慢する

[1] Let's **put aside** our differences.
（われわれの意見のくい違いはわきへ置いておこう）

[2] **Put away** all the toys right now.
（すぐにおもちゃを全部片付けなさい）

[3] **Put** that **back**. We are not buying any toys today.
（それを元の場所に戻しなさい。今日はおもちゃは買わないよ）

[4] It's not nice to **put down** others.
（他人を押さえ付けるのはよくないな）

[5] I've **put** this **off** long enough.
（このことは今まで散々先延ばしにしてきた）

[6] Are you **putting** me **on**?
（僕をかついでいるのかい）

[7] It took the firemen 3 hours to **put out** the fire.
（消防隊員がその火事を消し止めるのに3時間もかかった）

[8] The Iraqi soldiers **put up** little resistance when they were attacked.
（イラク軍兵士は攻撃をかけられたときほとんど抵抗できなかった）

[9] I can't **put up with** such a lazy man.
（あんな怠け者には我慢ならない）

覚えておきたい重要関連表現

□ **put in**	書き入れる／挟む／提出する／投資する
□ **put through**	やり通す／（電話に相手を）呼び出す

語彙・文法問題Ⅳ 句動詞対策297語の攻略

260

UNIT 11　句動詞　run

CD2 73

☐ **run across**	偶然出会う
☐ **run after**	追跡する、追いかける
☐ **run away**	逃げる／家出する
☐ **run down**	（機械）動かなくなる／やつれる／衝突して倒す／攻撃する
☐ **run into**	偶然に出会う
☐ **run off with**	駆け落ちする
☐ **run out of**	欠乏する、なくなる
☐ **run over**	（車などで）ひく／ざっと読む／あふれる

[1] I **ran across** Susan at the mall.
（モールでスーザンに偶然出会った）

[2] Someone is **running after** us.
（だれかが僕たちを追いかけてくるよ）

[3] My neighbor's daughter **ran away** 3 times last year.
（近所の人の娘さんは昨年3回も家出した）

[4] What time is it? My watch is **run down**.
（今、何時。僕の時計は止まってるんだよ）

[5] Kathy **ran into** her old boyfriend at the theater yesterday.
（キャシーは昨日劇場で前のボーイフレンドに偶然出くわした）

[6] Our neighbor's wife **ran off with** the milkman.
（近所の奥さんが牛乳配達員と駆け落ちした）

[7] I **ran out of** gas on my date last night.
（昨夜、デート中に車がガス欠になってしまった）

[8] I **ran over** a chipmunk on my way to school today.
（今日学校へ行く途中でシマリスをひいてしまった）

✒ 覚えておきたい重要関連表現

☐ **run away with**	駆け落ちする
☐ **run off**	流れ出る／出版する
☐ **run out**	消費する／欠乏する／追い出す
☐ **run through**	素早く調べる
☐ **run up**	増す／加算する／逢う

語彙・文法問題Ⅳ　句動詞対策297語の攻略

261

UNIT 12 句動詞 set

CD2 74

□ set aside	取っておく／残す
□ set back	後退させる／阻止する／遅らせる
□ set in	始まる
□ set off	爆発させる／相殺する／仕切る／出発する・出発させる
□ set on	襲う
□ set out	出発する／列挙する／広げる
□ set up	設立する／始める／組み立てる

[1] Why don't you **set aside** a certain portion of your income?
(収入のいくらかは別に取っておいたらどうだい)

[2] Who **set back** the clock 20 minutes? I'm going to be late for class.
(だれが時計を20分遅らせたんだ。遅刻するじゃないか)

[3] When does the rainy season **set in** over there?
(その地域では雨季はいつ始まるのですか)

[4] Be careful! The least little thing can **set** him **off**.
(気を付けろよ。ほんのささいなことでも彼を爆発させてしまうかもしれないぞ)

[5] Three men **set on** me as I walked down the dark street.
(暗い道を歩いていたとき、3人の男が私に襲いかかった)

[6] When did your brother **set out** for Paris?
(あなたの弟はいつパリに出発したんですか)

[7] I would like to **set up** my own business when I return to America.
(アメリカに戻ったら、自分の会社を設立したいと思っています)

✔ 覚えておきたい重要関連表現

□ set about	始める
□ set at	攻撃する
□ set by	貯える
□ set down	据える
□ set forth	投資する
□ set forward	促進する／進める
□ set to	準備がある

語彙・文法問題Ⅳ　句動詞対策297語の攻略

262

UNIT 13 句動詞 take

CD2 75

☐ **take after**	似ている
☐ **take back**	撤回する／戻す
☐ **take down**	取り外す／飲み込む／書き取る
☐ **take in**	(映画などに) 行く／だます／吸収する
☐ **take off**	脱ぐ／取り除く／離陸する
☐ **take on**	相手にする／引き受ける／雇う／企てる
☐ **take out**	取り除く／持ち出す／連れ出す
☐ **take up**	始める／占める／従事する／吸収する
☐ **take over**	乗っ取る／引き継ぐ

[1] You **take after** your mother, don't you?
(あなたはお母さんに似ていますね)

[2] You can't **take back** what you've said.
(言ってしまったことを撤回することはできませんよ)

[3] I'm getting tired of that painting. Why don't we **take** it **down**?
(あの絵はもう飽きちゃったから、取り外したらどうかな)

[4] Let's **take in** a movie this afternoon.
(今日の午後映画に行こうよ)

[5] **Take off** your shoes before you come in the house.
(家に入る前に靴を脱ぎなさい)

[6] You can't **take on** the government and win.
(あなたが政府を相手にして勝つことはできませんよ)

[7] I'll **take out** the trash in the morning.
(朝ゴミを出しましょう)

[8] I would like to **take up** golf, but it is just too expensive.
(ゴルフを始めたいんですが、お金がかかりすぎるんですよね)

[9] Our company is being **taken over** by an American firm.
(われわれの会社はアメリカの会社に乗っ取られようとしている)

✒ 覚えておきたい重要関連表現

☐ **take away**	持ち去る／奪う
☐ **take to**	習慣になる／ふける／好きになる

語彙・文法問題Ⅳ　句動詞対策297語の攻略

263

UNIT 14 句動詞 turn

CD2 76

☐ turn down	断る／弱くする／裏返して置く
☐ turn in	返却する／引き渡す／就寝する
☐ turn off	止める／消す／解雇する／興味を失わせる
☐ turn on	つける／向ける／興味を持たせる
☐ turn out	〜であることが分かる／生産する／ 追い出す／止める
☐ turn over	ひっくり返す／めくる／引き渡す／売買する
☐ turn to	助言を求める／調べる
☐ turn up	つける／上に向ける／現れる／うんざりする

[1] We'd better **turn down** their offer because they are dishonest.
（彼らは不正直だから、彼らの申し出は断った方がいいだろう）

[2] Will you **turn** the key **in** to the janitor?
（管理人に鍵を返してくれますか）

[3] Do you mind if I **turn off** the TV?
（テレビを消してもいいですか）

[4] Can I **turn on** the radio?
（ラジオをつけてもいいですか）

[5] My new car **turned out** to be a lemon.
（僕の新車は欠陥車であることが分かった）

[6] That baby is trying to **turn over**.
（その赤ん坊は寝返りをうとうとしている）

[7] I couldn't but **turn to** my boss for help.
（私は上司に助けを求めざるをえなかった）

[8] Could you **turn up** the volume?
（ボリュームを上げていただけますか）

✏ 覚えておきたい重要関連表現

☐ turn around	回転する／向きを変える
☐ turn aside	方向を変える
☐ turn away	追い払う／解雇する
☐ turn back	引き返す／遅らせる／後戻りする
☐ turn into	〜に変わる

語彙・文法問題Ⅳ　句動詞対策297語の攻略

264

UNIT 15 句動詞 back

CD2 77

□ **back away**	離れる／後戻りする
□ **back out**	バックさせる／（約束・義務などを）果たさない
□ **back up**	後ろへ戻る／支持する

[1] The policeman told the robber to **back away** from the car slowly.
（警官は強盗に車からゆっくりと離れるように言った）

[2] Could you **back** the car **out** of the garage?
（ガレージから車をバックさせてくれますか）

[3] Could you **back up** and read that sentence again?
（戻ってその文をもう一度読んでもらえますか）

🖊 **覚えておきたい重要関連表現**

□ **back off**	引き下がる
□ **back down**	引き下がる

UNIT 16 句動詞 blow

CD2 78

□ **blow away**	吹き飛ばす
□ **blow over**	収まる
□ **blow up**	爆破して破壊する／かっとする

[1] The strong wind **blew away** my hat.
（強風が私の帽子を吹き飛ばした）

[2] This problem will not **blow over** soon.
（この問題はすぐには収まらないでしょう）

[3] The terrorist group tried to **blow up** the building, but failed.
（そのテロリスト集団はビルを破壊しようとしたが、失敗した）

🖊 **覚えておきたい重要関連表現**

□ **blow down**	吹き飛ばす
□ **blow out**	吹き消す／パンクする

語彙・文法問題Ⅳ 句動詞対策297語の攻略

UNIT 17 句動詞 bring

CD2 79

□ **bring about**	もたらす、引き起こす
□ **bring down**	下げる・降ろす／くじく・破滅させる
□ **bring up**	提示する／育てる

[1] How can you **bring about** the changes you want?
（どうやってあなたが望む変化をもたらすことができるのですか）

[2] The rebels are trying to **bring down** the government.
（反逆者たちは政府を破滅させようとしている）

[3] I'll **bring up** that question in the next meeting.
（次のミーティングでその問題を提示することにしよう）

✒ 覚えておきたい重要関連表現

□ **bring in**	持ち込む／稼ぐ
□ **bring to**	正気づかせる

UNIT 18 句動詞 call

CD2 80

□ **call for**	必要とする／迎えに行く／求める
□ **call off**	中止する
□ **call on**	訪問する／指名する

[1] The president is **calling for** more money for welfare recipients.
（大統領は、福祉を受ける人たちへのより多くの資金流用が必要であることを唱えている）

[2] The football game was **called off** because of the heavy rain.
（大雨のためにフットボールの試合は中止になった）

[3] You can **call on** me anytime. （いつでも私を訪ねてくださいね）

✒ 覚えておきたい重要関連表現

□ **call down**	しかる
□ **call in**	（出回ったものを）回収する／招く

UNIT 19　句動詞　carry

^{CD2 81}

□ carry away	魅了する
□ carry off	誘拐する／実行する
□ carry out	遂行する

[1] Don't get **carried away**!
（うっとりしている場合じゃないぞ）

[2] That millionaire's daughter was **carried off** by someone yesterday.
（あの百万長者の娘が、昨日だれかに誘拐された）

[3] You must make every effort to **carry out** your plan.
（計画を実行するには精一杯努力しなければならない）

✐ 覚えておきたい重要関連表現

□ carry back	思い出させる
□ carry on	ふざけた振る舞いをする／続ける

UNIT 20　句動詞　catch

^{CD2 82}

□ catch on	理解する／人気が出る
□ catch up with	追いつく

[1] Jim hasn't **caught on** yet.
（ジムはまだ理解していない）

[2] When will you be able to **catch up with** us?
（君はいつ僕たちに追いつけるのだろうか）

✐ 覚えておきたい重要関連表現

□ catch at	飛び付く
□ catch away	素早く奪う
□ catch in	引っ掛かる
□ catch out	打者をアウトにする／誤りを見破る
□ catch up on	～に追いつく

語彙・文法問題Ⅳ　句動詞対策297語の攻略

267

UNIT 21 句動詞 clear

CD2 83

□ clear away	取り去る
□ clear out	片付ける
□ clear up	晴れ上がる／解決する

[1] Will you **clear away** these dishes?
（このお皿を先に片付けてくれますか）

[2] Would you **clear out** your desk before you go home?
（家に帰る前に机を片付けてくれませんか）

[3] Do you think it's going to **clear up**?
（晴れ上がると思うかい）

✔ 覚えておきたい重要関連表現

□ clear off	取り去る
□ clear out of	～からさっさと出ていく

UNIT 22 句動詞 cut

CD2 84

□ cut down on	減らす、切り詰める
□ cut off	切り落とす／切り取る／遮る／止める
□ cut out	切り抜く／止める

[1] Carl needs to **cut down on** his smoking.
（カールは喫煙の量を減らす必要がある）

[2] That young man's right arm was **cut off** in the accident.
（あの若者は事故で彼の右腕を切断してしまった）

[3] Children like to **cut out** pictures from magazines.
（子供たちは雑誌から絵を切り取るのが好きだ）

✔ 覚えておきたい重要関連表現

□ cut down	切り倒す／減らす
□ cut up	切り刻む／酷評する／苦しめる

268

UNIT 23　句動詞　do

CD2 85

☐ **do away with**	廃止する、やめる
☐ **do with**	処理する／我慢する
☐ **do without**	～なしで済ます

[1] The school **did away with** that unpopular policy last year.
(昨年、学校はあの不人気な方針を廃止した)

[2] What did you **do with** that old car of yours?
(あなたのあの古い車はどう処分したのですか)

[3] I can **do without** such an arrogant man's advice.
(あんな横柄な男の助言などなくても結構だ)

✒ 覚えておきたい重要関連表現

☐ **do over**	やり直す／改装する
☐ **do up**	包装する／手入れする

UNIT 24　句動詞　draw

CD2 86

☐ **draw back**	撤退する／ためらう／手を引く
☐ **draw in**	引き入れる／切り詰める／短くする
☐ **draw up**	(文書などを) 作成する／引き寄せる／接近する

[1] The hunter **drew back** when he saw a huge black bear.
(巨大な黒いクマを見たときハンターは後ずさった)

[2] We **drew in** the enemy soldiers before we opened fire.
(われわれは、攻撃を始める前に敵の兵士を引き入れた)

[3] Could you **draw up** a plan for the matter by tomorrow?
(明日までにその件についての計画書を作成していただけますか)

✒ 覚えておきたい重要関連表現

☐ **draw aside**	片側に寄せる
☐ **draw on**	近づく／誘う／金を引き出す

語彙・文法問題Ⅳ　句動詞対策297語の攻略

UNIT 25　句動詞　fall

CD2 87

□ **fall back on**	依存する、頼る
□ **fall down**	倒れる、ころぶ
□ **fall off**	落ちる／分離する

[1] We have nothing to **fall back on** if this doesn't work.
(これがうまく行かなければ、われわれにはもう頼るべきものがない)

[2] My grandfather broke his leg when he **fell down** the stairs.
(祖父は階段でころんで足を折った)

[3] The glass broke when it **fell off** the table.
(テーブルから落ちてグラスが割れた)

覚えておきたい重要関連表現

□ **fall into**	(ある状態に) なる／分かれる
□ **fall on**	(日付が) 当たる／倒れる／襲う

UNIT 26　句動詞　fill

CD2 88

□ **fill in**	記入する、埋める
□ **fill out**	記入する
□ **fill up**	満たす／満タンにする

[1] Could you **fill** this **in**, please?
(これを記入してもらえますか)

[2] Could you **fill out** this application form, please?
(この申請用紙を記入していただけますか)

[3] **Fill** it **up**, please.
(ガソリンを満タンにしてください)

覚えておきたい重要関連表現

□ **fill ～ with …**	…で～をいっぱいにする
□ **fill in for**	～の代わりをする

UNIT 27　句動詞　hang

CD2 89

□ **hang on**	頑張る、耐える／つかむ
□ **hang out**	ぶらつく
□ **hang up**	電話を切る／つるす／延ばす

[1] **Hang on**! I'll be right back.
（頑張れ！すぐに戻るから）

[2] Let's **hang out** at the mall.
（ショッピング街をぶらつきましょう）

[3] Don't **hang up**! I haven't finished.
（切らないで。まだ終わってないんだから）

✎ 覚えておきたい重要関連表現

| □ **hang back** | しり込みする、ためらう |
| □ **hang over** | のしかかる |

UNIT 28　句動詞　hold

CD2 90

□ **hold on**	耐える／続ける／しっかりつかむ
□ **hold out**	持ちこたえる、屈服しない／提出する
□ **hold up**	妨げる／支える／示す／持ち上げる

[1] **Hold on**! I'll be with you in a minute.
（しっかり！すぐに行くから）

[2] The union is **holding out** for a better deal.
（組合はより良い条件を求めて闘い続けている）

[3] I was **held up** at customs for two hours.
（税関で2時間も足止めをくってしまった）

✎ 覚えておきたい重要関連表現

| □ **hold back** | 引き止める／隠す／控える |
| □ **hold down** | 押さえる |

語彙・文法問題Ⅳ　句動詞対策297語の攻略

UNIT 29　句動詞　lay

CD2 91

☐ lay aside	取っておく／貯える
☐ lay off	一時解雇する／やめる
☐ lay out	広げる／用意する

[1] Why don't you **lay aside** some money each month for a new car?
（新しい車のために、毎月いくらか残していけばどうですか）

[2] More than 300 workers were **laid off** last week.
（先週、300人以上の労働者たちが一時解雇された）

[3] Will you help us **lay out** the merchandise in the show-window?
（ショーウインドウに商品を並べるのを手伝っていただけますか）

✒ 覚えておきたい重要関連表現

| ☐ lay by | 貯える |
| ☐ lay down | 下に置く／捨てる |

UNIT 30　句動詞　leave

CD2 92

| ☐ leave behind | 見捨てる／置き去りにする |
| ☐ leave out | 省略する |

[1] Tom **left** his dog **behind** when he went to Japan.
（日本に行くとき、トムは彼の犬を置き去りにした）

[2] You'd better not **leave out** any details when you talk to your father about the matter. （その件についてお父さんに話をするときには、どんなささいなことも省略しない方がいいですよ）

✒ 覚えておきたい重要関連表現

☐ leave aside	～を考慮に入れない
☐ leave for	～に向けて出発する
☐ leave off	やめる
☐ leave over	延期する／残す

UNIT 31　句動詞　let

CD2 93

| □ **let up** | （雨などが）やむ／和らぐ |
| □ **let down** | 落胆させる／見捨てる |

[1] I hope it will **let up** by tomorrow morning.
（明日の朝までに雨が上がるといいなあ）

[2] Please don't **let** me **down**.
（どうか私を失望させないでください）

✒ 覚えておきたい重要関連表現

□ **let by**	見逃す
□ **let in**	入れる／通す
□ **let off**	許す／放出する
□ **let on**	ふりをする
□ **let out**	解雇する／話す

UNIT 32　句動詞　live

CD2 94

| □ **live up to** | 添う／答える |
| □ **live on** | 〜に依存して生きる／〜を食べて生きる |

[1] I'm afraid you cannot **live up to** our expectations because you don't satisfy all the requirements.
（あなたの場合、すべての必要条件を満たしていないのでご期待に添うことはできないと思います）

[2] His family **lives on** his small salary.
（彼の家族は、彼のささやかな収入に頼って生きている）

✒ 覚えておきたい重要関連表現

□ **live down**	償いの生活を送る
□ **live in**	住み込む
□ **live through**	生き抜く

語彙・文法問題Ⅳ　句動詞対策２９７語の攻略

273

UNIT 33　句動詞　pick

CD2 95

□ **pick on**	いじめる
□ **pick out**	見分ける／選ぶ
□ **pick up**	拾い上げる／良くなる／始める／取り戻す／仲良くなる

[1] You shouldn't **pick on** your younger brother.
（弟をいじめるのはよくないよ）

[2] I couldn't **pick** you **out** in the crowd.
（人込みの中で君がどこにいるか見分けられなかった）

[3] Let's go down to the town and **pick up** some girls.
（町に出て女の子を引っ掛けよう）

✔ 覚えておきたい重要関連表現

□ **pick off**	もぎ取る、むしり取る／狙い撃ちする
□ **pick up with**	〜と知り合いになる

UNIT 34　句動詞　pull

CD2 96

□ **pull in**	(車が)片側に寄って止まる／(列車が)駅に入る／逮捕する
□ **pull out**	引き抜く、引き出す／退却する／(列車が)出て行く
□ **pull up**	(車などを) 止める／取り除く

[1] Would you **pull in** here for a minute? I need to buy some tape.
（ここでちょっと止まってもらえます。テープを買う必要があるんだ）

[2] The man suddenly **pulled out** a knife and robbed us of money.
（その男は突然ナイフを取り出して金を奪った）

[3] **Pull up** to the corner and let me out.
（その角で車を止めて降ろしてくれ）

✔ 覚えておきたい重要関連表現

□ **pull down**	取り壊す／稼ぐ
□ **pull off**	うまくやる、成功する／脱ぐ

UNIT 35　句動詞　see

CD2 97

□ **see after**	面倒を見る
□ **see off**	見送る
□ **see to**	うまく行くように取り計らう

[1] Would you **see after** my little sister while I'm gone?
　(私がいない間妹の面倒を見てくださいますか)

[2] I'm sorry I don't have enough time to **see** you **off** tomorrow.
　(明日あなたを見送る時間がなくてごめんなさいね)

[3] Jack will **see to** it that it gets done.
　(それが終わるようにジャックが取り計らうだろう)

✓ 覚えておきたい重要関連表現

□ **see into**	調査する
□ **see through**	見抜く

UNIT 36　句動詞　stand

CD2 98

□ **stand by**	味方する／(約束などを)守る
□ **stand for**	表す／支持する／立候補する
□ **stand out**	目立つ／際立つ
□ **stand up to**	勇敢に立ち向かう

[1] I will **stand by** you no matter what happens.
　(何があってもあなたの味方ですよ)

[2] What does WTO **stand for**?　(WTOとは何を表しているのですか)

[3] Bob **stands out** in a crowd.　(ボブは群衆の中で目立っている)

[4] We have to **stand up to** bullies in society.
　(社会のいじめには勇気を持って立ち向かわなければならない)

✓ 覚えておきたい重要関連表現

□ **stand up**	立つ

語彙・文法問題IV　句動詞対策297語の攻略

275

UNIT 37　句動詞　throw

□ **throw away**	捨てる／失う
□ **throw up**	吐く／投げ上げる／断念する／辞職する

[1] Don't **throw away** your old textbooks. You might need them sometime in the future.
（古いテキストを捨ててはいけません。将来いつか必要になるかもしれません）

[2] I drank the night away last night. Now I feel like **throwing up**.
（昨夜は飲み明かしたので、今は気分が悪くて吐きそうだ）

覚えておきたい重要関連表現

□ **throw back**	投げ返す／撃退する
□ **throw in**	投げ込む
□ **throw off**	脱ぐ／除去する
□ **throw out**	投げ出す／追い出す／表す

REVIEW TEST
...1

1. A big fire _____ in my uncle's building yesterday.
   (A) broke out (B) set off
   (C) went about (D) looked for

2. No matter what happens, you must not _____ to his demand.
   (A) look on (B) give in
   (C) break out (D) go along

3. Why don't you _____ that word in your dictionary?
   (A) look up (B) get over
   (C) break down (D) pull out

4. I can't _____ such a lazy man.
   (A) come up with (B) get down to
   (C) make off with (D) put up with

5. Our company is being _____ by an American firm.
   (A) put off (B) looked into
   (C) taken over (D) left out

語彙・文法問題Ⅳ　句動詞対策297語の攻略

正解　1. (A)　2. (B)　3. (A)　4. (D)　5. (C)

1. 昨日、私の叔父のビルで大火事が発生した。
2. どんなことがあっても彼の要求を受け入れてはいけない。
3. その単語を辞書で調べたらどうですか。
4. あんな怠け者には我慢ならない。
5. われわれの会社はアメリカの会社に乗っ取られようとしている。

参照⟳ 1. (U1-6)　2. (U4-4)　3. (U7-7)　4. (U10-9)　5. (U13-9)

277

REVIEW TEST ...2

6. My new car _____ to be a lemon.
   (A) came across   (B) fell into
   (C) turned out   (D) backed up

7. I'll _____ that question in the next meeting.
   (A) bring up   (B) pull down
   (C) make up   (D) put at

8. The president is _____ calling for more money for welfare recipients.
   (A) keeping away   (B) backing off
   (C) calling for   (D) getting up

9. Why don't you _____ some money each month for a new car?
   (A) lay aside   (B) give up
   (C) put on   (D) make out

10. Would you _____ here for a minute? I need to buy some tape.
    (A) pull in   (B) call out
    (C) make off   (D) get into

語彙・文法問題 Ⅳ　句動詞対策297語の攻略

正解　6.（C）　7.（A）　8.（C）　9.（A）　10.（A）

6. 僕の新車は欠陥車であることが分かった。
7. 次のミーティングでその問題を提示することにしよう。
8. 大統領は、福祉を受ける人たちへのより多くの資金流用が必要であることを唱えている。
9. 新車のために、毎月いくらか残していけばどうですか。
10. ここでしばらく止まってもらえますか。テープを買う必要があるんだ。

参照　6.（U14-5）　7.（U17-3）　8.（U18-1）　9.（U29-1）　10.（U34-1）

278

語彙・文法問題 Ⅴ　イディオム

…UNIT学習チェック一覧…

- ☐ 1　名詞①
- ☐ 2　名詞②
- ☐ 3　動詞① beat, break
- ☐ 4　動詞② bring, burn, call
- ☐ 5　動詞③ carry, cut
- ☐ 6　動詞④ come, do, draw
- ☐ 7　動詞⑤ feel, get
- ☐ 8　動詞⑥ give
- ☐ 9　動詞⑦ go
- ☐ 10　動詞⑧ have
- ☐ 11　動詞⑨ have, hit, hold
- ☐ 12　動詞⑩ keep
- ☐ 13　動詞⑪ keep, know
- ☐ 14　動詞⑫ laugh, lay, leave
- ☐ 15　動詞⑬ let, look, lose
- ☐ 16　動詞⑭ make（1）
- ☐ 17　動詞⑮ make（2）
- ☐ 18　動詞⑯ make（3）
- ☐ 19　動詞⑰ pay, pick, pin, play
- ☐ 20　動詞⑱ put
- ☐ 21　動詞⑲ prick, pull, put, see
- ☐ 22　動詞⑳ set, show, stand
- ☐ 23　動詞㉑ take（1）
- ☐ 24　動詞㉒ take（2）
- ☐ 25　動詞㉓ tell, throw, turn
- ☐ 26　動詞㉔ be 〜 can't make
- ☐ 27　動詞㉕ catch 〜 kill
- ☐ 28　動詞㉖ lick 〜 paint
- ☐ 29　動詞㉗ pass 〜 rest
- ☐ 30　動詞㉘ rub 〜 toe
- ☐ 31　形容詞
- ☐ 32　前置詞① at
- ☐ 33　前置詞② by
- ☐ 34　前置詞③ for, from
- ☐ 35　前置詞④ in（1）
- ☐ 36　前置詞⑤ in（2）
- ☐ 37　前置詞⑥ in（3）
- ☐ 38　前置詞⑦ in（4）
- ☐ 39　前置詞⑧ on（1）
- ☐ 40　前置詞⑨ on（2）
- ☐ 41　前置詞⑩ on, out
- ☐ 42　前置詞⑪ to, under
- ☐ 43　前置詞⑫ with(in), without
- ☐ 44　前置詞⑬ above 〜 over
- ☐ 45　副詞

語彙・文法問題Ⅴ　イディオム対策360語の攻略

UNIT 1 名詞の必須イディオム ①

CD3 1

☐ **a chip off the old block**	父親によく似た息子
圓 spitting image うり二つ	
☐ **a flash in the pan**	束の間の成功
☐ **a lemon**	(車や電気製品などの) 欠陥商品
☐ **a snake in the grass**	油断ならない人、物
☐ **a square peg in a round hole**	不適任者
表 eligible 形 適任の	
☐ **a word to the wise**	賢い人なら従うであろう忠告
表 advise 動 忠告する	
☐ **an early bird**	早起きの人
☐ **an old hand**	熟練者
表 be adept at/in ～に熟練した	

[1] Bill was so happy when his friend said that his son was **a chip off the old block**.
(ビルは息子が自分によく似ていると友人に言われてとてもうれしくなった)

[2] Many people thought the new runningback was going to be **a flash in the pan**.
(多くの人は新しいランニングバックの勢いが一時的だと思った)

[3] The second-hand car I bought last month turned out to be **a lemon**.
(先月購入した中古車は欠陥車であることが判明した)

[4] Thomas is **a snake in the grass**.
(トーマスは油断ならない奴だ)

[5] Fred is **a square peg in a round hole** when he is playing golf.
(フレッドはゴルフには向かない)

[6] I told him once about being late for class, but I guess **a word to the wise** wasn't enough. (遅刻について彼に1度注意したが1度の警告では十分でなかったようだ)

[7] Alex is such **an early bird**.
(アレックスはとても早起きだ)

[8] Uncle Jack is **an old hand** at repairing computers.
(ジャックおじさんはコンピューターの修理には手慣れています)

280

UNIT 2　名詞の必須イディオム ②

□ **child's play**　　　　朝飯前、非常に簡単なこと
　同 a piece of cake
□ **odds and ends**　　　がらくた、半端な仕事
　表 odd jobs　半端な仕事
□ **one's cup of tea**　　好みのもの(通例否定表現で使用)
□ **one's money's worth**　払った分に対する見返り
□ **run of luck**　　　　運が付いている期間
　表 形 fortunate　幸運な
□ **the apple of one's eye**　目に入れても痛くないほどのもの
□ **ups and downs**　　　浮き沈み
□ **walk of life**　　　　職業
　表 income 名　収入

---

[1] This is **child's play**.
　(こんなこと朝飯前だ)

[2] I still have a few **odds and ends** to clean up before I leave.
　(出かける前に片付けなくちゃならないちょっとしたことが2、3ある)

[3] Classical music is not **my cup of tea**.
　(クラシック音楽は僕の好みじゃないなあ)

[4] I sure got **my money's worth** at the all-you-can-eat salad bar.
　(その食べ放題のサラダバーで確かに払っただけの元は取った)

[5] He has had a bad **run of luck** recently.
　(最近彼には悪運が付いて回っている)

[6] My grandmother always tells me that I am **the apple of her eye**.
　(祖母は目に入れても痛くないほどかわいいといつも言ってくれる)

[7] Life has its **ups and downs**, so you shouldn't worry about it so much.
　(人生には浮き沈みがある。だからそのことをそんなに思い悩まなくてもよい)

[8] Many doctors have second homes; people in their **walk of life** can afford them.
　(別荘を持っている医者は多い。このような職業の人々はその余裕があるのだ)

語彙・文法問題Ⅴ　イディオム対策360語の攻略

UNIT 3　動詞の必須イディオム ① beat, break

CD3 3

☐ **beat a hasty retreat**	一目散に退散する
表 run away 動 逃げる	
☐ **beat around the bush**	遠回しに言う
反 get to the point　要点をつく	
☐ **beat someone to the draw**	出し抜く
同 be quick on the draw	
☐ **break even**	トントンになる、お相子になる
☐ **break new ground**	新たな境地を切り開く
☐ **break one's heart**	ひどく悲しませる
☐ **break one's neck**	精一杯努力する
同 make every effort	
☐ **break one's word**	約束を破る

[1] The burglar **beat a hasty retreat** when he saw my gun.
（泥棒は私の銃を見て一目散に退散した）

[2] One thing I like about Janice is that she never **beats around the bush**.
（ジャニスについて1つ私が好きなことは決して遠回しに言ったりしないことだ）

[3] I **beat** him **to the draw**.
（私は彼を出し抜いた）

[4] Our company is just **breaking even** this year.
（私たちの会社は今年ちょうど赤字がなくなるというところだろう）

[5] The Japanese and American negotiators were not able to **break new ground** in the discussions last night.
（昨夜の話し合いで日米双方の新たな歩み寄りは見られなかった）

[6] David **broke Ann's heart**.
（デビットはアンをひどく悲しませました）

[7] I **broke my neck** trying to pass the exam.
（私は試験に受かろうと精一杯努力した）

[8] John would be the last person to **break his word**.
（ジョンは決して約束を破らない人だ）

語彙・文法問題Ⅴ　イディオム対策360語の攻略

282

UNIT 4 　動詞の必須イディオム ② 　bring, burn, call

CD3 4

□ **bring ～ home to someone** 　　　　　　　～を人に分からせる
　 表 come home to 　～の胸にこたえる

□ **bring ～ to light** 　　　　　　　　　　～を打ち明ける
　 表 come to light 　明らかになる

□ **bring ～ to mind** 　　　　　　　　　　思い出させる
　 同 remind 動

□ **burn one's fingers** 　　　　　　　　　痛い目に遭う

□ **burn the candle at both ends** 　　　（仕事などで)無理をする

□ **call to mind** 　　　　　　　　　　　　～を思い出す
　 同 recall 動

□ **call ～ to account** 　　　　　　　　　～に弁明を求める
　 表 account for 　～を説明する

□ **call ～ on the carpet** 　　　　　　　～を呼びつけてしかる

---

[1] I am going to **bring** this **home to my son**.
（私はこのことをはっきり息子に分からせるつもりだ）

[2] I'm glad that you **brought** that **to light**.
（君がそれを打ち明けてくれて私はうれしい）

[3] That picture **brings** my hometown **to mind**.
（あの写真を見ると故郷のことを思い出す）

[4] Some children can't be told; they have to **burn their fingers** in order to learn. （口で言っても分からない子供もいる。彼らは痛い目に遭わないと分からない）

[5] Tom has been **burning the candle at both ends** for weeks.
（彼は何週間もずっと無理をし続けている）

[6] This picture **calls to mind** my hometown.
（この写真を見ると私は故郷のことを思い出す）

[7] The manager **called** David **to account** after Jim left work early without permission.
（ジムが許可なく早退した後で支配人はデビットに弁明を求めた）

[8] The student was **called on the carpet** by the teacher for sleeping in class. （その生徒は授業中に寝ていたので先生に呼ばれてしかられた）

語彙・文法問題Ⅴ　イディオム対策360語の攻略

283

UNIT 5　動詞の必須イディオム ③　carry, cut

CD3
5

□ **carry coals to Newcastle**　　　　　　無駄な努力をする
　同 make an effort in vain
□ **carry the day**　　　　　　　　　　　勝利を得る
　表 victory 名　勝利
□ **cut corners**　　　　　　　　　　　　手を抜く、節約する
　表 形 economical = frugal　節約の
□ **cut ice**　同 have an influence on　　影響がある
□ **cut loose**　　　　　　　　　　　　　解放される、自由になる
　同 動 free = release　解放する
□ **cut off one's nose to spite one's face**　腹立ちから自分に損なこ
　　　　　　　　　　　　　　　　　　　とをする
□ **cut one's own throat**　　　　　　　自滅を招く
□ **cut ～ to the quick**　　　　　　　　人の心をひどく傷つける
　表 hurt one's feelings　感情を傷つける

[1] Phil was **carrying coals to Newcastle** when he tried to tell his sister how to bake a cake.
（フィルは妹にケーキの焼き方を教えようと無駄な努力をしていた）

[2] Aikman's three touchdown passes helped the Cowboys **carry the day**.
（エイクマンの3つのタッチダウンパスがカウボーイズの勝利に貢献した）

[3] The house collapsed in the earthquake because the builders had **cut corners** during construction.
（大工が建築中に手を抜いたので、その家は地震で崩壊してしまった）

[4] That is not going to **cut** any **ice** with me.
（それで私が影響を受けることはないだろう）

[5] Bill left home and **cut loose** from his father's control.
（ビルは家を出て父親の束縛から解放された）

[6] You shouldn't **cut off your nose to spite your face**.
（腹立ち紛れに自分に不利なことをするべきではない）

[7] She **cut her own throat** when she spoke out against the project.
（彼女はその計画に反対して自滅を招いた）

[8] The children's teasing **cut** Ms. White **to the quick**.
（子供たちがいたずらしたのでホワイトさんはひどく気分を害した）

284

UNIT 6　動詞の必須イディオム ④　come, do, draw

CD3 6

□ **come to terms with**	～と折り合いがつく
□ **come to pass**	実際に起こる
□ **do justice to**	～を正当に扱う
同 do ～ justice	
□ **do one's worst**	できるだけひどいことをする
裏 do one's best　最善を尽くす	
□ **do the honors**	主人役を務める
□ **draw a blank**	失敗する
同 fail 動	
□ **draw in one's horns**	敵対的になるのをやめる
□ **draw the line**	ある点で線を引く、辞める

---

[1] I haven't been able to **come to terms with** my father's death yet.
（私はまだ父の死を受け止めきれずにいる）

[2] He must be a prophet. Whatever he says **comes to pass**.
（彼は予言者に違いない。言うことすべてが実際に起こるんだもの）

[3] The television anchor did not **do justice to** the story about the Great Hanshin Earthquake.
（ニュースキャスターは阪神大震災の模様を公平に伝えてはいなかった）

[4] The gangsters **did their worst** to drive us out of the office.
（ギャングは私たちを事務所から追い出そうとできる限りの卑劣な手段を使った）

[5] Would you **do the honors**?
（あなたが主人役を務められますか）

[6] I am trying to remember his name, but I keep **drawing a blank**.
（彼の名前を思い出そうとするがどうしても思い出せない）

[7] After his business failure, the arrogant man **drew in his horns**.
（仕事で失敗した後その横柄な男はおとなしくなった）

[8] I'm going to have to **draw the line** this time.
（今回はこの辺りで止めておかないとならないだろう）

語彙・文法問題Ⅴ　イディオム対策３６０語の攻略

285

UNIT 7　動詞の必須イディオム ⑤　feel, get

CD3 7

☐ **feel one's way**	手探りで進む
☐ **feel ～ in one's bones**	～を直感的に感じる
表 intuition 名　直感	
☐ **get a grip on**	～をしっかりと理解する
☐ **get even with**	～に仕返しする
表 be even　お相子である	
☐ **get in one's hair**	いらいらさせる
同 get on one's nerves	
☐ **get the ax**	クビになる
同 get fired	
☐ **get the better of**	～をうち負かす
同 overcome 動	
☐ **get to one's feet**	立ち上がる
表 jump to one's feet　跳んで立つ	

[1] Because of the power failure, I had to **feel my way** over to the power breaker.
（停電したので私はブレーカーまで手探りで進まなければならなかった）

[2] I don't know why, but I just **feel** it **in my bones**.
（なぜだか分からないが、ただ直感的にそれを感じるんだ）

[3] I wish you would **get a grip on** reality.
（君が現実をしっかりと分かってくれればいいんだけど）

[4] Don't try to **get even with** him.
（彼に仕返ししようなんて考えるなよ）

[5] My neighbor's child is always **getting in my hair**.
（隣の子供はいつも私をいらいらさせる）

[6] Alex **got the ax** last Friday.
（アレックスは先週の金曜日クビになった）

[7] Ted let Frank **get the better of** him during the meeting.
（テッドはその会議でフランクに花を持たせてやった）

[8] The boxer was not able to **get to his feet** after being knocked down in the third round.（そのボクサーは第3ラウンドにノックダウンされた後立ち上がることができなかった）

語彙・文法問題Ⅴ　イディオム対策360語の攻略

286

UNIT 8　動詞の必須イディオム ⑥　give

CD3 8

□ **give it to someone straight**	率直に言う
□ **give one's right arm for**	どんな代償を払っても惜しくない
□ **give rise to**	～を生む
同 give birth to	
□ **give someone a going-over**	人を徹底的に調べる
□ **give someone a piece of one's mind**	～に一言意見する、とがめる
□ **give someone the cold shoulder**	～に冷たくする
□ **give the devil one's due**	嫌な長所を認める
□ **give up the ghost**	死ぬ
同 die = pass away 動	

[1] Let me **give it to you straight**. You're fired!
（はっきり言ってやろう。おまえはクビだ）

[2] I'd **give my right arm for** a chance to go out with her.
（彼女とデートできるならどんな代償を払っても惜しくない）

[3] Poverty and humiliation **gave rise to** the Nazi party in the 1930's.
（貧困と屈辱が1930年代にナチス党を生み出したのだ）

[4] Mr. Jackson **gave Bill a going-over** after work yesterday.
（昨日ジャクソンさんは仕事の後でビルを徹底的に責め立てた）

[5] I'll be right back. I'm going to go over there and **give him a piece of my mind**.
（すぐに戻るよ。向こうに行って彼にちょっと言ってやらなくちゃ）

[6] My girlfriend **gave me the cold shoulder** when I showed up an hour late for our date.
（デートに1時間遅れてしまったので彼女は僕に冷たかった）

[7] I don't like my boss, but to **give the devil his due**, I must admit that he is a hard worker.
（私は上司が嫌いだが、公平に評価すると彼は働き者だと認めざるをえない）

[8] After her long fight with cancer, my aunt finally **gave up the ghost**.
（長いガンとの闘病生活の末、おばはついに帰らぬ人となった）

語彙・文法問題Ⅴ　イディオム対策360語の攻略

UNIT 9　動詞の必須イディオム ⑦　go

CD3 9

□ **go Dutch**	割り勘にする
同 split the bill	
□ **go a long way**	役に立つ
□ **go against one's grain**	いらいらさせる
同 annoy = irritate 動	
□ **go hard with**	厳しく罰する
同 punish severely	
□ **go off in a huff**	ムッとして立ち去る
□ **go out of one's way**	特別の努力をする
□ **go to pot**	鈍る
□ **go to the dogs**	荒廃する、落ちぶれる
表 lead a dog's life　みじめな生活を送る	

[1] Let's **go Dutch** this time.
（今回は割り勘にしよう）

[2] His advice **went a long way** with me.
（彼の助言は大いに役立った）

[3] His arrogant attitude really **goes against my grain**.
（彼のごう慢な態度は私をいらいらさせる）

[4] It will **go hard with** you if the teacher sees you smoking in the bathroom again.
（もしまたトイレでタバコを吸っているところを先生に見つかったら、厳しい罰を受けるよ）

[5] Ted **went off in a huff** after the argument with his teacher.
（先生と言い争った後テッドは怒って出て行った）

[6] How many times have I **gone out of my way** for you?
（これまでどれだけあなたのために努力をしたことか）

[7] Since returning to Japan, my English has **gone to pot**.
（日本に戻ってきてから僕の英語はすごく鈍ってきている）

[8] This country is **going to the dogs**.
（この国は荒廃していくだろう）

UNIT 10　動詞の必須イディオム ⑧　have

CD3 10

☐ **have a bone to pick with**　　　　〜に対して苦情がある
☐ **have a good mind to do**　　　　大いに〜したい
☐ **have a good nose for**　　　　〜を見つける勘が鋭い
☐ **have a leg to stand on**　　　　〜を主張する根拠がある
　表 take a stand　主張する
☐ **have a say**　　　　発言権がある
　表 take the floor　正式に発言する
☐ **have a screw loose**　　　　狂っている
☐ **have a sweet tooth**　　　　甘いものが大好きである
☐ **have an inside track**　　　　有利な立場に立つ
　表 advantageous 形　有利な

[1] I **have a bone to pick with** you.
　（君とちょっと嫌なことを話さなくちゃならない）

[2] I **have a good mind to make** friends with such a pretty girl.
　（あんなにかわいい女の子ならぜひとも友達になりたいものだ）

[3] He **has a good nose for** bargains.
　（彼は掘り出し物を見つける勘が鋭い）

[4] He doesn't **have a leg to stand on** this time.
　（今回の彼の主張には根拠がない）

[5] The president **has a say** in all matters relating to foreign policy.
　（大統領は対外政策に関するすべての事項に関して発言権がある）

[6] That man **has a screw loose**.
　（あの男はちょっと狂ってる）

[7] Sally **has** such **a sweet tooth**.
　（サリーは甘いものには目がない）

[8] I would probably get that promotion if I could **have an inside track**.
　（有利な立場に立てれば僕はおそらく昇進できるだろうに）

語彙・文法問題Ⅴ　イディオム対策360語の攻略

289

UNIT 11　動詞の必須イディオム ⑨　have, hit, hold　CD3 11

□ **have one's hands full**　　　　　手がいっぱいになる
□ **have one's own way**　　　　　　好きなようにする
□ **have someone on a string**　　　〜を思い通りに操る
□ **have something up one's sleeve**　何か隠し事をしている
□ **hit the nail right on the head**　的を射ている
□ **hit 〜 right on the nose**　　　　〜を正確に当てる

　　表 accurately 副　正確に

□ **hold one's tongue**　　　　　　　口を慎しむ

　　表 bite one's tongue　口をつぐむ

□ **hold the bag**　　　　　　　　　　責任を負う

　　同 take one's responsibility

[1] I want to help you, but I **have my hands full** right now.
　　(お手伝いしたいけど、今手がいっぱいなのです)

[2] Vicky always wants to **have her own way**.
　　(ビッキーはいつも彼女の思い通りにしたがる)

[3] Lisa **has her husband on a string**.
　　(リサは夫を思い通りに操っている)

[4] By the look on her face, it looks like she **has something up her sleeve** again.
　　(彼女の表情からすると彼女はまた何か隠し事をしているようだ)

[5] That's right. You **hit the nail right on the head**.
　　(そうだ。まさに君の言った通りだ)

[6] You **hit** that one **right on the nose**.
　　(君はあのことを正確に当てたね)

[7] If you want to keep your job, you'd better **hold your tongue** when talking to the boss.
　　(仕事を続けたいなら上司と話すとき口を慎んだ方がよいだろう)

[8] When the police arrived, I was caught **holding the bag**.
　　(警察が到着したとき私は責任を負って捕まった)

語彙・文法問題Ⅴ　イディオム対策360語の攻略

290

UNIT 12　動詞の必須イディオム ⑩　keep

CD3 12

□ **keep body and soul together**	生き延びる
同 survive 動	
□ **keep good time**	正確な時刻を刻む
表 keep early hours　早寝早起きする	
□ **keep one's head**	冷静さを保つ
同 stay cool = keep one's shirts on	
□ **keep house**	家事をする
表 play house　ままごとをする	
□ **keep one's eyes open for**	～に気を付けておく
□ **keep one's head above water**	借金せずに生活する
□ **keep the ball rolling**	だれずに続ける
□ **keep ～ under one's hat**	～を秘密にしておく

[1] It is hard for unskilled workers to make enough money to **keep body and soul together**.
（非熟練労働者が生活していくのに十分な金を稼ぐのは大変だ）

[2] This watch **keeps good time**.
（この時計の時刻は正確だ）

[3] Even under pressure Laura is able to **keep her head**.
（プレッシャーがかかっていてもローラは冷静さを保つことができる）

[4] I have to **keep house** while my wife is out of town.
（妻がいない間は私が家事をしなければならない）

[5] **Keep your eyes open for** some good bargains while you're in Mexico on vacation.
（休暇でメキシコに滞在している間格安の掘り出し物に気を付けておくといいよ）

[6] Sherman was not able to **keep his head above water**.
（シャーマンは借金せずには生活できなかった）

[7] Let's **keep the ball rolling**.
（さあ、だれずに続けよう）

[8] **Keep** that important information **under your hat**.
（その重要な情報は秘密にしておきなさい）

語彙・文法問題Ⅴ　イディオム対策360語の攻略

UNIT 13　動詞の必須イディオム ⑪　keep, know

CD3 13

語彙・文法問題Ⅴ　イディオム対策360語の攻略

☐ **keep ～ in check**	抑える
表 give a check to　～を阻止する	
☐ **keep one's hand in**	～の実力を維持する
表 get one's hand in　～に慣れる	
☐ **keep the wolves from the door**	飢えをしのぐ
表 starvation 名　飢え	
☐ **keep up appearances**	体面を保つ
表 appearance = outlook 名　外観	
☐ **know better than to**	～するほど愚かではない
☐ **know the ropes**	コツを知っている
表 名 knack [nǽk]　コツ	
☐ **know what's what about**	～についてよく知っている
同 be at home with	
☐ **not know what to make of**	理解できない
表 make out　理解する	

---

[1] If we want to win this game, we need to **keep** their offense **in check**.
（この試合で勝ちたいなら、彼らの攻撃を抑える必要がある）

[2] After Professor Smith retired, he **kept his hand in** by occasionally giving special seminars. （スミス教授は引退した後も力が落ちることのないようにと時々特別講演を行っている）

[3] I must do something to **keep the wolves from the door**.
（飢えをしのぐためには何かしなければならない）

[4] My father had a hard time **keeping up appearances** after my mother died. （母が死んだ後、父は落胆の色を隠すのに苦労した）

[5] Mark **knows better than to** betray his best friend.
（マークは親友を裏切るほど愚かではない）

[6] If you have any questions, you should ask John. He **knows the ropes**. （質問があればジョンに聞くべきだ。コツを知っているから）

[7] Tom **knows what's what about** Japanese Sumo.
（トムは日本の相撲について本当によく知っている）

[8] I do**n't know what to make of** their latest proposal.
（私は彼らの最新の提案をどう理解していいか分からない）

UNIT 14 動詞の必須イディオム ⑫ laugh, lay, leave CD3 14

☐ **laugh on the other side of one's face**	楽しい状態から逆の状態になる
☐ **laugh up one's sleeve**	密かに笑う
表 up one's sleeve　密かに用意して	
☐ **lay down one's arms**	武器を捨てる
☐ **lay hold of**	〜を入手する
☐ **lay it on with a trowel**	法外な値段を吹っ掛ける
☐ **leave word**	伝言を残す
同 leave a message	
☐ **leave 〜 out in the cold**	仲間外れにする、見捨てる
☐ **leave 〜 up to someone**	人に〜を任せる

[1] David boasted that he was a good skier, but after he broke his leg, he was **laughing on the other side of his face**.
（デビッドはスキーがうまいと自慢していたが、足の骨を折った後急に泣きべそをかいた）

[2] He was **laughing up his sleeve** when the teacher came into the room, because the teacher's zipper was open.
（教師が部屋に入って来たとき教師のチャックが開いていたので彼は密かに笑っていた）

[3] The IRA has never promised to **lay down their arms** in return for peace.
（IRAが平和の見返りに武器を捨てると約束したことはない）

[4] He sold every used car he could **lay hold of**.
（彼は手に入れた中古車をすべて売りさばいた）

[5] Bob is sure **laying it on with a trowel** this time.
（今回ボブは明らかに法外な値を吹っ掛けている）

[6] Did Jane **leave word** about where she was going?
（ジェーンはどこに行くのか伝言を残しましたか）

[7] Jack is angry because he was **left out in the cold** again.
（ジャックはまた仲間外れにされて怒っている）

[8] You can't **leave it up to him**. It will never get finished.
（彼にそれを任せておいたら絶対に終わらないだろう）

語彙・文法問題 V　イディオム対策360語の攻略

293

UNIT 15 動詞の必須イディオム ⑬ let, look, lose CD3 15

□ **let it go to one's head**	人をうぬぼれさせる
回 conceit 動	
□ **let oneself go**	羽目を外す
□ **let the cat out of the bag**	秘密を漏らす
□ **let the grass grow under one's feet**	努力を怠る
□ **look down one's nose at**	～を見下す
回 look down on	
□ **look on the bright side of things**	楽観的に考える
□ **lose heart**	失望する
表 discourage 動　落胆させる	
□ **lose one's tongue**	口がきけなくなる

[1] It is only a small promotion. Don't **let it go to your head**.
　（それはほんの少しの昇進に過ぎない。有頂天になるな）

[2] Charles **let himself go** at the party Saturday night.
　（チャールズは土曜の夜パーティーで羽目を外した）

[3] Don't **let the cat out of the bag**.
　（秘密を漏らすな）

[4] Anthony doesn't **let the grass grow under his feet**.
　（アンソニーが努力を怠るようなことはない）

[5] Nancy **looked down her nose at** those poor people.
　（ナンシーはその貧しい人たちを見下した）

[6] **Look on the bright side of things**. You are finally getting out of this place.
　（楽観的に考えてみろよ。君はやっとここから出て行けるのだ）

[7] Don't **lose heart**. There are still thirty minutes left in the game.
　（あきらめるな。試合はまだ残り30分ある）

[8] I **lost my tongue** when I tried to ask her out on a date.
　（彼女をデートに誘おうとしたとき、うまく言葉が出なかった）

語彙・文法問題Ⅴ　イディオム対策360語の攻略

UNIT 16　動詞の必須イディオム ⑭　make（1） CD3 16

□ **make a big deal of**　　　　　　　　とても大切なもののように扱う
□ **make a clean breast of**　　　　　白状する
　　同 confess 動
□ **make a clean sweep of**　　　　　～の完全な勝利を収める
□ **make a habit of ～ing**　　　　　～することを習慣にする
□ **make a play for**　　　　　　　　～を誘惑する
　　表 make eyes at　～に色目を使う
□ **make a point of ～ing**　　　　　必ず～する
□ **make a scene**　　　　　　　　　大騒ぎする
　　同 make a racket
□ **make a stab at**　　　　　　　　　～をやってみる
　　同 have a crack at

[1] He always **made a big deal of** his friendship with the section chief.
（彼は課長とのつながりをとても大切にしていた）

[2] After Chris cheated on the test, he felt guilty and **made a clean breast of** it.
（試験で不正をした後、クリスは罪の意識を感じてすべて白状した）

[3] In 2002, the Republicans are planning to **make a clean sweep of** the southern states.
（共和党員は2002年には南部の州を手中に収めようと計画している）

[4] I **make a habit of studying** English for thirty minutes before going to bed.
（私は寝る前の30分間いつも英語を勉強することにしている）

[5] Jack **made a play for** my sister.
（ジャックが僕の妹を誘惑しようとした）

[6] He always **makes a point of insulting** me in front of his friends.
（彼は友人たちの前では必ず私のことを侮辱する）

[7] My sister always **makes a scene** whenever she is refused something.
（私の妹は何か断られるたびに大騒ぎする）

[8] The pianist was not familiar with Bach, but he **made a stab at** it anyhow.
（そのピアニストはバッハには精通していなかったが、とりあえず何とかやってみた）

295

UNIT 17　動詞の必須イディオム ⑮　make (2)　CD3 17

□ **make both ends meet**	収支を合わせる
□ **make do with**	～で間に合わせる
表 makeshift 形　間に合わせの	
□ **make faces at**	～に顔をしかめる
表 make a face　顔をしかめる	
□ **make good**	約束を守る
表 keep one's promise　約束を守る	
□ **make good time**	支障なく進行する
表 have a good time　楽しい時を過ごす	
□ **make hay while the sun shines**	好機を逃さない
□ **make one's way in the world**	立身出世する
□ **make little of**	～を軽んじる

語彙・文法問題Ⅴ　イディオム対策360語の攻略

[1] Both Jack and his wife have to work to **make both ends meet**.
（収支を合わせるにはジャックも彼の妻も働かなければならない）

[2] You are going to have to **make do with** this. We just don't have the money to buy a new one.
（これでどうにかしなければならない。新品を買うお金がないのだ）

[3] Billy! Don't **make faces at** your mother.
（ビリー！お母さんに向かってそんな顔をしてはいけません）

[4] George always **makes good** on his promises.
（ジョージはいつも約束を果たす）

[5] We **made good time** on our trip to Ocean City.
（私たちはオーシャンシティーまで順調な旅を楽しんだ）

[6] Bill's class was cancelled, so he **made hay while the sun shone** and did his homework for the next day.
（授業は休講になったのでビルはその機会を利用し翌日の宿題をした）

[7] My uncle **made his way in the world** after taking over his father's business.
（私のおじは彼の父親の事業を引き継いだ後立身出世した）

[8] Do not **make little of** my advice.
（僕の忠告を軽く考えていては駄目だよ）

296

UNIT 18　動詞の必須イディオム ⑯　make（3）　CD3 18

□ **make much of**	〜を重視する
反 make nothing of	〜を軽んじる
□ **make no bones about**	まったくこだわらない
□ **make no difference**	大した違いはない
□ **make one's hair stand on end**	ぞっとさせる
□ **make one's pile**	一財産築く
同 make a fortune	
□ **make one's rounds**	巡回する
□ **make sense**	意味をなす
□ **make short work of**	〜を手早く片付ける

[1] I wouldn't **make much of** it if I were you.
（僕が君ならそのことをそんなに重要視しないよ）

[2] The boss did**n't make any bones about** my poor performance this past quarter.
（上司はこの四半期の私の乏しい成績にまったくこだわらなかった）

[3] It **makes no difference** to me what you do.
（君が何をしようと私には何の影響もない）

[4] That movie **made my hair stand on end**.
（あの映画を見て私はぞっとした）

[5] My uncle **made his pile** during the bubble economy era.
（バブルの間におじは一財産築いた）

[6] When the doctor was **making his rounds** in the emergency ward, he discovered that one patient had expired.
（医者は緊急病棟内を巡回していたとき1人の患者がすでに息を引き取っているのを発見した）

[7] What he said doesn't **make sense**.
（彼が言ったことは意味をなさない）

[8] Tom was anxious to meet his girlfriend, so he **made short work of** his homework.
（トムは彼女に会いたかったので宿題を手早く片付けた）

語彙・文法問題V　イディオム対策360語の攻略

297

UNIT 19　動詞の必須イディオム ⑰　pay, pick, pin, play

□ **pay someone back in one's own coin**	やり返す
同 get even	
□ **pay the piper**	責任を取る
表 be responsible for　〜に責任がある	
□ **pay through the nose for**	〜に法外な金額を払う
□ **pick holes in**	〜のあら探しをする
同 find fault with	
□ **pick one's way**	足元に注意して歩く
表 make one's way　進む	
□ **pin one's ears back**	〜を激しく責める
同 blame 動	
□ **play for keeps**	本気で取り組む
□ **play the game**	立派に振る舞う、正々堂々とする

[1] My brother refused to help me mow the lawn, so I decided to **pay him back in his own coin** and told him that I wouldn't help him with his math homework. （弟は芝刈りの手伝いを嫌がったので、そのお返しに彼の数学の宿題を手伝わないと言った）

[2] Bob had a fight with his boss, and now he must **pay the piper**. （ボブは上司とけんかをしたのでその責任は取らなければならない）

[3] She **paid through the nose for** that new car. （彼女はあの新車に法外な金額を払った）

[4] The debate teacher likes to **pick holes in** her student's arguments. （そのディベートの先生は生徒の議論のあら探しをするのが好きだ）

[5] During the attack our platoon **picked its way** across the minefield. （攻撃の間私たちの小隊は足元に注意して地雷地帯を横切った）

[6] My boss **pinned my ears back** for neglecting my duty. （上司は、私が職務を怠っていると激しく責め立てた）

[7] He is **playing for keeps**. （彼は本気で取り組んでいる）

[8] You've got to learn to **play the game** if you want to succeed in this company. （この会社で成功したいなら立派に仕事をこなさなければならない）

UNIT 20 動詞の必須イディオム ⑱ put

CD3 20

□ **put all one's eggs in one basket** 1つのことにすべてをかける
□ **put an end to** やめさせる、終わらせる
□ **put one's foot in it** しくじる
□ **put it out of one's head** 忘れる
　同 put ～ out of mind
□ **put one's mind at rest** 安心させる
　同 relieve 動
□ **put one's shoulder to the wheel** 全力を尽くす
□ **put that in one's pipe and smoke it** よく考えてみる
　同 give due consideration
□ **put the cart before the horse** 本末を転倒する

[1] When you invest, it's better not to **put all your eggs in one basket**.
（投資するときは1つの事業に全財産をかけない方がいい）

[2] I am going next door to **put an end to** that racket.
（隣へ行ってあの騒ぎをやめさせてくるよ）

[3] My boss **put his foot in it** this time.
（今回は私の上司がしくじった）

[4] You've got to **put it out of your head**.
（もうそのことは忘れた方がいい）

[5] Let me **put your mind at rest**. You are not going to die.
（安心しろ。死にはしないよ）

[6] Her business succeeded because she **put her shoulder to the wheel**.
（彼女は熱心に努力したので仕事は成功した）

[7] You should **put that in your pipe and smoke it**.
（そのことをよく考えてみなさい）

[8] Don't **put the cart before the horse**.
（本末を転倒するな）

語彙・文法問題V　イディオム対策360語の攻略

299

UNIT 21　動詞の必須イディオム ⑲　prick, pull, put, see

□ **prick up one's ears**	耳をそばだてる
□ **pull a boner**	大失敗をする
表 make a mistake　失敗する	
□ **pull one's punches**	手心を加える
□ **pull the rug out from under**	～の計画を狂わせる
□ **put up bail for**	～の保釈金を払う
□ **put ～ to rights**	～を整理する
同 tidy = straighten 動	
□ **see one's way clear**	見通しが付く
□ **see service**	兵役に就く

[1] I **pricked up my ears** when I heard them talking about the new project.
（私は彼らが新しいプロジェクトについて話しているのを聞くときに
耳をそばだてた）

[2] Larry sure **pulled a boner** with that remark.
（あんな発言をしたなんてラリーにとったら大失策だ）

[3] Jackson didn't **pull any punches** during the last presidential debate.
（ジャクソンはこの前の大統領の討論で手心を加えなかった）

[4] Jerry **pulled the rug out from under** Tom.
（ジェリーはトムの計画を狂わせた）

[5] Jason's wife refused to **put up bail for** him this time.
（今回ジェイソンの妻は彼のために保釈金を支払うことを拒否した）

[6] It took me three days to **put** the house **to rights** after the party.
（パーティーの後、家を元通りに整理するのに3日かかった）

[7] Jack finally **saw his way clear** to help us clean the room.
（ジャックはようやく部屋の掃除を手伝える状態になった）

[8] My father **saw service** in the army during the Vietnam War.
（父はベトナム戦争中陸軍に従軍していた）

語彙・文法問題Ⅴ　イディオム対策360語の攻略

300

UNIT 22　動詞の必須イディオム ⑳　set, show, stand

CD3 22

□ **set one's cap for**　　　　　　　　　　　　～の機嫌を取る
　同 curry favor with

□ **set one's eyes on**　　　　　　　　　　　　～に狙いを定める

□ **set one's mind on**　　　　　　　　　　　～することに決める

□ **set one's teeth on edge**　　　　　　　　不愉快にする
　同 discomfort 動

□ **show one's hand**　　　　　　　　　　　　手の内を見せる
　表 make up one's mind　決める

□ **show one's teeth**　　　　　　　　　　　　歯をむき出す

□ **stand one's ground against**　　　　　　～に対して自分の主張を
　　　　　　　　　　　　　　　　　　　　　　　曲げない

□ **stand the gaff**　　　　　　　　　　　　　緊張に耐え抜く
　表 tension 名　緊張

---

[1] The new nurse **set her cap for** the doctor.
　（その新人看護婦は医者の機嫌を取ろうとした）

[2] When Mr. Byrd **sets his eyes on** something, there is no stopping
　him.（バード氏が何かに狙いを定めたら彼を止めることはできない）

[3] He has **set his mind on** going to America, so it is useless to try and
　stop him.
　（彼はアメリカに行くことを決めているから止めようとしても無駄だ）

[4] The first time I ate Umeboshi it **set my teeth on edge**.
　（初めて梅干しを食べたとき私は歯が浮いた）

[5] When negotiating with Americans, you shouldn't **show your hand**
　until an agreement has been reached.（アメリカ人と交渉するとき
　は合意に達するまで手の内を見せるべきではない）

[6] When my dog gets angry he always **shows his teeth**.
　（私の犬は怒ったときいつも歯をむき出す）

[7] It is important to **stand your ground against** stronger opponents.
　（手ごわい相手を前にして自分の主張を曲げるべきじゃない）

[8] Professional football players must learn to **stand the gaff**.
　（プロのフットボール選手は緊張に耐え抜くことを学ばなければなら
　ない）

語彙・文法問題Ⅴ　イディオム対策360語の攻略

301

UNIT 23　動詞の必須イディオム ㉑　take（1）

CD3 23

☐ **take a drop**	ちびちび飲む
表 sip 動	
☐ **take a shine to**	～を好きになる
☐ **take care of** 同 look after	面倒を見る
☐ **take French leave**	あいさつしないで帰る
☐ **take heart**	勇気づけられる
表 encourage 動　勇気づける	
☐ **take one's medicine**	自業自得として受け入れる
同 face the music	
☐ **take pains**	大いに努力する
同 make great efforts	
☐ **take the bread out of one's mouths**	～の生活の糧を奪う

[1] I really don't drink, I just **take a drop** every once in a while.
（私は本当に酒を飲まない。ただごくたまにちょっと飲むだけだ）

[2] My father **took a shine to** my mother the first time he met her.
（父は初めて会ったときに母のことを好きになった）

[3] **Take care of** your brother while I'm gone.
（私がいない間弟の面倒を見るんですよ）

[4] Kathy's party was so boring that we decided to **take French leave**.
（キャシーのパーティーはとても退屈だったので挨拶なしに退出することにした）

[5] When you are in trouble you can always **take heart** from the fact that things often look worse than they really are. （困難に遭ったとき物事は実際よりも悪く見えるという事実にいつも勇気づけられる）

[6] Stop whining! You are going to have to **take your medicine** like the rest of us. （泣き言をよせ。みなと同じに罰として嫌なことを我慢しなければならなくなるぞ）

[7] Tom **took pains** to please my boss when he had dinner with us last week. （先週私たちが上司と夕食をしたとき、トムは彼を喜ばせようと必死になっていた）

[8] They accused me of **taking the bread out of their mouths**.
（彼らは私が彼らの生活の糧を奪っているとして私を告訴した）

UNIT 24　動詞の必須イディオム㉒　take（2）

CD3 24

□ **take the cake**	他より抜き出ている
□ **take the edge off**	〜を少なくする
□ **take the place of**	〜の代わりを務める
表 take place　起こる、開催される	
□ **take the pledge**	禁酒の誓いをする
同 swear 動	
□ **take the wind out of one's sails**	やる気をくじく
表 discourage 動	
□ **take to one's heels**	逃走する
同 take to flight	
□ **take turns**	交替で使う
表 by turns　代わる代わるに	
□ **take 〜 to heart**	〜をじっくり考える

[1] Mary **takes the cake** when it comes to playing truant.
（学校をさぼることにかけてはメアリーにはかなわない）

[2] Eating ice cream before dinner has **taken the edge off** of Sally's appetite.
（夕食の前にアイスクリームを食べたのでサリーは食欲をなくした）

[3] Studying English at home cannot **take the place of** coming to class.
（家で英語の勉強をしても授業に出席する代わりにはならない）

[4] Martha has finally **taken the pledge**.
（マーサはついに禁酒を誓った）

[5] The teacher **took the wind out of Lisa's sails** when he told her that another student received a higher grade than she did.
（先生はほかの生徒の方が良い点を取ったと言ってリサのやる気をくじいた）

[6] When they heard the police, the burglars **took to their heels**.
（警察官に気付いたとき強盗は逃げて行った）

[7] I only have one, so you'll need to **take turns**.
（1つしかないから交替で使わなくちゃならないんだよ）

[8] She didn't **take** her mother's advice **to heart**.
（彼女は母親の忠告を気に掛けなかった）

語彙・文法問題Ⅴ　イディオム対策360語の攻略

UNIT 25　動詞の必須イディオム ㉓　tell, throw, turn

CD3 25

□ **tell one's fortune**	運勢を占う
表 fortune-telling 名　運勢判断	
□ **tell tales out of school**	秘密を漏らす
□ **tell 〜 where to get off**	言い返す
□ **throw someone a curve**	だます、ごまかす、意表をつく
同 deceive 動	
□ **throw cold water on**	〜に待ったをかける、水を差す
□ **throw in the sponge**	降参する
同 surrender 動	
□ **turn a blind eye to**	見て見ぬふりする
表 turn a deaf ear to　〜に耳を貸さない	
□ **turns one's hand to**	〜に着手する
同 undertake 動	

[1] Can palm readers really **tell our fortune**?
（手相占い師は本当に私たちの未来を予測できるのだろうか）

[2] Don't tell Mike anything. He is always **telling tales out of school**.
（マイクには何も言うな。彼はいつも外に秘密を漏らすんだ）

[3] During the argument, Jack **told** his boss **where to get off**.
（その議論の最中にビルは上司に余計なお世話だと言い返した）

[4] The professor really **threw me a curve** with that question.
（教授は不意にあのような質問をして私の意表をついた）

[5] I **threw cold water on** her plan to buy a new car.
（彼女が新車を買おうとしているところに待ったをかけた）

[6] After the debate, Bill Koffman decided that it was time to **throw in the sponge**.
（その討論の後、ビル・コフマンは敗北を認める時期だと腹を決めた）

[7] During the 1930s many police officers in Chicago **turned a blind eye to** the actions of the local Mafia.
（1930年代シカゴの警察官の多くが地方マフィアの活動を見て見ぬふりしていた）

[8] George does well in everything that he **turns his hand to**.
（ジョージはやることなすことすべてを上手にこなす）

語彙・文法問題Ⅴ　イディオム対策360語の攻略

304

UNIT 26 　動詞の必須イディオム ㉔　be〜can't make

□ **be engaged in**	〜に従事している
□ **bend one's ear**	耳を傾ける
表 bend over backward 　一生懸命努力する	
□ **blow hot and cold**	態度がころころ変わる
表 capricious 形　気まぐれの	
□ **breathe down one's neck**	しつこく付きまとう
□ **build castles in the air**	空想にふける
□ **buy a pig in a poke**	前もって調べずに買う
□ **can't believe one's ears**	信じられない、耳を疑う
□ **can't make heads or tails of**	〜がさっぱり理解できない

[1] I **am** now **engaged in** writing my research thesis.
　（私は今研究論文を書くのに忙しい）

[2] I really appreciate Bill letting me **bend his ear** every now and then.
　（時に耳にタコができるほど話に耳を傾けてくれたビルには本当に感
　謝しています）

[3] I got tired of Susan's **blowing hot and cold**.
　（私はスーザンの気分屋なところにうんざりした）

[4] I wish she'd stop **breathing down my neck**.
　（彼女が私にしつこく付きまとうのは止めてほしいなあ）

[5] She likes to **build castles in the air**, but never accomplishes
　anything.
　（彼女は空想にふけるのは好きだが、何一つ成し遂げられない）

[6] Buying clothes through a catalog is **buying a pig in a poke**:
　sometimes the clothes do not fit.
　（カタログで服を買うなんてろくに調べもせずに物を買うのと同じだ。
　寸法が合わないこともある）

[7] I **can't believe my ears**. Are they really getting married?
　（僕には信じられないよ。彼らは本当に結婚するのかい）

[8] I **can't make heads or tails of** this puzzle.
　（このパズルはさっぱり分からない）

語彙・文法問題Ⅴ　イディオム対策360語の攻略

UNIT 27　動詞の必須イディオム ㉕　catch 〜 kill

CD3 27

□ **catch a glimpse of**	ちらっと目に入る
表 take a glance at　〜をちらっと見る	
□ **change color**	顔色を変える
□ **cook one's goose**	台無しにする
同 spoil 動	
□ **drive someone to the wall**	人を窮地に追い込む
□ **face the music**	責任を取る、報いを受ける
□ **fall to pieces**	ズタズタになる、ばらばらになる
□ **follow suit**	従う
表 in suit with　〜と一致して	
□ **kill time**	時間をつぶす

[1] I **caught a glimpse of** something white floating in the air.
（空中に何か白いものが浮かんでいるのがちらっと目に入った）

[2] Gary **changed color** when he heard the shocking news.
（ゲーリーはそのショッキングなニュースを聞いて顔色を変えた）

[3] I hope we can **cook his goose** this time.
（今回は彼の計画を台無しにしてやれるだろう）

[4] Paul is trying to **drive me to the wall**.
（ポールは私を窮地に追い込もうとしている）

[5] You are going to have to **face the music** sometime.
（いずれ君は潔く責任を取らなければならなくなるだろう）

[6] She **fell to pieces** when her husband left her.
（夫が去ったとき彼女はずたずたになった）

[7] When my friends went to the movies, I **followed suit**.
（友人たちが映画に行ったとき私もそれに従った）

[8] I like **killing time** reading a detective story.
（私は探偵小説を読んで時間をつぶすのが好きだ）

語彙・文法問題Ⅴ　イディオム対策360語の攻略

UNIT 28 動詞の必須イディオム㉖ lick～paint

CD3
28

□ **lick ～ into shape** 訓練する
　同 train = discipline 動

□ **lie down on the job** 怠ける、さぼる

□ **mark time** 待機する
　同 stand by

□ **mean business** 本気である
　表 have no business 権利がない

□ **meet one's death** 死ぬ
　同 die 動

□ **nip ～ in the bud** 未然に防ぐ

□ **not lift a finger** ほんの少しも～しない

□ **paint the town red** 酒を飲んで浮かれ騒ぐ

---

[1] The new teacher **licked** the class **into shape** in two months.
（その新任教師は2カ月でそのクラスをまとめ上げた）

[2] Jim is always **lying down on the job**.
（ジムはいつも怠けている）

[3] The professor **marked time** until all of the students put their textbooks and notebooks in their desks.
（すべての生徒が教科書とノートを机にしまうまで教授は進行を一時止めた）

[4] I **mean business** this time.
（今度こそ私は本気だ）

[5] He finally **met his death**.
（彼はついに死んだ）

[6] We'd better **nip** this **in the bud** before it gets out of hand.
（手に負えなくなる前にこのことは未然に防いでおいた方がいい）

[7] **No** one **lifted a finger** to help the woman when she was attacked.
（彼女が襲われたときだれも助けようとしなかった）

[8] They went out and **painted the town red** last night.
（昨夜彼らは町に出て酒を飲んで大騒ぎした）

語彙・文法問題Ⅴ　イディオム対策360語の攻略

307

UNIT 29　動詞の必須イディオム ㉗　pass 〜 rest

CD3 29

☐ **pass the hat**	寄付金を募る
表 donation 图　寄付	
☐ **pin one's faith on**　同 have faith in	信頼する
☐ **pour oil on the troubled waters**	水を差す
☐ **prey on one's mind**	心配する
同 be concerned about	
☐ **rack one's brains**	頭を絞る
☐ **rain off and on**	降ったり止んだりする
☐ **read between the lines**	言外の意味を読み取る
☐ **rest on one's oars**	仕事の手を休める

[1] Volunteer organizations often **pass the hat** for contributions during the Christmas season.
（ボランティア団体はしばしばクリスマスの時期に寄付金を募る）

[2] I wouldn't **pin my faith on** her if I were you.
（僕が君なら、彼女を信頼したりしないだろう）

[3] The workers in my section were in the midst of a heated argument when the section manager **poured oil on the troubled waters**.
（課長がそれをなだめたときは私の部署のスタッフたちは激しい言い争いの真っ最中だった）

[4] She couldn't sleep well because her husband's illness was **preying on her mind**.　（夫の病気が心配で彼女はよく眠れなかった）

[5] I **racked my brains** for hours last night, but I couldn't solve this riddle.
（昨夜私は数時間も頭を絞ったが、このなぞなぞを解くことができなかった）

[6] It has been **raining off and on** for a couple of weeks.
（この2、3週間雨が降ったり止んだりしている）

[7] To appreciate a poem, you often have to be able to **read between the lines**.
（詩を鑑賞するにはしばしば言外の意味を読み取らなければならない）

[8] If you want to become this company's president, you cannot **rest on your oars**.
（この会社の社長になりたいのなら仕事の手を休めたりはできない）

UNIT 30 動詞の必須イディオム ㉘ rub 〜 toe

CD3 30

☐ **rub elbows with**　　　　　　　　〜と付き合う
　同 keep company with

☐ **search high and low**　　　　　　　ありとあらゆるところを探す
　同 search far and wide

☐ **send someone about one's business**　解雇する
　同 fire = sack 動

☐ **smell a rat**　　　　　　　　　　　怪しい
　表 suspicious 形　怪しい、疑わしい

☐ **split hairs**　　　　　　　　　　　細かいことを言う

☐ **steal one's thunder**　　　　　　　〜のお株を奪う

☐ **stick around**　　　　　　　　　　帰らないで残る
　表 hang around　ぶらつく

☐ **toe the line**　　　　　　　　　　　規律を守る
　同 observe rules

語彙・文法問題Ⅴ　イディオム対策360語の攻略

[1] In my line of work I often **rub elbows with** celebrities.
（仕事関係で私はしばしば名士と付き合うことがある）

[2] I have **searched high and low**, but I can't find my wallet anywhere.
（ありとあらゆる所を探したが財布は見つからない）

[3] When the boss discovered that Mr. Smith was changing the time on his time card, she **sent him about his business**.
（上司はスミスさんがタイムカードの時間を変えているのを見つけ彼を解雇した）

[4] I think I **smell a rat**.
（何か怪しいなぁ）

[5] Don't **split hairs** with me.
（私に細かいことをつべこべ言うな）

[6] Steffanie **stole Britt's thunder** at the party.
（ステファニーはそのパーティーでブリットのお株を奪った）

[7] You should **stick around**. The party is just beginning.
（楽しんでいけよ。パーティーは始まったばかりだ）

[8] If you want to stay in this class, you are going to have to **toe the line**.
（このクラスに残りたいなら君は規律を守らなければならない）

309

UNIT 31　形容詞の必須イディオム

CD3 31

□ **alive with**　　　　　　　　　　　　　～がいっぱいの
　同 full of

□ **equal to the occasion**　　　　　　臨機応変である

□ **free and easy**　　　　　　　　　　遠慮のない

□ **hit-or-miss**　　　　　　　　　　　行き当たりばったりの

□ **not a few**　　　　　　　　　　　　多くの、少なからず
　同 quite a few

□ **not worth one's salt**　　　　　　　給料に値しない
　表 salary 名　給料

□ **second-rate**　　　　　　　　　　　B級の、二流の
　反 first-rate 形　一流の

□ **wide of**　　　　　　　　　　　　　～を外れた
　表 wide of the mark　的外れな

---

[1] The woods are **alive with** insects.
　（その森はいろんな種類の虫がいっぱいいる）

[2] Tom is always **equal to the occasion**.
　（トムはいつも臨機応変な対応をする）

[3] That teacher is **free and easy** with his students.
　（あの先生は生徒に対して遠慮がない）

[4] John did a lot of **hit-or-miss** piano practicing before the concert.
　（ジョンはコンサートの前にさんざん行き当たりばったりのピアノの練
　習をした）

[5] There are **not a few** Japanese who have a good command of English.
　（英語が堪能な日本人は大勢いる）

[6] The executive is **not worth his salt**.
　（その重役の働きは彼の給料に値しない）

[7] That was a **second-rate** movie.
　（あれはB級映画だった）

[8] The bullet fell **wide of** the target.
　（その弾丸は的を大きく外れた）

語彙・文法問題Ⅴ　イディオム対策360語の攻略

310

UNIT 32　前置詞の必須イディオム ① at

CD3 32

□ **at first blush** 　　　　　　　一見したところ
　同 at a glance

□ **at large** 　　　　　　　　　　拘束されていない
　表 in large　大規模に

□ **at most** 　　　　　　　　　　せいぜい
　反 at least　少なくとも

□ **at one's wit's end** 　　　　　途方に暮れる
　同 at a loss

□ **at sixes and sevens** 　　　　散らかって
　同 messed up

□ **at the drop of a hat** 　　　　直ちに
　同 right away

□ **at the mercy of** 　　　　　　～のなすがままに
　表 have mercy on　～に哀れみをかける

□ **at will** 　　　　　　　　　　　思い通りに

---

[1] **At first blush**, the investment looked like a good idea.
　（一見したところその投資は良い考えのように見えた）

[2] After his escape, the murderer remained **at large** for weeks.
　（脱獄後その殺人犯は数週間逃亡を続けた）

[3] That table is worth 100 dollars **at most**.
　（あのテーブルはせいぜい100ドルくらいの価値しかない）

[4] I am **at my wit's end** because I can't figure out how to put this together.
　（私はこれをどう組み立てればよいか分からず途方に暮れている）

[5] When my mother is away, the house is always **at sixes and sevens**.
　（母が家をあけているとき、わが家はいつも散らかっている）

[6] After I called her, she came running **at the drop of a hat**.
　（私が呼んだら、彼女は待ってましたとばかりに走ってきた）

[7] He is **at the mercy of** the jury.
　（彼の運命は陪審員に握られている）

[8] Michael Jordan can score **at will**.
　（マイケル・ジョーダンは思い通りに得点できる）

語彙・文法問題Ⅴ　イディオム対策360語の攻略

311

UNIT 33 前置詞の必須イディオム ② by

CD3 33

☐ **by a long shot**	大差で、ずばぬけて
表 like a shot　急いで、喜んで	
☐ **by accident**	偶然に
反 on purpose　故意に	
☐ **by all odds**	確かに
表 at odds with　〜とけんかして	
☐ **by and large**	概して、どこから見ても
☐ **by hook or by crook**	どんなことをしてでも
同 by all costs	
☐ **by leaps and bounds**	とんとん拍子に
表 leap 動　跳ぶ	
☐ **by the skin of one's teeth**	ぎりぎりで
☐ **by word of mouth**	口頭で
同 orally 副	

[1] The athlete was the fastest runner in the race, **by a long shot**.
（そのレースでその選手はずば抜けて速かった）

[2] I ran into David's sister at the bookstore **by accident**.
（デビッドの妹と本屋で偶然に出くわした）

[3] She was **by all odds** the best violinist at the concert.
（彼女はそのコンサートで確かに最高のバイオリン奏者だった）

[4] **By and large**, this car is by far the best of the three.
（どこから見てもこの車は3台の中では最高のものでしょう）

[5] That high school football team was determined to win the game **by hook or by crook**.
（あの高校のフットボールチームはどんなことをしてでもその試合に勝つことを決心していた）

[6] Your English is improving **by leaps and bounds**.
（あなたの英語はとんとん拍子に上達している）

[7] She passed the chemistry test **by the skin of her teeth**.
（彼女は化学の試験にぎりぎりで受かった）

[8] The message reached the prime minister **by word of mouth**.
（そのメッセージは口頭で首相に伝えられた）

UNIT 34 前置詞の必須イディオム ③ for, from

CD3 34

☐ **for all**	～にもかかわらず
📄 with all	
☐ **for certain**	確かに
📄 for sure	
☐ **for one's own sake**	～のために
📄 for the sake of	
☐ **for the asking**	求めれば
☐ **for the time being**	当分は
☐ **from hand to mouth**	その日暮らしで
☐ **from head to foot**	全身
☐ **from scratch**	最初から
📄 from the beginning	

---

[1] **For all** my efforts, I couldn't get over the difficulties.
（努力はしたけれども、困難に打ち勝つことはできなかった）

[2] It is **for certain** that you will be sent to London next year.
（君が来年ロンドンに派遣されるのは確かだ）

[3] **For your own sake** you should get some rest.
（自分自身のためにも君は少し休むべきだ）

[4] The car is yours **for the asking**.
（欲しいと言えばその車は君のものになるんだよ）

[5] Don't do anything **for the time being**.
（当分は何もするな）

[6] That family lives **from hand to mouth**.
（あの家族はその日暮らしをしている）

[7] The man was soaking wet **from head to foot**.
（その男は全身ずぶぬれだった）

[8] Kathy always makes curry **from scratch**.
（キャシーはいつもまったく最初からカレーを作る）

語彙・文法問題Ⅴ　イディオム対策360語の攻略

313

UNIT 35　前置詞の必須イディオム ④　in (1)　CD3 35

☐ **in a flash**	直ちに
☐ **in a mess**	散らかって
表 messy 形　散らかって	
☐ **in a nutshell**	簡潔に（言うと）
同 in short	
☐ **in a sense**	ある意味で
表 make sense　意味をなす	
☐ **in a whole skin**	けがをせずに無事で
☐ **in a word**	一言で言えば
同 in brief	
☐ **in apple-pie order**	きちんと整理されて
表 in order　整理されて	
☐ **in case of**	～の場合に
表 in case　万が一～の場合に	

[1] After the woman screamed, Superman appeared **in a flash**.
（その女性が叫ぶとすぐにスーパーマンが現れた）

[2] Why is your room **in** such **a mess**?
（どうして君の部屋はそんなに散らかっているのだ）

[3] Can you explain the plan **in a nutshell**?
（その計画をごく簡単に説明してくれるかい）

[4] **In a sense**, you have to master a second language to use a computer.
（ある意味ではコンピューターを使うために第二言語を習得しなければならない）

[5] He fell off his bicycle, but he got away **in a whole skin**.
（彼は自転車から転げ落ちたがけがをせずにすんだ）

[6] The professor was boring and unprepared; **in a word**, he was terrible.
（その教授ときたら退屈で準備不足だし、一言で言えばひどいものだった）

[7] I keep my room **in apple-pie order**.
（私は部屋をきちんと整理整頓しています）

[8] **In case of** fire, please exit the building in an orderly fashion.
（火事の場合には、順序正しく建物から退出してください）

語彙・文法問題Ⅴ　イディオム対策360語の攻略

UNIT 36　前置詞の必須イディオム ⑤　in (2)

CD3 36

□ **in consequence**	結果として
表 consequently 副	
□ **in consideration of**	～を考慮して
同 considering 前	
□ **in defiance of**	～を無視して
表 defy 動　～を無視する	
□ **in detail**	詳しく、詳細に
□ **in due time**	やがて
同 in the course of time　やがて、そのうちに	
□ **in effect**	実施されて、事実上、基本的には
□ **in favor of**	～に賛成で
表 by favor of　～に託して	
□ **in keeping with**	～と一致して
同 in accordance with	

語彙・文法問題V　イディオム対策360語の攻略

[1] Jim got up late, and **in consequence**, missed his first period final examination.（ジムは寝過ごした結果学期末テストを受け損なった）

[2] **In consideration of** your hard work this semester, I will forget about those four absences in the spring.（今学期の君の頑張りを考慮して春に4回欠席したことは忘れるとしよう）

[3] The girl continued to talk **in defiance of** the teacher's commands.
（その女の子は先生の指示を無視してしゃべり続けた）

[4] Could you explain this **in** more **detail**?
（もう少し詳しくこのことを説明してくれますか）

[5] Everything will come out **in due time**.
（すべてがやがて明らかになるだろう）

[6] A midnight curfew is now **in effect** in Los Angeles.
（現在ロサンゼルスでは深夜外出禁止令が敷かれている）

[7] I am not **in favor of** raising taxes.
（私は税金の引き上げには賛成ではない）

[8] Kathy's hairstyle was not **in keeping with** this school's policy.
（キャシーの髪型はこの学校の方針に背いていた）

UNIT 37　前置詞の必須イディオム ⑥　in (3)

□ **in line with**	～と一致する
□ **in need of**	～を必要として
□ **in one's right mind**	正気である
□ **in one's shell**	殻に閉じ込もって
表 come out of one's shell　殻を打ち破る	
□ **in practice**	実際問題として
反 in theory　理論上では	
□ **in print**	出版されて、印刷されて
反 out of print　絶版になって	
□ **in private**	個人的に
反 in public　公で	
□ **in question**	問題になって
表 questionable 形　疑わしい	

[1] That is not **in line with** our company policy.
（それは私たちの企業方針にそぐわない）

[2] Those children are **in need of** some new clothes.
（あの子供たちは新しい服を必要としている）

[3] The criminal was not **in his right mind** when he killed those three women.
（3人の女性を殺したときその犯罪者は正気ではなかった）

[4] After Ron's teacher yelled at him, Ron stayed **in his shell** the rest of the day.
（先生に怒鳴られた後、その日1日ロンは自分の殻に閉じ込もったきりになった）

[5] That is the rule, but **in practice** no one follows it.
（それが規則だが実際には誰も従っていない）

[6] Is this book still **in print**?
（この本はまだ出版されていますか）

[7] I would like to talk with you **in private** for a minute after work.
（仕事の後あなたと個人的に少し話がしたいのですが）

[8] That is not **in question** at the moment.
（今そのことは問題ではない）

語彙・文法問題Ⅴ　イディオム対策360語の攻略

316

UNIT 38　前置詞の必須イディオム ⑦　in (4)　CD3 38

□ **in return**　　　　　　　　お返しに

□ **in search of**　　　　　　　〜を求めて
　　表 search 動　〜を捜索する

□ **in terms of**　　　　　　　〜という点に関して

□ **in the cards**　　　　　　ありそうで、起こりそうで

□ **in the clear**　　　　　　危険を脱して
　　同 out of danger

□ **in the dark**　　　　　　　分からずに、知らされずに

□ **in the long run**　　　　長い目で見れば

□ **in the main**　　　　　　おおむね、概して
　　同 as a whole

---

[1] Jack gave me a jacket and I gave him a belt **in return**.
（ジャックがジャケットをくれたので私はお返しにベルトをあげた）

[2] The archaeologist went to Saudi Arabia **in search of** ancient treasures.
（その考古学者は古代の宝を求めてサウジアラビアへ行った）

[3] What have you done **in terms of** raising your chemistry grade?
（どうやって化学の成績を上げたんだい）

[4] I just don't think that it is **in the cards**.
（それはあり得ないと思うよ）

[5] It is only ten more miles to the Canadian border. We are almost **in the clear**.
（カナダとの国境まであと10マイルだ。もうほとんど危険はない）

[6] John's wife was kept **in the dark** about his promotion until the last moment.
（ジョンの妻は最後の瞬間まで彼の昇進について何も聞かされていなかった）

[7] **In the long run**, investing in mutual funds is a good plan.
（長い目で見れば投資信託はいいプランです）

[8] **In the main**, my students did well on the SAT test.
（私の生徒たちはSAT試験でおおむね良い成績を取った）

語彙・文法問題 V　イディオム対策360語の攻略

317

UNIT 39　前置詞の必須イディオム ⑧　on (1)

CD3 39

☐ **on a dime**	直ちに
☐ **on a shoestring**	わずかな元手で
☐ **on behalf of**	～を代表して
同 in behalf of　～を代表して、～のために	
☐ **on cloud nine**	とても幸せな
☐ **on deposit**	預けて
表 deposit 動　貯金する	
☐ **on duty**	当番の、勤務中の
反 off duty　非番の	
☐ **on edge**	いらいらして
表 get on one's nerves　神経に触る	
☐ **on end**	続けて
同 continuously 副	

[1] The pilot was able to stop the plane **on a dime**.
（そのパイロットは直ちに飛行機を停止させることができた）

[2] My father started his business **on a shoestring**.
（父はわずかな元手で事業を始めた）

[3] Let me say congratulations to both of you **on behalf of** all of our friends.
（友達を代表してあなたたちお二人におめでとうの言葉を言わせてください）

[4] When Lisa said she would marry him, Mark was **on cloud nine**.
（リサが結婚してもいいと言ったとき、マークはとても幸せだった）

[5] I have 500,000 yen **on deposit** in my bank account.
（銀行の口座には50万円が預けてある）

[6] Who is **on duty** tonight?
（今夜はだれが当番ですか）

[7] The students were all **on edge** as the teacher explained the final examination. （先生が期末試験の説明をしているとき、生徒たちはみんないらいらしていた）

[8] I spent hours **on end** writing this report, so I want to get a good grade.
（このレポートを書くのに続けて何時間も費やしたので良い成績をもらいたい）

318

UNIT 40 前置詞の必須イディオム ⑨ on (2) CD3 40

□ **on one's high horse** ごう慢な態度を取って
    表 arrogant 形 ごう慢な
□ **on schedule** 予定通りに
    反 behind schedule 予定より遅れて
□ **on the average** 平均すると
    表 above average 平均以上の
□ **on the blink** 故障して
    同 out of order
□ **on the border of** ~の国境沿いに
□ **on the dot** きっかり
    同 sharp 副
□ **on the go** 働きづめで
□ **on the spur of the moment** 突然、思い付きで
    同 impulsively 副 衝動的に、はずみで

[1] Mr. Applebee is **on his high horse** again.
(アップルビー氏がまたごう慢な態度を取っている)

[2] Is your project running **on schedule**?
(君の計画は予定通りに進んでいるかい)

[3] **On the average**, I go to America with my family once a year.
(平均すると年に一度家族とアメリカに行きます)

[4] My computer is **on the blink** again.
(僕のコンピューターがまた故障している)

[5] Harper's Ferry is a small town **on the border of** Maryland and Pennsylvania.
(ハーパーズフェリーはメリーランドとペンシルバニアの州境沿いの小さな町だ)

[6] She arrived here at 9:00 **on the dot**.
(彼女は9時きっかりにここに到着した)

[7] Jack is **on the go** from morning till night.
(ジャックは朝から晩まで働きづめである)

[8] They went to New York **on the spur of the moment**.
(彼らは突然ニューヨークへ行った)

語彙・文法問題V イディオム対策360語の攻略

319

UNIT 41　前置詞の必須イディオム ⑩　on, out
CD3 41

語彙・文法問題 V　イディオム対策360語の攻略

□ **on the watch**	気を付けて、警戒して
同 on guard	
□ **on one's toes**	気を付ける、注意する
同 be on the watch for　〜に注意する	
□ **out of condition**	調子が悪い
反 in condition　調子がよい	
□ **out of one's hands**	手に負えない
表 out of control	
□ **out of place**	場違いの
□ **out of sight**	見えなくなって
□ **out of the question**	論外で
表 without question　問題なく	
□ **out-of-pocket**	現金払いの
表 in cash　現金で	

[1] When you are hiking, you must be **on the watch** for snakes.
（ハイキングをしているときは蛇に気を付けなければなりませんよ）

[2] You need to be **on your toes** in Professor Johnson's class. You never know when he is going to ask you a question.
（ジョンソン教授の授業では、決して気を抜けないよ。いつ質問されるか分からないからね）

[3] I am so **out of condition**.（私は大変調子が悪い）

[4] It's **out of my hands** now.
（それはもう僕の手には負えない）

[5] I felt completely **out of place** among the young.
（若者たちばかりの中で私は場違いに感じた）

[6] The ship sailed **out of sight** in a few minutes.
（船は数分で見えなくなった）

[7] Fulfilling request is simply **out of the question**.
（そんな要求を満たすなんてまったく論外だ）

[8] During my recent business trip, my **out-of-pocket** expenses amounted to $200.
（最近の出張で私の現金の支払い額は200ドルだった）

320

UNIT 42　前置詞の必須イディオム ⑪　to, under

CD3 42

□ **to a man**	1人残らず
□ **to one's heart's content**	心ゆくまで
□ **to the best of my knowledge**	私の知る限りでは
□ **to the contrary**	それと反対の
表 on the contrary　それどころか	
□ **to the letter**	文字通りに
□ **to one's advantage**	役に立って、有利になって
反 disadvantage 图　不利、不便	
□ **under any circumstances**	どんな状況でも
表 under no circumstances　決して～ない	
□ **under the wire**	ぎりぎりになって、際どい所で

[1] The union members **to a man** voted to end the strike.
（組合員は1人残らずストライキを止めることに賛同した）

[2] You may eat **to your heart's content**.
（心ゆくまで食べてもいいですよ）

[3] **To the best of my knowledge**, I don't remember purchasing that knife set.
（私の知る限りではあのナイフセットを買った覚えがない）

[4] We will expect you for dinner Friday night, unless we hear from you **to the contrary**.
（ご連絡がない限り金曜日の夜、夕食にあなたをお待ちしております）

[5] You'd better follow the instructions **to the letter**.
（その指示に文字通り従った方がいいよ）

[6] It will be **to your advantage** to study English before you take a trip to America.
（アメリカへ旅行する前に英語を勉強しておけばきっと役に立つだろう）

[7] I don't want you to leave your room **under any circumstances**.
（どんな状況になっても部屋から出ないでもらいたい）

[8] Jacky handed in her graduation paper just **under the wire**.
（ジャッキーはぎりぎりになって卒業論文を提出した）

語彙・文法問題Ⅴ　イディオム対策360語の攻略

321

UNIT 43 前置詞の必須イディオム ⑫ with, within, without CD3 43

☐ **be with**	～に同意する
☐ **with a grain of salt**	割り引いて
☐ **with kid gloves**	慎重に
同 carefully 副	
☐ **with might and main**	全力で
表 might 名 力	
☐ **within a stone's throw of**	～のすぐ近くに
☐ **within an ace of**	危うく～するところで
同 come near ～ing　危うく～する	
☐ **within oneself**	全力を出し切らないで
☐ **without fail**	間違いなく
表 never fail to do　必ず～する	

[1] I'm **with** you on that point.
　（その点に関しては、私もあなたに賛成します）

[2] You need to take what Mark says **with a grain of salt**.
　（マークの言うことは割り引いて聞く必要がある）

[3] You need to handle this situation **with kid gloves**.
　（この状況は慎重に対処する必要がある）

[4] The soldiers pulled the car out of the ditch **with might and main**.
　（兵士たちは全力で溝から車を引き上げた）

[5] Tom lives **within a stone's throw of** our school.
　（トムは私たちの学校のすぐ近くに住んでいる）

[6] Alex was **within an ace of** losing his life before he was rescued by the paramedics.
　（救急隊員に救助される前にアレックスは危うく命を落とすところだった）

[7] The athlete is running quite **within himself**.
　（その選手は余裕しゃくしゃくで走っている）

[8] She is always here **without fail** at six o'clock.
　（彼女はいつも6時には間違いなくここにいる）

322

UNIT 44　前置詞の必須イディオム ⑬　その他

CD3 44

□ **above all**　　　　　　　　　　何よりも、とりわけ
　同 above all things
□ **after one's own heart**　　　心にかなった
□ **ahead of**　　　　　　　　　　～より勝っていて
　表 be superior to　～より優れている
□ **apart from**　　　　　　　　　～は別として
　表 in addition to　～に加えて
□ **behind the times**　　　　　　時代遅れの
　表 at times　時々
□ **over one's head**　　　　　　理解できない
　同 beyond one's understanding
□ **of one's own accord**　　　　自ら進んで
□ **over the hump**　　　　　　　危機を脱して
　同 out of danger

[1] **Above all**, I want you to remember that I will always love you.
（何よりも僕が君のことをいつも愛しているということを覚えておいてほしい）

[2] Kate is a woman **after my own heart**.
（ケイトは私の心にかなった女性だ）

[3] Some people say that Elvis was **ahead of** his time.
（エルビスはその時代の最高の人だったと言う人もいる）

[4] **Apart from** football, I seldom watch television.
（フットボールは別として私はめったにテレビを見ることはない）

[5] Your ideas are so **behind the times**.
（君の考えはとても時代遅れだ）

[6] What the professor explained in the lecture was **over my head**.
（教授が講義で説明したことは私には理解できなかった）

[7] He left the hospital **of his own accord**.
（彼は自ら進んで退院した）

[8] Jenny was failing English, but now she is **over the hump**.
（ジェニーは英語のクラスを落としそうだったが、今はもう大丈夫だ）

語彙・文法問題Ⅴ　イディオム対策360語の攻略

323

UNIT 45　副詞の必須イディオム

CD3 45

☐ **first-hand**	直接に
同 directly 副	
☐ **just in case**	念のため
☐ **neck and neck**	せりあって、五分五分で
☐ **no end**	際限なく
同 endlessly 副	
☐ **not to mention**	～は言うまでもなく
同 to say nothing of	
☐ **once in a while**	たまに
表 once in a blue moon　めったに～ない	
☐ **the other way around**	あべこべの
☐ **word by word**	1語ずつ

[1] I went to see the refugee camps in Afghanistan **first-hand**.
(私はアフガニスタンの難民キャンプを直接見に行った)

[2] You'd better take your umbrella, **just in case**.
(念のため傘をもって行った方がよいだろう)

[3] The cars were **neck and neck** until the last lap.
(車は最後の周回までせりあっていた)

[4] Last night my baby cried **no end**.
(昨夜赤ん坊はひどく泣いた)

[5] Sara is beautiful, **not to mention** intelligent.
(サラは知的である上に美人でもある)

[6] My father and I go out fishing **once in a while**.
(父と私はたまに釣りに行く)

[7] You have it **the other way around**.
(それではあべこべだよ)

[8] The lawyer went through the complex document **word by word**.
(弁護士はその複雑な書類を1語1語確認していった)

語彙・文法問題Ⅴ　イディオム対策360語の攻略

REVIEW TEST
...1

1. Fred is a square peg in a _____ hole when he is playing golf.
   - (A) round
   - (B) square
   - (C) triangle
   - (D) rectangular

2. The student was called on the _____ by the teacher for sleeping in class.
   - (A) carpet
   - (B) curtain
   - (C) board
   - (D) rug

3. The television anchor did not do _____ to the story about the Great Hanshin Earthquake.
   - (A) courage
   - (B) coward
   - (C) force
   - (D) justice

4. Ted let Frank get the _____ of him during the meeting.
   - (A) better
   - (B) more
   - (C) less
   - (D) good

5. I'll be right back. I'm going to go over there and give him a piece of my _____.
   - (A) mind
   - (B) spirit
   - (C) hand
   - (D) heart

語彙・文法問題 V　イディオム対策360語の攻略

正解　1. (A)　2. (A)　3. (D)　4. (A)　5. (A)

1. フレッドはゴルフには向かない。
2. その生徒は授業中に寝ていたので先生に呼ばれてしかられた。
3. ニュースキャスターは阪神大震災の模様を公平に伝えてはいなかった。
4. テッドはその会議でフランクに花を持たせてやった。
5. すぐに戻るよ。向こうに行って彼にちょっと言ってやらなくちゃ。

参照⟩　1. (U1-5)　2. (U4-8)　3. (U6-3)　4. (U7-7)　5. (U8-5)

325

REVIEW TEST
...2

6. My girlfriend gave me the _____ shoulder when I showed up an hour late for our date.
   - (A) hot
   - (B) big
   - (C) small
   - (D) cold

7. He doesn't have _____ to stand on this time.
   - (A) a leg
   - (B) a nose
   - (C) a mouth
   - (D) an ear

8. It is only a small promotion. Don't let it go to your _____.
   - (A) brain
   - (B) head
   - (C) heart
   - (D) throat

9. Don't let the _____ out of the bag.
   - (A) dog
   - (B) cow
   - (C) cat
   - (D) lion

10. Both Jack and his wife have to work to make _____ ends meet.
    - (A) either
    - (B) both
    - (C) neither
    - (D) each

語彙・文法問題Ⅴ　イディオム対策360語の攻略

正解　6. (D)　7. (A)　8. (B)　9. (C)　10. (B)

6. デートに1時間遅れてしまったので彼女は僕に冷たかった。
7. 今回の彼の主張には根拠がない。
8. それはほんの少しの昇進に過ぎない。有頂天になるな。
9. 秘密を漏らすな。
10. 収支を合わせるにはジャックも彼の妻も働かなければならない。

参照◯　6. (U8-6)　7. (U10-4)　8. (U15-1)　9. (U15-3)　10. (U17-1)

326

REVIEW TEST ...3

11. George always makes _____ on his promises.
   (A) good   (B) down
   (C) well   (D) much

12. I only have one, so you'll need to take _____.
   (A) positions   (B) turns
   (C) points   (D) chances

13. We'd better nip this in the _____ before it gets out of hand.
   (A) petal   (B) stalk
   (C) bud   (D) leaf

14. If you want to become this company's president, you cannot rest _____ your oars.
   (A) from   (B) on
   (C) to   (D) by

15. Can you explain the plan _____.
   (A) in nutshells   (B) on the nutshell
   (C) to nutshell   (D) in a nutshell

語彙・文法問題 V　イディオム対策360語の攻略

正解　11. (A)　12. (B)　13. (C)　14. (B)　15. (D)

11. ジョージはいつも約束を果たす。
12. 1つしかないから交替で使わなくちゃならないんだよ。
13. 手に負えなくなる前にこのことは未然に防いでおいた方がいい。
14. この会社の社長になりたいのなら仕事の手を休めたりはできない。
15. その計画をごく簡単に説明してくれるかい。

参照◯　11. (U17-4)　12. (U24-7)　13. (U28-6)　14. (U29-8)　15. (U35-3)

327

第2章

Part 6・7
長文穴埋め・読解問題の単語と表現
I. 分野別
II. 出題形式別

この章で学ぶ単語・表現と学習法

単語・表現

　Part 6とPart 7で出題される英文は、ビジネスレター、ニュース記事、社内メモ、e-mailメッセージ、フォーム・クーポンなどで、分野別対策と出題形式別対策を用意しました。分野別では、やや短めの英文を利用してさまざまな分野において重要な単語を扱っており、リーディングセクション全般の対策に最適です。

　出題形式別は、Part 6とPart 7で出題されるタイプの英文そのままを素材にして単語学習を行います。単語はもちろんのこと、英文に出てくる表現や言い回し、あるいは使えそうな文があれば、丸ごと覚えて活用してみるのもいいでしょう。

学習法

＊分野別
1) リストにある単語に目を通し意味を確認してください。同時に音を聞きながらの学習が効果的です。
2) 例文の中で、単語の使い方と意味を確認してください。例文には重要な単語が多く含まれています。
3) 定期的に見直し、自分で単語を正確に発音したり、例文を音読したりして、しっかりと定着させてください。

＊出題形式別
1) 単語リストに目を通す前に、本番と同じように一度英文を読んで主旨を取ることをお勧めします。
2) リストの単語に目を通し意味を確認してください。英文を読んでいて、分からなかった単語には特に注意をして、丁寧にチェックしてください。英文には、きわめて重要な語彙表現が多く含まれています。
3)、単語、表現、さらには英文丸ごと自分のものにするぐらいの気持ちで、何度も繰り返して学習してください。

読解問題の単語学習を始める前に

＜読解問題と単語　耳よりQ&A＞

Q1 英語がうまく読めないのは単語不足が原因でしょうか。

　必ずしもそうとは限りません。文法に弱く文の構造がよく分かっていない、英文パラグラフの構造に慣れていない、想像力が乏しい、読むスピードが遅い、読むという目的意識が薄い、記憶の容量が小さいなど、原因を挙げれば切りがありません。しかし、単語不足が最大の原因ということはよくあります。効率よく読んで内容を把握するためには、英文の総語数の95パーセント（それでも20語に1語知らない単語が出てくる）以上は確保したいものです。とても高い数字のように感じるかもしれませんが、実際は、基本的な単語が圧倒的な割合を占めていますので、少し英語の基礎がある人なら、70〜80パーセントの単語はすでに知っているはずです。

Q2 読解問題を効率良く解くにはどれぐらいの語彙力が必要ですか。

　読解問題レベルの英文を利用して、自分のおおよその語彙力をチェックすることができます（この場合はグラフやチャートではなくニュースサマリーやレターのような文章ものが好ましい）。英文の総語数を数え、それに対して自分が知らない単語のパーセンテージを割り出します。知らない単語が5パーセント未満なら、単語不足ということはないでしょう。5パーセント以上10パーセント未満の人は、単語不足がやや足を引っ張りぎみです。10パーセント以上なら、単語不足が内容の理解に相当な影響を与えることになります。知らない単語が15パーセント以上になるともうお手上げ状態です。基本的な単語からもう一度しっかりとやり直しましょう。

Q3 読解問題を利用しての単語学習は効果的ですか。

　ニュース、レター、新聞や雑誌の広告、クーポン、図表などを利用した読解問題は、TOEIC TESTに必要な語彙を身に付ける格好の生きた材料です。英語の新聞や雑誌を始め、最近ではインターネットでありとあらゆる材料を見つけ出すことも可能です。また、英語圏に旅行に行く機会がある人は、ちらし、クーポン、レシート、マップ、ガイドブック、メニュー、ホテル案内など巷にあふれるあらゆるものが学習材料になります。どんどん新鮮な材料に触れて、生きた単語学習を実践してください。

読解問題 I　分野別

…UNIT学習チェック一覧…

- □ 1　ビジネスと経済（1）
- □ 2　ビジネスと経済（2）
- □ 3　ビジネスと経済（3）
- □ 4　教育
- □ 5　環境
- □ 6　健康（1）
- □ 7　健康（2）
- □ 8　政治（1）
- □ 9　政治（2）
- □ 10　政治（3）
- □ 11　科学と科学技術（1）
- □ 12　科学と科学技術（2）
- □ 13　スポーツ（1）
- □ 14　スポーツ（2）
- □ 15　天候

UNIT 1　ビジネスと経済 (1) ／ Business&Economy (1)　CD3 46-47

読解問題Ⅰ　分野別対策424単語・表現の攻略

[1]

☐ **boost** 動 [bú:st]　強化する

　同 intensify [inténsəfài] = strengthen [stréŋkθn]

☐ **economic growth**　経済成長

☐ **financial crises**　財政危機　表 crisis 名（単数形）[kráisis]　危機

☐ **interim report**　中間報告　表 annual report　年次報告書

☐ **advisory panel**　諮問機関

[2]

☐ **The Nikkei average**　日経平均株価

　表 Dow-Jones averages　ダウ平均

☐ **stock** 名 [sták]　株　同 share 名 [ʃéər]

　表 stock market　株式市場

☐ **drop** 名 [dráp]　落ち込み、減少　同 crash [kræʃ] = plunge [plʌ́ndʒ]

[3]

☐ **The International Monetary Fund** (IMF)　国際通貨基金

☐ **outlook** 名 [áutlùk]　展望、見込み　同 prospect 名 [práspekt]

☐ **contraction** 名 [kəntrǽkʃən]　（景気の）縮小

　反 expansion 名 [ikspǽnʃən]　拡大

☐ **projection** 名 [prədʒékʃən]　推定　表 economic forecast　経済予測

[4]

☐ **lay off**　一時解雇する　同 dismiss 動 [dismís]　解雇する

☐ **parts** 名 [pá:rts]　部品　表 spare parts　予備部品

☐ **plant** 名 [plǽnt]　工場　同 factory 名 [fǽktəri]

☐ **market conditions**　市場の状況

　表 business cycle　景気の循環

---

[1] Asian countries must **boost** reform of their financial sectors to achieve sustainable **economic growth** and prevent **financial crises** from recurring, according to an **interim report** released Wednesday by a Finance Ministry **advisory panel**.

大蔵省の諮問委員会により水曜に発表された中間報告によると、アジア諸国は持続的な経済成長を達成し財政危機が再発することを防止するためには、金融部門の改革を強化しなければならないということである。

[2] **The Nikkei average** of 225 leading **stocks** finished 155.79 lower at 12,163.67, a 1.3 percent **drop**. The average rose 75.56 points Tuesday.

225の主要銘柄の日経平均株価は、155.79ポイント、1.3パーセント安の12,163.67に下落。火曜日には75.56ポイント戻した。

[3] **The International Monetary Fund** is planning to lower its **outlook** for Japan's economy in 2001 to a **contraction** of 0.2 percent from its previous **projection** of 0.6 percent growth.

IMFは2001年の日本経済の景気の展望について、0.6パーセントの成長という前回の推定を、0.2パーセントの縮小に引き下げる予定をしている。

[4] LG Philips Displays will **lay off** 1,200 workers and stop production of **parts** for monitors at two of its Taiwanese **plants** because of declining **market conditions**.

LGフィリップス・ディスプレイは、市場の状況悪化のため、1,200人を一時解雇し、台湾の工場のうち2ヵ所でモニター用部品の製造を停止する見込みである。

📝 経済とビジネス（1）重要関連表現

□ **business** 名 [bíznəs] 景気
　表 economic recovery 景気回復
□ **economic growth rate** 経済成長率
　表 real growth rate 実質成長率
□ **export** 名 [ékspɔːrt] 輸出　反 import 名 [ímpɔːrt] 輸入
□ **trade balance** 貿易収支　表 trade imbalance 貿易不均衡
□ **tariff barrier** 関税障壁　反 non-tariff barrier 非関税障壁
□ **surplus** 名 [sə́ːrplʌs] 黒字　反 deficit 名 [défəsit] 赤字
□ **GNP** (gross national product) 国民総生産
　表 GDP (gross domestic product) 国内総生産
□ **national income** 国民所得
□ **monetary policy** 金融政策　表 monetary ease 金融緩和
　monetary restraint 金融引締め
□ **appreciation of the yen** 円高　反 depreciation of the yen 円安
□ **official discount rate** 公定歩合

読解問題Ⅰ　分野別対策424単語・表現の攻略

333

UNIT 2　ビジネスと経済 (2) ／ Business&Economy (2) 🎵CD3 48-49

読解問題 I　分野別対策 424 単語・表現の攻略

[1]
- □ **stable** 形 [stéibl]　安定した　名 stability [stəbíləti]　安定
- □ **bubble economy**　バブル経済
- □ **last** 動 [lǽst]　続く　表 the last ～　最後の～、最も～しそうにない
- □ **collapse** 動 [kəlǽps]　崩壊する
    - 表 recess 動 [rí:ses]　(景気が) 後退する
    - 動 deteriorate [ditíəriəréit]　悪化する

[2]
- □ **subscribe** 動 [səbskráib]　予約購読する
    - 名 subscription [səbskrípʃən]　予約購読
- □ **cellular** 形 [séljələr]　セル方式の　表 cellular phone　携帯電話
- □ **Internet service**　インターネットサービス
- □ **vending machine**　自動販売機　表 vender 名 [véndər]　行商人

[3]
- □ **reiterate** 動 [ri:ítərèit]　繰り返して言う
    - 名 reiteration [ri:ítəréiʃən]　反復
- □ **measures** 名 [méʒərz]　手段　表 take measures　措置を講じる
- □ **prop up**　支持する　同 support 名 [səpɔ́:rt]
- □ **negative growth**　マイナス成長　反 positive growth　プラス成長

[4]
- □ **savings rates**　貯蓄率　表 deposit 名 [dipázət]　預金
- □ **redistribution** 名 [rìdistribjú:ʃən]　再分配　動 distribute [distríbjət]　分配する
- □ **investment** 名 [invéstmənt]　投資　動 invest [invést]　投資する

---

[1] The Japanese economy enjoyed **stable** growth in the 1970s and 1980s, but the so-called "**bubble economy**," which **lasted** for 53 months from November 1986, **collapsed** in 1991.

> 日本経済は1970年代および1980年代には安定した成長を遂げたが、1986年から53ヵ月間続いたいわゆる「バブル経済」は1991年に崩壊した。

[2] After **subscribing** via i-mode, DoCoMo's **cellular**-based **Internet service**, users will be able to buy drinks without cash and use various services at special Coca-Cola **vending machines** on streets.

334

ドコモの携帯インターネットサービスであるiモードに加入すると、利用者は、特別なコカコーラ自動販売機で現金なしで飲み物を買ったり、さまざまなサービスを受けることができるようになるだろう。

[3] The Finance Minister **reiterated** that the government will take all the necessary **measures** to **prop up** the economy if it falls into **negative growth** on an annual basis.

大蔵大臣は、仮に経済が年間ベースでマイナス成長に陥るようなことがあれば、政府は経済を支持するためにあらゆる措置を講じるであろうと繰り返し述べた。

[4] Asian countries generally have high **savings rates** and banks need to strengthen the **redistribution** of savings into various forms of **investment**.

アジア諸国は一般的に高い貯蓄率を誇っているが、銀行は貯蓄のさまざまな形の投資への再分配を強化する必要がある。

✒ 経済とビジネス（2）重要関連表現

□ **marketing strategy** 営業戦略　表 sales performance　営業成績
□ **salesperson** 名 [séilzpə̀:rsn]　営業マン　表 sales territory　営業区域
□ **invest overseas** 海外投資する　表 overseas sales　海外売上
□ **financial plan** 資金計画　表 business plan　事業計画
□ **advertising budget** 広告予算
　　表 advertising campaign　宣伝キャンペーン
□ **renew a contract** 契約を更新する
　　表 contract terms　契約条件
□ **transaction** 名 [trænsǽkʃən]　取引　同 動 deal [di:l]　取引する
□ **make a deal** 取引する　表 call a deal off　取引を中止する
□ **consumer satisfaction** 顧客満足　表 customer base　顧客層
□ **inventory** 名 [ínvəntɔ̀:ri]　在庫　表 inventory correction　在庫調整
□ **out of stock** 在庫切れで　反 in stock　在庫がある
□ **product** 名 [prádəkt]　製品　表 product development　製品開発
□ **hit the market** 市場に出る　表 merchandise mix　商品構成
□ **order** 名 [ɔ́:rdər]　注文　表 place an order　注文する
□ **distribution channel** 流通経路　表 sales promotion　販促活動

UNIT 3 ビジネスと経済 (3) / Business&Economy (3) CD3 50-51

[1]
- ☐ **target** 名 [tá:rgət] 目標（額）
- ☐ **parent company** 親会社
- ☐ **subsidiary** 名 [səbsídièri] 子会社 表 subsidy 名 [sʌ́bsədi] 補助金
- ☐ **personnel transfer** 人事異動 表 transfer 名 [trǽnsfə:r] 転勤

[2]
- ☐ **recall** 名 [rí:kɔ:l] リコール／欠陥商品の回収
- ☐ **wireless** 形 [wáiərləs] ワイアレスの
- ☐ **brand** 名 [brǽnd] ブランド、商標
- ☐ **replace** 動 [ripléis] 交換する 名 replacement [ripléismənt] 交替、代用品

[3]
- ☐ **recession** 名 [riséʃən] 後退 表 depression 名 [dipréʃən] 恐慌
- ☐ **stagnant** 形 [stǽgnənt] （景気が）停滞した
- ☐ **land prices** 土地の価格
  - 表 drops in land prices 土地価格の下落
- ☐ **go bankrupt** 倒産する 表 名 bankruptcy [bǽŋkrʌptsi] 倒産

[4]
- ☐ **index** 名 [índeks] 指標 表 consumer price index 消費者物価指数
- ☐ **sank** 動 [sǽŋk] sink [síŋk]（落ち込む）の過去形
- ☐ **minus** 形 [máinəs] マイナスの 反 plus 名 [plʌ́s] プラスの
- ☐ **quarter** 名 [kwɔ́:rtər] 四半期

---

[1] According to the company spokesman, the **target** is still attainable as the **parent company** is likely to see fewer-than-expected workers returning from **subsidiaries** and plans to increase the number of **personnel transfers** to its units.

> 会社の広報部員によると、親会社が子会社から戻る人員がおそらく予想より少なく、子会社への人事異動の数を増やす計画をしていることから、目標の達成は依然として可能であるとみている。

[2] The **recall** of the phones, sold under KDDI's **wireless** unit "au" **brand** and by subsidiary Okinawa Cellular Telephone Co., would **replace** the handset's battery pack.

読解問題Ⅰ　分野別対策424単語・表現の攻略

> KDDIの携帯電話部門の「au」と子会社の沖縄携帯電話会社で売りに出された電話のリコールは電話機のバッテリーパックを交換することになるだろう。

[3] Since April 1991, Japan has been suffering a **recession** due to the **stagnant** stock market and sharp drops in **land prices**, which have caused quite a few companies, including some major banks, to **go bankrupt**.

> 1991年4月以来、日本は、銀行も含めたかなりの多くの会社を倒産に追い込んだ停滞ぎみの株式市場と土地価格の急落のあおりを受けて、景気の後退を余儀なくされている。

[4] The Business Survey **Index sank** to **minus** 38 from the minus 31 recorded in the January-March **quarter**.

> ビジネス調査指標は1-3月の四半期に記録されたマイナス31からマイナス38に落ち込んだ。

経済とビジネス（3）重要関連表現

- □ **in the red** 赤字の　反 in the black　黒字の
- □ **sales growth** 売上成長率　表 sales target　売上目標
- □ **gross profits** 粗利　表 net profits　純利益
- □ **profit margin** 利益率　表 operating profits　営業利益
- □ **current profit** 経常利益　表 形 profitable [prɑ́fətəbl]　もうけのある
- □ **fiscal year** 会計年度
- □ **depreciation** 名 [dipriʃiéiʃən]　減価償却
- □ **financial position** 財務状態　同 financial status
- □ **due date** 決済日　表 cut-off date　締め日
- □ **working capital** 運転資金　表 raise funds　資金調達する
- □ **accountant** 名 [əkáuntənt]　会計士　表 tax accountant　税理士
- □ **CFO** (Chief Financial Officer) 名 [síːéfóu]　最高財務経理責任者
- □ **CPA** (Certified Public Accountant) 名 [síːpíːéi]　公認会計士
- □ **liabilities** 名 [làiəbílətiz]　負債　表 liquid liabilities　流動負債
- □ **assets** 名 [ǽsets]　資産　表 liquid assets　流動資産
- □ **corporation tax** 法人税　表 tax avoidance　節税

読解問題Ⅰ　分野別対策424単語・表現の攻略

UNIT 4 教育／Education

CD3
52-53

読解問題Ⅰ　分野別対策424単語・表現の攻略

[1]

□ **the Education Ministry** 《米》教育省《日》文部科学省

□ **Saturday schools** 土曜学校

　表 schooling 名 [skúːliŋ] 学校教育

□ **divide classes** クラス分けする

　同 group 動 [grúːp] グループ分けする

□ **language ability** 語学能力　表 able 形 [éibl] 能力のある

□ **language classes** 語学の授業　表 language laboratory 語学実習室

[2]

□ **percentage** 名 [pərséntidʒ] 割合、部分

　表 a large percentage of 大部分の〜

□ **college education** 大学教育

　表 educational 形 [èdʒəkéiʃənl] 教育の

□ **take courses** 講座を受講する　名 a Ph.D course 博士課程

□ **attend** 動 [əténd] 出席する、通う　名 attendance [əténdəns] 出席

[3]

□ **keep up with** 〜に遅れずに付いていく

□ **curriculum** 名 [kəríkjələm] カリキュラム

　（複数形）curricula（= curriculums）名 [kəríkjələ]

□ **textbook** 名 [tékstbùk] 教科書、テキスト

　表 text 名 [tékst] 原本、本文、教科書

□ **teaching styles** 教授スタイル　表 English teaching 英語教授

---

[1] According to **the Education Ministry**, about 30 percent of roughly 180 **Saturday schools** in 59 countries either **divide classes** by **language ability** or offer special **language classes**.

教育省によると、59ヵ国ほぼ180の土曜学校の約30パーセントが、語学能力でクラス分けするか、特別な語学授業を行っている。

[2] Despite its costs, the **percentage** of Americans seeking a **college education** continues to grow. Today, over 60 percent of Americans ages 25 to 39 have **taken** some college **courses**, and over 20 percent of all Americans have **attended** four years or more.

338

その高い経費にもかかわらず、大学教育を受けようというアメリカ人の割合が増え続けている。今日では、25歳から39歳までのアメリカ人の60パーセント以上が何らかの大学の授業を受講しており、すべてのアメリカ人の20パーセント以上が4年以上の大学教育を受けてきた。

[3] Japanese children living abroad are struggling to **keep up with** the **curriculum** set by Japan's Education Ministry. As more Japanese live longer overseas, children are finding it difficult to keep up with the **textbooks** and **teaching styles** of their native culture.

海外に住む日本の子供たちは、日本の文部科学省によって作られたカリキュラムに付いていくのに悪戦苦闘している。より多くの日本人が海外により長く住むにつれて、彼らの母国の文化のテキストや教授スタイルに付いていくのが難しいと感じ始めている。

📝 教育・重要関連表現

- □ **compulsory education**　義務教育
- □ **elementary education**　初等教育
- □ **secondary education**　中等教育
- □ **higher education**　高等教育
- □ **the Fundamentals of Education Law**　教育基本法
  - 表 the School Education Law　学校教育法
- □ **board of education**　教育委員会
  - 表 the Curriculum Council　教育課程審議会
- □ **examinee** 名 [igzæ̀məníː]　受験生
  - 表 school recommendation　内申書
- □ **counseling on choice of college**　進路指導
- □ **applying to one school**　単願
- □ **applying to more than one school**　併願
- □ **preparatory school**　予備校　表 cram school　塾
- □ **written exam**　筆記試験
- □ **interview** 名 [íntərvjùː]　面接試験
- □ **bullying** 名 [búliŋ]　いじめ　表 bully 名 [búli]　いじめっ子
- □ **refusal to attend school**　登校拒否
- □ **student violence**　校内暴力

読解問題Ⅰ　分野別対策424単語・表現の攻略

UNIT 5 環境／Environment

CD3 54-55

[1]

- **environmentalist** 名 [envàiərnméntlist]　環境保護主義者
  - 表 environment 名 [enváiərənmənt]　環境
- **rain forest**　熱帯雨林
- **disappear** 動 [dìsəpíər]　消滅する
  - 反 appear [əpíər]　現われる
  - 表 名 disappearance [dìsəpíərəns]　消滅
- **greenhouse gases**　温室ガス
- **global warming**　地球の温暖化

[2]

- **UV** (ultraviolet) **radiation**　紫外線放射　表 ultraviolet rays　紫外線
  infrared rays　赤外線
- **yield** 名 [jíːld]　産出高　同 product [prɑ́dəkt]
- **penetrate** 動 [pénətrèit] 浸透する　名 penetration [pènətréiʃən]　浸透
- **plankton** 名 [plǽŋktən]　プランクトン

[3]

- **greenhouse effect**　温室効果
- **carbon dioxide**　二酸化炭素
  - 表 carbon monoxide　一酸化炭素
- **chlorofluorocarbons**
  - 名 [klɔ̀ːrouflùːəroukɑ́ːrbnz]　(= CFCs)　フロンガス
- **methane** 名 [méθein]　メタン
- **trap** 動 [trǽp]　閉じ込める、捕える　名 罠

---

[1] **Environmentalists** endlessly warn us of the **rain forest**'s rapid
demise. They say that trees **disappear** at a rate of 64 acres per
minute and the Amazon's ability to sop up **greenhouse gases** is
saving us from catastrophic **global warming**.

環境保護論者たちは、われわれに対して熱帯雨林の急速な消滅について際限なく警告を与え続けている。彼らは、木々は1分間に64エーカーの割合で消滅し、温室ガスを吸い上げるアマゾンの力がわれわれを破滅的な地球の温暖化から救ってくれているのだという。

[2] High doses of **UV radiation** can reduce the **yield** of basic food crops, such as soybeans, and UV-B, the most dangerous form of UV light, **penetrates** below the surface of the ocean. There it can kill the **plankton** (one-celled plants) and krill (tiny shrimplike animals) that serve as food for larger fish.

多量の紫外線が大豆などの基本的な食用穀物の生産高を減少させる可能性があり、紫外線の最も危険な形であるUV-Bが、海の表面下までにも浸透する。そのために、大きな魚の餌になる単細胞植物であるプランクトンや小さな海老のような生き物であるオキアミが死滅する可能性がある。

[3] Global warming, sometimes called the **"greenhouse effect,"** is caused by atmospheric gases—such as **carbon dioxide, chlorofluorocarbons** (CFCs) and **methane**—that **trap** the sun's heat next to the earth, the way that glass traps heat in a greenhouse.

地球の温暖化は、時に「温室効果」と呼ばれるが、ガラスが温室の熱を捕えるのと同じように、地球に近いところの太陽熱を捕えてしまう二酸化炭素やフロンガスやメタンガスのような大気中のガスによって引き起こされる。

📝 環境重要関連表現

☐ **public hazard** 公害　表 hazardous 形 [hǽzərdəs] 危険な
☐ **environmental preservation** 環境保全
　　表 environmental standards 環境基準
☐ **waste disposal** 廃棄物処理　表 radioactive waste 放射性廃棄物
☐ **air pollution** 大気汚染
☐ **pollutant** 名 [pəlú:tənt] 汚染物質　動 pollute [pəlú:t] 汚染する
☐ **water pollution** 水質汚染
　　表 water quality standards 水質基準
☐ **ocean dumping** 海洋投棄　表 名 sludge [slʌ́dʒi] ヘドロ
☐ **industrial discharge** 工場廃水　表 waste water 廃水
☐ **noise pollution** 騒音　表 名 decibel [désəbèl] デシベル
☐ **ozone layer** オゾン層　表 nitrogen oxides 窒素酸化物
☐ **carcinogen** 名 [kɑːrsínədʒən] 発ガン性物質
　　形 carcinogenic [kɑːrsínədʒənik] 発ガン性の
☐ **ecosystem** 名 [ékousìstim] 生態系　表 名 ecologist [iká:lədʒist] 生態学者

読解問題Ⅰ　分野別対策424単語・表現の攻略

UNIT 6　健康（1）／ Health（1）

CD3 56-57

[1]

□ **flu** (influenza = the flu) 名 [flúː]　インフルエンザ

　表 cold 名 [kóuld]　風邪

□ **vaccine** 名 [væksíːn]　ワクチン

　動 vaccinate [vǽksənèit]　ワクチン注射する

□ **healthy** 形 [hélθi]　健康な　表 health food(s)　健康食品

□ **shot** 名 [ʃát]　（皮下）注射、ワクチン注射　同 injection [indʒékʃən]

□ **at high risk**　高い危険性で

[2]

□ **pregnancy** 名 [prégnənsi]　妊娠　形 pregnant [prégnənt]　妊娠した

□ **menstrual period** (= period)　月経、生理

□ **conceive** 動 [kənsíːv]　懐妊する　同 be pregnant　妊娠している

□ **implantation** 名 [implæntéiʃən]　受精すること、移植

　動 implant [implǽnt]　移植する

□ **negative** 形 [négətiv]　陰性の　反 positive [pázətiv]　陽性の

[3]

□ **clear** 動 [klíər]　きれいにする

□ **lung** 名 [lʌ́ŋ]　肺　表 名 pneumonia [n(j)uːmóuniə]　肺炎

□ **secondhand smoke**　間接喫煙

□ **light up**　火をつける、煙草を吸う

---

[1] There will be enough **flu vaccine** this year, but with deliveries running late, **healthy** people are being urged to postpone their **shots** so the elderly and people **at high risk** can be vaccinated first.

今年のインフルエンザワクチンは十分余裕があるということだが、頒布が遅れているため年配の人々やかかる確率が高い人たちを優先に投与できるよう、健康な人々は注射を先延ばしにするように促されている。

[2] **Pregnancy** tests done on the first day a woman misses her **menstrual period** may incorrectly tell her she is not pregnant. In a study of 136 women who had **conceived**, **implantation** was estimated to have occurred in 90% by the first day of the missed period, but for the other 10%, the early test was **negative**, indicating the implantation took place later.

生理がないと判断した最初の日に行われた妊娠検査は、誤って妊娠の兆候なしという結果を示すことがあるかもしれない。妊娠した136人の女性の研究において、90パーセントが生理がないと判断された初日までに受精していたと推定されているが、残りの10パーセントは初期の検査では陰性と出たが、後に陽性であることを示した。

[3] Government and health officials hope to **clear** the **lungs** of millions of children exposed to **secondhand smoke** each year by encouraging parents who smoke to **light up** outdoors.

政府と厚生省の役人は、喫煙習慣のある親に屋外で煙草を吸うように奨励することによって、毎年間接喫煙にさらされる何百万人という子供たちの肺をきれいにしたいと望んでいる。

🖊 健康 (2) 重要関連表現

□ **surgery** 名 [sə́ːrdʒəri]　外科　表 internal medicine　内科

□ **dentistry** 名 [déntəstri]　歯科　表 ophthalmology 名 [àfθəlmálədʒi]　眼科

□ **pediatrics** 名 [pìːdiǽtriks]　小児科

　　表 obstetrics 名 [əbstétriks]　産科　gynecology 名 [gàinəkálədʒi]　婦人科

□ **diagnosis** 名 [dàiəgnóusis]　診断　表 doctor's questions　問診

□ **checkup** 名 [tʃékʌp]　健康診断　表 X-ray 名 [éksrèi]　レントゲン

□ **gastrocamera** 名 [gæ̀stroukǽmərə]　胃カメラ

　　表 endoscope 名 [éndəskòup]　内視鏡

□ **chemotherapy** 名 [kìːmouθérəpi]　化学療法

□ **computerized axial tomography**　CTスキャン

□ **intravenous injection** (= IV)　点滴　表 hypodermic injection　皮下注射

□ **transfusion** 名 [trænsfjúːʒən]　輸血　antibody 名 [ǽntibàdi]　抗体

□ **brain death**　脳死　表 euthanasia 名 [jùːθənéiʒə]　安楽死

□ **organ transplants**　臓器移植

□ **anesthesia** 名 [æ̀nəsθíːʒə]　麻酔

　　表 electrocardiagram 名 [ilèktroukáːrdiougræm]　心電図

□ **medication** 名 [mèdikéiʃən]　投薬

　　表 dosage 名 [dóusidʒ]　服用量　prescription 名 [priskrípʃən]　処方箋

□ **antibiotics** 名 [æ̀ntibaiátiks]　抗生物質　表 side effect　副作用

□ **painkiller** 名 [péinkìlər]　鎮痛剤　表 antifebrile 名 [æ̀ntaifíːbrəl]　解熱剤

□ **oral medicine**　経口薬　表 sleeping drug　睡眠薬

読解問題Ⅰ　分野別対策424単語・表現の攻略

UNIT 7　健康（2）／Health（2）

CD3 58-59

[1]

□ **die from**　（主に外的要因で）～で死ぬ　表 die of cancer　ガンで死ぬ

□ **ingest** 動 [indʒést]　摂取する　表 digest [daidʒést]　消化する

□ **hydrocarbon** [hàidrəkάːrbən]　炭化水素　表 carbon [kάːrbən]　炭素
　carbohydrate　炭水化物　lipid [lípid]　脂肪　protein [próutiːn]　タンパク質

□ **tissue** [tíʃuː]　組織　表 tissue culture　組織培養

□ **poisoning** 名 [pɔ́izniŋ]　中毒　形 poisonous [pɔ́iznəs]　毒の
　表 food poisoning　食中毒

□ **chemical** 形 [kémikl]　化学の
　名 chemicals [kémiklz]　化学物質　chemistry [kémistri]　化学

[2]

□ **breast cancer**　乳ガン　表 stomach cancer　胃ガン　lung cancer　肺ガン

□ **secretion** 名 [sikríːʃən]　分泌　動 secrete [sikríːt]　分泌する

□ **levels** 名 [lévlz]　（数）値　表 cholesterol levels　コレステロール値

[3]

□ **hearing loss**　聴力の損失　表 hard of hearing　難聴の

□ **progress** 動 [prəgrés]　進行する　表 in progress　進行中の

□ **ear** 名 [íər]　耳　表 the external ear　外耳　the internal ear　内耳

---

[1] At least five children have **died from ingesting** products that contain **hydrocarbons**. Three of those deaths were caused by children ingesting baby oil. The oil in the products coats the lungs and causes **tissue** damage. The children die not from **poisoning** but from **chemical** pneumonia.

> 少なくも5人の子供たちが炭化水素を含む製品を摂取して死亡した。そのうち3件は子供がベビーオイルを摂取したことによるものだった。製品に含まれるオイルは肺を包み組織損傷を引き起こす。子供は中毒ではなく、化学物質による肺炎で死亡する。

[2] Women who work nights may increase their **breast cancer** risk by up to 60 percent, according to two studies that suggest bright light in the dark hours decreases melatonin **secretion** and increases estrogen **levels**.

読解問題Ⅰ　分野別対策424単語・表現の攻略

344

暗い時間帯に明るい光を浴びることがメラトニンの分泌ををを減らしエストロジェンの値を増やすということを示している2つの研究は、夜に働く女性は乳ガンにかかる率が60パーセントまで高まる可能性を指摘している。

[3] **Hearing loss progressing** rapidly in both **ears**, such as that experienced by radio talk-show host Rush Limbaugh, is very rare in people who were previously healthy. He has lost 100% of his hearing in his left ear and 80% in the right in the past 4.5 months.

ラジオトークショーのホストであるラッシュ・リンボーが経験したような、両耳に急激に起こる聴力の損失は、以前健康であった人々には極めて珍しい症状である。彼の場合は、過去4ヵ月半で、左耳の聴力は100パーセント、右耳は80パーセントを失ってしまった。

✒ 健康 (2) 重要関連表現

□ **cerebral apoplexy** 脳卒中　表 cerebral hemorrhage　脳出血
□ **angina pectris** 狭心症　表 heart failure　心不全
□ **diabetes** 名 [dàiəbíːtiːz]　糖尿病
□ **cirrhosis of the liver** 肝硬変　表 fatty liver　脂肪肝
　　表 hepatitis 名 [hèpətáitəs]　肝炎
□ **leukemia** 名 [luːkíːmiə]　白血病　表 hemophilia 名 [hìːməfíliə]　血友病
　　appendicitis 名 [əpèndəsáitis]　虫垂炎　表 gallstone 名 [gɔ́ːlstòun]　胆石
□ **dermatitis** 名 [dəˈrmətáitəs]　皮膚炎　eczema 名 [éksəmə]　湿疹
　　headache 名 [hédèik]　頭痛
□ **mumps** 名 [mʌ́mps]　おたふく風邪　表 measles 名 [míːzlz]　はしか
□ **smallpox** 名 [smɔ́ːlpàks]　水ぼうそう　表 hay fever　花粉症
□ **insomnia** 名 [insámniə]　不眠症　表 psychosomatic disease　心身症
□ **schizophrenia** 名 [skitsəfríːniə]　精神分裂症
　　表 neurosis 名 [n(j)uəróusis]　ノイローゼ　nervous breakdown　神経衰弱
□ **pimples** 名 [pímplz]　にきび
□ **athletes' foot**　水虫　表 corn 名 [kɔ́ːrn]　たこ　lump 名 [lʌ́mp]　たんこぶ
□ **hypertension** 名 [hàipərténʃən]　高血圧
　　反 hypotension 名 [hàipəténʃən]　低血圧
□ **contagious disease**　伝染病
□ **hereditary disease**　遺伝病

読解問題Ⅰ　分野別対策424単語・表現の攻略

345

UNIT 8 政治 (1) ／ Politics (1)

CD3 60-61

[1]
- □ **congressman** 名 [káŋgrəsmən]　米連邦議会議員（特に下院議員）
  - 表 Senator 名 [sénətər]　上院議員
- □ **campaign** 名 [kæmpéin]　選挙運動
  - 表 campaign spending　選挙資金
- □ **launch** 動 [lɔ́:nʧ]　始める、着手する
- □ **announce** 動 [ənáuns]　公表する
- □ **run** 動 [rʌ́n]　立候補する　表 run for governor　知事に立候補する
- □ **filing deadline**　申請締切日　表 file 動 [fáil]申請する

[2]
- □ **the federal government**　連邦政府
- □ **the executive branch**　行政部　表 administration 名 [ədmìnistréiʃən]　行政
- □ **the legislative branch**　立法部　表 legislation 名 [lèdʒisléiʃən]　立法
- □ **the judicial branch**　司法部　表 judicature 名 [dʒú:dikèitʃər]　司法
- □ **the Supreme Court**　最高裁判所

[3]
- □ **allocate** 動 [ǽləkèit]　割り当てる　同 allot 動 [əlát]
- □ **fund** 名 [fʌ́nd]　資金　動 ～に資金を提供する
- □ **the Department of Health and Human Services**　厚生省
- □ **bio-terrorism** 名 [bàiətérərizm]　バイオテロ、生物兵器テロ

読解問題Ⅰ　分野別対策424単語・表現の攻略

---

[1] Condit, a **congressman** since 1989, has opened a **campaign** office and has begun gathering signatures needed to **launch** a campaign, but has not **announced** whether he plans to **run** next year. The **filing deadline** is Dec. 7.

> 1989年から議員を務めているコンディットは、選挙運動事務所を開き、運動を開始するのに必要な署名を集め始めたが、来年立候補するかどうかはまだ公表していない。申請期限は12月7日である。

[2] The **federal** or National **Government** of the United States is headed by the President, who is chief of **the executive branch**. Congress forms **the legislative branch**. The third branch is **the judicial**, headed by **the Supreme Court**.

アメリカの連邦政府は、行政部の長である大統領に率いられている。議会は立法部を構成している。第3は最高裁判所に率いられる司法部である。

[3] President Bush will recommend that Congress **allocate** more than $1.5 billion in new **funds** to help **the Department of Health and Human Services** fight **bio-terrorism**. Combined with Bush's prior request of $345 million, it would make the amount devoted to fighting bio-terrorism more than $1.8 billion next fiscal year.

厚生省がバイオテロとの戦いを支援するための新しい資金として15億ドル以上を議会が割り当てることをブッシュ大統領が推奨するだろう。ブッシュが先に要求した3億4千5百万ドルと合わせると、来年の会計年度では、バイオテロのために割り当てられる費用は18億ドル以上になるだろう。

✒ 政治 (1) 重要関連表現

- □ **Capitol Hill**　米国会議事堂　表 名 capital [kǽpətl]　首都
- □ **the Pentagon**　国防総省　表 Secretary of Defense　国防長官
- □ **Department of State**　国防省　表 Secretary of State　国務長官
- □ **White House**　ホワイトハウス　表 Oval Office　大統領執務室
- □ **State of the Union Message**　一般教書　表 budget message　予算教書
- □ **diplomacy** 名 [diplóuməsi]　外交　表 diplomat [dípləmæt]　外交官
- □ **ambassador** 名 [æmbǽsədər]　大使　表 consul 名 [kɑ́nsl]　領事
- □ **economic diplomacy**　経済外交
- □ **economic retaliation**　経済報復
- □ **peaceful diplomacy**　平和外交　表 neutral diplomacy　中立外交
- □ **sovereign country**　主権国
- □ **hegemony** 名 [hədʒéməni]　覇権　表 interference 名 [intərfíərəns]　干渉
- □ **treaty** 名 [tríːti]　条約　表 agreement 名 [əgríːmənt]　協定
- □ **charter** 名 [tʃɑ́ːrtər]　憲章
- □ **the United Nations**　国際連合　表 General Assembly　総会

読解問題Ⅰ　分野別対策424単語・表現の攻略

347

UNIT 9　政治（2）／Politics（2）

CD3 62-63

[1]

- □ **Congress** 图 [káŋgrəs]　《米》議会
  - 表 Diet 图 [dáiət]　《日》国会
  - 表 Parliament [páːrləmənt]　《英》議会　Ordinary Diet Session　通常国会
- □ **party** 图 [páːrti]　政党　表 the party lines　党綱領
- □ **the Democratic** (Party)　民主党　表 Democrat 图 [déməkræt]　民主党員
- □ **the Republican** (Party)　共和党　表 Republican 图 [ripʌ́brikn]　共和党員

[2]

- □ **Rep.**（= Representative）图 [rép]　米国下院議員
- □ **charge A with B**　AをBで告訴する　同 accuse A of B
- □ **bribery** 图 [bráibəri]　収賄行為　比 bribe [bráib]　わいろ
- □ **file a motion**　申し立てをする
  - 图 motion [móuʃən]　動議、申請
- □ **privilege** 图 [prívəlidʒ]　特権　形 privileged [prívəlidʒd]　特権を持つ
- □ **Constitution** 图 [kànstət(j)úːʃən]　憲法
  - 形 constitutional [kànstət(j)úːʃənl]　憲法の
- □ **official capacity**　公式の地位、資格
- □ **prosecution** 图 [pràsəkjúːʃən]　訴訟追行
  - 動 prosecute [prásəkjùːt]　起訴する

[3]

- □ **existing** 图 [igzístiŋ]　現行の
- □ **subsidies** 图 [sʌ́bsədiz]　補助金　形 subsidiary [səbsídièri]　補助の
- □ **account for**　～を占める
- □ **output** 图 [áutpùt]　生産高　表 agricultural output　農業生産高

---

[1] The activities of **Congress** are largely controlled by **party** politics. The two dominant parties in the United States are **the Democratic** and **the Republican**. There are other parties, and occasionally these parties have split into small groups, but for all practical purposes Congress can be divided into Democrats and Republicans.

議会の活動は、大部分は政党政治によって支配されている。アメリカの2大政党は民主党と共和党である。他にも政党が存在していたり、時にはこれらの政党が小さく分裂してきたりはしたが、実際上は、民主党と共和党に分けることができる。

読解問題Ⅰ　分野別対策424単語・表現の攻略

348

[2] U.S. **Rep**. James Traficant, who has been **charged with bribery** and racketeering, **filed a motion** saying the evidence is protected under a congressional "speech and debate clause **privilege**" in the **Constitution**. He argued that it allows members of Congress to speak freely while acting in their **official capacity** without fear of **prosecution**.

アメリカの下院議員のジェームズ・トラフィカントは、収賄と不正行為で告訴されているが、証拠は合衆国憲法の言論と討議の条項の特権の下で保護されていると述べて異議を申し立てた。その特権により、議員在任期間中は訴訟追行を恐れずに自由に発言をすることができると主張した。.

[3] Under **existing** farm programs, the bulk of federal **subsidies** goes to large farms where corn, wheat, rice, cotton and soybeans are grown. Those crops **account for** 20 percent of the nation's agricultural **output**.

現行の農地計画の下で、連邦政府の補助金の大部分はとうもろこし、小麦、米、綿、大豆が栽培されている大農地に取られる。これらの穀物はアメリカの農業生産高の20パーセントを占める。

🖊 政治 (2) 重要関連表現

□ **senate** 图 [sénət] 《米》上院
□ **the House of Representatives** 《米》下院《日》衆議院
　　反 the House of Councilors　参議院
□ **bill** 图 [bíl]　法案　表 agenda 图 [ədʒéndə]　議題
□ **Extraordinary Diet session**　臨時国会
　　表 Special Diet session　特別国会
□ **prime minister**　首相　表 minister 图 [mínəstər]　大臣
□ **cabinet** [kǽbənət]　内閣　表 cabinet minister　閣僚
　　bureaucrat [bjúərəkæt]　官僚　faction [fǽkʃən]　派閥
□ **Ministry of Foreign Affairs**　外務省　Ministry of Finance　大蔵省
□ **Ministry of Health and Welfare**　厚生省　Ministry of Justice　法務省
□ **Ministry of International Trade and Industry**　通産省
□ **ruling party**　与党　反 opposition party　野党
□ **coalition government**　連立政権　表 opposition coalition　野党連立
□ **political donations**　政治献金　表 political funds　政治資金

読解問題Ⅰ　分野別対策424単語・表現の攻略

UNIT 10　政治（3）／ Politics（3）

CD3
64-65

[1]

□ **expiration** 名 [èkspəréiʃən]　任期満了　　動 expire [ikspáiər]　任期満了する

□ **term** 名 [tə́ːrm]　（大統領の）任期

　　表 terms [tə́ːrmz]　条件、用語、間柄

□ **President** 名 [prézədənt]　大統領

　　表 Vice-president 名 [váisprézədənt]　副大統領

□ **renominate** 動 [rinámənèit]　再指名する

　　表 nominate 動 [námənèit]　指名する

□ **re-elect** 動 [rìilékt]　再選する　　表 elect 名 [ilékt]　選ぶ

[2]

□ **election** 名 [ilékʃən]　選挙

　　表 primary [práiməri]　予備選挙　　off-year election　中間選挙

□ **vote** 名 [vóut]　票　　動 投票する　　表 the right to vote　投票権

□ **no party affiliation**　無所属　　表 名 affiliation [əfiliéiʃən]　所属

[3]

□ **the Department of Labor**　労働省

□ **welfare** 名 [wélfèər]　福祉　　表 social welfare　社会福祉

□ **wage earners**　賃金労働者

□ **supervise** 名 [súːpərvàiz]　監視する

　　表 supervisor [súːpərvàizər]　監督者

□ **immigration** 名 [ìmigréiʃən]　（外国からの）移民

　　動 immigrate [ímigrèit]　（外国から）移住する

　　反 emigration [èmigréiʃən]　（外国への）移民

□ **naturalization** 名 [næ̀tʃərələzéiʃən]　帰化　　動 naturalize [nǽtʃərəlàiz]　帰化させる

[4]

□ **GOP** (= Grand Old Party) 名 [dʒìːóupíː]　共和党

□ **budget committees**　予算委員会　　表 budget 名 [bʌ́dʒət]　予算

□ **endorse** 動 [endɔ́ːrs]　認める　　名 endorsement [endɔ́ːrsmənt]　是認

---

[1] At the **expiration** of the first **term**, either the **President** or Vice-president or both may be **renominated** and **re-elected** for a second term.

第1期の任期終了時に、大統領か副大統領のどちらかあるいはその両方が、第2期に再指名されるか、再選されることがある。

読解問題Ⅰ　分野別対策424単語・表現の攻略

350

[2] Steve Briese, a financial writer who switched from Republican to Democrat shortly before the **election**, won 28 percent of the **votes** and pediatrist John Ralls Jr., who ran with **no party affiliation**, won 6 percent.

スティーブ・ブリーズは、選挙の直前に共和党から民主党にくら替えした金融担当の記者であるが、28パーセントの票を獲得し、無所属の小児科医のジョン・ロールズ・ジュニアは6パーセントの票を獲得した。

[3] **The Department of Labor** looks after the **welfare** and improvement of conditions of **wage earners** throughout the country, and also **supervises** certain aspects of **immigration** and **naturalization**.

労働省は福祉と国中の賃金労働者の条件の改善を取り扱っており、移民と帰化のある部分もまた監視している。

[4] The **GOP** and Democratic leaders of the House and Senate **budget committees** have **endorsed** a set of principles for an economic package.

両議会の予算委員会の共和党と民主党の指導者たちは、経済政策案に対する一連の指針を認めてきた。

🗡 政治（3）重要関連表現

- □ **election system** 選挙制度 　表 constituency [kənstítʃuənsi] 　選挙区
- □ **universal suffrage** 国民参政権 　表 women's suffrage 　婦人参政権
- □ **candidate** 名 [kǽndidèit] 　候補者 　表 ticketed candidate 　公認候補
- □ **organized votes** 組織票
  - 表 individual votes 　個人票 　support [səpɔ́ːrt] 　支持票
- □ **poll** 名 [póul] 　投票所 　表 election day 　投票日
- □ **ballot** 名 [bǽlət] 　投票用紙 　表 ballot box 　投票箱
- □ **absentee vote** 不在投票
- □ **win votes** 得票する 　表 deliver votes 　票を回す
- □ **vote counting** 開票 　表 election returns 　開票結果
- □ **win an election** 当選する 　反 lose an election 　落選する
- □ **election violation** 選挙違反 　表 campaign obstruction 　選挙妨害

351

UNIT 11 科学と科学技術 (1) ∕ Science&Technology (1) CD3 66-67

[1]
- ☐ **the Internet** インターネット 表 server program サーバ
- ☐ **run afoul of** ～ともめ事を起こす
- ☐ **copyright** 名 [kápiràit] 著作権 形 著作権のある
- ☐ **relaunch** 動 [rìlá:nʧ] 再開する 表 launch 動 [lá:nʧ] 始める
- ☐ **consumer service** 消費者サービス
  - 表 consumption 名 [kənsʌ́mpʃən] 消費
- ☐ **quarter** 名 [kwɔ́:rtər] 四半期 (1年を4等分した1期)
- ☐ **CEO** (= Chief Executive Officer) 名 [síːiːóu] 最高経営責任者

[2]
- ☐ **federal agencies** 連邦機関政府
- ☐ **scrutinize** 動 [skrú:tənàiz] 精査する
  - 同 examine [igzǽmin] 名 scrutiny [skrú:təni] 精査
- ☐ **Web site** ホームページ 表 WWW (World Wide Web)
- ☐ **terrorist** 名 [térərist] テロリスト
  - 表 terrorism (= terrorist acts) 名 [térərizm] テロ行為
- ☐ **plot** 動 [plát] 陰謀を企む 同 conspire 動 [kənspáiər]

---

[1] Napster, **the Internet** music service that **ran afoul of** recording-industry **copyright** complaints, now plans to **relaunch** its new, secure, **consumer service** in the first **quarter** of next year, says **CEO** Konrad Hilbers.

ネプスターは、レコーディング産業の著作権の苦情の件でもめ事を起こしたインターネット音楽配信サービス会社であるが、現在は、新しい確実な消費者へのサービス提供を来年度の第1四半期に再び開始する計画をしていると、最高経営責任者のコンラッド・ヒルバース氏は語っている。

[2] United States **federal agencies** are **scrutinizing** their **Web sites** and striking any information they believe **terrorists** might use to **plot** attacks against the country.

アメリカの連邦政府機関はホームページを精査中であり、テロリストがアメリカに対する攻撃を仕掛けるために利用する可能性があるかもしれないと信じる情報を削除している。

科学と科学技術 (1) 重要関連表現

□ **computer** 名 [kəmpjúːtər]　コンピューター
　表 Windows 名 [wíndouz]　ウインドウズ　Mac 名 [mǽk]　マック
□ **LAN** (= Local Area Network) 名 [lǽn]　限定された範囲のネットワーク
□ **modem** 名 [móudem]　モデム　表 dial-up 名 [dáiəlÀp]　電話回線での接続
　provider 名 [prəváidər]　プロバイダー
□ **connect** 動 [kənékt]　接続する　表 hook up　接続する
　hurdle 名 [hə́ːrdl]　障害
□ **freeware** 名 [fríːwèər]　無料で使えるソフトウエア
　表 shareware 名 [ʃéərwèər]　シェアウエア
□ **archiver** 名 [áːrkaivər]　圧縮ソフトウエア
　表 viewer 名 [vjúːər]　画像、音声利用のためのソフト
□ **access point**　アクセスポイント
　表 customize 動 [kʌ́stəmàiz]　(設定など) 変更する
□ **domain** 名 [douméin]　領域　表 interface 名 [íntərfèis]　インターフェイス
□ **login** 名 [lə́gìn]　ユーザーの確認手続き
　表 ID (= identification) 名 [áidíː]　身分証明
□ **dialer** 名 [dáiələr]　ダイアラー (電話回線接続のためのソフトウエア)
□ **mailer** 名 [méilər]　メーラー (電子メールの管理を行うソフトウエア)
□ **hard disk**　ハードディスク　表 backup [bǽkÀp]　バックアップ
□ **search** 動 [sə́ːrtʃ]　検索する　表 directory 名 [dəréktəri]　ディレクトリー
　名 folder [fóuldər]　フォルダー
□ **HTML** (= Hyper Text Markup Language) 名 [éitʃtíːémél]　ハイパー・テクス
ト・マークアップ・ランゲージ
□ **image file**　画像ファイル　表 graphic 形 [grǽfik]　図表の
□ **font** 名 [fánt]　フォント　表 size 名 [sáiz]　大きさ
□ **online shopping**　オンライン・ショッピング　表 order 名 [ɔ́ːrdər]　注文
□ **under construction**　工事中　表 Not found　発見できない

読解問題Ⅰ　分野別対策424単語・表現の攻略

353

UNIT 12　科学と科学技術（2）／Science&Technology（2）　CD3 68-69

読解問題Ⅰ　分野別対策424単語・表現の攻略

[1]
- **restrictions** 名 [ristríkʃənz]　制限規定　動 restrict [ristríkt]　制限する
- **human cloning**　人間のクローン技術　表 clone 動 [klóun]　再生する
- **at top speed**　最高速度で
- **research** 名 [ri:sə́:rtʃ]　研究
  - 表 R&D (= Research & Development) 名 [á:rənddí:]　研究開発
- **cell** 名 [sél]　細胞　形 cellular [séljələr]　細胞の
  - 表 one-celled 形 [wánséld]　単細胞の

[2]
- **the Information Age**　情報化時代
  - 表 IT (= Information Technology) 名 [ái tí:]　情報工学
- **radically** 副 [rǽdikli]　根本的に　形 radical [rǽdikl]　根本的な
- **count** 動 [káunt]　重要である　同 matter 動 [mǽtər]
- **get ahead**　先に抜け出す
- **assimilate** 動 [əsíməlèit]　同化する　名 assimilation [əsìməléiʃən]　同化
- **chunk** 名 [tʃʌ́ŋk]　固まり
- **sort** 動 [sɔ́:rt]　分類する　同 classify [klǽsəfài]

[3]
- **brain** 名 [bréin]　脳　形 cerebral [sérəbrəl]　脳の
- **blood** 名 [blʌ́d]　血液　動 bleed [blí:d]　出血する
  - 表 bleeding [blí:diŋ]　出血
- **findings** 名 [fáindiŋz]　発見された事実、発見物
- **react** 動 [ri(:)ǽkt]　反応する　名 reaction [ri(:)ǽkʃən]　反応
- **tissue** 名 [tíʃu:]　組織
  - 表 brain tissue　脳組織　　nervous tissue　神経組織

---

[1] Even with government **restrictions**, some scientists say work on **human cloning** is continuing **at top speed**. Many scientists support it. They say cloning **research** can help them understand the way human **cells** change.

政府の規制があるにしても、人間のクローン技術に関する研究は、トップスピードで続けられていると語る科学者もいる。多くの科学者がそれを支持している。彼らは、クローン技術の研究が人間の細胞の変化の仕方を理解する上で役に立つと主張している。

354

[2] **The Information Age** has **radically** changed the nature of the marketplace. Increasingly, what **counts** now is how well people think. The people who **get ahead** in the Information Age will be those who are able to **assimilate chunks** of information quickly and accurately, **sorting** necessary facts, and details from unnecessary material.

情報化時代は、根本的に市場の性質を変化させてきた。現在ますます重要なことは、人々がいかに賢く考えるかである。情報化時代を先取りするのは、多くの情報を素早く取り入れることができる人たちであり、また、必要な事実や細かい情報を不必要な素材から正確に選別している人々である。

[3] A team of Canadian and Italian scientists say they have found a way to change **brain** cells in mice into **blood** cells. The **findings** are considered important because human cells might **react** the same way. This would mean that a person's own cells could be used to repair damaged **tissue**.

カナダとイタリアの科学者チームは、ネズミの脳細胞を血液細胞に変換する方法を発見したと述べている。人間の細胞も同様に作用する可能性があるので、この発見は重要であると考えられている。この発見は、人間自身の細胞が傷ついた組織を修復するために利用することができる可能性があることを意味することになるだろう。

✓ 科学と科学技術（2）重要関連表現

☐ **gene** 图 [dʒíːn] 遺伝子 形 genetic [dʒənétik] 遺伝子の
　　表 genetic engineering 遺伝子工学
☐ **DNA** (= deoxyribonucleic acid) 图 [díːènéi] デオキシリボ核酸
☐ **fertilized** 形 [fɔ́ːrtəlàizd] 受精した 反 unfertilized 受精していない
☐ **AI** (= Artificial Intelligence) 图 [èiái] 人工知能
☐ **superconductivity** 图 [sùpərkɑndʌktíviti] 超伝導
☐ **robotics** 图 [roubátiks] ロボット工学 表 图 robot [róubɑt] ロボット
☐ **computer virus** コンピューターウィルス
　　表 hacker 图 [hǽkər] ハッカー
☐ **intellectual property** 知的所有権
☐ **capacity** 图 [kəpǽsəti] 生産能力 表 product range 製品種目
☐ **leading-edge technology** 先端技術
　　表 technological innovation 技術革新

355

UNIT 13　スポーツ (1) ／ Sports (1)

CD3 70-71

[1]
- □ **play on tour**　ツアーでプレイする　表 图 play [pléi]　競技
- □ **share the lead**　トップタイに付ける　表 take the lead　先頭に立つ
- □ **round** 图 [ráund]　（ゴルフやボクシングなどの）ラウンド
- □ **tie** 图 [tái]　同点、タイ　表 play off a tie　同点決勝をする
- □ **stroke** 图 [stróuk]　（ゴルフやテニスなどの）ストローク

[2]
- □ **fight** 图 [fáit]　（ボクシングの）試合　同 bout 图 [báut]
- □ **knock down**　殴り倒す、ノックダウンさせる
- □ **punch** [pántʃ]　パンチ　同 blow 图 [blóu]
  - 動 パンチで殴る

[3]
- □ **speed skating**　スピードスケート　表 動 skate [skéit]　スケートで滑る
- □ **place fifth**　5位になる
- □ **event** 图 [ivént]　競技　表 field events　フィールド競技種目

---

[1] Woods last **played on tour** at the Canadian Open, where he **shared the lead** after the first **round** but lost a ball in the trees and finished the week at Royal Montreal in a **tie** for 23rd, 10 **strokes** back.

> ウッズは、カナディアンオープンでツアー最後のプレイをし、1ラウンド終了時点ではトップタイであったが、林でロストボールとなり、トップから10ストローク差の23位タイでロイヤルモントリオールの最終日を終えた。

[2] Tyson, who stayed directly in front of Nielsen the entire **fight**, **knocked down** the Dane in the third round with a six-**punch** combination.

> タイソンは、試合中ずっとニールセンの正面に立ちはだかっていたが、第3ラウンドに6つのパンチのコンビネーションで、そのデンマーク人を殴り倒した。

[3] Patrick Quinn is a former college hockey player and inline skate racer who took up **speed skating** in 1994 at the age of 27. At last year's U.S. National Championships he **placed fifth** in his strongest **event**, the 10,000 meters.

読解問題 I　分野別対策424単語・表現の攻略

356

パトリック・クインは元カレッジホッケー選手で、1994年27歳のときにスピードスケートを始めたスケーターである。昨年の全米選手権大会では、彼の一番得意な1万メートルで5位に終わった。

📖 スポーツ（1）重要関連表現

●ゴルフ
□ **golf gear** ゴルフ用具　表 club house　クラブハウス
　caddy 名 [kǽdi]　キャディ
□ **par** 名 [pá:r]　パー　表 bogey 名 [bóugi]　ボギー　birdie 名 [bá:rdi]　バーディ
□ **tee shot** ティーショット　表 putt 名 [pʌ́t]　パット
　approach 名 [əpróutʃ]　アプローチ
□ **green** 名 [grí:n]　グリーン　表 grain of the turf　芝目
□ **drive** 名 [dráiv]　ドライブ　表 wood clubs　ウッド　iron clubs　アイアン
　putter 名 [pʌ́tər]　パター
□ **bunker** 名 [bʌ́ŋkər]　バンカー　表 fairway 名 [féərwèi]　フェアウエイ
　hazard 名 [hǽzərd]　ハザード
□ **out-of-bounds** 名 [áutəvbàunz]　オービー

●サッカー
□ **forward** 名 [fɔ́:rwərd]　フォワード
　表 midfielder [mídfi:ldər]　ミッドフィルダー
　defender 名 [diféndər]　ディフェンダー
□ **goal kick** ゴールキック　表 corner kick　コーナーキック
　free kick　フリーキック
□ **centering** 名 [séntəriŋ]　センタリング
□ **trap** 名 [trǽp]　トラップ　表 offside 名 [ɔ́fsáid]　オフサイド

●陸上競技
□ **long jump** 走り幅跳び　表 high jump　走り高跳び
　the pole vault　棒高跳び
□ **long-distance race** 長距離　反 short-distance race　短距離
　表 marathon 名 [mǽrəθàn]　マラソン
□ **javelin throw** 槍投げ　表 discus throw　円盤投げ
　shot-putting 名 [ʃátpùtiŋ]　砲丸投げ

読解問題Ⅰ　分野別対策424単語・表現の攻略

357

UNIT 14　スポーツ（2）／ Sports（2）

CD3
72-73

---

[1]

□ **grand prix**　（F1などの）グランプリ

□ **innocent party**　罪のない関係者

　同 a third party　第三者

[2]

□ **season** 名 [síːzn]　シーズン　表 off season　シーズンオフ

□ **finish fourth**　4位で終わる

□ **rookie** 名 [rúki]　ルーキー、新人選手

□ **rushing** 名 [ráʃiŋ]　ボールを持って突進すること

[3]

□ **break a record**　記録を破る

□ **home runs**　ホームラン　表 grand slam　満塁ホームラン

[4]

□ **NBA** (National Basketball Association) 名[énbíːéi]　全米バスケットボール協会

□ **waive** 動 [wéiv]　放棄する

□ **playing career**　選手生命

---

[1] Retiring F1 driver Jean Alesi had a disappointing end to his 201st and last **grand prix** when he was the **innocent party** involved in Kimi Raikkonen's huge accident at Suzuka on Sunday.

> 引退を控えたF1ドライバーのジャン・アレジは、日曜の鈴鹿でのキミ・ライコネンの大きな事故の巻添えに遭い、彼の201回目にして最終のグランプリを残念な結果で終えた。

[2] Mike Anderson enters his second **season** after **finishing fourth** in the NFL with a **rookie**-best 1,487 **rushing** yards in 2000.

> マイク・アンダーソンは2000年の新人記録の1,487ヤードの突進でNFL歴代4位の記録で終え、2度目のシーズンに入る。

[3] Barry Bonds **broke** Joe Bauman's professional **record**, established in 1954, of 72 **home runs** he established in 1954.

> バリー・ボンズは、ジョー・ボーマンが1954年に樹立した72ホーマーというプロ野球記録を破った。

読解問題Ⅰ　分野別対策424単語・表現の攻略

358

[4] New York Knicks forward Larry Johnson, a two-time All-Star, has retired after ten seasons in the **NBA**. Still plagued by a chronically sore back, Johnson was **waived** by the Knicks on Wednesday morning and officially ended his **playing career**.

> 2度のオールスター選手であるニューヨークニックスのフォワード、ラリー・ジョンソンは、NBAでの10シーズンを終えて引退した。慢性の腰痛に苦しめられ、ジョンソンは水曜の朝にニックスから解雇通告を受け、正式に選手生活を終えることとなった。

⚡ スポーツ（2）重要関連表現

●モータースポーツ
□ **F1** (Formula 1) [éfwʌ́n] エフワン 表 Paris-Dakar パリダカール
motocross 名 [móutoukrɔ̀(:)s] モトクロス

●アメフト
□ **offense** 名 [əféns] オフェンス 反 defense 名 [diféns] ディフェンス
□ **quarterback** 名 [kwɔ́ːrtərbæ̀k] クォーターバック
表 running back ランニングバック
□ **intercept** 名 [ìntərsèpt] インタセプト 表 huddle 名 [hʌ́dl] ハドル
gain 名 [géin] ゲイン down 名 [dáun] ダウン
□ **formation** 名 [fɔːrméiʃən] フォーメーション 表 shotgun formation ショットガン

●野球
□ **the first half of the third inning** 3回の表 表 the second half 裏
□ **pitcher** 名 [pítʃər] 投手 表 starting pitcher 先発 relief pitcher リリーフ
□ **balk** 名 [bɔ́ːk] ボーク 表 wild pitch ワイルドピッチ left on base 残塁
□ **catcher** 名 [kǽtʃər] 捕手 表 baseman 名 [béismən] 内野手
fielder 名 [fíːldər] 外野手
□ **hit** 名 [hít] ヒット 表 squeeze 名 [skwíːz] スクイズ foul ball ファウル
□ **dead ball** デッドボール 表 four balls フォアボール
□ **steal** 名 [stíːl] 盗塁 表 sliding 名 [sláidiŋ] 滑り込み
□ **batter** 名 [bǽtər] 打者 表 leading hitter 首位打者 pinch hitter 代打者
□ **pick-off** 名 [píkɔ̀f] 牽制 表 force-out 名 [fɔ́ːrsàut] フォースアウト

●バスケットボール
□ **traveling** 名 [trǽvliŋ] トラベリング 表 free throw フリースロー
□ **dunk** 名 [dʌ́ŋk] ダンクシュート 表 set offense セットオフェンス

読解問題Ⅰ　分野別対策424単語・表現の攻略

359

UNIT 15　天候／Weather

CD3 74-75

[1]
- □ **cloudy** 形 [kláudi]　曇りの　同 overcast 名 [óuvərkæst]　曇り
- □ **rainy** 形 [réini]　雨の
  - 表 drizzle 名 [drízl]　小ぬか雨　　downpour 名 [dáunpɔ̀ːr]　土砂降り
- □ **a low pressure system**　低気圧
  - 反 a high pressure system　高気圧
- □ **temperature** 名 [témpərtʃùər]　気温
  - 表 high 名 [hái]　最高気温　　low 名 [lóu]　最低気温
- □ **wind** 名 [wínd]　風　表 windstorm 名 [wíndstɔ̀ːrm]　暴風
- □ **fine** 形 [fáin]　晴れ　同 sunny [sʌ́ni] = clear [klíər]

[2]
- □ **tornado** 名 [tɔːrnéidou]　トルネード　表 twister 名 [twístər]　竜巻

[3]
- □ **shower** 名 [ʃáuər]　にわか雨
  - 表 be caught in a shower　にわか雨に遭う
- □ **thunderstorm** 名 [θʌ́ndərstɔ̀ːm]　雷雨　表 thunder 名 [θʌ́ndər]　雷

[4]
- □ **typhoon** 名 [taifúːn]　台風　表 hurricane 名 [hə́ːrəkèin]　ハリケーン
  - cyclone 名 [sáikloun]　サイクロン
- □ **torrential** 形 [tɔrénʃəl]　激しい
- □ **rainfall** 名 [réinfɔ̀ːl]　雨量　同 precipitation [prisipitéiʃən]
- □ **typhoon-force winds**　台風の影響による風

---

[1] Most of Japan will be **cloudy** or **rainy** due to **a low pressure system** over the Sea of Japan. The eastern Tohoku region will have lower **temperatures** caused by wet easterly **winds**. The Okinawa region will be **fine**.

日本海上空の低気圧のため、日本全域でほぼ曇りか雨の天候になる模様。東北東部地域は湿った東の風により気温は下がる見込み。沖縄地域は晴れるでしょう。

[2] Emergency crews are surveying the damage left behind by a series of **tornadoes** that whisked across parts of the Midwest.

緊急対策班は、中西部地域を進んだ一連の竜巻がもたらした被害を調査中である。

読解問題Ⅰ　分野別対策424単語・表現の攻略

[3] **Showers** and **thunderstorms** will fall from northcentral Canada through the Upper Midwest of the United States and into the central Plains this weekend.

今週末は、北中部のカナダからアメリカ中西部上域にかけて、そしてグレートプレーンズ中部まで、にわか雨と雷雨が降る見込み。

[4] **Typhoon** Utor is expected to move into southeastern China this weekend. **Torrential rainfall** along with **typhoon-force winds** will likely wreak havoc in this area. Elsewhere, hot weather is expected across much of China. Thunderstorms will affect the Korean Peninsula.

台風ユトーは、今週末中国南東部に入る見込み。台風の風に伴う激しい雨が、この地域に大きな被害をもらたすでしょう。他の地域では、中国ほぼ全域にわたって暑い天候が予測される。雷雨が朝鮮半島に影響を及ぼすでしょう。

✓ 天候重要関連表現

□ **weather phenomenon** 気象現象
　表 meteorological observatory 気象台
□ **weather forecast** 天気予報　表 weatherman 名 [wéðərmàn] 予報官
□ **weather warning** 気象警報　表 weather advisory 気象注意報
□ **weather chart** 天気図　表 atmosphere 名 [ǽtməsfiər] 大気
stratosphere 名 [strǽtoʊsfiər] 成層圏
□ **warm front** 温暖前線
　反 cold front 寒冷前線　表 stationary front 停滞前線
□ **low atmospheric pressure** 低気圧
　反 high atmospheric pressure 高気圧
□ **cloud** 名 [kláud] 雲　表 thundercloud 名 [θʌ́ndərklàud] 雷雲
□ **snow** 名 [snóu] 雪　表 snowfall 名 [snóufɔ̀:l] 降雪　snow cover 積雪
□ **air current** 気流　表 monsoon 名 [mɑnsú:n] 季節風
□ **normal temperature** 平均気温
　表 thermometer [θərmɑ́mətər] 温度計
□ **Centigrade** 名 [séntəgrèid] セ氏　反 Fahrenheit [fǽrənhàit] カ氏
□ **barometer** 名 [bərɑ́mətər] 気圧計　表 discomfort index 不快指数
□ **humidity** 名 [hju:mídəti] 湿度　形 humid [hjú:mid] 湿った

361

$$\left[\ \textbf{REVIEW TEST} \atop \textbf{...1}\ \right]$$

1. LG Philips Displays will _____ 1,200 workers and stop production of parts for monitors at two of its Taiwanese plants because of declining market conditions.
   - (A) lie down
   - (B) lay off
   - (C) lead to
   - (D) lick up

2. Asian countries generally have high _____ rates and banks need to strengthen the redistribution of savings into various forms of investment.
   - (A) save
   - (B) savings
   - (C) saved
   - (D) saving

3. According to the company spokesman, the target is still attainable as the parent company is likely to see fewer-than-expected workers returning from _____ and plans to increase the number of personnel transfers to its units.
   - (A) substances
   - (B) submission
   - (C) subsidiaries
   - (D) subordinates

正解　1.（B）　2.（B）　3.（C）

1. LGフィリップス・ディスプレイは、市場の状況悪化のため、1,200人を一時解雇し、台湾の工場の2ヵ所でモニター用部品の製造を停止する見込みである。
2. アジア諸国は一般的に高い貯蓄率を誇っているが、銀行は貯蓄のさまざまな形の投資への再分配を強化する必要がある。
3. 会社の広報部員によると、親会社が子会社から戻る人員がおそらく予想より少なく、子会社への人事異動の数を増やす計画をしていることから、目標の達成は依然として可能であるとみている。

参照➡ 1.（U1-4）　2.（U2-4）　3.（U3-1）

362

REVIEW TEST ...2

4. According to the Education Ministry, about 30 percent of roughly 180 Saturday schools in 59 countries either _____ classes by language ability or offer special language classes.
   (A) divide   (B) dissipate
   (C) diversify   (D) divorce

5. Global warming, sometimes called the "greenhouse _____," is caused by atmospheric gases that trap the sun's heat next to the earth.
   (A) efficiency   (B) effort
   (C) efficacy   (D) effect

6. There will be enough flu _____ this year, but with deliveries running late, healthy people are being urged to postpone their shots so the elderly and people at high risk can be vaccinated first.
   (A) medicine   (B) immunity
   (C) virus   (D) vaccine

読解問題Ⅰ 分野別対策424単語・表現の攻略

正解　4.（A）　5.（D）　6.（D）

4. 教育省によると、59ヵ国ほぼ180の土曜学校の約30パーセントが、語学能力でクラス分けするか、特別な語学授業を行っている。

5. 地球の温暖化は、時に「温室効果」と呼ばれるが、地球に近いところの太陽熱を捕えてしまう大気中のガスによって引き起こされる。

6. 今年のインフルエンザワクチンは十分余裕があるということだが、頒布が遅れているため年配の人々やかかる確率が高い人たちを優先に投与できるよう、健康な人々は注射を先延ばしにするように促されている。

参照➡　4.（U4-1）　5.（U5-3）　6.（U6-1）

363

REVIEW TEST
...3

7. Government and health officials hope to _____ the lungs of millions of children exposed to secondhand smoke each year by encouraging parents who smoke to light up outdoors.

   (A) clear   (B) click

   (C) create   (D) crack

8. The bulk of federal subsidies goes to large farms where corn, wheat, rice, cotton and soybeans are grown. Those crops _____ 20 percent of the nation's agricultural output.

   (A) explain away   (B) account for

   (C) boast of   (D) speak out

9. At the _____ of the first term, either the President or Vice-president or both may be renominated and re-elected for a second term.

   (A) expiration   (B) inspiration

   (C) perspiration   (D) respiration

正解　7.（A）　8.（B）　9.（A）

7. 政府と厚生省の役人は、喫煙習慣のある親に屋外で煙草を吸うよう奨励することによって、毎年、二次的な煙草の煙にさらされる何百万人という子供たちの肺をきれいにしたいと望んでいる。

8. 連邦政府の補助金の大部分はとうもろこし、米、綿、大豆が栽培される大農地に取られる。これらの穀物はアメリカの農業生産高の20パーセントを占める。

9. 第1期の任期終了時に、大統領か副大統領のどちらかあるいはその両方が、第2期に再指名されるか、再選されることがある。

参照⟹　7.（U6-3）　8.（U9-3）　9.（U10-1）

REVIEW TEST
...4

10. United States federal agencies are ＿＿＿ their Web sites and striking any information they believe terrorists might use to plot attacks against the country.

　(A) surmounting　　　　　(B) subsisting

　(C) surprising　　　　　　(D) scrutinizing

11. Even with government ＿＿＿, some scientists say work on human cloning is continuing at top speed. Many scientists support it. They say cloning research can help them understand the way human cells change.

　(A) assistance　　　　　　(B) restrictions

　(C) subsidiaries　　　　　(D) patronage

12. Tyson, who stayed directly in front of Nielsen the entire fight, ＿＿＿ the Dane in the third round with a six-punch combination.

　(A) kicked off　　　　　　(B) struck out

　(C) gave up　　　　　　　(D) knocked down

読解問題Ⅰ　分野別対策424単語・表現の攻略

正解　10.（D）　11.（B）　12.（D）

10. アメリカの連邦政府機関はホームページを精査中であり、テロリストがアメリカに対する攻撃を仕掛けるために利用する可能性があるかもしれないと信じる情報を削除している。

11. 政府の規制があるにしても、人間のクローン技術に関する研究は、トップスピードで続けられていると語る科学者もいる。多くの科学者がそれを支持している。彼らは、クローン技術の研究が、人間の細胞の変化の仕方を理解する上で役に立つと主張している。

12. タイソンは、試合中ずっとニールセンの正面に立ちはだかっていたが、第3ラウンドに6つのパンチのコンビネーションで、そのデンマーク人を殴り倒した。

参照➡　10.（U11-2）　11.（U12-1）　12.（U13-2）

365

REVIEW TEST ...5

読解問題Ⅰ　分野別対策４２４単語・表現の攻略

13. Patrick Quinn is an inline skate racer who took up speed skating in 1994 at the age of 27. At last year's U.S. National Championships he placed fifth in his strongest _____, the 10,000 meters.

　(A) advent　　　　　　(B) event
　(C) invent　　　　　　(D) prevent

14. Most of Japan will be cloudy or rainy due to _____ over the Sea of Japan. The eastern Tohoku region will have lower temperatures caused by wet easterly winds. The Okinawa will be fine.

　(A) a lower pressures system
　(B) a lowering pressure system
　(C) a low pressure system
　(D) a low systematic pressure

15. _____ and thunderstorms will fall from northcentral Canada through the Upper Midwest of the United States and into the central Plains this weekend.

　(A) Earthquakes　　　　(B) Showers
　(C) Stars　　　　　　　(D) Rainbows

正解　13. (B)　14. (C)　15. (B)

13. パトリック・クインは1994年27歳のときにスピードスケートを始めたスケーターである。昨年の全米選手権大会では、彼の一番得意な1万メートルで5位に終わった。
14. 日本海上空の低気圧のため日本全域でほぼ曇りか雨の天候になる模様。東北東部地域は湿った東の風により気温は下がる見込み。沖縄地域は晴れるでしょう。
15. 今週末は、北中部のカナダからアメリカ中西部上域にかけて、そしてグレートプレーンズ中部まで、にわか雨と雷雨が降る見込み。

参照⬀　13. (U13-3)　14. (U15-1)　15. (U15-3)

366

長文穴埋め・読解問題 II 出題形式別

… UNIT 学習チェック一覧 …

- ☐ **1** E-mail (1)／Charity Walkason
- ☐ **2** E-mail (2)／Waste Reduction
- ☐ **3** Advertisement (1)／ProtectGear Inc.
- ☐ **4** Advertisement (2)／Clearance Sale
- ☐ **5** Memo (1)／High-level Resignation
- ☐ **6** Memo (2)／Handover
- ☐ **7** Business Letter (1)／Inquiry
- ☐ **8** Business Letter (2)／Application
- ☐ **9** Fax Message／Meeting Follow-up
- ☐ **10** News Article (1)／New Budget Airlines
- ☐ **11** News Article (2)／Crisis of Small Bookstores
- ☐ **12** Double Passage (1)／New Product Ideas
- ☐ **13** Double Passage (2)／Slipup
- ☐ **14** Double Passage (3)／New Billing System

UNIT 1　E-mail (1)／Charity Walkathon

[1] From: Paul DeCaprio [pcaprio@philad.com]
To: All Section Chiefs
Subject: Charity Walkathon

It's that time of year again! The annual Philadelphia Walkathon for Children's Charities has been scheduled for Sunday, May 14th, and we are asking you to **recruit** employees from your **section** to **take part** in some **capacity**, either as a "walker" or as a "sponsor." Last year, our company had 35 walkers and over 300 sponsors, who together **raised** $16,482.00 for the Children's Charity Fund.

[2] The Walkathon starts at 10:00 AM in front of the Philadelphia Fine Arts Museum and finishes at the Liberty Bell, and traverses a 25-mile course which winds through **scenic neighborhoods** and parks throughout the city. Sponsors are encouraged to pledge a **specific** dollar amount for each mile completed by the walker they choose to sponsor. **In other words**, a $4.00 per mile **pledge** to **sponsor** a walker who **completes** the 25 mile course will **result in** a $100.00 **donation** to the Fund.

[3] We **encourage** you to **talk** this **up** with employees in your section. Every year, employees of the section which raises the most money are given **a paid half-day holiday** and so, as many of you know, it can get pretty **competitive**, **besides** which it's all for a good cause. I'll **e-mail** more specific information by the end of the week, but meanwhile let's **get the ball rolling!**

1

□ **recruit** 動 [rikrú:t]　募集する、採用する　名 新入社員
□ **section** 名 [sékʃən]　課、部　表 section chief　課長
□ **take part (in)**　（〜に）参加する　同 participate (in)
□ **capacity** 名 [kəpǽsəti]　能力、容量　形 capable　能力がある
□ **raise** 動 [réiz]　（資金を）調達する　表 raise a fund　資金を調達する

2

□ **scenic** 形 [sí:nik]　風景の、眺めがよい　名 scenery　風景
□ **neighborhood** 名 [néibərhùd]　近隣、近所の人　名 neighbor　隣人
□ **specific** 形 [spəsífik]　特定の、具体的な　反 general　一般的な
□ **in other words**　言い換えれば
□ **pledge** 動 [plédʒ]　誓う、保証する　表 pledge card　誓約書
□ **sponsor** 動名 [spánsər]　スポンサーになる、スポンサー
□ **complete** 動形 [kəmplí:t]　完了する、終える、完全な
□ **result in**　〜という結果になる　表 result from　〜から生じる
□ **donation** 名 [dounéiʃən]　寄付　動 donate　寄付する

3

□ **encourage** 動 [enkə́:ridʒ]　奨励する
　表 encourage O to do　O が〜することを奨励する
　反 discourage　落胆させる、やる気をそぐ
□ **talk up**　はっきり言う、盛り上がる　表 talk down　論破する
□ **a paid half-day holiday**　半日の有給休暇
□ **competitive** 形 [kəmpétətiv]　競争が激しい　名 competition　競争
□ **besides** 前 [bisáidz]　〜に加えて　同 in addition to
□ **e-mail** 動名 [i:mèil]　メールする、E メール
□ **get the ball rolling**　（仕事、活動、会議）を始める

[1] 発信元：ポール・デカプリオ[pcaprio@philad.com]
配信先：全課長へ
用件：慈善長距離競歩会

今年もまたこの時期がやってきました。毎年恒例の児童チャリティーのためのフィラデルフィア長距離競歩大会が、5月14日の日曜日に開催される予定です。各課の社員に、それぞれのできる範囲で、競歩者あるいはスポンサーとして参加者を募っていただけるようにお願いいたします。昨年は、わが社から35人の競歩者、および300人のスポンサーに参加いただき、児童チャリティー基金として16,482ドルを集めることができました。

[2] 長距離競歩大会はフィラデルフィア美術館の正面から、午前10時スタートとなり、風光明媚な地域や公園を抜け、市内中を曲がりくねって進む25マイルのコースで、リバティベルがゴールとなります。スポンサーの方々には、自ら選んだ競歩者が1マイル進むごとに、特定の金額の支払いを確約していただくようにお願いいたします。言い換えれば、25マイルの距離を歩く競技者に1マイル当たり4ドルの支払いを確約すれば、最終的に基金への寄付は100ドルとなります。

[3] ご自分の課の社員に、この競技会のことを大いに宣伝していただくようにお願いいたします。毎年、最も金額を多く集めた課の社員たちは、半日の有給休暇が与えられますから、皆さんのほとんどがご存知のように、競争はかなり盛り上がりを見せ、その上大義名分もあるわけです。今週末までにさらに詳しい情報をメールでお送りしますが、それまでに、この企画の告知を始めてください。

UNIT2 E-mail (2)／Waste Reduction

[1] From: Barbara Watson [bwatson@renet.com]
To: All employees
Subject: Waste Reduction and Recycling of Paper

As you know, our company is always looking for new and better ways to **reduce** the amount of **waste**, especially paper waste, which is generated every day in the course of our work. I would especially like to thank those employees who have put their **suggestions** into our "suggestion box", and I encourage you to keep those suggestions coming! Please understand that we cannot **implement** every one of your suggestions right away, but all your ideas have been **helpful** and will be considered for future **procedures** and policy.

[2] The following new rules have been **adopted** as **official** company policy, and we strongly request that you **make every effort** to **comply** with them.

[3] 1)Used paper, whether from **photocopies**, reports or office **correspondence**, will be **discarded** in special **recycling boxes** rather than in regular wastebaskets or **trash bins**. The only exception is materials of a personal or **confidential** nature, which should be **shredded** and then recycled.

2)"New" memo pads, note pads and other paper which is used **informally** by individual employees at their desks or work stations will no longer be **supplied** by the company or used in the **workplace**. Instead, recycled paper "pads" for notes, memos, etc. will be made available for your use.

[4] We thank you for your cooperation in this important matter and encourage you to use paper products **moderately** and responsibly.

長文穴埋め・読解問題Ⅱ　出題形式別対策２９２単語・表現の攻略

[1]

- □ **reduce** [動] [rid(j)úːs]　減らす　[名] reduction　減少、削減
- □ **waste** [名][動] [wéist]　廃棄物、浪費、無駄、無駄遣いする
  [形] wasteful　無駄の多い
- □ **suggestion** [名] [səgdʒéstʃən]　提案　[動] suggest　提案する
- □ **implement** [動] [ímpləmənt]　実行する、施行する
  [名] [ímpləmənt]　道具、器具　[名] implementation　実行、施行
- □ **helpful** [形] [hélpfl]　役に立つ　[表] of great help　大いに役に立つ
- □ **procedure** [名] [prəsíːdʒər]　手順、手続き、進行
  [名][動] process [práːses]　処理する、加工する、プロセス

[2]

- □ **adopt** [動] [ədápt]　採用する　[名] adoption　採用
- □ **official** [形] [əfíʃl]　公式な　[反] unofficial　非公式な
- □ **make every effort**　最善の努力をする
- □ **comply** [動] [kəmplái]　同意する　[表] comply with one's request　要求に応じる

[3]

- □ **photocopy** [動][名] [fóutoukàpi]　コピーする、コピー
  [表] make a photocopy　コピーする
- □ **correspondence** [名] [kɔ̀ːrəspándəns]　通信、一致
  [動] orrespond with / to　～と一致する／～と文通する
- □ **discard** [動] [diskáːrd]　捨てる　[同] throw away
- □ **recycling box**　リサイクルボックス　[動][名] recycle　再利用する、再利用
- □ **trash bins**　ゴミ箱　[同] wastebasket　くずかご
- □ **confidential** [形] [kànfidénʃl]　極秘の、機密の
  [表] confidential papers　機密書類
- □ **shred** [動][名] [ʃréd]　シュレッダーにかける、細かく切る、断片
  [名] shredder　シュレッダー
- □ **informally** [副] [infɔ́ːrməli]　非公式に、略式に　[反] formally　正式に
- □ **supply** [動] [səplái]　供給する　[表] supply A with B　AにBを供給する
- □ **workplace** [名] [wɔ́ːrkplèis]　職場　[表] workplace rules　職場のルール

[4]

- □ **moderately** [副] [mádərətli]　節度を守って、適切に
  [名] moderation　節度、中庸

読解問題II　書式別対策222単語・表現の攻略

[1] 発信元：バーバラ・ワトソン
配信先：全社員へ
用件：ごみ減量化と紙のリサイクル

ご存知のように、わが社は、常にごみの量、特に仕事の流れの中で日々生み出される紙くずを減らす新しいより良い方法を模索しています。特に提案を投書箱に投函していただいた社員の方にはお礼を申し上げるとともに、今後もこのような提案が続いて出されるようにお願いいたします。あなた方の提案の1つ1つを直ちに実行することはできない点はご理解いただきたいのですが、あなた方のアイデアはすべて参考にさせていただいておりますし、将来取るべき措置や方針の対象として考慮されることでしょう。

[2] 公式な会社の方針として、次のような新しい規則が採用されました。われわれは、皆さんに、この規則を遵守することに全力を尽くしていただけるよう強く要請いたします。

[3] 1) 使用済みの紙は、コピー機から出たものでも、報告書でも社内文書でも、普通のゴミ箱や大型のゴミ箱に捨てる代わりに、特別なリサイクル回収箱に捨てるようにしてください。唯一の例外は、シュレッダーにかけられてから再利用に回されるべき、親展扱いあるいは機密扱いの書類です。
2) デスクや職場環境で、個々の社員によって非公式に用いられる「新しい」メモ帳、メモ用紙、その他の紙は、もはや会社で支給されたり職場で使われたりすることはありません。替わりに、覚書やメモ用の再生紙のノートが利用されることになります。

[4] この重要な件に関して、ご協力いただければ幸いです。そして紙製品を控えめにそして責任を持って活用していただくようにお願いいたします。

長文穴埋め・読解問題Ⅱ　出題形式別対策292　単語・表現の攻略

UNIT 3　Advertisement (1)／ProtectGear Inc.

[1] ProtectGear Inc.

Specializing in Safety Equipment for over 50 years

■**Fireproof**, **heat-resistant**, and **insulated** uniforms and **clothing**

■**Safety helmets**, hardhats and other **protective headgear**

■Safety glasses and **goggles**

■Safety gloves and other protective handgear and armgear

■Special safety shoes, boots and other protective footwear

[2] Our products are designed especially for **police officers**, **firefighters**, **construction workers**, **factory workers**, **welders** and all other **professions** where safety is a major **concern**. "**When it comes to** safety, ProtectGear is your best partner." Two **convenient** locations to serve you:

Nottingham plaza
4782 N. Langdon Highway
(555) 632-8400

Industrial Park Mall
Route 15
(555) 862-8585

[3] Monday - Saturday　8:00A.M. - 5:00 P.M.

Visit our **Web site**, at www.pgi.com

Special **discounts** of **up to 25% on bulk orders**

読解問題Ⅱ　書式別対策222単語・表現の攻略

---

[1]

□ **specialize in** ～を専門に扱う、専攻する　同 major in ～を専攻する

□ **safety equipment** 安全器具　表 equip A with B　AにBを備え付ける

□ **fireproof** 形 [fáiərprùːf] 耐火性の　表 waterproof 防水性の

□ **heat-resistant** 形 [híːtrizìstənt] 耐熱性の

　　表 heat-resistant glass 耐熱ガラス

□ **insulate** 動 [ínsəlèit] 断熱する、絶縁する　名 insulation 断熱材

□ **clothing** 名 [klóuðiŋ] 衣類、衣料品　同 clothes 衣類、衣服

□ **safety helmet** 安全ヘルメット　同 hardhat ヘルメット

□ **protective** 形 [prətéktiv] 保護用の　表 protective color 保護色

□ **headgear** 名 [hédgìər] かぶりもの　表 footgear 履物

□ **goggle** 名 [gágl] ゴーグル　表 goggle at ～を目を丸くして見る

374

[2]
- □ **police officer** 警官 表 police 警察〔常に複数扱い〕
- □ **firefighter** 名 [fáiərfàitər] 消防士 表 fire engine 消防車
- □ **construction worker** 建設作業員 表 under construction 工事中の
- □ **factory worker** 工場労働者 表 factory district 工場地域
- □ **welder** 名 [wéldər] 溶接工 動 weld 溶接する
- □ **profession** 名 [prəféʃən] 職業 形名 professional プロの、プロ選手
- □ **concern** 名 [kənsə́ːrn] 関心事、懸念、関連
  - 表 be concerned about ～を心配する
- □ **when it comes to ～** ～ということになれば
- □ **convenient** 形 [kənvíːniənt] 便利な、都合の良い
  - 表 inconvenient 不都合な

[3]
- □ **web site** ホームページ
- □ **discount** 動 [dískaunt] 名 割引する、割引、割引額
  - 表 discount store ディスカウントショップ
- □ **up to 25%** 最大25％まで 表 It's up to you. それは君次第だ。
- □ **on bulk orders** 大量注文すると 表 bulky かさばった

---

[1] プロテクトギア株式会社
安全防具専門で50年以上の実績
■耐火性、耐熱性の絶縁ユニフォームおよび衣類
■安全ヘルメット、安全帽、その他保護用帽子
■安全めがねおよびゴーグル
■安全手袋およびその他の手や腕の保護用防具
■特製安全靴、ブーツ、その他の保護用の履物

[2] われわれの製品は、特に警官、消防士、建設作業員、工場労働者、溶接工、その他安全性を第一に必要とするあらゆる職業に対して設計されたものです。「安全性ということに関しては、プロテクトギアがあなたの最良のパートナーとなります」。次の2つの店舗で営業しております。

ノッティンガムプラザ
ラングドンハイウエイ4782N
(555) 632-8400

インダストリアルパークモール
15番ルート
(555) 862-8585

[3] 営業時間：月曜～土曜　午前8時～午後5時
ホームページ：www.pgi.com
大量注文に関しては25％まで特別割引あり

UNIT 4　Advertisement (2)／Clearance Sale

SELECTRONICS COMPANY
Annual Spring Clearance Sale!!!

We've **slashed** 20% to 50% **off the prices** of ALL computers as well as **printers** and other **peripherals** in our **warehouse** and on our shelves. We've got **desk-tops**, lap-tops, the **latest** models in laser jet printers and more! YOU'VE GOT TO SEE IT TO BELIEVE IT! Just **drop in to** our Wilkins Boulevard **outlet store** on any weekday between 10A.M. and 8:00P.M. during the week of April 18th through April 22nd and one of our floor staff will assist you in finding exactly what you're looking for at a **bargain** price. Selectronics Point Card holders can even earn bonus points based on the **list price**, not the **marked-down price**, on all **purchases**. Visit our Web site at www.sel.com to **check out** our **stock** and see our amazing discount prices. Our Spring Sales ends on Friday, April 22nd − hurry so you don't **miss out on** this great **opportunity.**

□ **slash** 動 [slǽʃ] 削減する、改定する　表 slash a budget　予算を削減する

□ **off the price** 価格から割り引いて　表 knock 5% off the price　5%割引する

□ **printer** 名 [príntər] プリンター　動 print 印刷する、出版する

□ **peripheral** 名形 [pərífərəl] 周辺機器、周辺の

□ **warehouse** 名 [wéərhàus] 倉庫、商品保管所
　　　表 warehouse facility　倉庫設備

□ **desktop** 名 [désktàp] デスクトップ　表 laptop　ノート型パソコン

□ **latest** 形 [léitist] 最新の　表 later　遅れた、その後の

□ **drop in to** 〜に立ち寄る　同 drop by

□ **outlet store** 小売店、販売店　表 outlet mall　メーカー直売店

□ **bargain** 名動 [bá:rgən] 掘り出し物、安売り、取引、値段交渉をする

□ **list price** 定価　表 cost　原価

□ **marked-down price** 値下げされた価格　表 mark down　値下げする

□ **purchase** 名動 [pá:rtʃəs] 購入品、購買、購入する

□ **check out** 調べて確認する、チェックアウトする、借り出す

□ **stock** 名 [sták] 在庫　表 in stock　在庫があって　out of stock　在庫切れで

□ **miss out on** 〜を見逃す　表 miss out on a chance　チャンスを逃す

□ **opportunity** 名 [àpərt(j)ú:nəti] 機会
　　　表 opportunity for employment　雇用の機会

セレクトロニクス株式会社
毎年恒例春のクリアランスセール開催

倉庫や棚置きのプリンターや周辺機器だけでなく、あらゆるコンピュータの価格から20%
〜50%の値引きをしました。デスクトップ、ラップトップ、レーザージェットプリンター
の最新モデルなど取り揃えています。ぜひご自分の目でご確認ください。4月18日から4
月22日の平日午前10時から午後8時の間に、ウイルキンズ通りの小売店にぜひお立ち寄
りください。われわれのフロアスタッフの1人が、ずばりあなたがお探しの品を割引価格
で見つけるお手伝いをさせていただきます。セレクトロニクスのポイントカードをお持ち
の方は、すべての購入品に関して、割引価格ではなく定価に応じてボーナスポイントを獲
得することができます。われわれの在庫をチェックし、驚くべき割引価格をご覧いただく
ために、ぜひホームページwww.sel.comをご確認ください。われわれの春のバーゲンセー
ルは4月22日の金曜日が最後です。この素晴らしい機会を逃すことがないようにお急ぎ
ください。

UNIT 5　Memo (1)／High-level Resignation

[1] Memorandum from : Katherine McDonald
To: All Prescot Advertising employees

As many of you have probably heard through the **company grapevine**, I will be **leaving my position** as Vice-President at the end of this month. My decision to **resign** was not an easy one, but due to my father's recent **stroke** I have decided that it is necessary for me to **attend** family matters for the **foreseeable** future.

[2] I am, of course, leaving my position with mixed feelings, since Prescott has been my **life work** and my "home" for more than 20 years. I would like to express my **heartfelt gratitude** to each and every one of you for making my years at Prescott a **rewarding** and **memorable** experience, both personally and professionally. It has been an honor and a pleasure to work together with such talented, creative and **caring** people. I will truly miss you all. No decision has been reached yet **as to** who will **take over** as Vice-President, but I am **confident** that he or she will enjoy the same cooperation and support that you have always given to me.

[3] As I have also **had my own ear to** the company grapevine, I understand that a **retirement** party will be held in the **Conference Room** on my last day of work. I will, of course, take that opportunity to thank each of you personally and say my goodbyes **face to face**.

---

[1]

□ **company grapevine**　社内の口コミ、うわさ
　　表 through the grapevine　人伝えで
□ **leave one's position**　職を辞する　表 leave a job　離職する
□ **vice-president** 名 [váisprézədənt]　副社長、副大統領
　　表 president　社長、大統領
□ **resign** 動 [rizáin]　辞職する　名 resignation　辞職
□ **stroke** 名 [stróuk]　卒中、発作　同 apoplexy　卒中、脳溢血
□ **attend** 動 [əténd]　世話をする、出席する　表 attend to　～の世話をする
□ **foreseeable** 形 [fɔːrsíːbl]　予測できる　動 foresee　予測する

読解問題Ⅱ　書式別対策222単語・表現の攻略

378

[2]

- □ **life work** ライフワーク、生涯の仕事
- □ **heartfelt** 形 [há:rtfèlt] 心のこもった 同 hearty
- □ **gratitude** 名 [grǽtət(j)ù:d] 感謝 表 be grateful for~ ~に感謝した
- □ **rewarding** 形名 [riwɔ́:rdiŋ] 実りある、報酬の多い、報酬
- □ **memorable** 形 [mémərəbl] 思い出深い 名 memory 記憶、思い出
- □ **caring** 形名 [kéəriŋ] 思いやりのある、気遣う、思いやり、気遣い
- □ **as to** ~に関して 同 as for ~に関して（文頭で）
- □ **take over** 引き継ぐ、乗っ取る 名 takeover 引継ぎ、乗っ取り
- □ **confident** 形 [kánfidnt] 自信がある 表 be confident in~ ~に自信がある

[3]

- □ **have one's ear to** ~に耳を傾ける
- □ **retirement** 名 [ritáiərmənt] 退職、引退 動 retire 退職する、引退する
- □ **conference room** 会議室 表 conference 会議、相談
- □ **face to face** 直接会って 表 to one's face 面と向かって

---

[1] キャサリン・マクドナルドからのメモ
プレスコット広告会社社員へ

おそらくあなた方の多くが、社内のうわさでお聞きのように、私は今月末に副社長の職を辞する予定でおります。辞任するという私の決断はやさしいものではありませんでしたが、最近父が卒中に倒れたために、近い将来、私が家庭の諸問題の対処にあたる必要があると決断いたしました。

[2] もちろん、プレスコット社は、20年以上も勤めあげてきた生涯の職場であり「わが家」でしたから、職を辞するのは、複雑な気持ちでいっぱいです。プレスコット社で過ごした期間が、公私共に、実り多く思い出深い経験になったことに対し、皆さん1人1人に心から感謝の意を表したいと思います。このように才能があり、想像力豊かで、思いやりのある人たちと一緒に働けたことは、名誉であり喜びでありました。お別れするのは本当につらいことですが、皆さんのことは決して忘れません。副社長の職を誰が引き継ぐのかということに関しては、まだ決定していませんが、その人物も、これまで皆さんが常に私に与えてくださった今までと変わらない協力と支援を得られることは間違いないでしょう。

[3] 私も社内の情報で耳にしていますが、勤務の最終日に、会議室で私の退職記念パーティーを開いていただけるそうです。もちろん、この機会を利用して、皆さん1人1人に個人的に感謝の意を伝え、直接お別れを言わせていただきたいと考えています。

UNIT 6　Memo (2)／Handover

[1] Memorandum from : Jason Phillips
　　To: Ralph Rodriguez

I was **informed** yesterday by Paul Jackson, our Northeast Regional **Sales Director**, that as of October 1st, you will be taking over all **accounts** in the New England Sales District, which is **currently** part of my **sales territory**. Paul has asked me to **set up** a meeting with you so that we can **review** the client accounts and I can fill you in on who's who and what's what, and answer any questions that you might have.

[2] My schedule is a bit **tight** this month, but Wednesday mornings and Friday afternoons are not so busy. **If that doesn't work for you**, I'll try to **squeeze** you in on a day and time of your convenience, but it would help if you'd **get back to** me **ASAP** so I can **rearrange** my schedule **if necessary**. I'm guessing we'll need at least two hours to **go over** the accounts **thoroughly**, but I think three would be better **just in case**. I'll **leave that decision up to you**.

---

[1]

□ **inform** 動 [infɔ́:rm]　知らせる
　表 inform A of B/ O that〜　AにBを/Oにthat 〜を知らせる
□ **sales director**　販売担当重役　表 director　重役、取締役、理事長
□ **as of**　〜限りで、〜現在で　表 as of today　今日現在で
□ **account** 名 [əkáunt]　得意先、顧客、口座、説明
　表 account for　占める、説明する
□ **currently** 副 [kə́:rəntli]　現在では　形 current　現在の　名 currency　通貨
□ **sales territory**　販売地域　表 sales agent　販売代理店
□ **set up**　設定する、建てる　表 set up a meeting　会議を設定する
□ **review** 動 [rivjú:]　再検討する、見直す
　表 review the project　プロジェクトを見直す

読解問題Ⅱ　書式別対策222単語・表現の攻略

[2]

- □ **tight** 形 [táit] きつい 表 tight schedule きついスケジュール
- □ **if that doesn't work for you** もしそれであなたの都合が悪いなら
- □ **squeeze** 動 [skwíːz] 押し込む、絞り込む
  表 squeeze you in あなたをスケジュールに押し込む
- □ **get back to** 〜に連絡を返す 表 call back 電話をかけなおす
- □ **ASAP** [éiéséipíː] できるだけ早く ＝ as soon as possible
- □ **rearrange** 動 [ríəréind3] 再調整する 表 arrange 手配する、調整する
- □ **if necessary** もし必要なら 表 necessarily 必然的に
- □ **go over** よく調べる、調査する、〜を超える 表 go into 調査する
- □ **thoroughly** 副 [θə́ːrouli] 完全に、徹底的に 同 completely 完全に
- □ **just in case** 念のために 表 in case of もし〜の場合は
- □ **leave that decision up to you** あなたに判断を任せる

長文穴埋め・読解問題Ⅱ　出題形式別対策292単語・表現の攻略

[1] ジェイソン・フィリップスからのメモ
ラルフ・ロドリゲスへ

昨日私は、北東地区営業部長のポール・ジャクソン氏より、10月1日から、あなたが、現在私の担当地域の一部であるニューイングランド営業地区のすべての顧客を引き継ぐ予定であることを知らされました。ポールは、あなたと一緒に顧客取引を再確認し、関係者および関係事項に関して詳しい情報を伝達し、質問があればそれに答えられるように、ミーティングの機会を設定するよう私に依頼してきました。

[2] 今月の私のスケジュールはややきつめではありますが、水曜の午前中か金曜の午後ならさほど忙しくはありません。もしそれであなたの都合が良くないなら、都合のよい日時に組み込んでみますが、必要ならスケジュールの再調整ができるように、できるだけ早く返事をいただければありがたいです。完全に顧客を見直すために、少なくとも2時間は必要でしょうが、念のため3時間あればよりよいでしょう。その決定に関してはあなたにお任せします。

381

UNIT 7　Business Letter (1)／Inquiry

[1] July 18

Mr. Steven Ebert
432 Lakeside Lane
Apartment 14-B
Coyote Creek, Montana
80811

Dear Mr. Ebert:

First of all we would like to thank you for your **inquiry** about Interstate United's health **insurance policies** and services. We believe that Interstate United offers **a wide range of** health insurance plans designed to meet the **varying** needs of individuals and families **of all ages** and income brackets. You can rely on Interstate United to **provide** you with **high-quality** health insurance at a **reasonable** cost, with few **exemptions** and none of the "**fine print**" clauses and **hard-to-decipher legal loopholes** which some other insurers' use in their agreements to avoid paying out **benefits**. Interstate United will be there for you when you need us — always!

[2] I am **enclosing** a number of brochures which outline the various individual and family health insurance plans which we currently offer, including details about **premiums**, monthly payment plans, costs and benefits, exemptions, etc. Please review this information carefully so that you can choose the health insurance plan which best suits your individual needs.

[3] **Should you have any questions**, please **feel free to** call me at my office telephone number, which is listed on the attached **business card**, or call the **toll-free** number of our 24-hour Service Center, which is printed on the back of each **brochure**. We are looking forward to welcoming you to Interstate United's growing family of **satisfied** customers.

読解問題Ⅱ　書式別対策222単語・表現の攻略

Sincerely,

(signature)
Mark P. Gibson
Sales Representative
Interstate United Insurance Co.

[1]

□ **first of all** まず最初に
　表 at first　最初のうちは　for the first time　初めて
□ **inquiry** 名 [ínkwəri]　問い合わせ　表 make an inquiry　問い合わせる
□ **insurance** 名 [inʃúərəns]　保険
　表 life insurance　生命保険　fire insurance　火災保険
□ **policy** 名 [páləsi]　保険証券　表 life insurance policy　生命保険証券
□ **a wide range of**　幅広い範囲の　表 a wide variety of　幅広い種類の
□ **varying** 形 [véəriŋ]　変化する　動 vary　変わる、変える
□ **of all ages**　あらゆる年齢層の　表 at the age of　〜才で
□ **provide** 動 [prəváid]　提供する　表 provide A with B　A を B に提供する
□ **high-quality** 形 [háikwáləti]　高品質の　表 of high quality　質が良い
□ **reasonable** 形 [rí:znəbl]　手ごろな　表 reasonable price　手ごろな価格
□ **exemption** 名 [igzémpʃən]　免責、免除
　形動 exempt　免除された、免じてやる
□ **fine print**　ただし書き、例外規定　表 fine　細かい
□ **hard-to-decipher**　解読が難しい
　表 decipher　解読する　cipher　暗号にする
□ **legal loophole**　法の抜け穴　表 illegal　違法の
□ **benefit** 名 [bénəfit]　給付金、手当、利益　形 beneficial　有益な、ためになる

[2]

□ **enclose** 動 [enklóuz]　同封する、囲い込む　名 enclosure　同封、囲い込み
□ **premium** 名 [prí:miəm]　保険料、保険の掛け金、賞金、授業料、ハイオクガソリン

[3]

□ **Should you have any questions**　もしご質問があれば
□ **feel free to**　遠慮なく〜する　表 feel like 〜 ing　〜したい気分だ
□ **business card**　名刺　表 business card holder　名刺入れ

□ **ftoll-free** [tóul-fríː]　通話料無料の、フリーダイヤルの
　表 toll-free number　フリーダイヤル番号
□ **brochure** 名 [brouʃúər]　パンフレット　同 leaflet　ちらし
□ **satisfied** 形 [sǽtisfàid]　満足した　動 satisfying　（人を）満足させる

[1]　7月18日

スティーブン・エバート氏
レイクサイド・レーン432
14-Bアパート
コヨーテ・クリーク　モンタナ州
80811

エバート様、
インターステイト・ユナイテッド社の疾病保険の契約とサービスに関するお問い合わせをいただきまことにありがとうございます。われわれは、インターステイト・ユナイテッド社があらゆる年齢層と所得層の個人および家族のさまざまなニーズを満たすために設計された、幅広い種類の疾病保険プランを提供させていただいていると信じております。インターステイト・ユナイテッド社にお任せいただければ、手ごろな料金で、高品質な疾病保険をご提供させていただきます。免責約款はほとんどなく、例外規定条項や、給付金支払いを逃れるために、他の保険会社が契約の中で使用している解読が難しい法の抜け穴もまったくありません。あなたが必要とするとき、インターステイト・ユナイテッド社は常にそこにおります。

[2]　保険の掛け金、月々の支払い計画、コストと給付金、免責事項などに関する詳細を含む、現在われわれが提供しているさまざまな個人および家族向け疾病保険プランの概要を紹介するいくつかのパンフレットを同封させていただいております。あなたの個人的なニーズを満たすのに最適な疾病保険プランを選んでいただけるように、この情報を注意深くご確認ください。

[3]　質問がございましたら、どうぞ遠慮なく貼付されている名刺に記載されております私のオフィスの電話番号までお電話をおかけください。あるいは、各パンフレットの後ろに印刷されている24時間受付のサービスセンターのフリーダイヤルまでお電話ください。ますます広がりつつあるインターステイト・ユナイテッド社の満足した顧客の輪に、あなたをお迎えできることを楽しみにしております。

敬具

マーク・P・ギブソン
営業員
インターステイト・ユナイテッド保険会社

UNIT8　Business Letter (2)／Application

[1] November 18

Food Products International
Rue de SteMarie 6832
Geneva, Switzerland

Dear Sir/Madam:
I am interested in **applying for** the position of Director of **Marketing**, Americas Division which you have **posted** on your Web site. I believe that my **background** and experience are **particularly** well-suited to this position and **in fact** it is exactly the kind of position for which I have been **searching**.

[2] After **graduating from** State University, I spent three years working for a small **marketing firm** in Boston. There I **acquired** practical experience in marketing a variety of products, and I was promoted to Assistant Director after two years with the firm. I left to take an offer with my current employer, a larger international firm **based in New York**, with offices in Sao Paolo, Brazil and Mexico City, Mexico.

[3] Most of our clients import and export food products, and so you can see why this position greatly interests me. As Assistant Director of Marketing, Latin American **Division** for the past five years, I have spent an average of three months a year at our Sao Paolo and Mexico City offices. I have gained important **insights** into cultural differences between the United States and Latin America, not only in the area of marketing, but also in general business practices as well as local customs and culture.

[4] As you can see from the enclosed **resume**, I speak fluent Spanish, and can **converse** and do business in Portuguese, although I am currently taking weekly private Portuguese lessons in order to become more **proficient**. I believe that as an American with more than eight years of marketing experience both in the U.S.A. and in Latin America, and with my special language abilities and cultural knowledge, I fit the **description** of the person you are **seeking for** the position. Should you wish to discuss my **qualifications** or arrange an interview with me, please **contact** me at the

長文穴埋め・読解問題Ⅱ　出題形式別対策292単語・表現の攻略

385

telephone number or e-mail address on my resume. I look forward to hearing from you soon.

Sincerely,
Patricia Brenner-Schwartz

---

[1]

□ **apply for** 〜を志願する 图 application 志願 applicant 志願者
□ **marketing** 图 [mάːrkitiŋ] マーケティング 表 marketing research 市場調査
□ **post** 動 [póust] 情報を知らせる、郵送する 图 posting 投稿、投函
□ **background** 图 [bǽkgràund] 経歴 表 background knowledge 背景知識
□ **particularly** 副 [pərtíkjələrli] 特に 同 in particular, especially
□ **in fact** 要するに、つまり 表 as a matter of fact 実は
□ **search** 動 [sə́ːrtʃ] 〜を調べる 表 search for 〜を捜し求める

[2]

□ **graduate from** 〜を卒業する 图 graduation 卒業
□ **marketing firm** 市場調査会社 表 marketing activity マーケティング活動
□ **acquire** 動 [əkwáiər] 習得する、獲得する 图 acquisition 習得、獲得
□ **based in** 〜に拠点を置く 表 be based on 〜に基づく

[3]

□ **division** 图 [divíʒən] 区域、課、部 表 sales division 営業部
□ **insight** 图 [ínsáit] 見識、洞察力 表 have insights into 〜の見識を持つ

[4]

□ **resume** 图 [rézəmèi] 履歴書 同 curriculum vitae (CV)
□ **converse** 图 [kənvə́ːrs] 会話する 图 conversation 会話
□ **proficient** 图 [prəfíʃənt] 熟練した 表 be proficient in/at 〜に熟練した
□ **description** 图 [diskrípʃən] 説明、記述、解説
　動 describe 説明する、描写する
□ **seek for** 〜を捜し求める 图 seeking 捜査、探求
□ **qualification** 图 [kwὰləfikéiʃən] 資格、必要条件
　形 be qualified to do/for 〜の資格がある
□ **contact** 動图 [kántækt] 連絡する、連絡
　表 come in contact with 〜と連絡を取る

[1] 11月18日

フード・プロダクツ・インターナショナル
ルー・ド・ステマリー　6832
ジュネーブ、スイス

担当者殿
私は、貴社が、ホームページに掲載されておりました米州課のマーケティング担当部長の職の志願に興味を持っております。私の経歴と経験が特にこの職に向いていると信じており、実際それはまさに、私が捜し求めてきた職種であります。

[2] 州立大学を卒業した後、私は3年間ボストンの小さな市場調査会社で働きました。そこで私は、さまざまな製品を市場に売り出すことにおける実地経験を積み上げ、勤務して2年後には課長補佐に昇進しました。ニューヨークを本拠地にし、ブラジルのサンパウロとメキシコのメキシコシティーにオフィスを構えるより大きな国際的企業である現在の雇用主のオファーを受けるために、この会社を去りました。

[3] われわれの顧客のほとんどが、食品の輸出入に従事していることから、なぜ私がこの職にこれほどの興味を示すのかがお分かりいただけることでしょう。この5年間、ラテンアメリカ地区の市場調査課の課長補佐として、サンパウロとメキシコシティーのオフィスで、年に平均すると3ヶ月を過ごしてきました。マーケティングの分野だけではなく、地域の慣習や文化とともに一般的なビジネス慣例において、アメリカとラテンアメリカの文化的な違いに関する重要な見識を身につけてきました。

[4] 同封の履歴書からお分かりいただけるように、私は流暢なスペイン語を話し、さらにそれを上達させるために毎週ポルトガル語の個人レッスンを受けていますが、ポルトガル語で会話をしたりビジネスをすることができます。アメリカとラテンアメリカの両方で、8年以上にも及ぶマーケティングの経験を持ち、特別な語学力と文化的知識を持つアメリカ人として、私は、貴社が、その職に対して求めておられる人物の条件に適合しております。私の適性をご検討いただけるか、あるいは私との面接を設定していただけるのなら、電話でご連絡いただくか、あるいは履歴書に記載されておりますアドレスまでメールをお送りください。すぐにご返事をいただけることを心待ちにしております。

敬具

パトリシア・ブレナー・シュワルツ

UNIT 9　FAX MESSAGE / Meeting Follow-up

[1] To:George Hayman, A&S Industries
FROM: Alvin Pierce, Tepco Corporation
RE: Meeting Follow-up

Thanks again for **taking time** from your busy schedule to **meet with** me. I'd like to give you answers to the two questions which you raised during our discussion of the proposed Highland Estates Condominiums **joint-venture** project.

[2] First I've **checked with** the Town of Cortland **Zoning Board** and there are no problems with obtaining a **permit** for building condominiums on the proposed **site**. Although it is currently being used as **farmland**, it lies adjacent to Route 34, and **local zoning ordinances allow for** both **commercial** and **residential** development.

[3] Second, regarding **property tax** rates in the Town of Cortland, the Town is now actively **promoting** development projects such as ours, and we can expect a good **tax break** when the **finished properties** are **assessed** by the local government. I can't **quote** a specific rate yet, but the Zoning Board will provide us with their assessment guidelines at the time when a **bid** is submitted to purchase the property.

I'll keep you posted as things develop.

読解問題Ⅱ　書式別対策222単語・表現の攻略

---

[1]
- □ **take time**　時間をかける　表 Take your time.　ゆっくりしてください。
- □ **meet with**　面会する、出くわす　表 meet with an accident　事故に遭う
- □ **joint-venture**　合同の、合弁の　表 joint-venture contract　合弁事業契約

[2]
- □ **check with**　〜に相談する、問い合わせる
  表 check with my boss　上司に確認を取る
- □ **zoning** 名 [zóuniŋ]　建築規制、地区制　表 zoning law　都市計画法
- □ **board** 名 [bɔ́ːrd]　議会、審議会、委員会　表 board of directors　取締役会
- □ **permit** 名 [pə́ːrmit]　許可（証）　動 [pərmít]　許可する　名 permission　許可

388

□ **site** 名 [sáit]　用地、敷地、現場　　名 construction site　建設現場
□ **farmland** 名 [fάːrmlæ̀nd]　農地　　表 farming　農業　farmer　農夫
□ **local** 形 [lóukl]　地元の、地方の　　表 local address　現住所
□ **zoning ordinances**　土地利用規制条例
□ **allow for**　〜を許す、〜を考慮する　　名 allowance　許容、手当
□ **commercial** 形 [kəmə́ːrʃl]　商業用の　　名 commerce　商業
□ **residential** 形 [rèzidénʃəl]　居住の　　名 resident　住人

[3]

□ **property tax**　固定資産税　　表 property　不動産、財産、所有権
□ **prompt** 動形 [prámpt]　駆り立てる、促す、迅速な
　　表 prompt announcement　速報
□ **tax break**　税控除　　表 tax exemption　税額控除
□ **finished properties**　完成した物件　　表 finished car　完成した車
□ **assess** 動 [əsés]　査定する　　名 assessment　査定
□ **quote** 動名 [kwóut]　見積もる、引用する、見積もり、引用、相場、時価
□ **bid** 名 [bíd]　付け値、入札　　表 bid and offer　呼び値

長文穴埋め・読解問題Ⅱ　出題形式別対策292単語・表現の攻略

[1] 発信元：Ａ＆Ｓ産業　ジョージ・ヘイマン
　　配信先：テプコ株式会社　アルビン・ピアース
　　用件：面談のフォローアップ

[2] お忙しいスケジュールの中、面談の時間を取っていただいてありがとうございます。提案されたハイランド不動産コンドミニアムの合同プロジェクトの討議の中で、あなたが提起された２つの質問に対して答えさせていただきたいと思います。

[3] まず、タウン・オブ・コートランドの土地区画審議会に問い合わせてみたところ、提案された地域にコンドミニアム建設の許可を取ることには問題はないことが分かりました。現在は、農地として利用されていますが、それは34号線に隣接しており、地区の土地利用規制条例では、商業用、宅地用のどちらでも開発を進めることができるようです。

[4] ２番目は、タウン・オブ・コートランドの固定資産税に関してですが、タウンは現在積極的に、われわれのような開発プロジェクトを推し進めているところで、完成した物件が地方自治体によって査定されるときに、大幅な減税も期待できます。特定の額を見積もることはできませんが、土地購入の際の入札が提出される時点で、土地区画審議会は、われわれに査定ガイドラインを提供してくれるでしょう。

状況の進展に合わせて、またご連絡させていただきます。

389

UNIT 10　NEWS ARTICLE (1)／New Budget Airlines

[1] While major airline companies are **fretting about** rising **oil prices** and a sharp decline in customers **willing to** pay **full-fare rates** for their tickets, a new trend in small **no-frills budget** airlines is emerging around the world.

[2] Who are these new Davids who dare to **take on** the Goliaths in an already competitive market? Some analysts say that they are **business-savvy entrepreneurs** who have **spotted** a major **shift** taking place in the travel market. While **globalization** is clearly here to stay, many international businesses are foregoing the huge expense of domestic and international business trips **in favor of** cheaper and faster new technologies like **teleconferencing.** Why should a company pay $10,000 to send two employees from Seattle to Shanghai for a three-day business trip when most, **if not all**, of their business could be conducted by e-mail and teleconferencing? The days of hotel and dinner **receipts**, taxi and rent-a-car receipts, and expensive airfare travel may soon be **a thing of the past.**

[3] On the other hand, more and more families, couples and individual travelers, mostly from the **working middle classes** in both developed and developing countries, have come to see **domestic** and **overseas** travel to resorts, theme parks and popular sightseeing **destinations** as **practically** a **birthright**. The new breed of traveler appears more willing to cut costs by purchasing discount tickets from small no-frills airlines so that they have more money to spend when they arrive at their destination. The Goliaths of the airlines market had better **watch out** — those new little Davids are targeting a huge, new and fast-growing market of 21st century airline travelers.

[1]

□ **fret about** 　〜を心配する、思い悩む
　表 be concerned about 　〜を憂慮する

□ **oil price** 　原油価格 　表 oil price hike 　原油価格高騰

□ **be willing to** 　喜んで〜する 　反 be unwilling to 　〜するのを嫌がる

□ **full-fare rates** 　正規料金 　表 discount rates 　割引料金

□ **no-frills** 形 [nóu-frílz] 　余計なサービスを抜いた、実用主義の

□ **budget** 形名 [bádʒət] 　低予算の、予算 　形 budgetary 　予算の

[2]

□ **take on** 　〜と競い合う、雇用する、〜の性質を帯びる

□ **business-savvy** 　ビジネス手腕のある 　表 savvy 　手腕、機転

□ **entrepreneur** 名 [àːntrəprənə́ːr] 　起業家 　表 entrepreneurship 　起業家精神

□ **spot** 動 [spát] 　発見する、気づく 　表 spot a change 　変化に気づく

□ **shift** 名動 [ʃíft] 　変動、変更、切り替える
　表 shift blame to 　〜に責任転嫁する

□ **globalization** 名 [glóubəlaizéiʃən] 　グローバリゼーション
　動 globalize 　グローバル化する

□ **in favor of** 　〜を支持して、〜に味方して、〜に有利に

□ **teleconferencing** 名 [téləkànfərənsiŋ] 　テレビ会議

□ **if not all** 　たとえすべてではないとしても

□ **receipt** 名 [risíːt] 　領収書 　表 receipts and payments 　収支

□ **a thing of the past** 　過去のもの

[3]

□ **working middle classes** 　中流の労働者階級

□ **domestic** 名 [dəméstik] 　国内の、家庭内の 　表 domestic flight 　国内線

□ **overseas** 副 [óuvərsíːz] 　海外へ、海外で 　表 go overseas 　海外へ行く

□ **destination** 名 [dèstənéiʃən] 　目的地、行き先、あて先

□ **practically** 名 [prǽktikəli] 　事実上、実際には
　形 practical 　事実上の、実際の

□ **birthright** 名 [bə́ːrθràit] 　生得権、相続権

□ **watch out** 　気をつける、注意する

[1] 主要航空会社が、上昇するオイルの価格と、チケットの正規料金を払う顧客の急激な減少にイライラを募らせている一方で、実用本位で低予算の小さな航空会社に見られる新しい傾向が世界中に登場しつつあります。

[2] すでに競争の激しい市場で、あえて巨人ゴリアテたちとの戦いを挑む新興のダビデたちは誰なのか？　彼らは旅行業界で起こっている大きな変動に気づいたビジネス手腕を持つ企業家たちだという専門家たちもいます。グローバリゼーションが明らかに定着していく一方で、多くの国際的企業は、莫大な費用をかけた国内外の出張を差し控え、変わりに安くて速いテレビ会議のような技術の導入に目を向けています。すべてではないとしても、ビジネスのほとんどが、電子メールやテレビ会議で済ますことができるかもしれないときに、なぜ会社が、シアトルから上海までの3日間の出張に2人の社員を送るために1万ドルをかけなければならないというのでしょうか。ホテルや夕食の領収書、タクシーやレンタカーの領収書、高額な航空料金といったものはすぐに過去の遺物になってしまうかもしれません。

[3] 一方、ますます多くの家族、カップル、個人の旅行者、ほとんどが、先進国および開発途上国両方の中流の労働者階級の人たちですが、彼らは、リゾート地、テーマパーク、人気の観光地に、ほとんど当然の権利として、国内外の旅行に訪れるようになってきました。新しいタイプの旅行者は、現地に到着してからより多くのお金が使えるように、小さくても実用本位の航空会社から割引航空券を購入することによって、予算を抑えたいようです。航空業界の巨人ゴリアテも油断ならない状況です。この新興の小さなダビデたちは、新しく急成長を遂げつつある21世紀の空の旅人たちの莫大な市場をターゲットとしているのです。

UNIT11　News Article (2)／Crisis of Small Bookstores

[1] Small Bookstores Facing Extinction in Today's Fast-Paced World
It was not so long ago that **browsing** in a small neighborhood bookstore was considered a pleasure in itself. With its quiet atmosphere hidden away from the **hustle and bustle** of the busy world outside, the local bookstore offered not just an **escape** but also an adventure for those with hours rather than minutes to **while away** in its quaint and dusty world of **hard-cover** books.

[2] Then came the **chain-store** bookseller, with its clean and **well-lit aisles neatly** displaying a wide variety of paperback books, carefully **organized** into separate sections such as "Self Help" or "Occult" so that the shopper could quickly find whatever it was that he or she came in to purchase. Browsing was discouraged and more than a fair share of browsing customers were **reminded** that the bookstore was not a library!

[3] These days, **online** book retailers offer busy readers the convenience of purchasing their books without ever **stepping into** a bookstore. On-line **retailers** can offer an **extensive** range of books without having to physically keep them in stock, and because they have a potentially vast number of customers, they can also offer cheap shopping **deals** which make their services even more attractive and convenient for their customers. According to **estimates** based on reported sales of books last year, on-line retailers had gained more than 30% of total market book sales, and that figure looks certain to keep growing. Retail Chains accounted for almost 60% of the market, no doubt **due to** their convenient locations in malls, airports and city centers, as well as their fast and dependable service. What will become of that familiar institution, the neighborhood bookstore? It appears that changing lifestyles and market forces will soon make neighborhood bookstore browsing a thing of the past. Wouldn't that be a tragedy?

長文穴埋め・読解問題Ⅱ　出題形式別対策 292 単語・表現の攻略

[1]

□ **browse** 動 [bráuz]　ざっと見る、ぶらぶら見て回る　名 browser　ブラウザ

□ **hustle and bustle**　喧騒、雑踏　表 hustle and bustle of a city　都会の喧騒

□ **escape** 名動 [iskéip]　逃避、回避、逃れる

　表 have a narrow escape　ぎりぎり逃れる

□ **while away**　ぶらぶらして過ごす　同 idle away

□ **hard-cover** 名 [háːrdkÀvər]　ハードカバー　反 paperback　ペーパーバック

[2]

□ **chain-store** 名 [tʃéinstɔːr]　チェーン店　表 chain-store operation
チェーン店経営

□ **well-lit** 形 [wéllít]　明るい　表 well-lit house　明るい家

□ **aisle** 名 [áil]　廊下　表 aisle seat　通路側の席

□ **neatly** 副 [níːtli]　きちんと、こざっぱりと　形 neat　きちんとした

□ **organize** 動 [ɔ́ːrɡənàiz]　整理する、まとめる　名 organization　組織、構成

□ **remind** 動 [rimáind]　思い出させる

　表 remind A of B / O that〜　AにBを/Oにthat〜思い出させる

[3]

□ **online** 形 [Ánláin]　インターネット上の

　表 online shopping　オンラインショッピング

□ **step into**　〜に足を踏み入れる　反 step out of　〜から出る

□ **retailer** 名 [ríːteilər]　小売業者　反 wholesale　卸売り

□ **extensive** 名 [iksténsiv]　広範囲の、広大な　表 intensive　激しい、強烈な

□ **deal** 名 [díːl]　商売、買い物、取引　動 deal with　〜を扱う

□ **estimate** 名 [éstəmət]　見積もり　動 [éstəmèit]　見積もる

　表 underestimate　過小評価する

□ **due to**　〜のために、〜が理由で　同 because of　〜が理由で

[1] 小さな近所の本屋さんでぶらっと立ち読みすること、それ自体が楽しみだと考えられていた時代もそう遠い昔のことではありません。忙しい外の世界の喧騒から逃れた静かな雰囲気があり、地元の本屋さんは、単に喧騒から逃れる場所を提供してくれただけでなく、古風で埃っぽいハードカバーの本に囲まれ暇つぶしをするために、何分ではなく何時間も時間の余裕のある人たちにとっては、まさに冒険の場を提供してくれたものでした。

[2] そしてチェーン店の本屋が登場しました。清潔で照明の行き届いた通路には、「自立」や「オカルト」のような別々のセクションに注意深く整理された、幅広い種類のペーパーバックの本が、きれいに並べられています。そのため、客は立ち寄った本屋で、購入したい本は何でもすぐに見つけることができるようになりました。立ち読みがしづらくなり、立ち読み客の多くは、本屋は図書館ではないことを思い知らされました。

[3] 最近では、インターネット上の本の小売店が、忙しい読者に、本屋に立ち寄ることなしに本を購入できる便利さを提供しています。ネット上の小売店は、物理的に在庫を抱えることなしに、広範囲にわたる本を提供することができます。潜在的に莫大な客がいるので、客にとってさらに魅力的で都合良くする安い買い物の条件をサービスで提供することができます。昨年報告された本の売り上げに基づく推定によると、ネット上の小売店は、書籍総売り上げの30％以上を獲得していました。そしてその数字は、確実に成長していくことでしょう。小売チェーン店は、間違いなく、その速くて頼れるサービスだけでなく、ショッピング街や空港やシティーセンターの便利なロケーションのおかげで、市場の60％を占めていました。なじみある近所の本屋さんはどうなってしまうのでしょうか。変わり行くライフスタイルと市場原理のために、近所の本屋で立ち読みする行為はもはや過去の遺物になってしまうことでしょう。それはあまりにも残念なことではありませんか。

UNIT 12 Double Passage (1)／New Product Ideas

Passage 1

[1] Memo

To:all staff

From: Lisa Chung, product-development team

DATE: October 18

RE: Request for new product ideas.

I have just been **appointed** to head a newly-created **product-development** team, which will have the job of **proposing** ideas for new products or **product lines** to our Research and Development Department. As many of you know, we are currently looking to move into the **emerging** market for sports and **recreational** games and equipment **targeting** the **aging** but active and **fitness-conscious** Baby Boomers. Traditionally, our products and marketing have targeted **teenagers** and young adults, so this is all quite new for us.

[2] We are interested in hearing if any of you have ideas or suggestions for new products. Our team has created a small **booklet** with **guidelines** on how to **outline** your proposal, **along with** a proposal form which can be **submitted** directly to our team. These are **available upon request.** As an **incentive**, the company will offer a **cash bonus** to any employee whose product idea is accepted, developed and eventually **marketed**, even with **modifications**. We look forward to **hearing from** you, and to receiving and **evaluating your proposals.**

Passage 2

To:Lisa Chung

FROM: Robert Buddenhagen

DATE: October 26

RE: Request for new product ideas

When I read your memo, I never thought I'd be **responding** so soon, if ever. However, I recently visited an **elderly** relative who is

読解問題 II　書式別対策 222 単語・表現の攻略

396

confined to a **wheelchair** and together we **came up with** what may be an interesting proposal. Could you please **forward** me your team's proposal booklet and proposal form. I work in the Accounting Department, and can also be reached at **Ext.** 342.

Thank you.

| Passage 1 |

[1]

□ **appoint** 名 [əpɔ́int]　指名する、任命する
　表 make an appointment with　～と約束する
□ **product development**　製品開発
　表 product development system　製品開発システム
□ **propose** 名 [prəpóuz]　提案する　名 proposal　提案（書）、企画案
□ **product line**　製品種目　表 production　製造　productivity　生産性
□ **emerging** 形 [imə́:rdʒiŋ]　新生の　動 emerge　出現する
□ **recreational** 形 [rèkriéiʃənl]　リクリエーションの
　名 recreation　リクリエーション
□ **target** 動名 [tɑ́:rgət]　ターゲットとする、ターゲット
□ **aging** 名 [éidʒiŋ]　老齢化　表 aging society　老齢化社会
□ **fitness-conscious** 形 [fítnəskánʃəs]　健康に対する意識が高い
　表 stay fit　健康を保つ
□ **teenagers** 名 [tí:nèidʒərz]　十代の若者　表 in one's teens　十代の

[2]

□ **booklet** 名 [búklət]　小冊子　表 pamphlet　パンフレット
□ **guideline** 名 [gáidlàin]　ガイドライン、指針　表 guideline index　指導指針
□ **outline** 動名 [áutlàin]　要点を述べる、概説する、概要、アウトライン
□ **along with**　～と一緒に　同 together with
□ **submit** 動 [səbmít]　提出する　同 hand in, turn in
□ **available upon request**　請求に応じて入手できる
□ **incentive** 名 [inséntiv]　報奨、動機、やる気　表 incentive system　報奨制度
□ **cash bonus**　現金ボーナス　表 bonus dividend　特別配当
□ **market** 名動 [mɑ́:rkit]　市場、マーケット、市場で売り出す
　表 in the market　売り出されて

397

□ **modification** 名 [màdəfikéiʃən] 修正、改善 動 modify 修正する
□ **hear from** ～から連絡をもらう
□ **evaluate** 動 [ivǽljuèit] 評価する 名 evaluation 評価

Passage 2
□ **respond** 動 [rispánd] 応える、反応する 表 respond to ～に応える
□ **elderly** 形 [éldərli] 年輩の 表 elderly care 老人看護
□ **confine** 名 [kənfáin] 制限する、幽閉する 表 confine A to B
　AをBに閉じ込める
□ **wheelchair** 名 [hwíːltʃèər] 車椅子 表 at the wheel 運転中で
　steering wheel 車のハンドル
□ **come up with** ～を思いつく、提案する
□ **forward** 動 [fɔ́ːrwərd] 送る、発送する、転送する
　表 look forward to ～を楽しみにする
□ **Ext.** 内線番号＝extension number

Passage 1

[1] メモ
　　配信先：全社員へ
　　発信元：製品開発チーム　リサ・チャン
　　日付：8月18日
　　用件：新製品のアイデア募集

このたび私は、新設の製品開発チームの責任者に任命されました。このチームは、わが社の研究開発部に新製品や製品の種類に関するアイデアを提供する仕事を担うことになります。皆さんの多くがご存知のように、われわれは現在、年齢を重ねていても活動的で健康への意識が高い団塊の世代の人々をターゲットとしたスポーツやリクリエーション用ゲームおよび器機の新興マーケットに参入しようと試みています。伝統的にわが社の製品と市場戦略は十代の若者や若い大人をターゲットとしてきましたから、これはわれわれにとってかなり新しい試みとなります。

[2] 皆さんの中で、新しい製品に対するアイデアや提案があるかどうかをお聞きしたいと考えています。われわれのチームは、直接チーム宛に提出していただける提案書と一緒に、提案の概要の説明の仕方に関する指針を含む小冊子を作成しました。必要な方はお申し出ください。意欲を高めていただくために、提案された製品のアイデアが採用され、開発されそして最終的に商品化につながった場合、修正があったとしても、提案した社員はどなたでも、会社から現金ボーナスが支給されます。われわれは皆さんから提案をいただき、それを査定させていただけることを心待ちにしております。

Passage 2

配信先：リサ・チャンさんへ
発信元：ロバート・バデンハーゲン
日付：10月26日
用件：新製品のアイデア募集

あなたのメモを読ませていただいたとき、こんなにすぐに私が返答させていただくことになるとは思ってもいませんでした。しかしながら、私は最近車椅子に乗った年配の親戚を訪問して、一緒に興味深い提案になるかもしれない内容を思いつきました。私にあなたのチームの提案用小冊子と提案用紙を送っていただけますでしょうか。私は、経理課で働いており、内線番号342番で連絡を取ることが可能です。

よろしくお願いします。

UNIT 13 Double Passage (2)／Slip - up

読解問題Ⅱ　書式別対策222単語・表現の攻略

Passage 1

SPEEDY WHEELS
・ Serving the Tri-city area for more than 20 years
Open 5:00 AM to 1:00 AM

Fast and **dependable delivery** of letters, **envelopes**, and light **packages** by bicycle and motorcycle.

Call us at 938-6400 or visit our Web site at www.spd.com

Are you **fed up with** waiting two or three days from delivery of important letters, documents, packages – whatever – that YOU **NEEDED YESTERDAY.**

Are you sitting in your home or office **wondering** if that important letter, document, package – whatever – ever found its way to the person or company that NEEDED IT YESTERDAY.

No more delays, no more worries!
Leave it to us at Speedy Wheels.
・ Delivery **guaranteed** within 3 hours of **pick-up** ANYWHERE in the Tri-City area.

Passage 2

E-mail
To:Speedy Wheels Delivery Service

Last Wednesday, June 8th, at 2:00 pm, I called your company to have a very important document delivered to one of my business clients. That document was a business **contract** which had to be **signed** by both parties by 6:00 pm. The only person **authorized** to sign that contract, their company president, had to fly to Europe on business that evening and, as it turned out, the document was not delivered until

400

after 7:00 pm and the contract was never signed. Because of your **incompetence**, I lost a great deal of money and an important client's business. I have contacted my lawyers **regarding** a possible **lawsuit** to be **filed** against your company.

Sincerely,
Charles B. Jones
President
G+C Industries

Passage 1
□ **dependable** 名 [dipéndəbl] 頼りになる　動 depend on　～に依存する
□ **delivery** 名 [dilívəri] 配達　動 deliver　配達する
□ **envelope** 名 [énvəlòup] 封筒　表 envelope address　封筒の宛名
□ **package** 名 [pǽkidʒ] 小包、荷物　表 package delivery company 宅配便会社
□ **be fed up with** ～に飽き飽きしている　同 be tired of
□ **needed yesterday** 至急必要である
□ **wonder if** ～ではないかと思う　表 I was(am) wondering if ～ではないかと思っていた（いる）
□ **guarantee** 動名 [gærəntí:] 保証する、保証、保証人　表 guaranty　保証、担保
□ **pick-up** 名 [píkʌp] 荷物の集配　表 pick-up truck　集配トラック

Passage 2
□ **contract** 名 [kántrækt] 契約　表 make a contract with　～と契約を結ぶ
□ **sign** 動 [sáin] 署名する　名 signature　署名
□ **authorize** 動 [ɔ́:θəràiz] 権限を与える　名 authority　権力
□ **incompetence** 名 [inkámpətəns] 不適格、無能力　反 competence 能力、有能
□ **regarding** 前 [rigá:rdiŋ] ～に関して　同 concerning
□ **lawsuit** 名 [lɔ́:sù:t] 訴訟　表 lawsuit procedure　訴訟手続き
□ **file** 名 [fáil] 提訴する　表 file a lawsuit　訴訟を起こす

401

Passage 1

スピーディ・ウィールズ社
・トライシティ地域で20年以上の営業実績
午前5時から午前1時まで営業

自転車やバイクによる手紙、封筒、軽小包の素早い頼りになる配達業務 938-6400 までお電話をいただくか、または www.spd.com のホームページをご覧ください。

まさに大至急必要な重要な手紙や書類や小包、その他何でも配達に、2日も3日も待つことにうんざりしていませんか。

その重要な手紙や書類や小包、その他何でも、大至急必要としている人あるいは会社にしっかり届くかどうか不安に感じながら、家やオフィスで待ってはいませんか。

これ以上の遅延もなく、これ以上の心配もありません。
われわれスピーディ・ウイールズ社にお任せください。
トライシティ地区ならどこでも受け取ってから3時間以内の配達を保証します。

Passage 2

スピーディー・ウィールズ配達サービス御中

先週の水曜日の6月8日の午後2時に、取引相手の1つにとても重要な書類を配達してもらうために貴社に電話をかけました。その書類は、午後6時までに双方の署名が必要な仕事上の契約書でした。その契約書に署名をする権限のある唯一の人物は、その会社の社長であり、彼は、その夜出張でヨーロッパに飛ばなければなりませんでした。結局、その書類は、7時以降になるまで配達されることはありませんでしたし、契約書に署名されることもありませんでした。貴社の能力不足のために、私は多額の損失を被り、重要な取引先を失いました。貴社を提訴する構えで、弁護士に相談をしてきました。

敬具

チャールズ・B・ジョーンズ
代表取締役社長
G+C産業

UNIT 14 Double Passage (3) / New Billing System

Passage 1

[1] Introducing our New **"Unlimited Calls / Regional " Option Plan**

●**In our efforts to** provide you with the best **telephone services** to **meet your particular business and personal needs**, we are offering to all of our customers a new "unlimited Calls / Regional" option plan especially suited to those of you who **frequently** make calls outside of your own **area code** but **mostly** to **adjacent** area code numbers. This plan will be available as of June 1, 2007.

[2] ●Our current **billing system divides** your telephone calls into two **categories** only: local and **long-distance rates. As a result**, calls to adjacent area code numbers are billed at regular long-distance rates. While we already offer a special "Unlimited Calls / Long-Distance" option plan, we feel that some of our customers, especially in **suburban areas**, would benefit from a plan which offers a **flat rate** for calls which are not, **in effect**, "long-distance" calls, but rather calls to **nearby exchanges** within your region.

長文穴埋め・読解問題Ⅱ　出題形式別対策292単語・表現の攻略

Passage 2

Chart

	Local Calls	Long Distance Calls
Jun	150	350
Jul	90	200
Aug	130	220

Customer A

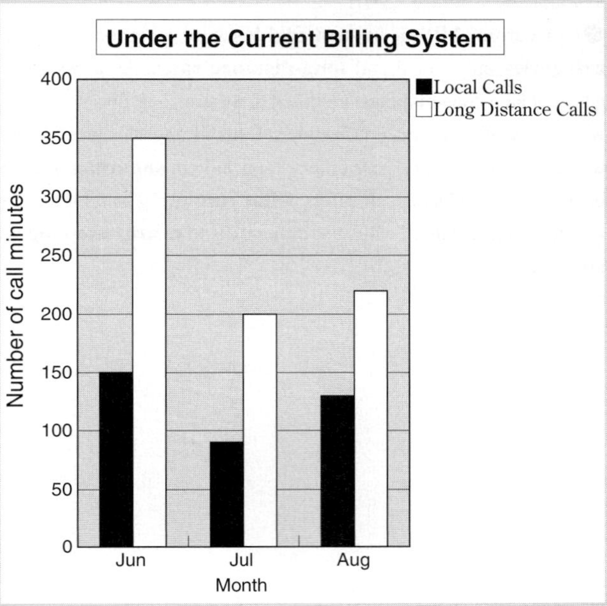

Under the Current Billing System

Average Monthly Charges:
Local Service: $15.00
Long Distance Charges: $45.63
Average Monthly Bill: $60.63

Estimated Total Monthly Savings under new "Unlimited Calls / Regional"
Optional Plan $17.41

	Local Calls	Regional Calls	Long Distance Calls
Jun	180	300	20
Jul	120	210	30
Aug	200	240	5

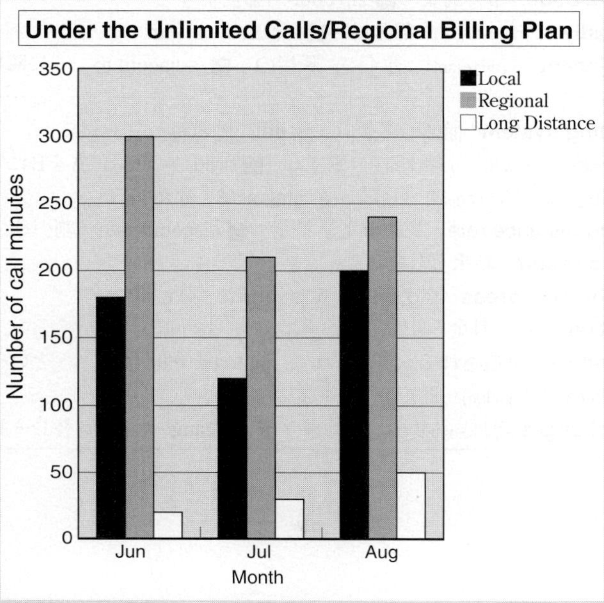

Under the Unlimited Calls/Regional Billing Plan

Average Monthly Charges:
Regional Service: $25.00
 (Unlimited Regional and Local Service)
Long Distance Charges: $18.22
Average Monthly Bill: $43.22

Passage 1

[1]

□ **unlimited call** 無制限通話

□ **regional** 形 [ríːdʒənl] 地域の 名 region 地域

□ **option plan** 選択プラン 形 optional 選択の

□ **in an effort to** ～しようと努力して、～するために

□ **telephone services** 電話事業

□ **meet one's needs** ニーズを満たす

□ **frequently** 副 [fríːkwəntli] 頻繁に 形 frequent 頻繁の

□ **area code** 市外局番 表 zip code 郵便番号

□ **mostly** 副 [móusⁱli] 大部分は 同 for the most part

□ **adjacent** 形 [ədʒéisnt] 近くの、隣接の 表 adjacent to ～に隣接した

[2]

□ **billing system** 請求システム 名 bill 請求書

□ **divide** 動 [diváid] 分類する、分割する 表 divide A into B AをBに分割する

□ **category** 名 [kǽtəgɔ̀ːri] 分類 動 categorize 分類する

□ **long-distance rate** 長距離電話料金 表 discount rate 割引率

□ **as a result** 結果として

□ **suburban areas** 郊外地区 名 suburb 郊外

□ **flat rate** 均一料金

□ **in effect** 実施されて、施行されて 表 to the effect that ～という主旨の

□ **nearby** 形 [níərbài] 近くの

□ **exchanges** 名 [ikstʃéindʒiz] 電話局 表 exchange rate 為替レート

Passage 1

新規無制限通話・地域選択プランのご紹介

●個々の公私にわたるニーズにお答えするために、皆様に最良の通話サービスをご提供させていただこうという取り組みの中で、すべてのお客様に新規無制限通話・地域選択プランをご提供させていただきます。このプランは、市外局番に頻繁に電話をかけるが、そのほとんどは近隣の市外局番であるという方には特に最適です。このプランは2007年6月1日から提供が開始されます。

●われわれの現在の請求システムは、通話を、市内通話料金と長距離通話料金の2つのカテゴリーのみに分類しています。結果として、近隣の市外局番への通話は、通常の長距離通話料金で請求されています。われわれはすでに、「無制限通話・長距離通話選択プラン」をご提供させていただいておりますが、お客様の中には、特に郊外にお住まいの方には、事実上長距離ではなく、むしろ地域内の近くの電話局にかけることになる通話に、均一料金をご提供させていただくプランで得をされる方がいらっしゃることと思います。

Passage 2

Local Calls　市内通話

Long Distance Calls　長距離通話

Customer A　顧客A

the Current Billing System　現行の支払いシステム

Average Monthly Charges　平均月額料金

Local Service　市内通話料金　15ドル

Long Distance Charges　長距離通話料金　45ドル63セント

Average Monthly Bill　平均月額料金　60ドル63セント

Estimated Total Monthly Savings under new "Unlimited Calls / Regional"
Optional Plan
　新規無制限通話・地域選択プランでの月額推定お得額

Regional Calls　地域通話

Average Monthly Charges　平均月額料金

Regional Service (Unlimited Regional and Local Sercvice)
　無制限通話・地域選択プラン

Long Distance Charges　長距離通話料金

Average Monthly Bill　平均月額料金

長文穴埋め・読解問題Ⅱ　出題形式別対策292単語・表現の攻略

REVIEW TEST ...1

1. We are asking you to _____ employees from your section to take part in some capacity, either as a "walker" or as a "sponsor."
   - (A) prevent
   - (B) refrain
   - (C) recruit
   - (D) pretend

2. Every year, employees of the section which raises the most money are given a _____ half-day holiday.
   - (A) paid
   - (B) deprived
   - (C) changed
   - (D) checked

3. Please understand that we cannot _____ every one of your suggestions right away.
   - (A) impose
   - (B) impair
   - (C) impeach
   - (D) implement

4. The only exception is materials of a personal or _____ nature, which should be shredded and then recycled.
   - (A) confidential
   - (B) consequential
   - (C) considerate
   - (D) constructive

正解 1. (C) 2. (A) 3. (D) 4. (A)

1. 各課の社員に、それぞれのできる範囲で、競歩者あるいはスポンサーとして参加者を募っていただけるようにお願いいたします。
2. 毎年最も多額を集めた課の社員たちには、半日の有給休暇が与えられます。
3. あなた方の提案1つ1つを直ちに実行できない点はご理解ください。
4. 唯一の例外は、シュレッダーにかけられてから再利用に回されるべき、親展扱いあるいは機密扱いの書類です。

参照➡ 1. (U1) 2. (U1) 3. (U2) 4. (U2)

408

REVIEW TEST ...2

5. When it _____ to safety, ProtectGear is your best partner.
   (A) makes
   (B) comes
   (C) puts
   (D) gets

6. We've _____ 20% to 50% off the prices of ALL computers as well as printers and other peripherals in our warehouse and on our shelves.
   (A) stocked
   (B) submitted
   (C) sunk
   (D) slashed

7. One of our floor staff will assist you in finding exactly what you're looking for at a _____ price.
   (A) bargain
   (B) expensive
   (C) charged
   (D) cheap

8. As many of you have probably heard through the company grapevine, I will be leaving my _____ as Vice-President at the end of this month.
   (A) exchange
   (B) position
   (C) help
   (D) relief

長文穴埋め・読解問題Ⅱ　出題形式別対策292単語・表現の攻略

正解　5.（B）6.（D）7.（A）8.（B）

5. 安全性ということに関しては、プロテクトギアがあなたの最良のパートナーとなります。

6. 倉庫や棚置きのプリンターや周辺機器だけでなく、あらゆるコンピュータの価格から20％〜50％の値引きをしました。

7. われわれのフロアスタッフの1人が、ずばりあなたがお探しの品を割引価格で見つけるお手伝いをさせていただきます。

8. おそらくあなた方の多くが、社内のうわさでお聞きのように、私は今月末に副社長の職を辞する予定でおります。

参照➡ 5.（U3）　6.（U4）　7.（U4）　8.（U5）

409

$$\begin{bmatrix} \textbf{REVIEW TEST} \\ \textbf{...3} \end{bmatrix}$$

9. I was informed yesterday by Paul Jackson, our Northeast Regional Sales Director, that as of October 1st, you will be taking over all _____ in the New England Sales District.

　(A) accounts　　　　　　(B) points

　(C) marks　　　　　　　(D) issues

10. My schedule is a bit _____ his month, but Wednesday mornings and Friday afternoons are not so busy.

　(A) dissatisfied　　　　　(B) successful

　(C) disappointing　　　　(D) tight

11. We believe that Interstate United offers a wide range of health insurance plans designed to meet the _____ needs of individuals and families of all ages and income brackets.

　(A) suppressive　　　　　(B) available

　(C) varying　　　　　　　(D) employable

12. I am _____ a number of brochures which outline the various individual and family health insurance plans.

　(A) encouraging　　　　　(B) encountering

　(C) enclosing　　　　　　(D) enforcing

正解　9.（A）　10.（D）　11.（C）　12.（C）

9. 昨日私は、北東地区営業部長のポール・ジャクソン氏より、10月1日から、あなたがニューイングランド営業地区のすべての顧客を引き継ぐ予定であることを知らされました。

10. 今月の私のスケジュールはややきつめではありますが、水曜の午前中か金曜の午後ならさほど忙しくはありません。

11. われわれは、インターステイト・ユナイテッド社があらゆる年齢層と所得層の個人および家族のさまざまなニーズを満たすために設計された、幅広い種類の疾病保険プランを提供させていただいていると信じております。

12. さまざまな個人および家族向け疾病保険プランの概要を紹介するいくつかのパンフレットを同封させていただいております。

参照➲　9.（U6）　10.（U6）　11.（U7）　12.（U7）

410

REVIEW TEST ...4

13. I am interested in _____ or the position of Director of Marketing, Americas Division which you have posted on your Web site.
    (A) disposing   (B) applying
    (C) supervising   (D) transferring

14. Should you wish to discuss my _____ or arrange an interview with me, please contact me at the telephone number or e-mail mail address on my resume.
    (A) contradictions   (B) instructions
    (C) qualifications   (D) assignments

15. Regarding _____ tax rates in the Town of Cortland, the Town is now actively promoting development projects such as ours.
    (A) property   (B) evasion
    (C) account   (D) promotion

16. Many international businesses are foregoing the huge expense of domestic and international business trips in _____ of cheaper and faster new technologies like teleconferencing.
    (A) design   (B) favor
    (C) copy   (D) question

正解 13. (B) 14. (C) 15. (A) 16. (B)

13. 私は、貴社が、ホームページに掲載されておりました米州課のマーケティング担当部長の職の志願に興味を持っております。

14. 私の適性をご検討いただけるか、あるいは私との面接を設定していただけるのなら、電話でご連絡いただくか、あるいは履歴書に記載されておりますアドレスまでメールをお送りください。

15. タウン・オブ・コートランドの固定資産税に関してですが、タウンは現在積極的にわれわれのような開発プロジェクトを推し進めているところです。

16. 多くの国際的企業は、莫大な費用をかけた国内外の出張を差し控え、変わりに安くて速いテレビ会議のような技術の導入に目を向けています。

参照➲ 13. (U8) 14. (U8) 15. (U9) 16. (U10)

長文穴埋め・読解問題Ⅱ　出題形式別対策292単語・表現の攻略

411

REVIEW TEST ...5

17. On-line retailers can offer an _____ range of books without having to physically keep them in stock.
    (A) extraordinary　　　　(B) extensive
    (C) experimental　　　　(D) expressive

18. Our team has created a small booklet with guidelines on how to outline your proposal, along with a proposal form which can be _____ directly to our team.
    (A) submitted　　　　(B) separated
    (C) arranged　　　　(D) removed

19. I have contacted my lawyers regarding a possible lawsuit to be _____ against your company.
    (A) produced　　　　(B) reserved
    (C) supplied　　　　(D) filed

20. Our current billing system _____ your telephone calls into two categories only: local and long-distance rates.
    (A) gains　　　　(B) supports
    (C) divides　　　　(D) opposes

正解　17.（B）18.（A）19.（D）20.（C）

17. ネット上の小売店は、物理的に在庫を抱えることなしに、広範囲にわたる本を提供することができます。
18. われわれのチームは、直接チーム宛に提出していただける提案書と一緒に、提案の概要の説明の仕方に関する指針を含む小冊子を作成しました。
19. 貴社を提訴する構えで、弁護士に相談をしてきました。
20. 私たちの現在の請求システムは、通話を、市内通話料金と長距離通話料金の２つのカテゴリーのみに分類しています。

参照⤷　17.（U11）　18.（U12）　19.（U13）　20.（U14）

TOEIC 重要基本単語 613

基本単語1　名詞277
基本単語2　動詞180
基本単語3　形容詞156

単語・表現

　ここでは、これまでのセクションで扱えなかった基本重要単語を中心に紹介しています。基本的なものから、やや難易度の高い単語まで含まれていますが、TOEICに限らず英語の運用能力の基盤となるものですから、最終的にはすべて習得することを目標にしてください。

学習法

1) リストに最後まで目を通して、知らない単語の意味を確認する。
2) 他のセクションの学習を進める合間に5分～10分程度の時間をとり、数ページのチェックを行い、同時にCDを聞いて発音をマスターしていく。知らなかった単語は少し意識して、知っている単語はさっと流すように。
3) 時間を置くと忘れてしまうので、1日数分でも取り組むようにする。
4) 繰り返し目と耳を通し意味と発音、派生語などを定着させる。

　ここで習得した単語は、今後英語学習を進めていく中で、何度も目にするものなので、その度に文脈の中で意識的に意味を確認するにしましょう。

●基本単語 ① 名詞277● CD3 76-79

A

- ☐ **ability** [əbíləti]　能力　形 同 able　有能な
- ☐ **absence** [ǽbsəns]　欠席　反 presence　出席
- ☐ **achievement** [ətʃíːvmənt]　業績　動 achieve　到達する
- ☐ **agent** [éidʒənt]　代理人、代理店
  表 travel agent　旅行代理店
- ☐ **agreement** [əgríːmənt]　同意、協定　形 agreeable　気持ち良い
- ☐ **agriculture** [ǽgrikʌ̀ltʃər]　農業　表 pisciculture　魚の養殖
- ☐ **ambassador** [æmbǽsədər]　大使　表 embassy　大使館
- ☐ **ambition** [æmbíʃən]　野心　形 ambitious　野心のある
- ☐ **amount** [əmáunt]　量　表 a large amount of　多量の〜
- ☐ **ancestor** [ǽnsestər]　祖先　同 antecedent　祖先、経歴
- ☐ **anchor** [ǽŋkər]　錨　表 anchorage　停泊
- ☐ **anniversary** [æ̀nivə́ːrsəri]　記念日
  表 a wedding anniversary　結婚記念日
- ☐ **anxiety** [æŋzáiəti]　心配、不安
  形 anxious　心配した、切望した
- ☐ **aspect** [ǽspekt]　局面　同 phase　局面
- ☐ **atmosphere** [ǽtməsfiər]　大気、雰囲気　表 air　空気
- ☐ **attitude** [ǽtit(j)ùːd]　態度
  表 attitude toward　〜に対する態度
- ☐ **authority** [əθɔ́ːrəti]　権力　形 authoritative　権威のある
- ☐ **average** [ǽvəridʒ]　平均　表 on average　平均して

B

- ☐ **background** [bǽkgràund]　背景、経歴
  表 cultural background　文化的背景
- ☐ **barbarian** [baːrbéəriən]　野蛮人　形 barbaric　野蛮な
- ☐ **basis** [béisis]　基礎　形 basic　基礎の
- ☐ **bias** [báiəs]　偏見　形 biased　偏見のある
- ☐ **bibliography** [bibliágrəfi]　文献目録
- ☐ **biography** [baiágrəfi]　伝記　表 autobiography　自叙伝
- ☐ **bombardment** [bambáːrdmənt]　砲撃　動 bombard　砲撃する

TOEIC重要基本単語613語の攻略

414

☐ **budget** [bʌ́dʒət]	予算　表 budget time　時間配分をする
☐ **bulletin** [búlətn]	公報　表 bulletin board　掲示板
☐ **bureaucracy** [bjuərákrəsi]	官僚主義　形 bureaucratic　官僚主義的な
☐ **burglary** [bə́ːrgləri]	強盗　表 burglar　強盗犯
☐ **burial** [bériəl]	埋葬　動 bury　埋葬する
☐ **business** [bíznəs]	仕事　表 a big business　大企業

C

☐ **calamity** [kəlǽməti]	災害 同 disaster　災害
☐ **campaign** [kæmpéin]	運動、キャンペーン
	表 advertising campaign　宣伝キャンペーン
☐ **capacity** [kəpǽsəti]	能力、受容力　形 capable　能力がある
☐ **caprice** [kəpríːs]	気まぐれ　形 capricious　気まぐれな
☐ **category** [kǽtəgɔ̀ːri]	部門、分類　動 categorize　分類する
☐ **cause** [kɔ́ːz]	原因　反 effect　結果
☐ **celebration** [sèləbréiʃən]	祝福　動 celebrate　祝う
☐ **century** [sénʧəri]	世紀　表 for centuries　何世紀も
☐ **challenge** [tʃǽlindʒ]	挑戦　形 challenging　やりがいのある
☐ **character** [kǽrəktər]	性格、登場人物
	形 characteristic　特徴的な
☐ **circumstance** [sə́ːrkəmstæns]	環境、状況　形 circumstantial　状況の
☐ **civilization** [sìvələzéiʃən]	文明　形 civilized　文明化された
☐ **class** [klǽs]	階級、組　動 分類する
☐ **climate** [kláimət]	気候、風土
	表 weather（時間的、季節的な）天候
☐ **condition** [kəndíʃən]	条件　形 conditional　条件の
☐ **conscience** [kánʃəns]	良心　形 conscientious　良心のある
☐ **context** [kántekst]	文脈　形 contextual　文脈の
☐ **continent** [kántənənt]	大陸　形 continental　大陸の
☐ **counterpart** [káuntərpɑ̀ːrt]	相対物、対になるもの
☐ **creation** [kriéiʃən]	創造　形 creative　創造的な
☐ **crime** [kráim]	犯罪　形 criminal　犯罪の
☐ **criticism** [krítəsizm]	批判　表 critic　批評家
☐ **culture** [kʌ́ltʃər]	文化　形 cultural　文化の
☐ **curiosity** [kjùəriásəti]	好奇心　形 curious　好奇心のある

D

- ☐ **danger** [déin*dʒ*ər]　危険　同 risk = hazard = jeopardy
- ☐ **detail** [díːteil/ditéil]　詳細　表 in detail　詳細に
- ☐ **detour** [díːtuər]　回り道
- ☐ **diagnosis** [dàiəgnóusis]　診断　表 diagnostic test　診断テスト
- ☐ **diameter** [daiǽmətər]　直径　反 radius　半径
- ☐ **diet** [dáiət]　食事、ダイエット
  　表 on a diet　ダイエット中で
- ☐ **dilemma** [dilémə]　ジレンマ
- ☐ **diploma** [diplóumə]　卒業証書　表 diplomatism　学歴主義
- ☐ **disease** [dizíːz]　病気　同 illness　病気
- ☐ **distance** [dístəns]　距離　形 distant　距離のある
- ☐ **diversity** [dəvɔ́ːrsəti]　多様性　同 variety
- ☐ **divorce** [divɔ́ːrs]　離婚　反 marriage　結婚
- ☐ **doctrine** [dáktrin]　教義、主義　表 doctrinaire　空論家
- ☐ **domination** [dàmənéiʃən]　支配　形 dominant　支配的な
- ☐ **drawback** [drɔ́ːbæk]　欠点
  　同 shortcoming = defect　欠点、欠陥
- ☐ **duel** [d(j)úːəl]　決闘

E

- ☐ **effort** [éfərt]　努力　表 make an effort　努力する
- ☐ **electricity** [ilèktrísəti]　電気　形 electric　電気で動く
- ☐ **elegance** [éləgəns]　上品、優雅　形 elegant　優雅な
- ☐ **element** [éləmənt]　要素　同 factor　要素
- ☐ **emphasis** [émfəsis]　強調
  　表 put emphasis on　～を強調する
- ☐ **energy** [énərdʒi]　エネルギー　形 energetic　精力的な
- ☐ **enthusiasm** [enθ(j)úːziæzm]　熱狂　形 enthusiastic　熱狂的な
- ☐ **environment** [enváiərənmənt]　環境　形 environmental　環境の
- ☐ **escape** [iskéip]　逃避　形 escaped　逃亡した
- ☐ **essence** [ésns]　本質　形 essential　本質的な
- ☐ **establishment** [istǽbliʃmənt]　設立　動 establish　設立する
- ☐ **example** [igzǽmpl]　例　表 for example　例えば
- ☐ **experiment** [ikspérəmənt]　実験　形 experimental　実験の

F

☐ **faculty** [fǽkəlti]	能力、教授陣
☐ **famine** [fǽmin]	飢餓　同 starvation　飢餓
☐ **fare** [féər]	運賃　表 air fare　航空運賃
☐ **fascination** [fæ̀sənéiʃən]	魅力　同 charm = attraction
☐ **fashion** [fǽʃən]	流行　表 in fashion　流行して
☐ **fate** [féit]	運命　形 fateful　運命的な
☐ **fatigue** [fətíːg]	疲労
☐ **feature** [fíːtʃər]	特色、呼び物　動 呼び物とする
☐ **fiction** [fíkʃən]	小説　反 nonfiction　ノンフィクション
☐ **flexibility** [flèksəbíləti]	柔軟さ　形 flexible　柔軟な
☐ **flood** [flʌ́d]	洪水　動 はんらんさせる
☐ **fluctuation** [flʌ̀ktʃuéiʃən]	変動　動 fluctuate　変動する
☐ **focus** [fóukəs]	焦点　表 focal point　焦点
☐ **folklore** [fóuklɔ̀ːr]	民間伝承
☐ **fountain** [fáuntn]	泉　表 fountain pen　万年筆
☐ **fraction** [frǽkʃən]	分数　形 fractional　分数の
☐ **freeze** [fríːz]	凍結　形 frozen　凍結した
☐ **frustration** [frʌstréiʃən]	挫折、欲求不満
	動 frustrate　挫折させる
☐ **funeral** [fjúːnərl]	葬式
☐ **fusion** [fjúːʒən]	融合　反 fission　分裂
☐ **futility** [fjuːtíləti]	無益　形 futile　無益の

G

☐ **globe** [glóub]	地球　形 global　地球の
☐ **government** [gʌ́vərnmənt]	政府　動 govern　統治する
☐ **grammar** [grǽmər]	文法　表 vocabulary　語彙
☐ **gratitude** [grǽtət(j)ùːd]	感謝　表 gratuity　チップ
☐ **gravitation** [græ̀vətéiʃən]	引力、重力　表 gravity　重力、重要性
☐ **grief** [gríːf]	悲嘆、悲しみ　同 sorrow　悲しみ
☐ **growth** [gróuθ]	成長　動 grow　成長する
☐ **guarantee** [gæ̀rəntíː]	保証　同 warrant = insurance
☐ **guidance** [gáidns]	指導　表 guide　ガイド

TOEIC重要基本単語613語の攻略

417

H

- [ ] **habit** [hǽbit] — 癖、習慣　表 custom　慣習
- [ ] **habitat** [hǽbitæt] — 生息地　動 inhabit　～に生息する
- [ ] **harmony** [háːrməni] — 調和　形 harmonious　調和した
- [ ] **harvest** [háːrvist] — 収穫　表 harvest festival　収穫祭
- [ ] **health** [hélθ] — 健康　形 healthy　健康的な
- [ ] **history** [hístəri] — 歴史　形 historical　歴史の
- [ ] **honesty** [ánəsti] — 正直　形 honest　正直な
- [ ] **housework** [háuswə̀ːrk] — 家事
- [ ] **hypocrisy** [hipákrəsi] — 偽善　形 hypocritical　偽善的な

I

- [ ] **identification** [aidèntəfikéiʃən] — 確認　動 identify　確認する
- [ ] **ideology** [àidiálədʒi] — イデオロギー
  形 ideological　イデオロギーの
- [ ] **imitation** [imətéiʃən] — 模倣　動 imitate　模倣する
- [ ] **income** [ínkʌm] — 収入　表 salary　給与
- [ ] **individuality** [ìndəvidʒuǽləti] — 個性　形 individual　個人の
- [ ] **industrialization** [indʌ̀striələizéiʃən] — 産業化、工業化
  表 industrialized nation　工業国家
- [ ] **industry** [índəstri] — 産業　形 industrial　産業の
- [ ] **initiative** [iníʃətiv] — 主導権
  表 on one's own initiative　自分の主導権で
- [ ] **instrument** [ínstrəmənt] — 道具、楽器　同 tool = apparatus　道具
- [ ] **interval** [íntərvl] — 間隔　表 at intervals　間隔を空けて

J・K

- [ ] **justice** [dʒʌ́stis] — 正義　形 just　正しい
- [ ] **knowledge** [nálidʒ] — 知識
  表 a good knowledge　しっかりした知識

L

- [ ] **labor** [léibər] — 労働　表 laborer　労働者
- [ ] **language** [lǽŋgwidʒ] — 言語　形 linguistic　言語の
- [ ] **law** [lɔ́ː] — 法律　形 lawful　法律にかなった

□ **legend** [lédʒənd]	伝説　形 legendary　伝説の
□ **legislation** [lèdʒisléiʃən]	立法　表 administration　行政
□ **leisure** [líːʒər]	余暇　形 leisurely　ゆったりとした
□ **level** [lévl]	水準　表 to a level　水平に
□ **literature** [lítərətʃər]	文学　形 literary　文学の
□ **location** [loukéiʃən]	場所　同 site = place
□ **logic** [ládʒik]	論理　形 logical　論理的な
□ **luck** [lʌk]	運　形 lucky　幸運な

M

□ **machine** [məʃíːn]	機械　表 machinery　機械類
□ **majority** [mədʒɔ́(ː)rəti]	大多数　反 minority　小数
□ **mankind** [mænkáind]	人類　表 human being　人間、人類
□ **manuscript** [mǽnjəskrìpt]	原稿　表 manual　手動の
□ **margin** [máːrdʒin]	縁　形 marginal　縁の
□ **material** [mətíəriəl]	物質　表 materialism　物質主義
□ **maturity** [mətúərəti]	成熟　形 mature　成熟した
□ **means** [míːnz]	手段　表 a means　1つの手段
□ **medium** [míːdiəm]	媒体　表 mass media　マスメディア
□ **melancholy** [mélənkὰli]	憂うつ　表 melancholic　憂うつな
□ **mercy** [máːrsi]	慈悲　形 merciful　慈悲のある
□ **method** [méθəd]	方法　形 methodical　系統だった
□ **metropolis** [mətrápəlis]	大都市
	形 metropolitan　大都市の、首都の
□ **miracle** [mírəkl]	奇跡　形 miraculous　奇跡的な
□ **misery** [mízəri]	悲惨、惨めさ　形 miserable　惨めな
□ **mission** [míʃən]	使命　表 missionary　伝道師
□ **modesty** [mádəsti]	謙遜　形 modest　控えめな
□ **moisture** [mɔ́istʃər]	湿気　形 moist　湿気のある
□ **momentum** [mouméntəm]	勢い
	表 gather momentum　勢いを増す
□ **monarch** [mánərk]	君主　表 monarchy　君主制
□ **monopoly** [mənápəli]	独占　動 monopolize　独占する
□ **morality** [mərǽləti]	道徳　形 moral　道徳の
□ **motivation** [mòutəvéiʃən]	動機付け　名 motive　動機

TOEIC重要基本単語613語の攻略

419

□ **muscle** [mʌsl] 　筋肉　形 muscular　筋肉隆々の

□ **museum** [mjuːzíəm] 　博物館　表 art museum　美術館

□ **myth** [míθ] 　神話　形 mythical　神話の

N

□ **nature** [néitʃər] 　自然、性質　形 natural　自然の

□ **necessity** [nəsésəti] 　必要性　形 necessary　必要な

□ **negligence** [néglidʒəns] 　怠慢　動 neglect　怠る

□ **nightmare** [náitmèər] 　悪夢　表 have a nightmare　悪夢を見る

□ **notion** [nóuʃən] 　概念

　同 idea = conception = concept

□ **novelty** [návəlti] 　新奇、奇抜さ　形 novel　新しい

O

□ **obedience** [oubíːdiəns] 　従順　形 obedient　従順な

□ **opinion** [əpínjən] 　意見　表 in my opinion　私の意見では

□ **outcome** [áutkʌm] 　結果

P

□ **pain** [péin] 　痛み　表 pains　努力、骨折り

□ **participation** [pàːrtisəpéiʃən] 　参加　動 participate　参加する

□ **pastime** [pǽstàim] 　気晴らし、娯楽

　表 kill time　暇つぶしをする

□ **pedestrian** [pədéstriən] 　歩行者

　表 pedestrian crossing　横断歩道

□ **penalty** [pénəlti] 　罰

□ **period** [píəriəd] 　期間　形 periodical　定期的な

□ **perseverance** [pàːrsəvíərəns] 　忍耐　同 endurance　忍耐

□ **phenomenon** [finámənàn] 　現象　表 phenomena （複数形）

□ **philosophy** [fəlásəfi] 　哲学　形 philosophical　哲学的な

□ **planet** [plǽnit] 　惑星　形 planetary　惑星の

□ **poison** [pɔ́izn] 　毒　形 poisonous　毒のある

□ **policy** [páləsi] 　政策

□ **population** [pàpjəléiʃən] 　人口　表 populace　一般大衆

□ **portrait** [pɔ́ːrtrət] 　肖像画　表 portrayal　描写

☐ **possibility** [pὰsəbíləti] 可能性 　形 possible 　可能性のある

☐ **posture** [pάstʃər] 姿勢

☐ **practice** [prǽktis] 実践 　反 theory 　理論

☐ **pressure** [préʃər] 圧力 　表 pressure 人 to do 　人が〜する
ように圧力をかける

☐ **pride** [práid] 誇り 　形 proud 　誇りを持った

☐ **principle** [prínsəpl] 原則 　表 principal 　主要な

☐ **priority** [praió(:)rəti] 優先権 　形 prior 　優先の

☐ **problem** [prάbləm] 問題 　形 problematic 　問題のある

☐ **pronunciation** [prənÀnsiéiʃən] 発音 　動 pronounce 　発音する

☐ **prosperity** [prɑspérəti] 繁栄 　動 prosper 　繁栄する

☐ **purity** [pjúərəti] 純粋 　形 pure 　純粋な

Q

☐ **quality** [kwάləti] 質 　反 quantity 　量

☐ **quarrel** [kwɔ́(:)rl] 口論、けんか 　同 argument 　口論、議論

R

☐ **rage** [réidʒ] 怒り 　同 anger = fury

☐ **ratio** [réiʃou] 割合 　同 rate = proportion

☐ **realm** [rélm] 領域 　同 territory = scope

☐ **recipe** [résəpi] 調理法

☐ **regulation** [règjəléiʃən] 規則 　動 regulate 　規定する

☐ **relativity** [rèlətívəti] 相対性 　形 relative 　相対的な

☐ **relaxation** [rìːlækséiʃən] くつろぎ 　動 relax 　くつろぐ

☐ **republic** [ripÁblik] 共和国 　形 republican 　共和国の

☐ **responsibility** [rispὰnsəbíləti] 責任 　形 responsible 　責任がある

☐ **rhythm** [ríðm] リズム

☐ **routine** [ruːtíːn] お決まり仕事、手順
表 a daily routine 　日課

☐ **ruin** [rú(:)in] 破滅 　表 ruins 　遺跡、残がい

S

☐ **sacrifice** [sǽkrəfàis] 犠牲 　表 victim 　犠牲者

☐ **satellite** [sǽtəlàit] 衛星 　表 man-made satellite 　人工衛星

TOEIC重要基本単語613語の攻略

□ **science** [sáiəns]	科学　形 scientific　科学的な
□ **selfishness** [sélfi∫nəs]	わがまま　形 selfish　わがままな
□ **semester** [səméstər]	学期、セメスター
□ **sight** [sáit]	視力、視界
	表 out of sight　見えなくなって
□ **significance** [signífikəns]	意義　形 significant　意義深い
□ **simplicity** [simplísəti]	単純　形 simple　単純な
□ **situation** [sìt∫uéi∫ən]	状況　形 situational　状況の
□ **skill** [skíl]	技術　形 skillful　技術のある
□ **slave** [sléiv]	奴隷　表 slavery　奴隷制度
□ **slump** [slámp]	落ち込み、暴落
	表 economic slump　景気の落ち込み
□ **society** [səsáiəti]	社会　形 social　社会の
□ **solution** [səlú:∫ən]	解決　動 solve　解決する
□ **source** [só:rs]	源泉　表 sources　出所
□ **sovereignty** [sávərənti]	主権　形 sovereign　主権のある
□ **species** [spí:∫i(:)z]	種　表 endangered species　絶滅の危機
	に瀕している種
□ **state** [stéit]	状態　名 statement　声明
□ **statistics** [stətístiks]	統計　形 statistical　統計上の
□ **status** [stéitəs]	地位、身分　表 status quo　現状
□ **stimulus** [stímjələs]	刺激　動 stimulate　刺激する
□ **strength** [stréŋkθ]	強み　反 weakness　弱み
□ **stubbornness** [stábərnnəs]	頑固さ　形 stubborn　頑固な
□ **subtlety** [sátlti]	微妙さ　形 subtle　微妙な
□ **superstition** [sù:pərstí∫ən]	迷信　形 superstitious　迷信の
□ **survival** [sərváivl]	生き残り　動 survive　生き残る
□ **sympathy** [símpəθi]	同情　反 antipathy　反感
□ **symphony** [símfəni]	交響曲
□ **symptom** [símptəm]	症状、兆候　同 sign　兆候
□ **system** [sístəm]	制度　形 systematic　制度的な

T

| □ **taste** [téist] | 趣味、好み　形 tasteful　趣味の良い |
| □ **technique** [tekní:k] | 技術　形 technical　技術の、専門的な |

□ **television** [téləvìʒən]	テレビ	表 on television テレビで
□ **temperature** [témpərt∫ùər]	温度、体温	
	表 take one's temperature 体温を計る	
□ **tension** [tén∫ən]	緊張 形 tense 緊張した	
□ **thought** [θɔ́ːt]	思考	
	表 have second thoughts 考え直す	
□ **thrift** [θríft]	倹約 形 thrifty 倹約の	
□ **tradition** [trədí∫ən]	伝統 形 traditional 伝統の	
□ **tragedy** [trǽdʒədi]	悲劇 反 comedy 喜劇	
□ **trend** [trénd]	傾向 同 tendency 傾向	
□ **truth** [trúːθ]	真理、真実 形 true 真実の	
□ **turbulence** [tə́ːrbjələns]	動揺 表 air turbulence 乱気流	
□ **tyranny** [tírəni]	専制政治 形 tyrannical 専制政治の	

U

□ **union** [júːnjən]	組合 表 labor union 労働組合
□ **universe** [júːnəvə̀ːrs]	宇宙 形 universal 宇宙の、普遍の
□ **upheaval** [ʌphíːvl]	動乱

V

□ **vacancy** [véikənsi]	空虚、空き 形 vacant 空の
□ **value** [vǽljuː]	価値 形 valuable 価値のある
□ **variety** [vəráiəti]	多様、種類 表 variation 変化
□ **verdict** [və́ːrdikt]	評決 表 a verdict of guilty 有罪判決
□ **victory** [víktəri]	勝利 表 triumph 大勝利
□ **violence** [váiələns]	暴力 形 violent 暴力的な
□ **virtue** [və́ːrt∫uː]	美徳 反 vice 悪徳
□ **vulnerability** [vʌ̀lnərəbíləti]	もろさ、脆弱 形 vulnerable もろい

W

□ **waste** [wéist]	浪費 動 浪費する
□ **wealth** [wélθ]	富 形 wealthy 裕福な
□ **weapon** [wépn]	武器 同 arms

TOEIC重要基本単語613語の攻略

423

●基本単語 2 動詞180●

CD3 80-83

A

☐ **abandon** [əbǽndən] 捨てる 同 desert = leave

☐ **absorb** [əbsɔ́:rb] 吸収する
表 be absorbed in ～に熱中する

☐ **act** [ǽkt] 行動する 名 action 行動

☐ **aim** [éim] 目標とする 表 aim at ～を目指す

☐ **answer** [ǽnsər] 答える
表 answer a question 質問に答える

☐ **arouse** [əráuz] 目覚めさせる、刺激する
同 excite = spur up かき立てる

☐ **ask** [ǽsk] 尋ねる、頼む 表 ask ～ to do ～に…
してくれるように依頼する

B

☐ **ban** [bǽn] 禁止する
同 forbid = prohibit

☐ **beat** [bí:t] たたく、打ち負かす 名 拍子、鼓動

☐ **become** [bikʌ́m] ～になる
表 become you あなたに似合う

☐ **belong** [bilɔ́(:)ŋ] 所属する 表 belong to ～に所属する

☐ **blame** [bléim] 非難する
同 criticize = denounce = censure

☐ **breathe** [brí:ð] 呼吸する 名 breath 呼吸

☐ **bring** [bríŋ] 持ってくる 表 Bring me some coffee.
コーヒーを持ってきてください。

☐ **build** [bíld] 建てる 同 construct

☐ **burn** [bə́:rn] 燃やす、燃える 名 やけど

☐ **buy** [bái] 買う 同 purchase 購入する

C

☐ **calculate** [kǽlkjəlèit] 計算する 名 calculation 計算

☐ **capture** [kǽptʃər] 捕らえる 名 捕獲

☐ **care** [kéər] 心配する 名 不安、心配

☐ **carry** [kǽri] 運ぶ 名 carriage 客車、運送

424

☐ **carve** [káːrv]	彫る、彫刻する　图 carving　彫刻作品
☐ **change** [tʃéind3]	変える
	表 change trains　電車を乗り換える
☐ **cheat** [tʃíːt]	だます、カンニングする
	图 cheating　カンニング
☐ **chew** [tʃúː]	かむ　表 bite　かみつく
☐ **choose** [tʃúːz]	選ぶ　图 choice　選択
☐ **claim** [kléim]	主張する　图 make a claim　要求する
☐ **come** [kʌ́m]	来る
	表 Dreams come true.　夢が実現する。
☐ **cooperate** [kouápəreit]	協力する　形 cooperative　協力的な
☐ **copy** [kápi]	複製する、まねをする
	同 duplicate　複製する
☐ **count** [káunt]	数える　表 count on　～に頼る

D

☐ **deal** [díːl]	分配する　表 deal with　～を処理する
☐ **die** [dái]	死ぬ　同 pass away
☐ **dig** [díg]	掘る　图 digging　採掘、発掘
☐ **drag** [drǽg]	引きずる
	表 drag A into B　AをBに引きずり込む
☐ **draw** [drɔ́ː]	描く、引き出す
	表 draw a conclusion　結論を引き出す
☐ **drive** [dráiv]	運転する、駆り立てる
	表 drive 人 to do　人を駆り立てて～させる

E

☐ **earn** [ə́ːrn]	稼ぐ　同 make one's living　生活費を稼ぐ
☐ **eat** [íːt]	食べる　表 eat out　外食する
☐ **embark** [embáːrk]	乗船する　反 leave　下船する
☐ **embarrass** [embǽrəs]	恥ずかしい思いをさせる
	图 embarrassment　恥ずかしい思い
☐ **embody** [embádi]	具体化する　图 embodiment　具体化
☐ **emerge** [imə́ːrd3]	現れる　同 appear
☐ **emphasize** [émfəsàiz]	強調する　同 stress
☐ **endow** [endáu]	与える、寄付する　图 endowment　寄付

TOEIC重要基本単語613語の攻略

425

□ **enjoy** [endʒɔ́i]	楽しむ
	表 enjoy ～ing　～することを楽しむ
□ **enter** [éntər]	入る　表 enter the room　部屋に入る
□ **envy** [énvi]	うらやむ、ねたむ　形 envious　ねたんで
□ **equip** [ikwíp]	備え付ける
	表 equip A with B　AにBを備え付ける
□ **erode** [iróud]	侵食する　名 erosion　侵食作用
□ **estimate** [éstəmèit]	見積もる、評価する
	名 [éstəmət]　見積もり

F

□ **facilitate** [fəsílətèit]	促進する　同 promote
□ **feel** [fiːl]	感じる　名 feeling　感情
□ **fill** [fil]	満たす
	表 fill A with B　AをBで満たす
□ **find** [fáind]	見つける　表 find out　探り出す
□ **fix** [fíks]	固定する、修理する
	同 repair　修理する
□ **forgive** [fərgív]	許す
	表 forgive A for B　AをBのことで許す
□ **found** [fáund]	創設する　名 foundation　創設

G

□ **gain** [géin]	得る、獲得する　名 利益、利得
□ **gaze** [géiz]	じっと見つめる　同 stare
□ **generate** [dʒénərèit]	生み出す　名 generation　同世代の人々
□ **get** [gét]	得る、手に入れる
□ **give** [gív]	与える
□ **go** [góu]	行く　表 go bankrupt　倒産する
□ **graduate** [grǽdʒuèit]	卒業する
	表 graduate from　～を卒業する
□ **guess** [gés]	推測する　表 make a guess　推測する
□ **guide** [gáid]	導く　名 guidance　指導、ガイダンス

H

□ **handle** [hǽndl]	処理する　同 do with　処理する

☐ **hang** [hǽŋ]	つるす
	图 hanging つるすこと、絞首刑
☐ **heal** [hí:l]	治す 同 cure
☐ **hear** [híər]	聞く 图 hearing 聴力、聴覚
☐ **help** [hélp]	助ける
	表 cannot help ~ing ~せざるをえない
☐ **hesitate** [hézitèit]	ためらう
	表 hesitate to do ~することをためらう
☐ **hire** [háiər]	(お金を出して) 借りる 同 rent
☐ **hold** [hóuld]	握っている、保つ 表 The fine weather
	holds. 天気が持ちこたえる。
☐ **hope** [hóup]	望む 表 hope for ~を望む

I

☐ **imagine** [imǽdʒin]	想像する 图 imagination 想像
☐ **isolate** [áisəlèit]	分離する 图 isolation 分離

J

☐ **judge** [dʒʌ́dʒ]	判断する 图 judgement 判断
☐ **jump** [dʒʌ́mp]	跳ぶ 表 jump to one's feet 跳び上がる
☐ **justify** [dʒʌ́stəfài]	正当化する 图 justification 正当化

K

☐ **kill** [kíl]	殺す 表 kill oneself 自殺する
☐ **know** [nóu]	知る
	表 know of ~を間接的に知っている

L

☐ **launch** [lɔ́:nʧ]	始める、進水させる
	图 launching 着手、進水
☐ **lay** [léi]	横にする、置く
	表 lay an egg 卵を生む
☐ **lead** [lí:d]	導く 表 lead to ~に至る
☐ **leave** [lí:v]	離れる、残す 表 leave Tokyo for Osaka
	東京を離れて大阪に向かう
☐ **look** [lúk]	見る 表 look good 良く見える

□ **lose** [lúːz] 失う 表 lose one's way 迷子になる

M

□ **make** [méik] 作る 表 make it 成功する、間に合う
□ **manage** [mǽnidʒ] 処理する
表 manage to do どうにか〜する
□ **mean** [míːn] 意味する、意図する 名 meaning 意味
□ **measure** [méʒər] 測定する 名 measurement 測定
□ **meet** [míːt] 会う
表 meet one's demands 要求を満たす
□ **menace** [ménəs] 脅す 同 threaten = intimidate
□ **minimize** [mínəmàiz] 最小化する 反 maximize 最大化する
□ **mistake** [mistéik] 誤解する
表 mistake A for B AをBと間違える
□ **mourn** [mɔ́ːrn] 嘆く 同 deplore = sorrow = bewail
□ **mystify** [místəfài] 混乱させる
同 confuse = confound 混乱させる

N

□ **need** [níːd] 必要とする
表 need to do 〜する必要がある
□ **negotiate** [nigóuʃièit] 交渉する 名 negotiation 交渉
□ **nominate** [námənèit] 指名する 名 nomination 指名
□ **notice** [nóutəs] 気付く 表 take notice of 〜に気付く
□ **notify** [nóutəfài] 知らせる 同 inform 知らせる
□ **nurture** [nɚ́ːrtʃər] 養う、育てる 同 foster = raise 育てる

O

□ **obey** [oubéi] 従う 反 disobey 〜に従わない
□ **operate** [ápərèit] 作動する、手術する
名 operation 作用、手術
□ **overcome** [òuvərkʌ́m] 克服する 同 get the better of = surmount

P

□ **pardon** [páːrdn] 許す
表 Pardon me? 何とおっしゃいましたか。

☐ **pay** [péi]	支払う 图 payment 支払い
☐ **possess** [pəzés]	所有する 图 possession 所有
☐ **praise** [préiz]	賞賛する
	表 praise A for B AをBのことで褒める
☐ **prove** [prúːv]	証明する
	反 disprove 間違いを証明する
☐ **pursue** [pərs(j)úː]	追い求める 表 pursuit 追求
☐ **put** [pút]	置く 表 to put it simply 簡単に言うと
☐ **puzzle** [pázl]	混乱させる 同 perplex

R

☐ **raise** [réiz]	上げる、育てる 图 昇給
☐ **react** [ri(ː)ǽkt]	反応する 图 reaction 反応
☐ **release** [rilíːs]	放出する 同 free 解放する
☐ **rely** [rilái]	頼る 同 count on = depend on = bank on
☐ **remain** [riméin]	残る、とどまる 表 They remained silent. 彼らは黙ったままでいた。
☐ **remember** [rimémbər]	思い出す、覚えている
☐ **remind** [rimáind]	思い出させる
	表 remind A of B AにBを思い出させる
☐ **rid** [ríd]	取り除く
	表 rid A of B AからBを取り除く
☐ **risk** [rísk]	賭ける、危険にさらす 图 risk 危機
☐ **run** [rán]	走る、経営する
	表 run for President 大統領に立候補する

S

☐ **satisfy** [sǽtisfài]	満足させる 图 satisfaction 満足
☐ **say** [séi]	言う 表 say to oneself 独り言を言う
☐ **scold** [skóuld]	しかる 表 scold A for B AをBでしかる
☐ **secede** [sisíːd]	脱退する 图 secession 脱退
☐ **seek** [síːk]	求める 表 seek for ～を探し求める
☐ **sell** [sél]	売る
	表 sell it for $10 それを10ドルで売る
☐ **send** [sénd]	送る
	表 send for a doctor 医者を呼びにやる

TOEIC重要基本単語613語の攻略

☐ **serve** [sə́:*r*v]	仕える、役立つ　圓 wait on　仕える
☐ **shout** [ʃáut]	叫ぶ　表 shout at　～に向かって叫ぶ
☐ **show** [ʃóu]	見せる、示す　表 Show me another.　別のものを見せてください。
☐ **sign** [sáin]	署名する、合図する　图 記号、きざし
☐ **sit** [sít]	座る　表 sit up all night　徹夜する
☐ **snatch** [snǽtʃ]	ひったくる、つかむ 圓 grab = clutch　つかむ
☐ **soften** [sɔ́(:)fn]	和らげる　圓 ease = relieve
☐ **solve** [sálv]	解く 表 solve a problem　問題を解決する
☐ **spare** [spéə*r*]	取っておく、惜しむ　表 spare no effort to do　～する努力を惜しまない
☐ **speak** [spí:k]	話す　表 speak English　英語を話す
☐ **spend** [spénd]	（金や時間を）費やす 表 spend money on　～に金を使う
☐ **spur** [spə́:*r*]	駆り立てる　图 拍車
☐ **stand** [stǽnd]	立つ
☐ **start** [stá:*r*t]	始める　圓 begin
☐ **stay** [stéi]	滞在する　图 滞在
☐ **strike** [stráik]	打つ、襲う　形 striking　目立った
☐ **strive** [stráiv]	努力する 表 strive to do　～しようと努力する
☐ **struggle** [strʌ́gl]	もがく、闘う 表 struggle to do　～しようともがく
☐ **study** [stʌ́di]	勉強する　图 勉強、書斎
☐ **suit** [sú:t]	～に合う　形 suitable　適合した
☐ **swear** [swéə*r*]	誓う　表 swear by God　神にかけて誓う

T

☐ **take** [téik]	取る　表 take medicine　薬を飲む
☐ **talk** [tɔ́:k]	話す　表 talk about　～について話す
☐ **teach** [tí:tʃ]	教える
☐ **tease** [tí:z]	いじめる、からかう　圓 pick on
☐ **testify** [téstəfài]	証言する　圓 attest to　証言する

☐ **thank** [θǽŋk]	感謝する　形 thankful　感謝して
☐ **think** [θíŋk]	考える
	表 think about　〜について考える
☐ **tolerate** [tάlərèit]	我慢する　同 bear = endure
☐ **touch** [tʌ́tʃ]	触れる　表 be touched　感動する
☐ **travel** [trǽvl]	旅行する　图 travels　旅行
☐ **treat** [tríːt]	扱う　图 もてなし、おごり
☐ **turn** [tə́ːrn]	回す、変える　图 順番、回転

U

☐ **undergo** [ʌ̀ndərgóu]	（不快なことを）経験する
	表 experience　経験する
☐ **undermine** [ʌ́ndərmàin]	弱める　同 weaken = sap
☐ **urge** [ə́ːrdʒ]	しきりに勧める
	表 urge 人 to do　人に〜するように勧める

V

☐ **vanish** [vǽniʃ]	消える　同 disappear　消える
☐ **vary** [véəri]	変わる、異なる　形 various　さまざまな

W・Y

☐ **walk** [wɔ́ːk]	歩く、歩かせる
	表 take a walk　散歩する
☐ **want** [wάnt]	欲する　表 want to do　〜したい
☐ **wear** [wéər]	着ている　表 put on　着る、身に付ける
☐ **welcome** [wélkəm]	歓迎する
	表 You're welcome.　どういたしまして。
☐ **win** [wín]	勝つ　表 win the game　試合に勝つ
☐ **work** [wə́ːrk]	働く　表 work for　〜で働く
☐ **write** [ráit]	書く　表 write to　〜に手紙を書く
☐ **yearn** [jə́ːrn]	あこがれる　表 yearn for　〜を切望する
☐ **yield** [jíːld]	生み出す　表 yield to　〜に屈する

TOEIC重要基本単語613語の攻略

431

●基本単語 3　形容詞156●

CD3 84-87

A

☐ **absent** [ǽbsənt]　欠席した　反 present　出席した

☐ **absurd** [əbsə́:rd]　ばかげた　名 absurdity　愚かさ

☐ **abundant** [əbʌ́ndənt]　豊富な　同 rich = wealthy　豊かな

☐ **academic** [ækədémik]　学問的な　名 academy　学問

☐ **adequate** [ǽdikwət]　充分な　反 inadequate　不十分な

☐ **advantageous** [ædvəntéidʒəs]　有利な　反 disadvantageous　不利な

☐ **adverse** [ædvə́:rs]　逆境の
　　表 be adverse to　～に不利である

☐ **ambitious** [æmbíʃəs]　野心的な　名 ambition　野心

☐ **angry** [ǽŋgri]　怒った　同 indignant

☐ **anxious** [ǽŋkʃəs]　心配した、切望した
　　表 be anxious about　～について心配する

☐ **aristocratic** [ərìstəkrǽtik]　貴族階級の、貴族政治の　名 aristocracy

☐ **aware** [əwéər]　気付いて
　　表 be aware of　～に気付いている

☐ **awesome** [ɔ́:səm]　恐ろしい　同 awful

☐ **awkward** [ɔ́:kwərd]　不格好な、不器用な
　　同 clumsy　不器用な

B

☐ **bare** [béər]　裸の　表 bare foot　裸足

☐ **basic** [béisik]　基本的な　同 fundamental　基本的な

☐ **bearable** [béərəbl]　我慢できる
　　反 unbearable　我慢できない

☐ **benevolent** [bənévələnt]　善意のある
　　反 malevolent = malicious　悪意のある

C

☐ **casual** [kǽʒuəl]　偶然の、何気ない
　　同 accidental　偶然の

☐ **certain** [sə́:rtn]　確かな　反 uncertain　不確かな

☐ **childish** [tʃáildiʃ]　子供っぽい　表 childlike　子供らしい

☐ **chronic** [kránik]　慢性の　表 chronic disease　慢性病

☐ **civilized** [sívəlàizd]　文明化された、洗練された

	反 uncivilized　洗練されていない
☐ **coherent** [kouhíərənt]	一貫した　同 consistent
☐ **common** [kámən]	共通の
☐ **compatible** [kəmpǽtəbl]	両立できる
	反 incompatible　両立できない
☐ **conservative** [kənsə́ːrvətiv]	保守的な　反 radical = progressive
	急進的な、進歩的な
☐ **contradictory** [kàntrədíktəri]	矛盾する
	名 contradiction　矛盾
☐ **contrary** [kántrèri]	反対の　表 contrary to　～に反して
☐ **conventional** [kənvénʃənl]	慣例的な、型にはまった
	表 customary　習慣的な
☐ **courageous** [kəréidʒəs]	勇気のある　同 brave
☐ **creative** [kriéitiv]	創造的な　名 creation　創造
☐ **credulous** [krédʒələs]	だまされやすい
	反 incredulous　だまされない
☐ **critical** [krítikl]	批判的な　表 critic　批評家
☐ **crucial** [krúːʃl]	決定的な　同 decisive
☐ **current** [kə́ːrənt]	現在の　表 air current　気流

D

☐ **dense** [déns]	密度が濃い
	表 population density　人口密度
☐ **desperate** [déspərət]	絶望的な
	副 desperately　むやみに、絶望的に
☐ **direct** [dərékt]	直接の　反 indirect　間接の
☐ **disgusting** [disgʌ́stiŋ]	むかつくような
	動 disgust　むかつかせる
☐ **distant** [dístənt]	距離のある　表 at a distance　離れて
☐ **domestic** [dəméstik]	国内の、家庭内の　反 foreign　外国の

E

☐ **eager** [íːgər]	熱心な
	表 be eager to do　熱心に～したがる
☐ **elegant** [éləgənt]	優雅な　名 elegance　優雅さ

433

□ **eloquent** [éləkwənt]	雄弁な 副 eloquently 雄弁に
□ **equivalent** [ikwívələnt]	同等の 名 equivalent 同等のもの
□ **even** [íːvn]	平らな、スムースな
	反 uneven 平らでない
□ **expensive** [ikspénsiv]	高価な 反 cheap = inexpensive 安い
□ **experienced** [ikspíəriənst]	経験豊かな
	反 inexperienced 未経験の

F

□ **favorite** [féivərət]	お気に入りの 名 お気に入りのもの
□ **feasible** [fíːzəbl]	実行可能な 反 infeasible 実行不可能な
□ **final** [fáinl]	最後の 副 finally 最後に
□ **foreign** [fɔ́(ː)rən]	外国の 表 名 foreigner 外国人
□ **former** [fɔ́ːrmər]	以前の、前者の 反 latter 後者の
□ **fragile** [frǽdʒəl]	もろい、壊れやすい
	同 breakable 壊れやすい

G

□ **generous** [dʒénərəs]	寛大な 名 generosity 寛大さ
□ **genuine** [dʒénjuin]	本物の 同 real = authentic
□ **grateful** [gréitfl]	感謝した
	表 be grateful for ～に感謝する

H

□ **hardworking** [háːrdwə̀ːrkiŋ]	勤勉な 形 industrious 勤勉な
□ **harmful** [háːrmfl]	害のある
	表 be harmful to ～にとって有害である
□ **hazardous** [hǽzərdəs]	危険な 同 dangerous
□ **historical** [histɔ́(ː)rikl]	歴史の 表 historic 歴史的に重要な
□ **human** [hjúːmən]	人間の 表 human being 人間
□ **humorous** [hjúːmərəs]	ユーモアのある 名 humor ユーモア

I

□ **ideal** [aidíːəl]	理想的な 表 idealism 理想主義
□ **idle** [áidl]	怠けた 同 lazy
□ **inevitable** [inévətəbl]	避けられない 副 inevitably 必然的に
□ **infamous** [ínfəməs]	悪名高い 同 notorious
□ **instinctive** [instíŋktiv]	本能的な 名 instinct 本能

434

- **intelligent** [intélidʒənt]　知的な　图 intelligence　知性
- **intelligible** [intélidʒəbl]　理解しやすい　同 comprehensible
- **intense** [inténs]　強烈な　表 intensive　集中した
- **interesting** [íntərəstiŋ]　面白い　表 interested　興味がある

J・L

- **juvenile** [dʒúːvənàil]　青少年の
  表 juvenile delinquency　少年犯罪
- **legitimate** [lidʒítəmət]　合法的な
  反 illegitimate = illegal　非合法の

M

- **mediocre** [mìːdióukər]　二流の　同 second-rate
- **merciful** [mə́ːrsifl]　慈悲深い　同 charitable = humane
- **mischievous** [místʃivəs]　いたずら好きの
  图 mischief　いたずら
- **modest** [mádəst]　控えめな　图 modesty　控えめさ
- **moral** [mɔ́(ː)rl]　道徳的な　反 immoral　不道徳な

N

- **nasty** [nǽsti]　嫌な、いやらしい
  表 nasty hangover　ひどい二日酔い
- **noble** [nóubl]　高貴な　反 ignoble　いやしい
- **normal** [nɔ́ːrml]　標準の　反 abnormal　異常な
- **numerous** [n(j)úːmərəs]　多くの
  表 innumerable　数え切れないほどの

O

- **obvious** [ábviəs]　明らかな　同 clear = apparent
- **ominous** [ámənəs]　不吉な
- **organic** [ɔːrɡǽnik]　有機的な　反 inorganic　無機質の
- **original** [ərídʒənl]　独創的な　图 originality　独創性
- **ornamental** [ɔ̀ːrnəméntl]　装飾の　同 decorative
- **outstanding** [àutstǽndiŋ]　目立った　同 striking = remarkable = prominent

435

P

□ **partial** [pá:rʃl]
部分的な、偏りがある
反 impartial = fair　公平な

□ **particular** [pərtíkjələr]
特別な
副 particularly = in particular　特に

□ **patient** [péiʃənt]
忍耐強い　反 impatient　忍耐がない

□ **perpetual** [pərpétʃuəl]
永久の　同 eternal　永久の

□ **physical** [fízikl]
物理的な　表 physics　物理学

□ **polite** [pəláit]
礼儀正しい　反 impolite　無礼な

□ **positive** [pázətiv]
積極的な　反 passive　消極的な

□ **potential** [pəténʃəl]
潜在能力のある

□ **potent** [póutənt]
強力な　名 potency　力、有効性

□ **primary** [práimèri]
最初の、主な　副 primarily　主に

□ **primitive** [prímətiv]
原始的な

□ **professional** [prəféʃənl]
専門の　名 profession　職業

□ **proper** [prápər]
適切な　反 improper　不適切な

□ **public** [pʌ́blik]
公共の　反 private　私的な

□ **punctual** [pʌ́ŋktʃəl]
時間厳守の
副 punctually = on time　時間通りに

Q

□ **qualitative** [kwálətèitiv]
質的な　反 quantitative　量的な

□ **queer** [kwíər]
風変わりな　同 odd = eccentric

□ **questionable** [kwéstʃənəbl]
疑わしい　同 doubtful

R

□ **rational** [rǽʃənl]
合理的な　反 irrational　不合理な

□ **relevant** [réləvənt]
関連した
表 be relevant to　～に関連がある

□ **reliable** [riláiəbl]
頼りになる
反 unreliable　頼りにならない

□ **reluctant** [rilʌ́ktənt]
いやいやながらの
表 be reluctant to do　いやいや～する

□ **responsible** [rispánsəbl]
責任がある
表 be responsible for　～に責任がある

□ **revolutionary** [rèvəl(j)úːʃnèri]
革命的な　名 革命家

436

☐ **ridiculous** [ridíkjələs]	ばかげた
	同 ludicrous = absurd
☐ **rotten** [rátn]	腐った
	表 rotten to the core　しんまで腐った
☐ **ruthless** [rú:θləs]	無慈悲な　同 merciless

S

☐ **scarce** [skéərs]	欠乏した　副 scarcely　ほとんど～ない
☐ **scenic** [sí:nik]	景色の良い　名 scenery　風景
☐ **selective** [səléktiv]	選択の　同 elective
☐ **self-centered** [sélfséntərd]	自己中心的な　表 selfish　利己的な
☐ **sensible** [sénsəbl]	良識のある　表 sensitive　敏感な
☐ **sexual** [sékʃuəl]	性の　名 sex　性
☐ **simultaneous** [sàiməltéiniəs]	同時の
	表 simultaneous interpretation　同時通訳
☐ **skillful** [skílfl]	熟練した　同 adept
☐ **social** [sóuʃl]	社会の　名 society　社会
☐ **stable** [stéibl]	安定した　反 unstable　不安定な
☐ **staple** [stéipl]	主要な　表 staple food　主食
☐ **static** [stǽtik]	静的な　反 dynamic　動的な
☐ **steady** [stédi]	着実な、安定した　副 steadily　着実に
☐ **stiff** [stíf]	硬い　表 stiff shoulders　凝った肩
☐ **stubborn** [stʌ́bərn]	頑固な　同 obstinate
☐ **superfluous** [supə́:rfluəs]	過剰の　同 excessive　過度の
☐ **sympathetic** [sìmpəθétik]	同情的な
	表 sympathize with　～に同情する
☐ **synthetic** [sinθétik]	合成の　表 synthetic fiber　合成繊維

T

☐ **tangible** [tǽndʒəbl]	有形の　反 intangible　無形の
☐ **technological** [tèknəládʒikl]	科学技術の　名 technology　科学技術
☐ **thorough** [θə́:rou]	徹底的な　副 thoroughly　徹底的に
☐ **treacherous** [trétʃərəs]	信頼できない、裏切りの
	名 treachery　裏切り
☐ **tremendous** [triméndəs]	途方もない　同 monstrous = monumental

TOEIC重要基本単語613語の攻略

□ **typical** [típikl] 　典型的な　同 classic

U・V

□ **urgent** [ə́:rdʒənt] 　緊急の　同 impending
□ **vague** [véig] 　あいまいな　同 ambiguous = obscure
□ **vain** [véin] 　無駄な　形 表 in vain　無駄に
□ **valuable** [vǽljəbl] 　価値のある　同 invaluable　貴重な
□ **variable** [véəriəbl] 　変わりやすい　反 invariable　不変の
□ **vast** [vǽst] 　広大な、巨大な

同 huge = immense　巨大な

□ **verbal** [və́:rbl] 　言葉の　表 oral　口頭の
□ **vertical** [və́:rtikl] 　垂直の

同 perpendicular　反 horizontal　水平の

□ **vigorous** [vígərəs] 　精力的な
□ **voluntary** [váləntèri] 　自発的な　名 volunteer　ボランティア

W・Z

□ **weary** [wíəri] 　疲れた　同 tired = exhausted
□ **well-known** [wélnóun] 　有名な

同 famous = eminent = illustrious

□ **worthwhile** [wə́:rðhwá:l] 　価値のある　同 worthy
□ **wretched** [rétʃid] 　惨めな　同 miserable　惨めな
□ **zealous** [zéləs] 　熱心な　同 enthusiastic　熱狂的な

INDEX

UNITの見出し語・派生語・関連表現の中から会話文を除くすべての単語とフレーズをリストアップしています。

A

a big business	415
a bunch of	49
a chip off the old block	280
a couple of	45
a couple of years ago	119
a daily routine	421
a feather in our cap	148
a flash in the pan	280
a good knowledge	418
a head of	37
a high pressure system	360
a high-altitude flight	142
a large amount of	414
a large percentage of	338
a lemon	280
a letter of guarantee	149
a long-distance flight	142
a lot of	47
a lot of money	52
a low pressure system	360
a means	419
a mode of living	155
a paid half-day holiday	369
a pair of scissors	100
a Ph.D course	338
a piece of cake	281
a piece of furniture	137
a small business	154
a snake in the grass	280
a square peg in a round hole	280
a tall order	152
a ten dollar bill	49
a thing of the past	391
a third party	358
a verdict of guilty	423
a wedding anniversary	414
a wide range of	383
a wide variety of	383
a word to the wise	280
a year or so	117
abandon	424
abduct	204
ability	414
able	338,414
abnormal	435
aboard	142
above all	323

above all things	323
above average	319
abrupt	217
absence	414
absent	432
absentee vote	351
absorb	424
abstain	224
abstain from	143
abstention	224
abstract	226
absurd	432,437
absurdity	432
abundant	432
academic	241,432
academy	432
accelerator	112
accept	201
acceptance	201
access	200
access point	353
accessible	200
accident	171
accidental	171,432
accommodate	171,234
accommodating	240
accommodations	121,171
accord	171,177
account	170,380
account for	170,283,348,380
account settlement	105
accountant	337
accounting	105
accounts	149
accuracy	171
accurate	171,187,239
accurately	290
accuse A of B	348
achieve	414
achievement	414
acid rain	128
acquire	216,386
acquisition	103,216,386
act	424
action	424
action movie	117
active	376
activities	376
actor	117

actress	117
actual hours	94
actualize	234
actually	110
ad agency	148
adapt	170
adapt to	170
adaptation	170
add	171
addition	171
additionally	141
additive-free food	138
adept	437
adequate	432
adhere	171
adherence	171
adjacent	406
adjective	208
adjacent to	406
adjust	171
adjustment	171
administration	346,419
admission	209
admit	209
admittance	209
admonish	234
adopt	171,372
adopted child	123
adoption	171,372
advantageous	289,432
advent	228
adverse	432
advertise	148
advertising	148
advertising accounts	104
advertising budget	335
advertising campaign	335,415
advice	229
advisable	229
advise	229,280
advisory panel	332
advocate	171,248
affect	205
affection	205
affectionate	239
affiliated company	103
affiliation	350
after one's own heart	323

INDEX

agenda	98,349	amusement park	139	applicant	213,386
agent	414	an early bird	280	application	213,386
aggression	171	an exhibition game	120	apply	213
aggressive	171	an old hand	280	apply for	386
aging	397	an opening ceremony	137	applying to more than one	
aging society	397	ancestor	414	school	339
agreeable	414	anchor	414	applying to one school	339
agreement	176,347,414	anchorage	414	appoint	170,397
agricultural output	348	anemia	118	appointment	170
agriculture	414	anesthesia	343	appreciate	170
ahead of	323	anger	421	appreciation	382
AI	355	angina pectris	345	appreciation of the yen	333
aim	424	angry	432	approach	357
aim at	424	animal	37	appropriate	234,240
air	414	anniversary	414	approval	171,245
air bag	112	announce	210,346	approve	171
air conditioning	151	announcement	210	approximately	142
air current	361,433	announcer	116,210	apron	109
air fare	417	annoy	288	aquaculture	139
air pollution	128,341	annual conference	98	aquarium	139
air turbulence	423	annual report	332	archiver	353
air-conditioned	151	annunciate	210	ardent	243
airline ticket	142	another	38	area code	95,406
airport	142	answer	424	argument	421
aisle	394	answer a question	424	aristocracy	432
aisle seat	142,394	answering service	95	aristocratic	432
alarm clock	140	antecedent	200,414	arm	52,177
alcoholic beverages	153	antibiotics	343	arms	423
alive with	310	antibody	343	around the clock	103
all the time	139	anticipate	201	arouse	424
allergic	118	antifebrile	343	arrange	171,381
allergy	118	antipathy	422	arrangement	171
allocate	346	antique	243	arrest	171
allot	346	anxiety	414	arrival	245
allow	170	anxious	414,432	arrival lobby	142
allow for	389	apart from	323	arrival time	143
allow 人 to do	170	aperitif	111	arrogant	319
allowance	170,389	apoplexy	378	art museum	139,420
along with	397	apparatus	171,418	article	127
already	125	apparent	171,435	artificial	239
altitude	142	apparently	171	artificial flavor	138
ambassador	347,414	appeal	171	artificial sweetener	138
ambiguous	183,438	appealing	171	artisan	140
ambition	414,432	appear	340,425	artist	247
ambitious	414,432	appear to	38	as a matter of fact	386
American football	120	appearance	154,292	as a result	406
Americanize	234	appendicitis	345	as a whole	317
amount	414	appetizer	111	as for	379
amplify	235	applicable	213	as high as	152

441

as low as	152	at the cost of	115	**B**	
as of	380	at the drop of a hat	311	back away	265
as of today	380	at the expense of	115	back down	265
as soon as possible	381	at the mercy of	311	back number	127
as to	379	at the wheel	398	back off	265
ASAP	381	at times	323	back out	265
ascend	175	at top speed	354	back up	265
ascribe	218	at will	311	background	386,414
ask	424	athletes' foot	345	background knowledge	386
ask 人 to do	424	atmosphere	361,414	backup	353
aspect	154,220,414	attach	175	baggage	109
assassinate	234	attempt	171	baggage carousel	109
assault	222	attend	225,338,378	baggage claim area	109
assaulter	222	attend to	378	bake	113
assemble	171	attendance	140,225,338	balance	108
assess	389	attendant	140	balance sheet	105
assessment	389	attention	225	balk	359
assets	337	attentive	225	ball	43,120
assimilate	170,354	attest to	430	ball game	120
assimilation	170,354	attic	141	ball-point pen	100
assist	219	attitude	414	ballot	351
assistance	219	attitude toward	414	ballot box	351
assistant	219,248	attract	226	ban	424
assistant director	117	attraction	226,417	banish	234
assistant purser	142	attractive	226	bank	108
assume	223	attribute	218,227	bank loan	108
assumption	223	attribution	227	bank on	429
assurance	138	audit	150	bank robbery	126
assure	138	auditor	150	bankrupt	102,217
astronaut	140	aunt	123	bankruptcy	102,217,245,336
astronomer	140	authentic	434	barbarian	414
at a distance	433	authoritative	414	barbaric	414
at a gallop	120	authority	401,414	bare	432
at a glance	311	authorize	401	bare foot	432
at a loss	311	autobiography	414	bargain	377
at a stop	139	autocracy	249	barometer	361
at all times	139	automatic teller machine		barrier	183
at any time	139	(ATM)	108	baseball	120
at first	383	automatic transmission	151	baseball player	52
at first blush	311	automobile	93	baseball stadium	120
at high risk	342	availability	153	based in	159,386
at intervals	418	available	153,239	baseman	359
at large	311	available upon request	397	basic	414,432
at least	311	average	414	basic deduction	99
at most	311	await	137	basis	414
at odds with	312	aware	432	basketball	120
at one's wit's end	311	awesome	432	bathroom	141,143
at sixes and sevens	311	awful	432	batter	120,359
at the age of	383	awkward	432	batting average	120

INDEX

batting order	120	beat around the bush	282	bleed	354
be absorbed in	424	beat someone to the draw		bleeding	118,354
be adept at/in	280		282	blood	354
be adverse to	432	beautify	235	blood infusion	118
be anxious about	432	because of	144,394	blood type	118
be at home with	292	become	424	blow	356
be aware of	432	become unemployed	101	blow away	265
be based on	386	become you	424	blow down	265
be caught in a shower	360	bed	31	blow hot and cold	305
be concerned about		bedclothes	114	blow out	265
	328,375,391	bedding	114	blow over	265
be confident in	379	bedroom	141	blow up	265
be demoted	104	beetle	125	blue chip	97
be down	107	begin	430	Blue Ribbon	117
be eager to do	433	behavior	246	blues	119
be engaged in	305	behind schedule	319	board	143,388,417
be even	286	behind the times	323	board meeting	98
be fed up with	153,401	bellboy	110	board of directors	388
be filled with	46	belong	424	board of education	339
be friends with	146	belong to	424	boarding	142
be grateful for	379,434	bend	47	boarding bridge	109
be harmful to	434	bend one's ear	305	boarding pass	142
be in the lead	43	bend over backward	305	boarding room	109
be on the watch for	320	beneficial	205,383	boarding walkway	109
be pregnant	342	benefit	205,383	boat	40
be proficient in/at	386	benevolent	432	bob	124
be qualified to do/for	386	besides	369	bodily	240
be quick on the draw	282	best man	146	bogey	357
be relevant to	436	bewail	428	boil	113
be reluctant to do	436	beyond one's understanding		bold	149
be responsible for	298,436		323	bolt	46
be set on	51	bias	414	bombard	414
be sick of	153	biased	414	bombardment	414
be superior to	323	bibliography	414	bombing incident	126
be tired of	153,401	bicycle	43	bonus dividend	397
be touched	431	bid	148,389	book	110
be transferred	104	bid and offer	389	book review	127
be unaware of	129	bill	108,349,406	booklet	397
be unwilling to	391	billing system	406	bookstore	137
be willing to	391	bio-terrorism	346	boom	96
be with	322	biography	414	boost	332
bear	431	biological	238	botanical garden	139
bear market	97	birdie	357	botany	139
bearable	432	birthright	391	both	37
beard	36	bite	425	bottle	50,138
bearded	240	bite one's tongue	290	bottling plant	138
bearish	97	black coffee	153	bound for	143
beat	424	blame	298,424	bountiful	238
beat a hasty retreat	282	blast furnace	32	bout	356

443

bowl	113
Boy.	121
bracelet	115
bracing	126
brain	354
brain death	343
brain tissue	354
brake	112
branch office	150
brand	336
brave	433
bravery	245
break	94
break a record	358
break away	251
break down	251
break even	282
break forth	251
break from	251
break in	251
break in on	251
break into	251
break new ground	282
break off	251
break off with	251
break one's heart	282
break one's neck	282
break one's word	282
break out	251
break through	251
break up	251
break with	115,251
break-even point	105
breakable	434
breast cancer	344
breath	424
breathe	424
breathe down one's neck	
	305
bribe	126,348
bribery	348
bridesman	146
briefcase	35
bright	46
brighten	235
bring	424
bring ~ home to someone	
	283
bring ~ to light	283

bring ~ to mind	283
bring about	266
bring down	266
bring in	266
bring to	266
bring up	266
broadcast	116
broaden	235
brochure	384
broil	113
broom	114
brother-in-law	123
browse	394
browser	394
bruise	118
brush	124
brutal	239
bubble economy	334
budget	350,391,415
budget committees	350
budget message	347
budget time	415
budgetary	391
build	424
build castles in the air	305
building	47
bulky	375
bull market	97
bulletin	415
bulletin board	415
bullish	97
bully	339
bullying	339
bum	101
bunker	357
bureaucracy	415
bureaucrat	349
bureaucratic	415
burglar	415
burglary	415
burial	415
burn	424
burn one's fingers	283
burn the candle at both ends	
	283
bury	415
bus route map	121
business	

	96,102,154,333,415
business card	383
business card holder	383
business cycle	96,332
business hours	150
business line	103
business magazine	127
business partner	103
business plan	335
businesslike	241
businessman	32
business-savvy	391
butt	153
button down shirt	115
buy	424
buy a pig in a poke	305
by a long shot	312
by accident	312
by all costs	312
by all odds	312
by and large	312
by favor of	315
by hook or by crook	312
by leaps and bounds	312
by the skin of one's teeth	
	312
by the time	153
by turns	303
by word of mouth	312

C

cab	42
cabinet	100,349
cabinet minister	349
caddy	357
caffeine	153
calamity	415
calculate	100,149,424
calculation	424
calculator	49
calf	37
call	148
call ~ back	95
call ~ on the carpet	283
call ~ to account	283
call a deal off	335
call back	95,381
call down	266
call for	266

INDEX

call in	266	carry away	267	challenging	415
call off	266	carry back	267	change	425
call on	266	carry coals to Newcastle	284	change color	306
call to mind	283	carry off	267	change of job	101
call-waiting telephone	95	carry on	267	change trains	425
calm down	140	carry out	267	changeable	239
calm itching	158	carry the day	284	channel	116
campaign	346,415	carry-on baggage	142	chapter	159
campaign obstruction	351	carve	425	character	415
campaign spending	346	carving	425	characteristic	415
Canadian	247	case	118	charge A with B	348
canary	125	cash bonus	397	charitable	435
cancel	405	casing	54	charm	417
cancel one's order	152	castigate	234	charter	347
cancellation	405	casual	432	cheap	434
cancellation charge	110	catch a glimpse of	306	cheat	425
candidate	248,351,390	catch at	267	cheating	425
cannot help ～ing	427	catch away	267	check	43,108
cantankerous	237	catch in	267	check-in	110
can't believe one's ears	305	catch on	267	check-out	110
can't make heads or tails of		catch out	267	check out	377
	305	catch up on	267	check with	388
cap	49	catch up with	267	check with my boss	388
capable	181,369,415	catcher	120,359	checked baggage	142
capacity	355,369,415	categorize	406,415	checking account	108
capital	347	category	406,415	checkup	343
Capitol Hill	347	cause	415	chef's salad	111
caprice	415	ceiling	141	chemical	344
capricious	305,415	celebrate	44,415	chemicals	344
captain	142	celebration	415	chemistry	344
capture	424	cell	354	chemotherapy	343
carbohydrate	344	cello	119	cherish	234
carbon	344	cellular	334,354	chew	425
carbon dioxide	340	cellular phone	95,143,334	chick	38
carbon monoxide	340	censure	424	chief	104
carcinogen	341	centering	357	childhood	246
carcinogenic	341	Centigrade	361	childish	242,432
care	424	century	415	childlike	241,432
career	159	CEO	352	child's play	281
career counseling	159	cerebral	354	chill	113
career-minded woman	159	cerebral apoplexy	345	Chinese cuisine	111
carefully	322	cerebral hemorrhage	345	chlorofluorocarbons	128,340
caring	379	certain	432	choice	425
carnivorous	237	CFO	337	cholesterol levels	344
carp	125	chain-store	394	choose	425
carpenter	140	chain-store operation	394	chortle	236
carpool	112	chair	98	chronic	432
carriage	424	chairman	98,104	chronic disease	432
carry	424	challenge	415	chuckle	236

445

chunk	354
cigar	153
cipher	383
circular	54
circumstance	415
circumstantial	415
circumvent	228
cirrhosis of the liver	345
citizenship	246
city bank	108
city map	121
civilization	415
civilize	234
civilized	415,432
claim	425
class	415
class magazine	127
classic	438
classical	238
classical music	119
classified ad	127
classify	235,354
clean	114
cleaning things	114
clear	342,360,435
clear away	268
clear off	268
clear out	268
clear out of	268
clear up	268
client	144
clientele	144
climate	415
climb	44
cloak room	110
clock	48
clone	354
close	202
close-up	53
closed-end lease	151
closely	202
closing price	97
closing sale	137
clothing	374
clothes	374
cloud	46,361
cloudy	242,360
club house	357
clumsy	242,432

clutch	430
coalition government	349
coat hook	100
cocaine	126
cockpit	41
cocoa	153
code	141
code number	53
coffee	50
coffee shop	137
Cognac	153
coherent	433
coke	153
cola	153
colander	113
cold	118,342
cold front	361
collapse	97,173,334
collect	173
collection	173
college	129
college education	338
collision	122
colored	50
comb	124
come	127,425
come about	252
come across	252
come apart at the seams	129
come back	252
come by	252
come down with	252
come from	252
come home to	283
come in	252
come in contact with	386
come in for	252
come into	252
come near ~ ing	322
come off	252
come on	252
come onto the market	149
come out	252
come out for	252
come out of one's shell	316
come out with	252
come to light	283
come to pass	285
come to terms with	285

come up with	252,398
comedy	423
comic	127
commerce	389
commercial	116,389
commission	209
commit	209
commitment	209
committee	147,209
common	433
communicative	237
community	137
commute	93,143
commuter	93
commuter pass	93,143
commuter train	93
commuting	93
compact car	112
company	102
company grapevine	378
comparable	239
compare	173
comparison	173
compassion	101
compassionate	101
compatible	433
compel	211
compensate	173
compensation	173
compensatory day off	94
competence	173,401
competent	173
competition	172,369
competitive	172,369
complain	172
complaint	172
complement	212
complete	212,369
completely	381
complex	213
complicated	213
compliment	212
comply	139,212,372
comply with one's request	
	139,372
component	214
comport	215
compose	214
composer	119,140

446

INDEX

composition	214	confidential papers	372	consumer	223
comprehensible	435	confinement	126	consumer price index	336
compromise	105,173	confine	398	consumer satisfaction	335
compulsion	211	confine A to B	398	consumer service	352
compulsive	237	confirm	173	consumption	223,352
compulsory	211,242	confirmation	173	contact	150,172,386
compulsory education		confirmation No.	152	contagious disease	118,345
	129,339	conform	207	contain	138,224
computer	353	conformity	207	container	138,224
computer engineer	140	confound	428	contaminate	138
computer peripherals	106	confuse	428	contemptible	239
computer virus	355	congested	40	contend	225
computerize	106	congress	173,348	content	224
computerized axial		congressman	346	contention	225
tomography	343	connect	173,353	contest	173
computerized system	110	connection	173	context	415
concede	105,200	connotative	237	contextual	415
conceit	294	conquer	173,216	continent	415
conceivable	201	conqueror	173	continental	415
conceive	201,342	conquest	216	continuously	318
concentrate	172	conscience	415	contract	96,226,401
concentration	172	conscientious	415	contract terms	335
concept	201,420	conscious	173	contraction	96,226,332
conception	201,420	consent	173,177	contractor	226
concern	172,375	consequence	173	contradiction	433
concerning	401	consequently	173,315	contradictory	433
concession	200	conservation	172	contrary	433
concise	173	conservative	433	contrary to	433
conclude	202	conserve	172	contribute	227
conclusion	202	considerate	240	contribution	227
conclusive	202	considering	315	control tower	109,142
concrete	226	consist	219	control tower cab	109
concur	203	consistent	219,433	convenience	137,228
concurrence	203	consolidate	103	conveniences	137
concurrent	203	conspicuous	220	convenient	228,375
condition	415	conspire	352	convention	228
conditional	415	constant	173	conventional	433
conditioner	124	constantly	173	conversation	386
condolence	145	constituency	351	converse	386
conduct	204	Constitution	348	conveyer belt	109
conductor	119,204	constitutional	348	convince	173
confer	206	construct	221,424	convincing	173
conference	206,379	construction	221	cook one's goose	306
conference room	379	construction site	389	cooking utensils	113
confess	173,295	construction worker	375	cooperate	425
confession	173	constructive	221	cooperative	425
confidence	146	consul	347	copier	100
confident	146,177,379	consult	222	copy	149,425
confidential	372	consume	155,223	copy machine	100

447

copyright	352	crisis	101,332	cut out	268
cordial	239	critic	415,433	cut up	268
corn	345	critical	101,433	cut-off date	337
corner kick	357	criticism	415	cutback	105
corporation	102	criticize	424	cutthroat competition	102
corporation tax	337	crowded	40	cutting board	113
correct	173	crucial	433	cyclone	360
correction	173	culottes	115	cylinder	112
correspond with / to	372	cultural	415		
correspondence	372	cultural background	414	**D**	
corridor	140	culture	415		
corrupt	217	cunning	240	damaged	152
corruption	126,217	cup around	52	danger	416
cost	105,377	cupboard	141	dangerous	47,434
cost accounting	105	cure	158,427	dark	35
cost-cutting strategy	105	curiosity	415	database program	149
cost-effective	105	curious	415	daughter	123
costly	240	curled hair	124	daughter-in-law	123
cough	118	curling iron	124	day excursion	121
Could you ～?	113	currency	49,203,380	dead ball	359
counseling on choice		current	203,380,433	deal	335,394,425
of college	339	currently	380	deal with	394,425
count	354,425	current profit	337	debug	175
count on	104,425,429	curricula	338	decaffeinated coffee	153
counterpart	415	curricular	203	decay	175
counterproductive	158	curriculum	129,203,338	decease	175
couple A with B	156	curriculum vitae (CV)	386	deceased	175
coupled with	156	curry favor with	301	deceive	201,304
courage	246	cursor	149	deception	201
courageous	433	curve	43	decibel	341
course of study	129	custom	418	decide	174
cousin	123	customary	240,433	decipher	383
cover-up liquid	100	customer base	335	decision	174
coverage	127	customize	353	decisive	433
cowardice	246	customs	121	declaration	175
CPA	337	customs inspection	142	declare	175
cram school	129,339	cut	118,149	decline	175
crash	97,332	cut ～ to the quick	284	decompose	214
cream	50	cut back	105	decorative	435
create	40	cut corners	284	decrease	175
creation	415,433	cut down	268	dedicate	148
creative	415,433	cut down on	268	dedication	148
credible	156,239	cut ice	284	deduce	204
creditor	103	cut into	47	deduct	204
creditors' meeting	103	cut loose	284	deduction for dependants	99
credulous	433	cut off	268	deduction for medical	
crime	415	cut off one's nose to spite		expenses	99
criminal	415	one's face	284	deed	53
crises	101	cut one's own throat	284	deep	189
				deepen	235

448

INDEX

defect	205,416	departure lobby	142	deviation value	129
defective	205	departure time	143	diabetes	345
defender	357	departure time indicator	93	diagnosis	343,416
defense	359	depend	174	diagnostic test	416
defensive	156	depend on	401,429	diagram	36
deficiency	205	dependable	401	dial-up	353
deficient	205	dependent	174	dialer	353
deficit	333	depict	175	diameter	416
definite	174	depiction	175	die	307,387,425
definitely	174	deplete	158,212	die from	344
deflate	96	depletion	158,212	die of cancer	344
deflation	96	deplore	175,428	diesel engine	112
deforestation	128	deport	215	diet	348,416
deform	207	deposit	108,214,318,334	differ	206
defy	315	deposit book	108	difference	206
degrade	175	depreciate	170	different	49,206
dejected	208	depreciation	337	different kinds of	50
deliberate	240	depreciation expense	105	diffident	177
delicious	237	depreciation of the yen	333	diffuse	177
delinquency	175	depress	175	diffusion	177
delinquent	99,175	depression	96,175,336	dig	425
deliver	174,401	dermatitis	345	digest	344
deliver date	152	descend	175	digging	425
deliver votes	351	describable	239	digitalized photo	149
delivery	152,174,247,401	describe	218,386	dilemma	416
delivery van	151	description	218,386	diminish	177,234
demand	174	desert	424	dining room	141
democracy	249	deserving of	146	dining table	141
Democrat	348	design	54	diploma	416
demographic	154	designer	115	diplomacy	347
demographics	154	desirable	239	diplomat	347
demolish	234	desktop	377	diplomatic	241
demonstrate	175	desperate	433	diplomatism	416
demonstration	175	desperately	433	direct	433
demotion	104	despise	175	direct costs	105
denial	175	destination	121,391	directly	324
denominate	175	destroy	221	director	117,248,380
denomination	53,175	destruction	221	directory	353
denounce	210,424	destructive	221	disadvantage	321
dense	433	desultory	222	disadvantageous	432
dentistry	343	detach	175	disagreement	176
denunciate	210	detail	175,416	disappear	340,431
denunciation	210	detain	224	disappearance	340
deny	175	detect	174	disappointed	208
depart	143	detective	174	disarm	177
department	150	detention	224	disaster	177,415
department manager	104	detergent	114	disastrous	177
Department of State	347	deteriorate	334	discard	177,372
department store	137	detour	416	discern	177

449

discerning	177	
discipline	307	
disclose	202	
disclosure	202	
discomfort	303	
discomfort index	361	
discontent	224	
discord	171,177	
discount	375	
discount rate	391,406	
discount store	375	
discount ticket	142	
discourage	294,303,369	
discover	177	
discovery	177,247	
discrepancy	177	
discrepant	177	
discriminate	177	
discus throw	357	
discuss	35,177	
discussion	177	
disease	416	
disgust	433	
disgusting	433	
dish washer	141	
dishearten	177	
disk	106	
dismiss	101,209,332	
dismissal	101,209	
disobey	428	
dispel	211	
dispense	177	
display	213	
disposal	214	
dispose	214	
disposer	141	
disprove	429	
dispute	177	
disregard	176	
disrupt	217	
disruption	217	
disruptive	217	
dissent	173,177	
dissolution	177	
dissolve	177	
dissuade	184	
distance	416	
distant	416,433	
distinguished	176	
distort	177	
distortion	177	
distract	226	
distraction	226	
distribute	227,334	
distribution	227	
distribution channel	335	
distribution industry	107	
distrust	176	
distrustful	176	
disturb	176	
disturbance	176	
diversity	416	
divestiture	103	
divide	177,406	
divide classes	338	
divide A into B	406	
dividend	97	
divine	242	
division	177,386	
division (div.)	150	
divorce	416	
DNA	355	
do ~ justice	285	
do away with	269	
do justice to	285	
do one's best	285	
do one's worst	285	
do over	269	
do the honors	285	
do the laundry	114	
do up	269	
do with	269,426	
do without	269	
doctor	31	
doctor's questions	343	
doctrinaire	416	
doctrine	416	
documentary	116,149	
documents	149	
domain	353	
domestic	241,391,433	
domestic flight	391	
domestic line	142	
dominant	416	
dominate	234	
domination	416	
donate	369	
donation	308,369	
Don't you think ~?	129	
door	42	
dormitory	249	
dosage	343	
double room	110	
doubtful	436	
Dow-Jones averages		97,332
down	41,48,359	
downpour	360	
downward	46	
drag	425	
drag A into B	425	
dramatist	247	
draw	36,425	
draw a blank	285	
draw a conclusion	425	
draw aside	269	
draw back	269	
draw in	269	
draw in one's horns	285	
draw lines	149	
draw on	269	
draw the line	285	
draw up	269	
drawback	416	
dreadful	238	
dress	115	
drier	114	
drill	140	
drive	357,425	
drive someone to the wall		306
drive 人 to do	425	
driver's license	122	
driver's seat	112	
driving range	139	
drizzle	236,360	
droop down	38	
drop	332	
drop by	377	
drops in land prices	336	
drop in to	377	
drum	119	
drunken driving	122	
dry	114	
dry food	138	
dry-clean	114	
dual air bags	151	

INDEX

due date	152,337	edit	149	eminent	179,438
due to	144,394	editorial	127	emission	209
duel	416	educate	204	emit	209
dummy	102	education	204	emotion	179
dummy company	99	educational	204,338	emphasis	416
dunk	359	educational system	129	emphasize	425
duplicate	213,425	effect	205,415	employ	101
dust	114	effective	205	employee	150,248
dustpan	114	efficiency	205	employer	150
duty-free goods	121	efficient	205	employment	101
duty-free shop	109	effort	178,416	enclose	202,383
dwindle	236	eject	208	enclosure	383
dye one's hair	124	elaborate	179	encourage	302,369
dynamic	437	elderly	398	encourage O to do	369
		elderly care	398	endangered species	422
E		elect	350	endeavor	178
e-mail	106,369	election	350	endlessly	324
eager	433	election day	351	endorse	350
ear	344	election returns	351	endorsement	350
early	240	election system	351	endoscope	343
earn	425	election violation	351	endow	425
earned run	120	elective	437	endowment	425
earned-run average	120	electorate	248	endurance	420
earring	115	electric	416	endure	431
ease	430	electricity	416	energetic	416
eat	425	electrocardiagram	343	energize	234
eat one's card	108	electronic calculator	100	energy	416
eat out	425	elegance	416,433	engine	112
eccentric	179,436	elegant	416,433	engineer	140,248
ecologist	341	element	416	English teaching	338
ecology	128	elementary education	339	enjoy	426
economic	242	elementary school	129	enjoy ～ ing	426
economic condition	96	eligible	280	enormous	178
economic diplomacy	347	eliminate	178	enter	426
economic fluctuation	96	elimination	178	enter the room	426
economic forecast	332	eloquent	434	enterprise	102
economic growth	332	eloquently	434	entertain	224
economic growth rate	333	elude	179	entertainment	224
economic performance	96	embark	425	enthusiasm	245,416
economic recovery	333	embarrass	425	enthusiastic	416,438
economic retaliation	347	embarrassment	425	entrance	179
economic slump	422	embassy	414	entrance	
economic stagnation	96	embezzlement	126	examination	129
economic trend	96	embodiment	425	entrance gate	143
economical	238,284	embody	425	entree	111
economics	247	emerge	397,425	entrepreneur	391
economy car	112	emerging	397	entrepreneurship	391
ecosystem	128,341	emergency meeting	98	entry	151
eczema	345	emigration	350		

451

envelope	401	examinee	248,339	experiment	416
envelope address	401	example	416	experimental	416
envious	237,426	exceed	200	expiration	350
environment	128,340,416	excel	178	expire	350
environmental	416	excellent	178	explicit	213
environmental conditions		except	201	explode	179
	128	exception	201	exploit	179
environmental pollution		exceptional	201	explosion	179
	128	excess	200	explosive	237
environmental preservation		excessive	200,437	export	215,333
	341	exchange rate	406	expose	214
environmental standards	341	exchanges	406	exposure	214,247
environmentalist	340	excite	424	express train	93
envy	426	exclaim	179	expulsion	211
equal to the occasion	310	exclamation	179	exquisite	216
equip	426	exclude	202	extend	225
equip A with B	374,426	exclusion	202	extend one's gratitude	144
equivalent	434	exclusive	202,237	extension	225
erect	179	excursion ticket	121	extensive	147,225,394
erode	426	excuse	179	extinct	179
erosion	426	execute	179	extinguish	179
erupt	217	execution	179	extra-inning game	120
eruption	217	executive director	104	extract	226
escape	394,416	executive meeting	98	extraction	226
escaped	416	exempt	383	Extraordinary Diet	
especially	386	exemption	383	session	349
essence	416	exert	179	exult	222
essential	416	exertion	179	exultant	222
establish	416	exhale	179	exultation	222
establishment	416	exhaust	128,179		
estimate	394,426	exhausted	438	**F**	
eternal	436	exhibit	179		
ethics	247	exhibition	179	F1	359
euthanasia	343	exist	219	face	39
evade	99	existence	219	face the music	302,306
evaluate	398	existing	348	face to face	379
evaluation	398	exit	140,179	facets	154
evasion	99	Ext. = extension number		facilitate	426
even	434		398	fact	205
evening newspaper	127	expand	96,178	faction	349
event	228,356	expansion	96,178,332	factor	416
eventful	228	expect	220	factory	249,332
every time ~	100	expectant	243	factory district	375
evidence	229	expectation	220	factory worker	375
evident	229	expedition	179	faculty	417
exact	179	expel	211	Fahrenheit	361
exactly	179	expensive	434	fail	285
exaggerate	179	experience	431	failure	247
examine	352	experienced	434	fair	436
				fairway	357

INDEX

fall back on	270	feverish	242	first-hand	324
fall down	270	fiction	417	first-rate	310
fall into	270	field events	356	first of all	383
fall off	270	fielder	359	fiscal year	337
fall on	270	fight	356	fisherman	140
fall to pieces	306	figure	112	fission	417
falsehood	246	file	346,401	fitness-conscious	397
fame	191	file a lawsuit	401	five-day work week	94
familiar	243	file a motion	348	fix	426
famine	417	file and retrieve data	149	fixed costs	105
famous	179,438	filing deadline	346	flap	41
fan out	52	fill	426	flash	46
fantastic	242	fill ~ with ···	270	flat rate	406
fare	417	fill A with B	426	flat tire	112
farmer	140,389	fill in	270	flawless	205
farming	389	fill in for	270	flexibility	417
farmland	389	fill out	109,270	flexible	417
fascinate	235	fill up	270	flexible working hours	94
fascinating	240	film star	117	flextime	94
fascination	417	filter	153	flicker	236
fashion	115,417	final	434	flight	142
fast food	138	final examination	129	flood	417
fate	417	final tax returns	99	flourish	234
fateful	417	finally	434	flower shop	137
father-in-law	123	financial calculations	149	flu	118,342
fatigue	417	financial crises	332	fluctuate	417
fatty liver	345	financial plan	335	fluctuation	417
favor	246	financial position	337	fluent	243
favored	156	financial status	337	flush toilet	141
favorite	156,241,434	find	426	flute	119
feasible	434	find fault with	298	focal point	417
feature	117,417	find out	426	focus	417
federal	239	findings	354	foil	50
federal agencies	352	fine	360,383	folder	353
feed	139	fine print	383	folk music	119
feed down	31	finger	52	folklore	417
feel	426	finish	157	follow	117
feel ~ in one's bones	286	finish fourth	358	follow suit	306
feel better	118	finished car	389	font	149,353
feel free to	383	finished properties	389	food additive	138
feel like ~ ing	383	finishing	157	food poisoning	344
feel one's way	286	fire	309	football	44
feeling	426	fire alarm	140	football player	44
feminine	242	fire drill	140	footer	149
feminism	159	fire engine	375	footgear	374
feminist	159	fire insurance	383	for all	313
fertile	206,242	firefighter	140,375	for another two and a half	
fertilized	355	fireman	33,140	hours	106
fever	118	fireproof	374	for centuries	415

453

for certain	313	free	284,429	gangster	248
for example	416	free and easy	310	garbage	114
for further information		free kick	357	garbage can	114
	159	free throw	359	gas	112
for nothing	377	freeware	353	gas range	141
for one's own safety	139	freeze	113,417	gas water heater	141
for one's own sake	313	French cuisine	111	gastrocamera	343
for sure	102,313	French dressing	111	gather momentum	419
for the asking	313	French fries	111	gaze	426
for the first time	383	frequent	406	GDP	333
for the most part	406	frequently	406	gene	355
for the purpose of	139	fret about	391	general	369
for the sake of	313	friendship	246	general affairs department	
for the time being	313	from hand to mouth	313		150
forbear	139	from head to foot	313	General Assembly	347
forbid	424	from scratch	313	general manager	104
force	183	from the beginning	313	generalize	234
force-out	359	front desk	110	generate	426
forcible	239	front page	127	generation	426
foreign	433,434	front-wheel drive	112	generosity	434
foreign currency	121	frozen	417	generous	434
foreigner	434	frozen food	138	genetic	355
foresee	378	frugal	284	genetic engineering	355
foreseeable	378	fruit shop	137	genial	239
forget	382	frustrate	417	genuine	242,434
forgive	426	frustration	417	geographical	238
forgive A for B	426	fry	113	get	426
form	49,109,207	frying pan	113	get ~ concerned	128
formality	207	full-fare rates	391	get 11 issues	378
formally	372	fuel gauge	112	get a grip on	286
formation	359	fuel-efficiency	112	get a haircut	124
former	434	full of	310	get a promotion	104
fortunate	281	full-time housewife	159	get about	253
fortune	101	fund	346	get across	253
fortune-telling	304	fundamental	432	get ahead	354
forward	357,398	funeral	417	get along with	253
foster	428	fur coat	115	get at	253
foul ball	359	furious	237	get away	253
found	426	furnish	234	get away with	253
foundation	426	furniture shop	137	get back to	381
fountain	417	further	48	get by	253
fountain pen	53,417	fury	421	get down	253
four balls	359	fusion	417	get even	298
four-wheel drive	112	futile	417	get even with	286
fraction	417	futility	417	get fired	286
fractional	417			get in contact with	150
fracture	118	**G**		get in one's hair	286
fragile	242,434	gain	359,426	get into	42
fraud	126	gallstone	345	get off	253

454

INDEX

get on	253
get on one's nerves	286,318
get one's hand in	292
get out	253
get over	253
get ready to	41
get started	121
get the ax	286
get the ball rolling	369
get the better of	286,428
get through	253
get to	253
get to it	125
get to one's feet	286
get to the point	282
gifted	240
giraffe	38
give	426
give a check to	292
give a helping hand to	380
give away	254
give back	254
give birth to	287
give due consideration	299
give forth	254
give in	254
give it to someone straight	
	287
give off	254
give one's right arm for	287
give onto	254
give out	254
give over	254
give rise to	287
give someone a going-over	
	287
give someone a piece of	
one's mind	287
give someone the cold	
shoulder	287
give the devil one's due	287
give up	254
give up on	254
give up the ghost	287
glass	34
glasses	34
glitter	236
global	417
global warming	128,340

globalization	391
globalize	391
globe	417
glorious	237
GNP	333
go	426
go a long way	288
go against one's grain	288
go along	255
go around	255
go away	255
go bankrupt	102,336,426
go down	255
go Dutch	288
go Dutch treat	111
go hard with	288
go into	255,381
go off	255
go off in a huff	288
go on	255
go out	255
go out of one's way	288
go over	121,255,381
go overseas	391
go through	255
go to bed	116
go to pot	288
go to the dogs	288
go to the movies	142
go under	102,255
go up	255
go with ~	127
go without	255
goal kick	357
goggle	374
goggle at	374
gold mine	97
goldfish	125
golf	120
golf course	139
golf gear	357
GOP	350
gorgeous	237
govern	417
government	417
governor	248
grab	430
graceful	238
graduate	426

graduate from	386,426
graduate school	129
graduation	386
grain of the turf	357
grammar	417
grand opening	137
grand prix	358
grand slam	358
grandchild	123
grandfather	123
grandmother	123
grape	49
graphic	353
graphs	149
grateful	434
grater	113
gratitude	379,417
gratuity	144,417
gravitation	417
gravity	417
great-grandfather	123
great-grandmother	123
greedy	242
green	357
green tea	153
greenhouse effect	128,340
greenhouse gases	340
grief	417
grocery store	137
gross profit	107
gross profits	337
grotesque	243
group	338
grow	417
growth	417
guarantee	149,401,417
guaranty	401
guess	426
guest room	110,141
guidance	417,426
guide	417,426
guideline	397
guideline index	397
guitar	119
guzzle	153
gym	139
gynecology	343

455

H

habit	418
habitat	418
hacker	106,355
hair drier	124
hair spray	124
hair tonic	124
hairdo	124
hairstyle	124
hallucination	126
hamburger	111
hamster	125
hand	42,113
hand in	98,397
hand out	98
hand over fist	97
hand over hand	97
handle	426
handrail	141
handset	95
hang	427
hang around	309
hang back	271
hang on	271
hang out	271
hang out the bedding	114
hang over	271
hang up	95,271
hanging	427
happiness	246
hard-cover	394
hard-to-decipher	383
hard disk	353
hardhat	31,374
hard of hearing	344
hardworking	434
harmful	434
harmonious	418
harmony	418
harvest	418
harvest festival	418
have a bone to pick with	289
have a crack at	295
have a good mind to do	289
have a good nose for	289
have a good time	296
have a leg to stand on	289

have a narrow escape	394
have a nightmare	420
have a say	289
have a screw loose	289
have a sweet tooth	289
have an angry look	104
have an influence on	284
have an inside track	289
have difficulty ～ing	150
have faith in	308
have had it with ～	100
have insights into	386
have mercy on	311
have money in ～	52
have no business	307
have no teeth	126
have one's ear to	379
have one's hands full	290
have one's own way	290
have second thoughts	423
have someone on a string	290
have something up one's sleeve	290
have trouble ～ing	150
hay fever	345
hazard	357,416
hazardous	341,434
head	38,40
head office	150
head-on collision	122
headache	118,345
header	149
headgear	374
headline	127
headquartered in	159
headquarters	150
heal	427
health	418
health food(s)	342
healthy	342,418
hear	427
hear from	398
heartfelt	379
hearing	427
hearing loss	344
heart failure	345
hearty	379
heat	113

heat up	32
heat-resistant	374
heat-resistant glass	374
hegemony	347
help	427
helpful	372
helpless	241
hemophilia	118,345
hemorrhage	118
hemp	126
hepatitis	345
hereditary disease	345
heroin	126
hesitate	427
hesitate to do	427
high	360
high-quality	383
high atmospheric pressure	361
high jump	357
high school	129
high-definition television	116
higher education	129,339
highly regarded	127
highway	122
hijack	126
hire	427
historic	434
historic places	121
historical	238,418,434
history	418
hit	359
hit ～ right on the nose	290
hit the market	335
hit the nail right on the head	290
hit the store	149
hit-or-miss	102,310
hold	35,427
hold back	271
hold down	271
hold on	271
hold on to	32
hold one's tongue	290
hold out	271
hold the bag	290
hold up	271
holding company	103

INDEX

homage	146	hypotension	118,345	implantation	342
home runs	358			implement	212,372
homer	120	**I**		implementation	212,372
homicide	126	I guess	111	implication	213
honest	418	I hear that ~	112	implicit	213
honesty	247,418	I was(am) wondering if	401	imply	213
honor	145	I wish ~	117	impolite	436
hook up	106,353	ID	353	import	215,333
hope	427	idea	420	importance	215
hope for	427	ideal	434	important	215
horizontal	185,438	idealism	434	impose	214
horizontal integration	103	identification	418	impressive	107,237
horizontal merger	103	identification card	121	improper	436
horrible	239	identify	418	improve	96
horror movie	117	ideological	418	improvise	229
hose	31	ideology	418	impulse	211
hospitality	245	idle	434	impulsive	211
hostage	126	idle away	394	impulsively	319
hot dog	111	if necessary	381	in a flash	314
hotel lobby	110	if not all	391	in a hurry	108
hotel manager	110	if that doesn't work for you		in a mess	314
housework	418		381	in a nutshell	314
How many ~?	123	ignoble	435	in a sense	314
How much ~ ?	123	ignore	176	in a whole skin	314
HTML	353	illegal	181,383,435	in a word	314
huddle	236,359	illegal parking	122	in accordance with	315
huddle together	38	illegitimate	435	in addition	141
huge	178,438	illiterate	374	in addition to	323,369
human	434	illness	416	in an effort to	406
human being	419,434	illustrious	438	in apple-pie order	314
human cloning	354	image file	353	in behalf of	318
humane	435	imagination	427	in between	380
humid	361	imaginative	237	in brief	314
humidity	361	imagine	427	in case	314
humor	246,434	imitate	418	in case of	314,381
humorous	434	imitation	418	in cash	320
hundredfold	243	immediate	158	in condition	320
hurdle	353	immediately	158	in consequence	315
hurricane	360	immense	181,438	in consideration of	315
hurt	101	immigrant	195,248	in defiance of	315
hurt one's feelings	284	immigrate	350	in detail	315,416
hustle and bustle	394	immigration	350	in due time	315
hustle and bustle of a city		immoral	435	in effect	315,406
	394	impartial	436	in fact	386
hydrocarbon	344	impatient	436	in fashion	115,417
hypertension	118,345	impel	211	in favor of	315,391
hypocrisy	418	impending	438	in good spirits	32
hypocritical	418	impertinent	185	in keeping with	141,315
hypodermic injection	343	implant	342	in large	311

457

in line with	316	inclusion	202	infielder	120
in my opinion	420	inclusive	202,237	infinite	241
in need of	316	income	181,281,418	inflate	96
in no time	98	income tax	99	inflation	96
in one's right mind	316	incompatible	181,433	influence	180,205
in one's shell	316	incompetence	401	inform	207,380,428
in one's teens	397	incompetent	181	inform A of B/ O that	380
in order	314	inconvenient	375	informally	372
in other words	369	incorporate	102,144	information	53,207
in particular	386,436	increase	175,180	information counter	109
in practice	316	increasingly	180	informative	207,237
in print	316	incredible	156,181	infrared rays	340
in private	316	incredulous	433	ingest	344
in progress	344	incur	203	inhabit	418
in public	316	incurrence	203	inhabitant	248
in question	316	independence	180	inhale	179
in return	317	independent	180	inherit	181
in search of	150,317	index	336	inheritance	181
in short	314	indicate	181	inhibit	189
in stock	151,335,377	indicator board	93	initiative	237,418
in suit with	306	indignant	243,432	inject	208
in terms of	317	indirect	433	injection	208,342
in the background	37,47	indirect costs	105	injuries	120
in the black	337	indispensable	181	innocent party	358
in the cards	317	individual	418	innovate	115,180
in the clear	317	individual investor	97	innovation	180
in the course of time	315	individual votes	351	innovative	115
in the dark	317	individuality	418	innumerable	435
in the distance	46	induce	204	inorganic	435
in the foreground	46	industrial	239,375,418	inquire	216
in the long run	317	industrial discharge	341	inquiry	216,383
in the main	317	industrial waste	128	inquisitive	216
in the market	397	industrialization	418	inscribe	218
in the middle	46	industrialized nation	418	inscription	218
in the red	337	industrious	434	insensitive	181
in theory	316	industry	371,418	insert	181
in trade of	151	inevitable	434	insertion	181
in vain	438	inevitably	434	insight	386
in-flight meal	142	inexpensive	434	insincere	180
in-flight sales	142	inexperienced	181,434	insist	219
inadequate	181,432	infamous	434	insistence	219
inappropriate	181	infeasible	434	insolent	243
Inc.	144	infect	205	insomnia	345
incapable	181	infection	205	inspect	220
incentive	397	infectious	205	inspection	220
incentive system	397	infer	206	inspector	220
incident	181	inference	206	install	181
incline	181	inferior	244	installment	181,245
include	202	infertile	206	instinct	434

INDEX

instinctive	434
institutional investor	97
instruct	221
instruction	221
instructions	118
instructive	221,237
instructor	221
instrument	119,171,221,418
instrumental	119,221
insulate	374
insult	222
insulation	374
insulting	222
insurance	383,417
insure	101
intangible	437
integral	239
intellectual	239
intellectual property	355
intelligence	435
intelligent	435
intelligible	435
intend	225
intense	225,435
intensify	332
intensive	147,394,435
intent	225
intention	225
intercept	201,359
interest	108
interest rate	108
interested	435
interesting	435
interface	353
interference	347
interim report	332
interjection	208
intermediate	371
internal medicine	343
international call	95
international line	142
Internet	106
Internet service	334
interpreter	140
interrupt	138,217
interruption	138,217
interval	418
interview	339
interviewee	248

intimacy	245
intimidate	428
Intranet	106
intravenous injection	343
introduce	204
introduction	204
intuition	286
invade	181
invaluable	438
invariable	438
invasion	181
invent	228
invention	228
inventive	228
inventory	335
inventory correction	335
invest	181,334
invest overseas	335
investigate	181
investigation	181
investment	181,334
invisible	181,229
invoice	152
invoiced amount	152
involve	181
involvement	181
iron clubs	357
irrational	436
irresistible	219
irritate	288
isolate	235,427
isolation	427
issue	97
IT	354
Italian dressing	111
Italian restaurant	111
italic	149
itchy	158
item	152
itinerary	121
I'm afraid	110

J

jacket	34,115
jam up	100
Japanese cuisine	111
javelin throw	357
jaywalking	122
jazz	119

jeans	115
jeopardy	416
jet engine	41
job placement office	101
job switch	101
joint-venture	388
joint-venture contract	388
joint venture	103
journal	127
judge	140,427
judgement	427
judicature	346
jump	427
jump to one's feet	286,427
junior	244
jury	140
just	418
just about	100
just in case	324,381
justice	246,418
justification	427
justify	235,427
juvenile	242,435
juvenile delinquency	435

K

keep ~ in check	292
keep ~ under one's hat	291
keep accounts	149
keep after	256
keep away	256
keep back	256
keep body and soul together	291
keep company with	309
keep down	256
keep early hours	291
keep good time	291
keep house	291
keep in	256
keep ~ ing	100
keep off	256
keep on	256
keep one's head	291
keep one's eyes open for	291
keep one's hand in	292
keep one's head above water	291

459

keep one's promise	296	land a contract	148	leading-edge technology	
keep one's shirts on	291	land prices	336		355
keep out	256	landing	109,141	leaflet	249,384
keep out of	256	landing gear	41	lean against	31
keep the ball rolling	291	language	418	lean on	32
keep the wolves from the		language ability	338	lean towards	37
door	292	language classes	338	leap	312
keep to	256	language laboratory	338	leather jacket	115
keep under	256	laptop	377	leave	45,424,425,427
keep up	256	larceny	126	leave ～ out in the cold	293
keep up appearances	292	laser printer	106	leave ～ up to someone	293
keep up with	256,338	last	334	leave a job	378
keeping	141	lasting	240	leave a message	95,293
key	51	later	377	leave aside	272
keyed instruments	119	latest	107,150,377	leave behind	272
keyless entry	151	latest issue	127	leave for	272
kidnap	126	Latin music	119	leave for childbirth	94
kids	123	latter	434	leave off	272
kill	427	laugh on the other side of		leave one's position	378
kill oneself	427		293	leave out	272
kill time	306,420	laugh up one's sleeve	293	leave over	272
killifish	125	launch	346,352,427	leave that decision up to you	
kindergarten	129	launching	407		381
kindness	246	law	418	leave Tokyo for Osaka	427
king (queen) size bed	141	Law for Equal Employment		leave word	293
kitchen	141	Opportunity of Men and		leaves	49
kitchen knife	113	Women	159	legal	383
kitten	125	lawful	418	legal loophole	383
knack	292	lawsuit	401	left on base	359
knife	50	lawsuit procedure	401	left-hand side	47
knock 5% off the price	377	lay	427	left-handed	53
knock down	356	lay an egg	427	legalize	234
know	427	lay aside	272	legend	419
know better than to	292	lay by	272	legendary	419
know of	427	lay down	157,272	legislation	346,419
know the ropes	292	lay down one's arms	293	legitimate	435
know what's what about		lay hold of	293	leisure	419
	292	lay it on with a		leisurely	419
knowledge	418	trowel	293	length	124
		lay off	94,272,332	lengthen	235
L		lay out	272	let ～ out	125
		layoff	94	let by	273
labor	418	lazy	434	let down	273
labor and management	147	lead	427	let in	273
labor union	147,423	lead a dog's life	288	let it go to one's head	294
laborer	418	lead to	427	let off	273
laborious	237	leader	247	let on	273
lack color	39	leading hitter	359	let oneself go	294
ladle	113			let out	273
LAN	353			

460

INDEX

let the cat out of the bag	294	live down	273	low atmospheric pressure	361	
let the grass grow under one's feet	294	live in	273	luck	419	
		live on	273	lucky	419	
let up	273	live through	273	lucrative	388	
letterhead	100	live up to	273	ludicrous	437	
let's see	108	living room	141	luggage	109	
leukemia	345	lizard	125	lump	345	
level	419	local	389	luncheon meeting	98	
level out	157	local address	389	lung	342	
levels	344	local call	95	lung cancer	344	
leveraged buyout（LBO）	103	local train	93	luxury	245	
		located	143	lying	49	
liabilities	337	location	143,369,419			
liability	103	logic	419	**M**		
license plate	122	logical	419			
lick ～ into shape	307	login	353	M&A	103	
lie	31	loiter	236	Mac	353	
lie down on the job	307	long distance call	95	machine	419	
life insurance	383	long jump	357	machinery	249,419	
life insurance policy	383	long-distance number	95	magician	247	
life time employment system	104	long-distance race	357,406	mailer	353	
		long-distance rate	406	main entrance	140	
lifesaver	98	longevity	374	maintain	224	
life work	379	look	35,427	maintenance	224	
light up	46,342	look after	257,302	major	119	
light-colored	34	look at	257	major in	374	
lighten	235	look back on	257	Major League	120	
lightning	46	look down on	257,294	majority	419	
like a shot	312	look down one's nose at	294	make	34,428	
like clockwork	93	look for	257	make a bed	114	
liken	235	look forward to	257,398	make a big deal of	295	
limb	46	look good	427	make a claim	425	
limited express train	93	look into	257	make a clean breast of	295	
linguistic	418	look on the bright side of things	294	make a clean sweep of	295	
lipid	344			make a contract with	401	
liquid assets	337	look out	257	make a copy of	98	
liquid liabilities	337	look over	257	make a deal	335	
liquify	235	look ripe	49	make a face	296	
liquor shop	137	look straight at	39	make a fortune	297	
liquors	153	look up	257	make a guess	426	
list price	377	look up to	257	make a habit of ～ing	295	
listed stock	97	look upon (on)	257	make a mistake	300	
listen to	34	lose	428	make a pet of	125	
listener	116	lose an election	351	make a photocopy	372	
literal	239	lose heart	294	make a play for	295	
literary	419	lose one's tongue	294	make a point of ～ing	295	
literature	419	lose one's job	101	make a racket	295	
little guy	96	lose one's way	428	make a scene	295	
		low	360	make a stab at	295	

461

make after	258	malevolent	432	measurement	428
make an appointment with		malicious	237,432	measures	334
	397	man-made satellite	421	measuring spoon	113
make an effort	416	manage	149,428	meat dishes	111
make an effort in vain	284	manage a business	149	mechanical	238
make an inquiry	383	manage to do	145,428	mechanical pen	100
make away with	258	management	388	medication	343
make both ends meet	296	management right	103	mediocre	435
make do with	296	managing director	104	medium	111,419
make every effort		manifold	243	meet	428
	282,372	mankind	419	meet one's death	307
make eyes at	295	manual	419	meet one's demands	428
make faces at	296	manuscript	218,419	meet one's needs	
make for	157,258	marathon	357		150,406
make friends with	146	margin	419	meet with	388
make good	296	margin trading	97	meet with an accident	388
make good time	296	marginal	419	meeting	98
make great efforts	302	marijuana	126	melancholic	419
make hay while the sun		mark down	377	melancholy	419
shines	296	mark time	307	memo pad	100
make it	117,428	marked-down price	377	memorable	379
make little of	296	market	397	memory	379
make much of	297	market conditions	332	menace	428
make no bones about	297	market research	107	menagerie	139
make no difference	297	market share	107	menstrual period	342
make nothing of	297	marketing	107,386	merchandise	152
make of	258	marketing activity	386	merchandise mix	335
make off	258	marketing firm	386	merchandising	107
make off with	258	marketing research	98,386	merciful	238,419,435
make one's way in the		marketing strategy	335	merciless	437
world	296	marketing strategy		mercy	419
make one's hair light	124	department	150	merge	103
make one's hair stand		marriage	416	merger	103
on end	297	married	387	messed up	311
make one's living	425	mass communication	127	messy	314
make one's pile	297	mass media	419	meteorological observatory	
make one's rounds	297	material	419		361
make one's way	298	materialism	419	methane	340
make out	258,292	mathematics	247	method	419
make over	258	matter	354	methodical	419
make sense	297,314	mature	419	metropolis	419
make short work of	297	maturity	419	metropolitan	419
make stops (a stop)	139	maximize	428	microwave oven	113
make the bed	114	mean	428	mid-term examination	129
make up	258	mean business	307	midfielder	357
make up for	258	meaning	428	might	322
make up one's mind	301	means	419	minimize	428
make up to	258	measles	345	minimum wage	102
makeshift	296	measure	428	minister	248,349

462

INDEX

Ministry of Finance	349	
Ministry of Foreign Affairs	349	
Ministry of Health and Welfare	349	
Ministry of International Trade and Industry	349	
Ministry of Justice	349	
minor	119	
minority	419	
minus	336	
minute	98	
minutes	98	
miracle	419	
miraculous	419	
mischief	435	
mischievous	435	
miserable	419,438	
misery	419	
misfortune	101	
miss	116	
miss out on	377	
miss out on a chance	377	
mission	419	
missionary	419	
mistake	428	
mistake A for B	428	
mobile phone	95,143	
model	151	
model year	151	
modem	353	
moderately	372	
moderation	372	
modernize	234	
modes	155	
modest	419,435	
modesty	419,435	
modification	398	
modify	398	
moist	419	
moisture	419	
momentum	419	
monarch	419	
monarchy	419	
monetary ease	333	
monetary policy	333	
monetary restraint	333	
money source	126	
monopolize	419	

monopoly	419
monsoon	361
monstrous	438
monthly	127,159
monthly salary	370
monumental	438
moral	419,435
morality	419
morning newspaper	127
mortal	239
mostly	406
motion	348
motivation	419
motive	419
motocross	359
mountainside	47
mourn	175,428
movement	245
movie theater	117
moviegoer	117
multiplication	213
multiply	213
mumps	345
murder	126
muscle	420
muscular	420
museum	139,420
mustache	124
mystify	428
myth	420
mythical	420

N

narcotics	126
nasty	435
nasty hangover	435
national	387
national income	333
national newspaper	127
natural	420
natural food	138
naturalization	350
naturalize	350
nature	420
NBA	358
near	137
near completion	137
nearby	406
neat	394

neatly	394
necessarily	381
necessary	420
necessity	420
neck	31
neck and neck	324
necklace	115
necktie	115
need	428
need to do	428
needed yesterday	401
needs	150
negative	144,342
negative growth	334
neglect	420
negligence	420
negotiable securities	97
negotiate	428
negotiation	428
neighbor	369
neighborhood	246,369
nephew	123
nervous breakdown	345
nervous tissue	354
net profit	107
net profits	337
network	106
neurosis	345
neutral diplomacy	347
never fail to do	322
new model	112
news broadcast	116
newspaper	32
newsreel	117
newsstand	127
next to	37
nicotine	153
niece	123
night game	120
nightcap	153
nightmare	111,420
nip ~ in the bud	307
nitrogen oxides	341
no-frills	391
no end	324
no party affiliation	350
noble	435
noise pollution	128,341
nominate	235,350,428

463

nomination	428	obsess	183	oil price	391
non-smoking seat	142	obsession	183	oil price hike	391
non-tariff barrier	333	obsolete	183	older man	34
nonfiction	417	obstacle	183	older style	51
normal	435	obstetrics	343	ominous	435
normal temperature	361	obstinate	183,437	omit	209
not a few	310	obstruct	221	on a diet	416
Not found	353	obstruction	221	on a dime	318
not know what to make of		obstructive	221	on a shoestring	318
	292	obtain	224	on account of	144
not lift a finger	307	obtuse	183	on average	414
not to mention	324	obvious	182,435	on behalf of	318
not worth one's salt	310	obviously	182	on board	142,143
note	119	occasion	145,182	on bulk orders	375
nothing but	52	occasional	145,182	on cloud nine	318
notice	428	occlude	183	on deposit	318
noticeable	239	occlusion	183	on duty	318
notify	428	occult	183	on each side	41
notion	420	occupation	182	on edge	318
notorious	434	occupy	182	on end	318
novel	420	occur	203	on guard	320
novelist	140	occurrence	203	on one's ear	37
novelty	420	ocean dumping	341	on one's toes	320
numerous	47,435	odd	179,436	on one's high horse	319
nurture	428	odd jobs	281	on one's own initiative	418
		odds and ends	281	on one's sides	50
O		odometer	112	on one's way	112
obedience	420	of one's own accord	323	on purpose	139,312
obedient	243,420	of all ages	383	on schedule	319
obese	183	of great help	372	on television	423
obesity	183	of high quality	383	on the average	319
obey	428	off	49	on the blink	319
object	208	off duty	318	on the border of	319
objection	208	off season	358	on the contrary	321
objective	208	off the price	377	on the dot	319
obligatory	242	off-year election	350	on the go	319
oblige	183	offend	183	on the phone	35
oblique	183	offense	359	on the radio	116
oblivion	183	offensive	156	on the road	40
oblivious	183	offer	206	on the spur of the moment	
oblong	183	offer good in the U.S. only			319
obnoxious	182		378	on the table	34
obscene	183	office	205	on the top row	50
obscure	183,438	office hours	94	on the watch	320
observance	182	office supplies	100	on time	436
observation	182	official	205,372	on top of	50
observation deck	109	official capacity	348	once in a blue moon	324
observe	182	official discount rate	333	once in a while	324
observe rules	309	offside	357	one of	35

464

INDEX

one-celled	354	organized votes	351	overwrite	149
one's cup of tea	281	original	435	owl	39
one's face	293	originality	245,435	owner	247
one's money's worth	281	originate	235	ozone depletion	128
online	106,394	ornamental	435	ozone layer	341
online shopping	353,394	ornate	48		

P

only one	40	out of condition	320	package	401
only one bottle	50	out of control	320	package delivery company	
opaque	194	out of danger	317,323		401
open	35,45	out of fashion	115	package tour	121
opening price	97	out of one's hands	320	paid dayoff	94
opening sale	137	out of order	114,319	pain	420
operate	428	out of place	320	painful	238
operating	147	out of print	316	painkiller	343
operating profits	337	out of sight	320,422	pains	420
operating strategy	102	out of stock	335,377	paint the town red	307
operation	147,428	out of the question	320	pamphlet	249,397
operator	110	out-of-bounds	357	pan	113
ophthalmology	343	out-of-pocket	320	paper	35
opinion	420	outcome	420	paper company	102
opponent	183,247	outfielder	120	papers	149
opportune	183	outlet mall	377	paperback	394
opportunity	377	outlet store	377	papers stock trade	97
opportunity for employment		outline	397	paperwork	149
	377	outlook	292,332	par	357
oppose	214	output	348	parachute	45
opposite	214	outrage	152	parakeet	125
opposition	214	outrageous	152	pardon	428
opposition coalition	349	outscore	156	parent company	336
opposition party	349	outstanding	189,435	parents	123
oppress	183	Oval Office	347	Paris-Dakar	359
oppression	183	oven	113	park	140
oppressive	237	over 38% off	378	parking area	109
option plan	406	over one's head	44,323	parking lot	122,140,369
optional	406	over the hump	323	Parliament	348
optimism	245	over the radio	116	parrot	125
oral	438	overcast	360	part	124
oral medicine	343	overcome	286,428	partial	436
orally	312	overdue	152	participate(in)	201,369,420
orchestra	119	overlook	372	participation	420
order	152,335,353	overpriced	111	particular	436
order No.	152	overseas	391	particularly	386,436
order-made	115	overseas business		parts	332
Ordinary Diet Session	348	department	150	party	348
organ transplants	343	overseas sales	335	partying	94
organic	435	overseas sales department		pass around	259
organization	394		150	pass away	145,259,287,425
organize	234,394,435	overseas travel	121	pass by	259
organized crime	126	overtime work	94		

465

pass down	259	percent	374	persuasive	381
pass for	259	percentage	338	pertain	185,224
pass into	259	perceptible	201	pertinacious	185
pass off	259	perception	201	pertinent	185
pass on	259	percolate	184	perturb	185
pass out	259	percussion	185	pervade	185
pass over	259	percussion instruments	119	perverse	185
pass round	259	perennial	185	pervious	185
pass the hat	308	perfect	205	pessimism	245
pass through	259	perfection	205	pet	125
pass up	104,259	perform	207	pharmacy	118
passenger station	93	performance	207	phase	414
passenger terminal	109	performance rating	104	phenomena	420
passenger vehicle	151	perfume	184	phenomenon	420
passing	145,156	perfunctory	185	philosophical	420
passing abilities	156	perhaps	185	philosophy	420
passionate	240	peripheral	377	photo	47
passive	436	perilous	237	photochemical smog	128
passport	121	period	420	photocopy	372
paste	100,149	periodical	127,420	physical	238,436
pastime	420	perm	124	physics	436
patient	31,436	permanent	185	piano	119
pattern	38	permeate	185	pick holes in	298
pay	429	permission	209,388	pick off	274
pay homage to	146	permit	209,388	pick on	274,430
pay someone back in one's		perpendicular	185,438	pick one's way	298
own coin	298	perpetrate	185	pick out	274
pay the piper	298	perpetual	436	pick up	96,274
pay through the nose for		perplex	213,429	pick up with	274
	298	persecute	184	pick-up	401
payment	429	persecution	184	pick-off	359
payment terms	152	perseverance	184,420	pick-up bus	110
peaceful diplomacy	347	persevere	184	pick-up truck	401
peck at	38	persist	219	picking	49
pedestrian	248,420	persistence	219	pickpocket	126
pedestrian crossing	420	persistent	219	picture	52
pediatrics	343	person	41	picturesque	243
pedigreed dog	125	personal computer	106	pierced earring	115
peeler	113	personalize	234	piglet	249
pen	35	personify	235	pilot	142
penalize	234	personnel administration		pimples	345
penalty	420		104	pin my faith on	308
penetrate	340	personnel change	104	pin one's ears back	
penetration	340	personnel department			298
penguin	37		104,150	pinch hitter	359
pension	121	personnel transfer	336	pioneer	248
people	48	perspective	220	pipe	153
perambulate	185	perspire	185	pisciculture	414
perceive	201	persuade	184	pitch in	128

INDEX

pitcher	43,120,359
pitcher's mound	43
place	419
place an order	152,335
place fifth	356
plane	41
planet	420
planetary	420
plankton	340
planning department	150
plant	332
plate	113
platform	93
platform entrance	93
platter	113
play	44,119,356
play for keeps	298
play house	291
play off a tie	356
play on tour	356
play the game	298
playing career	358
pleasant	243
pleased	35
pledge	369
pledge card	369
plentiful	212
plenty	212
plight	155
plot	117,352
plunge	332
plus	336
pneumonia	342
pocket	52
poetry	249
poison	420
poison ivy	158
poisoning	344
poisonous	158,344,420
police	140,375
police officer	375
policeman	140
policy	245,383,420
polite	241,436
politic	242
political	238
political donations	349
political funds	349
politician	140

politics	140
poll	351
pollutant	341
pollute	138,341
pollution-triggered disease	
	128
populace	420
popular	243
popular music	119
population	420
population density	433
portable	215
portrait	420
portrayal	420
position	214
positive	144,214,342,436
positive growth	334,436
possess	429
possession	429
possibility	421
possible	421
post	386
postal savings	108
posting	386
postpone	214
postscript	218
posture	421
pot	113
potency	436
potent	436
potential	436
pour oil on the troubled	
waters	308
power	151
power door locks	151
power steering	151
power windows	151
powerful	238
practical	391
practically	391
practice	421
praise	429
praise A for B	429
pray	153
prayers	153
preannounce	187
precaution	187
precautionary	187

precede	200
precedent	200
precious	237
precipitation	360
precise	187
preclude	187,202
predecessor	187
predicament	155
predict	187
prediction	186
predispose	187
predisposition	187
predominate	187
preempt	187
prefabricate	187
preface	187
prefer	206
preferable	206
preference	206
pregnancy	342
pregnant	187,342
prehistoric	187
prejudice	187
preliminary	187
prelude	186
premature	187
premeditated	187
premium	383
prep	141
preparation	141,186
preparatory	141,242
preparatory school	129,339
prepare	186
preposition	187
prerogative	187
prescribe	187,218
prescription	218,343
presence	414
present	387,432
preservation	186
preservatives	138
preserve	186
preside	187
president	104,247,350,378
press conference	127
pressure	247,421
pressure 人 to do	421
prestige	187

467

prestigious	187	product development		proper	436
presumably	223	department	150	property	389
presume	223	product development		property tax	389
presumption	223	system	397	proportion	189,421
presumptuous	223	product line	397	proposal	34,214,379
pretend	187,225	product range	355	propose	214,397
pretense	225	production	204,397	prosecute	189,348
prevail	187	productive	158	prosecution	189,348
prevalent	186	productivity	204,397	prospect	220,332
prevent	187,228	profane	189	prospective	220
prevention	228	profess	189	prosper	421
prevention of environmental		profession	375,436	prosperity	96,421
pollution	128	professional	375,436	prostitute	189
preventive	228	proficient	205,243,386	protect	188
previous	186	profit	107	protection	141,188,246
prey on one's mind	308	profit margin	337	protective	141,374
priceless	241	profit ratio	105	protective color	374
prick up one's ears	300	profitable	337	protective headgear	33
pride	421	profound	189	protein	344
primarily	436	profuse	189	protest	188
primary	350,436	profusion	189	protestant	188
prime minister	349	progeny	189	protrude	189
primitive	436	prognosis	189	protrusion	189
principal	421	prognostic	189	proud	421
principle	421	program	116,138,189	prove	429
print	149,377	programming	138	provide	229,383
printer	106,149,377	progress	188,344	provide A with B	137,383
prior	421	progressive	188,433	provider	353
priority	421	prohibit	189,424	provision	229
private	436	project	208	provocative	188
private company	102	projection	332	provoke	188
private school	129	prologue	189	prudent	244
privilege	348	prolong	189	psychosomatic disease	345
privileged	348	prominent	189,435	public	140,436
problem	421	promise	209	public hazard	128,341
problematic	421	promising	240	public relations	150
procedure	200,372	promote	188,426	public school	129
proceed	200	promotion	104,188	public servant	140
process	200,372	promotional	107	public transport	369
processed food	138	prompt	389	publish	234
proclaim	189	prompt announcement	389	pull a boner	300
procreate	189	pronoun	189	pull down	274
procreation	189	pronounce	210,421	pull in	274
produce	140,204	pronounced	210	pull off	274
producer	140	pronunciation	210,421	pull one's punches	300
product	204,335,340	prop up	334	pull out	274
product development		propel	211	pull the rug out from under	
	335,397	propellant	211		300
		propeller	41,211	pull up	274

INDEX

pulsate	211	
pulse	211	
punch	110,356	
punctual	436	
punctually	436	
punish	234	
punish severely	288	
puppy	125	
purchase	138,377,424	
purchase order sheet	152	
purchasing department	100	
pure	421	
purify	235	
purity	421	
purport	215	
purpose	214	
purser	142	
pursue	429	
pursuit	429	
put	429	
put ~ out of mind	299	
put ~ to rights	300	
put all one's eggs in one basket	299	
put an end to	299	
put aside	260	
put away	260	
put back	260	
put down	260	
put emphasis on	416	
put one's foot in it	299	
put in	260	
put it out of one's head	299	
put it strongly	129	
put off	260	
put on	260,431	
put one's mind at rest	299	
put one's shoulder to the wheel	299	
put out	260	
put that in one's pipe and smoke it	299	
put the cart before the horse	299	
put through	260	
put up	260	
put up bail for	300	
put up with	260	
putt	357	

putter	357	
puzzle	429	

Q

qualification	386	
qualifications	370	
qualify	235	
qualitative	436	
quality	105,421	
quantitative	436	
quantity	421	
quarantine	142	
quarrel	421	
quarrelsome	241	
quarter	336,352	
quarter of eleven	48	
quarterback	359	
queer	436	
question	216	
questionable	216,316,436	
quieten	235	
quite	40	
quite a few	310	
quiver	236	
quotation	107	
quote	107,389	

R

R&D	354	
rabbit	125	
racial	239	
rack one's brains	308	
radical	238,354,433	
radically	354	
radio station	116	
radioactive waste	341	
radius	416	
rage	421	
railing	32	
rain forest	340	
rain off and on	308	
raincoat	33,115	
rainfall	360	
rainy	360	
raise	102,369,428,429	
raise a fund	369	
raise funds	337	
raise our glasses	146	

rake	97	
rake ~ in	97	
rap	119	
rapid	243	
rare	111	
rate	421	
ratio	189,421	
rational	436	
re-elect	350	
react	354,429	
reaction	354,429	
read	48	
read between the lines	308	
ready-made	115	
real	434	
real growth rate	333	
reality	245	
realm	421	
rear seat	112	
rear-end collision	122	
rear-wheel drive	112	
rearrange	381	
reasonable	239,383	
reasonable price	383	
rebel	191	
rebellion	191	
recall	138,191,283,336	
recede	200	
receipt	391	
receipts and payments	391	
receive	201	
receiver	103	
reception	201	
receptionist	110	
recess	200,334	
recession	96,102,200,336	
recipe	421	
reckless	241	
recollect	191	
recommend	159,191	
recommendation	159	
reconcile	191	
reconstruction	221	
recover	191	
recreation	397	
recreational	397	
recruit	369	
recur	203	
recurrence	203	

469

recurrent	203	rely	191,429	research	354
recycle	372	remain	429	resent	191
recycling box	372	remain calm	140	resentment	191
red light	122	remarkable	435	reservation status	110
redeem	191	remedy	158	reserve	110
redeemable	191	remember	429	reserved seat	117
redistribute	227	remind	190,283,394,429	resident	389
redistribution	334	remind A of B / O that		residential	389
reduce	204,372		152,394,429	resign	191,378
reduction	204,372	reminder	152,190	resignation	191,378
refer	206	remit	209	resist	219
reference	206	remittance	209	resistance	219
reflect	191	remote	191	resistible	219
reflection	191	removal	190	resolution	191
reform	207	remove	190	resolve	191
reformation	207	renew a contract	335	resource	137
reformative	207	renominate	350	resourceful	137,238
refrain	191	renounce	210	respect	220
refrain from	139,143	renovate	137	respectable	220,239
refusal to attend school	339	renovation	137	respectful	220
regain	191	renown	191	respecting	381
regard	191	rent	427	respective	220,237
regarding	381,401	renunciation	210	respond	398
reggae music	119	Rep.	348	respond to	398
region	406	repair	426	responsibility	421
regional	406	repel	211	responsible	421,436
regional bank	108	replace	190,336	rest	119
regulate	141,421	replacement	152,190,336	rest on one's oars	308
regulation	141,375,421	replenish	212	restaurant	137
reimburse	138	reply	213	restless	241
reinstated worker	101	report	215	restrict	191,354
reinstatement	101	reportedly	215	restriction	191
reiterate	334	reporter	215	restrictions	354
reiteration	334	represent	190	restroom	143
reject	208	representative	190,237	result	222
rejection	208	representative director	104	result from	369
relative	123,421	reproduce	191	result in	369
relativity	421	reproduction	191	resultant	222
relaunch	352	republic	421	resulting	222
relax	421	Republican	348,421	resume	223,386
relaxation	421	repulse	211	resumption	223
relaxed	39	repulsion	211	resumptive	223
release	284,429	repulsive	211	retail	191
relevant	436	reputation	127,190	retailer	394
reliable	191,436	repute	190	retain	224
relief	158	request	216	retention	224
relief pitcher	359	require	216	retire	147,379
relieve	158,299,430	requirement	216	retirement	147,379
reluctant	436	reschedule	386	retract	226

470

INDEX

retraction	226	run away	261,282	sales reports	107
retribution	227	run away with	261	sales target	337
retrieve	191	run down	261	sales territory	107,335,380
return the call	95	run for governor	346	salesman	107
revenue	105	run for President	429	salesperson	107,335
review	380	run afoul of	352	salt shaker	113
review the project	380	run into	261	sample	152
revise	229	run of luck	281	sank	336
revision	229	run off	261	sap	431
revitalize	234	run off with	261	sardine	93
revolutionary	436	run out	261	satellite	421
rewarding	379	run out of	261	satisfaction	429
rhythm	421	run over	261	satisfactory	242
rich	432	run through	261	satisfied	384
rid	429	run up	261	satisfying	384
rid A of B	429	running back	359	satisfy	235,429
rides	139	runs batted in (RBI)	120	Saturday schools	338
ridiculous	437	runway	109	sauna	372
right away	311	rupture	217	save	149
right side	32	rushing	358	savings account	108
right-hand side	43	ruthless	437	savings rates	334
right-handed	36			savvy	391
ring	51	**S**		saw	157
risk	120,416,429	sack	309	sawing	157
road	47	sacrifice	155,421	saxophone	119
road show	117	safe	139	say	429
robbery	126	safety belt	112	say to oneself	429
robot	355	safety equipment	374	scab	118
robotics	355	safety helmet	374	scale	119
rock music	119	safety rope	44	scan	106
rod	32	salad	111	scanner	106
rolling pin	113	salary	310,418	scarce	437
roof	141	sales	107	scarcely	437
rookie	358	sales agent	380	scatter	236
room charge	110	sales branch	150	scenarist	117
room service	110	sales channel	107	scenery	249,369,437
room service charge	110	sales conference	107	scenic	369,437
rotten	427	sales director	380	schizophrenia	345
rotten to the core	427	sales division	150,386	scholarship	246
round	356	sales figure reports	107	school recommendation	339
routine	421	sales figures	107	schooling	338
rub elbows with	309	sales growth	337	science	422
rugby	120	sales network	107	science-fiction movie	117
ruin	421	sales operation department		scientific	422
ruins	421		150	scissors	100
ruling party	349	sales performance	335	scold	429
run	346,429	sales promotion	107,335	scold A for B	429
run across	261	sales promotion section	150	scoop	127
run after	261	sales quota	107	scope	421

471

score	44
scorn	175
screen	117
scribble	218,236
scriptwriter	140
scrutinize	352
scrutiny	352
seafood dishes	111
seal	37
seam	129
search	317,353,386
search far and wide	309
search for	150,386
search function	149
search high and low	309
season	358
seat	142
seat belt	112
secede	429
secession	429
seclude	202
seclusion	202
second-rate	310,435
secondary education	339
secondhand smoke	342
secretarial	147
secretaries' office	150
secretary	147
Secretary of Defense	347
Secretary of State	347
secrete	344
secretion	344
section	150,369
section chief	104,369
securities	97
security	369
seduce	204
see after	275
see into	275
see off	275
see one's way clear	300
see service	300
see through	275
see to	275
seek	429
seek for	386,429
seeking	386
seem	47
seem to	41

selective	437
self-centered	437
selfish	242,412,437
selfishness	422
sell	429
sell it for $10	429
semester	422
senate	349
Senator	346
send	429
send for a doctor	429
send someone about one's business	309
senior	244
sense	153
senseless	241
sensible	437
sensitive	237,437
sensor	153
sensory	153
serial cartoon	127
seriousness	246
serve	430
serve as	142
serve someone lunch	142
server program	352
service	111,246
service charge	110
set	46,110
set about	262
set aside	262
set at	262
set back	262
set by	262
set down	262
set forth	262
set forward	262
set in	262
set off	262
set offense	359
set on	262
set one's cap for	301
set one's eyes on	301
set one's mind on	301
set one's teeth on edge	301
set out	262
set to	262
set up	99,262,380
set up a meeting	380

settle the amount	382
settlement	105
several	34
sex	437
sexual	437
shakedown	126
shampoo	124
share	332
share the lead	356
shareholder	97
shareware	353
sharpen	235
sharply	319
sherry	153
shift	391
shift blame to	391
ship	152
shipment	152
shirt	44
shiver	236
shoe store	137
shop	137
shoplifting	126
short	117
short-distance race	357
shortage	246
shortcoming	416
shorten	235
shorts	115
shot	342
shot-putting	357
shotgun formation	359
should you have any questions	383
shout	430
shout at	430
show	430
show one's hand	301
show one's teeth	301
shower	360
shred	100,372
shredder	100,372
sick leave	94
side	31
side effect	343
side of the bus	122
sideburns	124
sight	422
sightseeing	121

INDEX

sightseeing spots	121
sign	43,401,422,430
signature	401
significance	422
significant	422
signify	235
similar	243
simple	422
simplicity	422
simultaneous	437
simultaneous interpretation	
	437
sincere	180
single bed	141
single room	110
single working woman	159
sink	141
sip	153,302
sister-in-law	123
sit	430
sit around	106
sit on a committee	147
sit up all night	430
site	389,419
situation	422
situational	422
size	353
skate	356
skill	422
skillful	422,437
skirt	115
sky	46
skydiver	45
skyscraper	47
slacks	115
slash	377
slash a budget	377
slave	422
slavery	245,422
sleep	376
sleeping drug	343
sliding	359
slow down	96
sludge	341
slump	102,422
small	51
small and medium-sized business	102
small businesses	96

small-sized business	102
smallpox	345
smash into	122
smell a rat	309
smoking seat	142
smooth off	157
snatch	430
snow	361
snow cover	361
snowfall	361
snuggle up to	37
so far	102
soap opera	116
social	422,437
social welfare	350
society	422,437
soda pop	153
soften	430
solidify	235
solution	422
solve	422,430
solve a problem	430
some	43
something	32
son	123
son-in-law	123
songwriter	119,140
soon	98
sophisticate	235
sorrow	417,428
sort	354
soup	111
source	424
sources	424
southernmost	243
sovereign	424
sovereign country	347
sovereignty	424
spacious	237
spare	430
spare no effort to do	430
spare parts	332
speak	430
speak English	430
special	220
Special Diet session	349
specialize	234
specialize in	374

species	422
specific	369
spectacular	220
speculate	235
speed	40
speed limit	122
speed skating	356
speeding	122
speedometer	112
spell checker	149
spend	430
spend ... on	376
spend money on	430
spin	41
spiral	54
spirit	145
spiritual	145
spitting image	280
splendid	243
split	103
split hairs	309
split the bill	111,288
split up	103
spoil	306
sponsor	369
sports highlights	116
spot	391
spot a change	391
spotted	38
sprain	118
spray	33
spreadsheet program	149
sprinkle	236
spur	430
spur up	424
squeeze	359,381
squeeze you in	381
squirrel	125
stability	334
stable	334,437
stack	50
staff	141
stag beetle	125
stagnant	336
staircase	141
stand	43,430
stand by	152,275,307
stand for	275

473

stand one's ground against	301	stepmother	123	subcontractor	193
stand out	275	stethoscope	31	subdivide	193
stand still	38	stewardess	142	subdivision	193
stand the gaff	301	stick around	309	subdue	193
stand up	275	stick up	38	subject	208
stand up to	275	stiff	437	subjective	208
standard deviation	129	stiff shoulders	437	sublease	193
standard transmission	151	still	49	sublime	193
standard-sized car	112	stimulant	126	submarine	193
staple	100,437	stimulate	422	submerge	193
staple food	437	stimulus	422	submerse	193
stapler	100	stock	97,151,332,377	submission	209
stare	426	stock investment trust	97	submissive	209
start	430	stock market	332	submit	209,397
start up	154	stockholder	97	subordinate	193
start-up	154	stockholders' meeting	97	subscribe	218,334
starting pitcher	359	stolen goods	126	subscriber	218
startle	236	stomach cancer	344	subscription	127,334
starvation	292,417	stop over	155	subsequent	193
starve	96	stopover	155	subsequently	193
state	422	store	137	subside	193
State of the Union Message	347	straighten	300	subsidiary	102,193,336,348
state-of-the-art	150	strainer	113	subsidies	348
stately	240	stratosphere	361	subsidize	193
statement	152,422	streak	46	subsidy	336
static	437	streetcar	139	subsist	219
stationary front	361	strength	422	subsistence	219
stationery shop	137	strengthen	235,332	substantial	192
statistical	422	stress	425	subterranean	193
statistics	422	strike	120,430	subtitles	117
status	422	striking	240,430,435	subtle	422
status quo	422	stringed instruments	119	subtlety	422
stay	430	strive	430	subtract	226
stay cool	291	strive to do	430	subtropical	193
stay fit	397	stroke	356,378	suburb	192,406
steadily	437	strong	153	suburban	192
steady	437	structural	221,239	suburban areas	406
steak	111	structural recession	102	subway	192
steal	359	structure	221	succeed	200
steal one's thunder	309	struggle	149,430	success	200
stealing	120	struggle to do	430	successful	44,200
steam	113	stubborn	183,422,437	successive	200
steel worker	32	stubbornness	422	successor	200,248
steer	151	student	247	suffer	206
steering wheel	112,398	student violence	339	suffering	206
step into	394	study	141,430	sufficient	205
step out of	394	stupid	243	suffocate	193
		subcommittee	193	sugar bowl	113
		subconscious	193	suggest	192,372

INDEX

suggestion	192,372	swimming pool	139	take part (in)	369
suit	115,430	swing-out	120	take pains	302
suit jacket	35	swollen tonsils	118	take place	303
suitable	430	symbolize	234	take the bread out of one's	
suite room	110	sympathetic	437	mouths	302
sumptuous	223	sympathize with	437	take the cake	303
sun	46	sympathy	422	take the edge off	303
sunny	360	symphony	422	take the floor	289
super express highway	122	symptom	422	take the lead	356
superconductivity	355	synthetic	437	take the place of	303
superfluous	437	synthetic detergent	114	take the pledge	303
superintend	225	synthetic fiber	437	take the wind out of one's	
superior	244	system	422	sails	303
supermarket	137	systematic	422	take time	388
superstition	422			take to	263
superstitious	422	**T**		take to flight	303
supervise	229,350	table	149	take to one knee	37
supervision	229	tabloid	127	take to one's heels	303
supervisor	229,350	tag	37	take turns	303
supplement	212	tail	38	take up	263
supplementary	212	take	430	take your time	388
supply	100,212,372	take ~ to heart	303	takeoff	109
supply A with B	137,372	take a bite out of	126	takeover	379
supply-demand relationship		take a drop	302	takeover bid (TOB)	103
	96	take a glance at	306	talented	240
support	215,334,351	take a message	95	talk	35,430
suppose	214	take a shine to	302	talk about	430
supposition	214	take a stand	289	talk down	369
surf	106	take a walk	431	talk to	31,34
surfer	106	take after	263	talk up	369
surgery	343	take away	263	talkative	237
surmount	428	take back	263	tall	47
surplus	333	take care of	302	tangible	437
surrender	304	take courses	338	target	336,397
surrogate	193	take down	263	tariff barrier	333
surrounded by	49	take French leave	302	task	376
survival	245,422	take heart	302	taste	115,422
survive	291,422	take in	263	tasteful	422
suspect	220	take long	108	tax accountant	337
suspend	192	take measures	334	tax avoidance	337
suspense	192	take medicine	430	tax break	389
suspicion	220	take notice of	428	tax decrease	99
suspicious	220,309	take off	41,263	tax deductions and	
sustain	224	take on	263,391	allowances	99
sustenance	224	take one's medicine	302	tax evasion	99
swear	303,430	take one's responsibility	290	tax exemption	99,389
swear by God	430	take one's temperature	423	tax increase	99
sweat	185	take out	263	tax office	99
sweep	114	take over	103,263,379	tax payment	99

475

tax rates	99	the board directors	98	Angeles	143
tax system	99	the Curriculum Council	339	the tried and true	115
taxi	42	the dead	145	the unemployed	101
taxi stand	93	the deceased	145	the United Nations	347
taxiway	109	the Democratic (party)	348	theft	126
taxpayer	99	the Department of Health		theocracy	249
teach	430	and Human Services	346	theoretical	238
teaching styles	338	the Department of Labor		theory	421
tease	430		350	thermometer	361
technical	238,422	the Education Ministry	338	these	49
technique	422	the executive branch	346	think	431
technological	437	the external ear	344	think about	431
technological innovation	355	the face of the mountain	44	think of	146
technology	437	the federal government	346	think of A as B	146
tee shot	357	the first half of the third		thorough	437
teenagers	397	inning	359	thoroughly	381,437
teleconferencing	391	the Fundamentals of		thought	423
telephone charge	95	Education Law	339	threat	428
telephone services	406	the House of Councilors	349	three-piece suit	115
televise	116	the House of		thrift	423
television	423	Representatives	349	thrifty	423
tell ~ where to get off	304	the Information Age	354	through	40
tell one's fortune	304	the internal ear	344	through the grapevine	378
tell tales out of school	304	The International		throw	43
temperate	240	Monetary Fund (IMF)	332	throw away	276,372
temperature	360,423	the Internet	352	throw back	276
template	149	the Jewish community	137	throw cold water on	304
temporary	195,240	the judicial branch	346	throw in	276
tempt	204	the last ~	334	throw in the sponge	304
tendency	423	the legislative branch	346	throw off	276
tennis	120	the man up front	43	throw out	276
tense	423	the moral code	141	throw someone a curve	304
tension	301,423	the movie being shown	142	throw up	276
term	350	The Nikkei average	332	thumb	52
terminal	142	the other way around	324	thunder	360
terminate	141	the party lines	348	thundercloud	361
termination	141	the Pentagon	347	thunderstorms	360
terms	350	the pole vault	357	ticket control	93
terms and conditions	152	the public school system		ticket counter	109
terrible	239		129	ticket wicket	143
territory	249,421	the public transportation		ticketed candidate	351
terrorism	352	system	93	tidy	300
terrorist	352	the Republican (party)	348	tie	356
testify	430	the right to vote	350	tied to	44
text	338	the School Education		tight	381
textbook	338	Law	339	tight schedule	381
thank	144,431	the second half	359	tighten one's belts	96
thankful	238,431	the Supreme Court	346	tilt	151
the apple of one's eye	281	the train bound for Los		tilt wheel	151

INDEX

time	96
time at bat	120
time deposit	108
time-consuming	155
times	96
timetable	93
timid	243
tip	54
tired	438
tiresome	241
tissue	344,354
tissue culture	344
title	152
to a level	419
to a man	321
to one's advantage	321
to one's face	379
to one's heart's content	321
to put it simply	429
to say nothing of	324
to say the least	107
to the best of my knowledge	321
to the contrary	321
to the effect that	406
to the letter	321
to the right	40
toast to	146
toaster	113
tobacco	153
toe the line	309
together	47
together with	397
tolerate	431
toll-free	383
toll-free number	384
toll gate	122
too clever for one's own good	99
tool	418
topmost	243
tornado	360
torrential	360
touch	431
touchdown	44
tourist	247
tourist information office	121
track and field	120

tractable	226
trade	151
trade balance	333
trade imbalance	333
tradition	246,423
traditional	423
traffic	40
traffic accident	122
traffic congestion	93
traffic jam	93
traffic light	122
traffic regulations	122
traffic sign	122
traffic ticket	122
traffic violation	122
tragedy	423
train	307
train ticket	121
tram	139
transact	194
transaction	194,335
transcend	194
transcendent	194
transcribe	218
transect	195
transfer	104,206,336
transfigure	195
transfix	195
transform	195,207
transformation	207
transfuse	194
transfusion	194,343
transgress	195
transgression	195
transient	195
transit	195
translate	194
translation	194,246
translator	140
transliterate	195
translocate	195
translucent	195
transmarine	195
transmigrant	195
transmit	209
transmute	195
transnational	195
transpacific	195
transparent	194

transpire	195
transplant	195
transplantation	195
transport	215
transportation	215
trap	340,357
trash bins	372
travel	431
travel agency	148
travel agent	414
travelers check	121
travelling	359
travels	431
treacherous	437
treachery	437
treasurer	147
treasury	147
treat	431
treatment	245
treaty	347
tree	46
tremendous	238,437
trend	423
tribute	227
trim	124
trio	37
triumph	423
trombone	119
tropical	238
tropical fish	125
troublesome	241
truck	40
trucking	375
truckload	375
true	423
trumpet	119
trunk	42
trust bank	108
truth	423
try	124
tumble	97
tumultuous	238
turbojet	54
turbulence	423
turn	431
turn a blind eye to	304
turn a deaf ear to	304
turn around	264
turn aside	264

477

turn away	264	underestimate	394	vaccination	118
turn back	264	undergo	431	vaccine	342
turn down	264	underground	193	vacuum	114
turn in	264,397	undermine	431	vacuum cleaner	114
turn into	264	undertake	154,304	vague	438
turn off	264	undertaking	154	vain	438
turn off the TV	116	undo	149	valuable	423,438
turn on	264	unemployment	101	value	423
turn on the TV	116	unemployment benefits	101	valueless	241
turn out	264	unemployment insurance		van	151
turn out to be ～	97		101	vanish	431
turn over	264	unemployment rate	101	variable	438
turn to	264	uneven	434	variable costs	105
turn up	264	unfertilized	355	variation	423
turnover	97	unfortunate	101	variety	416,423
turnpike	122	uniform	207	variety show	116
turns one's hand to	304	union	146,423	various	431
turtle	125	universal	423	vary	383,431
tuxedo	115	universal suffrage	351	varying	383
TV station	116	universe	423	vast	181,438
twice as often	127	university	129	vegetable soup	111
twinkle	236	unlicensed driving	122	vehicle	151
twister	360	unlimited call	406	vender	334
twitter	236	unofficial	372	vending machine	334
two of	51	unprecedented	200	ventilation fan	141
twofold	243	unreliable	436	venture	228
type	53	unstable	437	veranda	369
typhoon	360	until (till)	153	verbal	438
typhoon-force winds	360	up one's sleeve	293	verdict	423
typical	238,438	up to 25%	375	vertical	438
tyrannical	423	upgrade	175	vertical integration	103
tyranny	423	upheaval	423	vest	115
		ups and downs	281	vice	423
U		urban	374	vice-president	104,350,378
ultraviolet rays	340	urge	431	victim	421
umpire	120	urge 人 to do	431	victory	284,423
unbearable	432	urgent	95,438	viewer	116,353
unbeatable	152	usage	246	vigorous	438
uncertain	432	use	50	vine	49
uncivilized	433	used to	119	violence	423
uncle	123	utilize	234	violent	423
under any circumstances		utmost	243	violin	119
	321	UV radiation	340	virtue	423
under construction				virus check	106
	137,353,375	**V**		visa	121
under no circumstances		vacancy	423	visibility	229
	321	vacant	423	visible	41,229
under repair	137	vacant room	110	vision	229
under the wire	321	vaccinate	342	visual	229

INDEX

visualize	229
vivify	235
vocabulary	417
volleyball	120
voluntary	241,438
volunteer	248,438
vote	350
vote counting	351
vulnerability	423
vulnerable	423

W

wage	105
wage cut	105
wage earners	350
wage freeze	105
wage negotiation	105
wagon	151
wait for	137
wait on	430
waiter	247
waiting room	142
waive	358
wake-up call	110
walk	431
walk of life	281
walkway	48
wallet	52
want	431
want ad	127
want to do	431
warehouse	377
warehouse facility	377
warm front	361
warrant	417
washing machine	114
waste	372,423
waste disposal	341
waste water	341
wastebasket	372
wasteful	372
watch out	391
water	40
waterproof	374
water pollution	128,341
water quality standards	341
wave	40
waver	236
weak	153

weaken	235,431
weakness	422
wealth	423
wealthy	423,432
weapon	423
wear	31,431
wear glasses	34
wear white	45
weary	438
weather	415
weather advisory	361
weather chart	361
weather forecast	361
weather phenomenon	361
weather report	116
weather warning	361
weatherman	361
web site	352,375
weekly	127
welcome	431
weld	375
welder	375
welfare	350
well-done	111
well-known	438
well-lit	394
well-lit house	394
what seems like	118
What's eating ～?	104
wheelchair	398
when it comes to	375
while away	394
whirlwind	121
whirlwind tour	121
whisk	113
white	100
White House	347
wholesale	191,394
wholesale price	381
wholesome	241
Why don't you ～ ?	124
wide of	310
wide of the mark	310
widen	235
wild pitch	359
win	431
win a contract	148
win an election	351
win the game	431

win votes	351
wind	360
wind instruments	119
window seat	142
window-dressing settlement	105
Windows	353
windshield	112
windstorm	360
wing	41
wipe	114
wireless	336
with a grain of salt	322
with all	313
with kid gloves	322
with might and main	322
with riverside views	369
with the utmost confidence	146
withdraw	108,214
withholding tax	99
within a stone's throw of	322
within an ace of	322
within oneself	322
without fail	322
without question	320
woman	34
womanly	240
women's suffrage	351
wonder if	401
wonderful	238
wood clubs	357
word by word	324
word processor	149
work	431
work an eight-hour shift	94
work for	431
work late	94
work overtime	94
work rule	94
work shift	94
work with	32
worker	31
workforce reduction	101
working capital	337
working hours	94,150
working housewife	159

479

working middle classes	
	391
working woman	159
workplace	372
workplace rules	372
worldly	240
worsen	96
worthwhile	438
worthy	438
wretched	438
write	431
write to	431
written exam	339
WWW	352

X

X-ray	343

Y

year-end tax adjustment	99
yearn	431
yearn for	431
yet	45
yield	340,431
yield to	431
you have a call	95
younger man	34
youngster	248
youth hostel	121
you've got	118

Z

zealous	438
zip code	406
zoning	388
zoning law	388
zoning ordinances	389
zoo	139

数字

4-speaker stereo with CD	
	151

著者紹介

川端　淳司（かわばた　じゅんじ）
1964年京都生まれ。関西大学文学部英文科、同志社大学大学院アメリカ研究科卒。旅行代理店の営業を経験した後、渡米。American Studiesなどを学び、テンプル大学にて英語教授法（TESOL）を取得。帰国後、トフルゼミナールおよび同校のTOEIC・英会話部門であるテイエスイングリッシュセンター専任講師。幅広い英語力を活かしたきめの細かい授業は高く評価されている。現在トフルゼミナール英語教育研究所研究員。

　著書には、『徹底攻略ＴＯＥＩＣ®ＴＥＳＴリスニング』『徹底攻略ＴＯＥＩＣ®ＴＥＳＴリーディング』『徹底攻略ＴＯＥＩＣ®ＴＥＳＴ文法』『よく出る問題をわかりやすくＴＯＥＩＣ®テスト英文法』『ＴＯＥＩＣ®テスト900点をめざす英語学習法』『ＴＯＥＦＬ®ＴＥＳＴ対策iBTスピーキング』（以上、テイエス企画刊）

DTP：慶昌堂印刷（株）
CD制作：（株）アドエイ
編集・校正協力：出羽由紀
英文校閲：Katherine Tonegawa

徹底攻略TOEIC®TEST単語　New Version対応

　発行：2007年3月20日　第1版第1刷

　著者：川端淳司©
　　　　（トフルゼミナール英語教育研究所研究員）
　発行者：山内哲夫
企画・編集：トフルゼミナール英語教育研究所
　発行所：**テイエス企画㈱**
　　　　　東京都新宿区高田馬場1-30-5 千寿ビル6F
　　　　　電話（03）3207-7581
　　　　　E-mail　books@tsnet.co.jp
　　　　　URL　http://www.tofl.jp/books
　　印刷：慶昌堂印刷㈱

ISBN978-4-88784-079-9 C0082
乱丁・落丁はお取り替え致します。